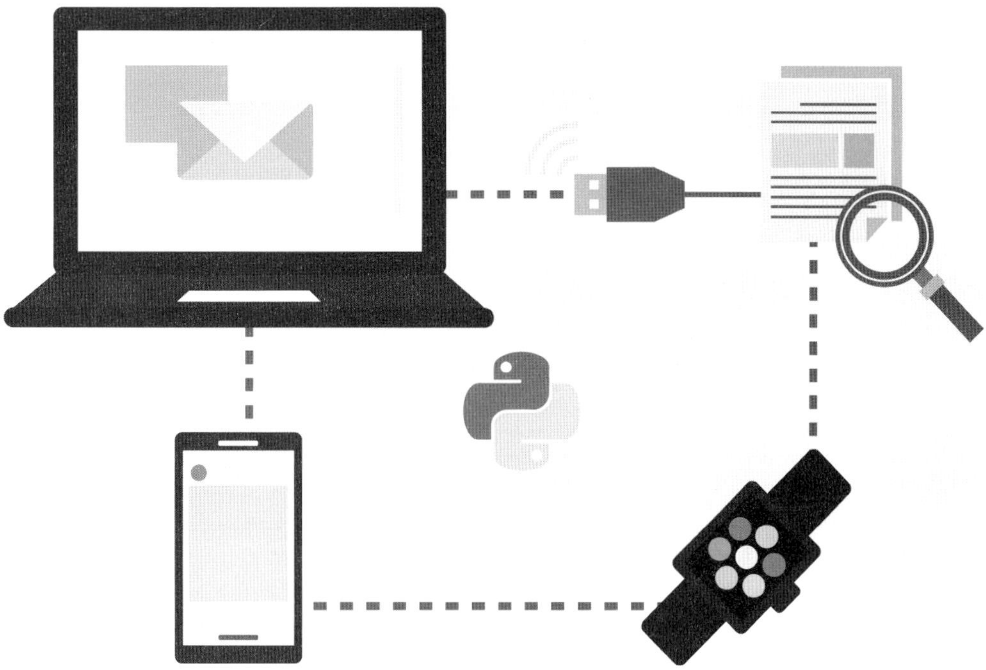

제 3-2 판

사물인터넷을 위한

파이썬 네트워크 프로그래밍

B.C.Info

서열규, 전희성 공저

PREFACE

사물인터넷은 모든 사물을 인터넷으로 연결하여 정보를 실시간으로 통합 관리하고 시스템을 최적의 상태로 유지하기 위해 필요한 4차 산업혁명의 핵심적인 개념이다.

본 도서에서는 파이썬을 사용하여 사물인터넷을 구현하기 위한 인터넷 기반의 네트워크 프로그래밍 방법을 소개하였다. 파이썬은 사용하기 쉽고, 다양한 플랫폼에서 사용할 수 있으며 모듈이 매우 풍부하여 대학을 비롯한 교육기관, 연구기관 및 산업계에서 많이 사용되고 있다. 특히 파이썬과 함께 제공되는 모듈을 사용하면 다른 언어보다 훨씬 간단하고 효율적인 네트워크 프로그래밍이 가능하다.

제1장부터 제8장까지는 파이썬의 핵심사항을 기술하였다. 파이썬의 설치부터 기본적인 실행 방법과 함께 파이썬의 자료형과 제어문, 자료구조, 함수에 대해 쉽게 설명하였다. 또 네트워크 프로그래밍을 위해 필요한 클래스, 모듈, 파일입출력 개념에 대해 기술하였다.

제9장부터 제14장까지는 네트워크 프로그래밍을 위해 필요한 TCP/IP 프로토콜을 소개하고 파이썬의 기본 네트워크 프로그래밍 모듈에 대해 자세히 기술하였다. 이러한 모듈을 사용한 여러 가지 소켓 프로그래밍 방법을 제시하고 브로드캐스팅과 멀티캐스팅 프로그램 방법도 소개하였다.

기본적인 반복 서버뿐만 아니라 병행 서버를 구현하기 위한 동시성 소켓 프로그래밍 방법에 대해 자세히 설명하였다. 멀티스레드 모듈, select 모듈, socketserver 모듈, selectors 모듈, asyncio 모듈을 이용한 소켓 프로그래밍 방법이 소개되어 있다.

또한 대표적인 사물인터넷 프로토콜인 MQTT와 HTTP 모듈을 이용한 사물인터넷 프로그램에 대해 자세히 설명하였다. PC와 PC, PC와 라즈베리 파이, 라즈베리 파이와 스마트폰 사이의 사물인터넷 프로그래밍 방법을 구체적인 프로그램과 함께 제시하였다.

비교적 짧은 거리에서의 통신을 위해 많이 사용되는 시리얼 통신 프로그램과 블루투스 통신 프로그램에 대해서도 자세히 설명하여 어떤 환경에서나 사물인터넷을 구현하는 데 도움이 되도록 하였다.

아직 다루지 못한 부분은 향후 개정을 통해 반영할 예정이며 부족하지만 본 도서가 네트워크 프로그래밍과 사물인터넷을 구현하기 위한 안내서로의 역할을 할 수 있기를 기대해본다.

본 도서를 출판하기까지 수고해주신 복두출판사의 편집부 한승희 상무님께도 감사의 마음을 전하고 싶다.

2021년 한 해를 마무리하며

서열규, 전희성

CONTENTS

01 파이썬 언어 소개

02 데이터 형, 연산자, 표현식

03 프로그램의 제어문

CONTENTS

04 파이썬 자료구조

05 함수의 소개

06 객체지향 프로그래밍과 클래스

CONTENTS

CONTENTS

CONTENTS

13 사물인터넷 프로그래밍

14 파이썬 시리얼 통신 프로그램

CHAPTER 01

파이썬 언어 소개

이번 장에서는 파이썬 언어에 대해 간단히 소개하고,
설치 방법, 간단한 사용법을 안내한다.

Python Network Programming

1.1 파이썬 언어 소개

프로그램을 만드는 언어 중의 하나인 파이썬에 대해 간단히 소개한다. 파이썬 언어는 1991년에 귀도 반 로섬(Guido van Rossum)이 개발한 대화형 프로그래밍 언어로 BBC에서 방영되던 “Monty Python’s Flying Circus”라는 TV 프로그램의 이름을 따서 지었다고 한다.

파이썬 언어의 장점은 다음과 같다.

- 파이썬은 문법이 쉬운 인터프리터 언어로 초보자도 쉽게 배울 수 있음
  우수한 자료형과 다양한 모듈, 패키지 등을 제공한
- 개발 기간을 단축할 수 있어 생산성이 좋음
- 애니메이션이나 그래픽을 쉽게 사용할 수 있음
- 비영리의 파이썬 소프트웨어 재단이 관리하는 오픈 소스로 제공됨
- 다양한 플랫폼(운영체제)에서 사용 가능함

그러나 다음과 같은 단점도 있다.

- 파이썬은 컴파일러 언어가 아닌 인터프리터 언어이기 때문에 속도가 느림
- 모바일 컴퓨팅의 지원이 약함
- 하드웨어 제어가 비교적 쉽지 않음

프로그래밍 언어는 크게 컴파일러 언어와 인터프리터 언어의 두 종류로 나눈다.

컴파일러 언어에는 C, C++, Java 등의 언어가 있는 데, 소스 코드를 기계어로 번역해 실행하므로 실행속도가 빠르다. 컴파일된 파일은 해당 운영체제에서만 실행할 수 있다.

인터프리터 언어에는 파이썬, 베이직 등의 언어가 있는데, 번역과정 없이 소스 코드를 실행할 때 한줄 한줄 처리하기 때문에 실행속도가 느리다. 비유하자면 컴파일러 언어는 번역, 인터프리터 언어는 통역과 유사하다고 할 수 있다.

파이썬을 배우는 이유는 다른 프로그래밍 언어보다 훨씬 간단하고 쉽다는 장점이 있고, 다양한 사람들이 만들어 놓은 많은 모듈, 패키지, 라이브러리를 쉽게 사용할 수 있어 활용 범위가 넓다는 장점이 있어 미국의 여러 대학 중 파이썬을 기초 프로그래밍 언어로 선택한 대학이 가장 많다.

1.2 파이썬의 설치

파이썬을 설치하려면 http://www.python.org/에 접속하여 Downloads 메뉴를 누르면 아래와 같은 화면이 보일 것이다. 우리는 최신 버전인 3.10.1 버전(2021년 12월 27일 현재)을 사용할 것이므로 해당 버튼을 눌러 설치를 시작하자(반드시 이 버전이 아니어도 소스 대부분은 잘 실행될 것임).

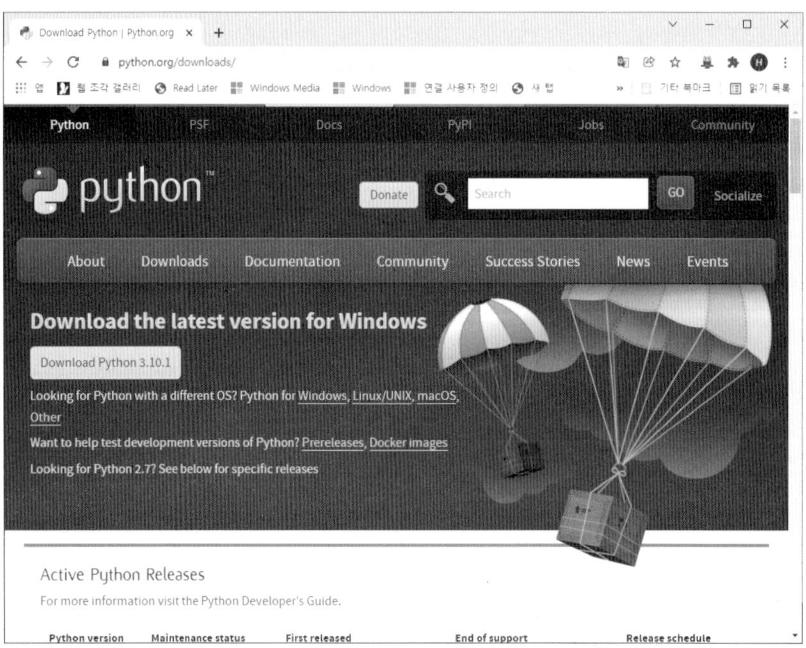

그림 1-1 파이썬 설치 화면

이때 반드시 그다음 화면에서 아래와 같이 Add Python 3.10 to PATH 항목을 표시한 후 Customize installation을 눌러 설치를 시작한다.

그림 1-2 **파이썬 PATH의 추가**

1.3 파이썬의 실행

파이썬에서 프로그램을 실행하는 방법은 크게 두 가지가 있다. 파이썬 셸을 이용하는 방법과 통합개발환경을 이용하는 방법이다. 먼저 파이썬 셸을 이용하는 방법을 알아보자.

파이썬 셸에서의 실행

윈도의 명령어 창을 열고, python이라 입력한 뒤 Enter 키를 누르면 파이썬 셸이 나타난다. 파이썬 셸은 명령어를 받아들일 수 있는 인터프리터 프롬프트 >>> 모양이 보이고 사용자인 여러분의 입력을 기다린다. (버전에 따라 조금 다른 모습으로 보일 수는 있지만 >>>가 입력을 기다리는 것은 같다.)

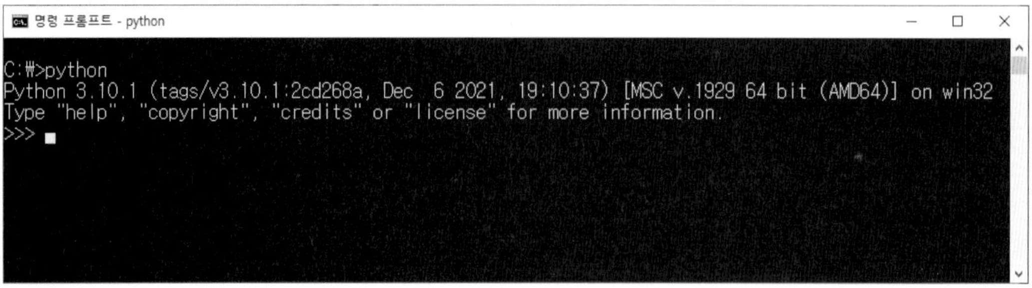

〉〉〉(인터프리터 프롬프트)에서 다음과 같이 입력하고 Enter 키를 누르자.

```
>>> print("hello python")
```

그러면 다음과 같이 hello python이라는 글자가 화면에 보일 것이다. 이처럼 셸에서는 대화식으로 주어진 입력에 대해 출력을 바로 보여준다.

```
hello python
```

print 다음의 괄호 안에 있는 큰따옴표로 둘러싸인 것을 문자열(string)이라 한다. 문자열은 말 그대로 문자들이 여러 개 이어진 것을 말한다. print() 함수는 파이썬의 내장함수(built-in function) 중의 하나인데, 숫자 또는 문자열 등의 결과를 화면에서 확인하고 싶을 때 자주 사용한다. 한글 문자열도 출력이 되는지 시도해 보기 바란다.

파이썬 셸을 부를 수 있는 또 다른 방법은 [Python 3.10] [IDLE]이다. 윈도의 시작 메뉴에서 'P' 항목의 Python 메뉴에서 IDLE을 선택하면 된다. IDLE을 바탕화면이나 작업표시줄에 고정해 두고 사용하면 편리하다. 파이썬 IDLE(Integrated Development and Learning Environment)은 파이썬 프로그램 작성과 실행에 사용되는 통합개발환경이다.

IDLE을 실행하면 처음에 셸 창이 보이고, 앞에서와 같은 결과를 얻을 수 있다. 또한, 셸 창에서 에디터 창을 만들어 프로그램을 입력, 저장, 실행할 수 있는 데 이것은 나중에 배운다.

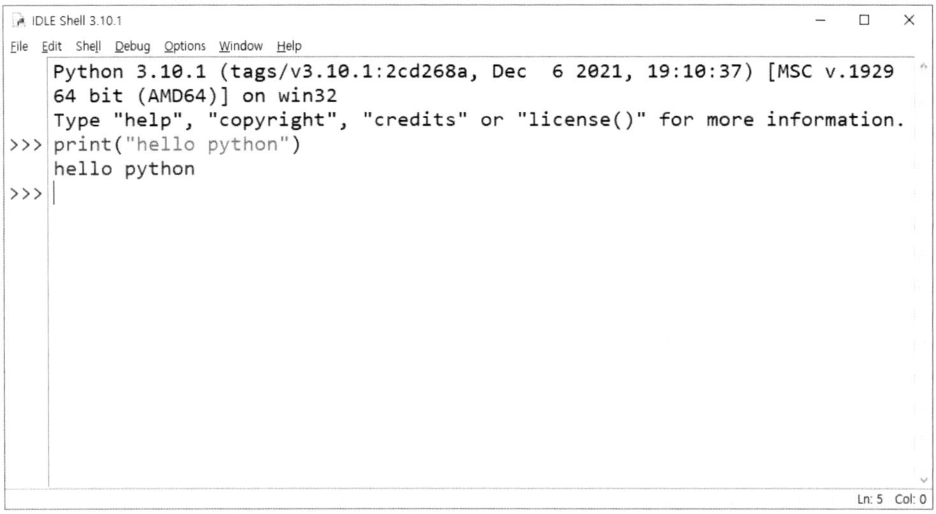

그림 1-3 IDLE 셸에서 간단한 출력문의 실행

셸에서 간단한 계산과 출력하기

셸에서 다음과 같은 수식을 입력해 Enter 키를 치면 아래와 같은 계산 결과를 즉시 얻을 수 있다. + 기호는 덧셈하는 산술연산자이다.

```
>>> 2 + 2
4
```

여러 계산을 하기 위해 셸에서 다음과 같이 입력해 결과가 맞는지 확인해 보자. (각 줄의 # 기호부터는 수석문으로 각 문장의 설명이므로 입력하지 않아도 된다.)

```
>>> 50 - 5*6 # 곱셈 먼저, 그다음에 뺄셈
20
>>> (50 - 5*6) / 4 # 괄호 안의 계산을 먼저 함
5.0
>>> 8 / 5    # 나눗셈하면 실수 연산이 됨
1.6
>>> 17 // 3  # 정수 나눗셈은 소수점 이하를 버림
5
>>> 17 % 3   # % 연산자는 나눗셈의 나머지를 남김
2
>>> 2 ** 7   # 2의 7 제곱
128
```

위에서 # 기호 다음부터 그 줄의 끝까지는 주석문으로 파이썬 번역기에 의해 번역되지 않으므로 프로그램의 실행 결과와는 상관이 없다. 나중에 자세히 배운다. 정수 나눗셈은 // 기호를, 나머지 연산은 % 기호를, 거듭제곱은 ** 기호를 사용한다.

위와 유사한 결과를 다음과 같이 print() 함수를 이용해 얻을 수도 있다.

```
>>> print(2+3)
5
```

이처럼 print() 함수는 문자열을 출력하거나, 숫자 또는 문자 등의 결과를 출력하는 데 사용한다.

1.4 변수와 간단한 계산

변수를 사용해 간단한 계산을 하는 프로그램을 다음과 같이 작성해 실행해 보자.

```
>>> x = 2
>>> y = x * 2  + 3
>>> print(y)
7
```

첫 줄은 정수 2를 변수 x에 저장하라는 의미이고, 두 번째 줄은 x에 2를 곱한 후 3을 더해 그 결과를 변수 y에 저장하라는 뜻이다. 셋째 줄은 y의 값을 화면에 출력하라는 의미이다.

변수(variable)는 값이 변하는 수 등을 저장할 수 있는 저장공간이고, =는 지정연산자, *와 +는 산술연산자라고 하는 데 뒤에서 배운다.

우리가 앞으로 배우게 될 프로그램은 이처럼 변수와 연산자의 조합으로 만들어지는 문장과 함수를 호출하는 문장 등으로 구성된다는 것을 기억하자.

다음과 같이 실행하면 변수가 대소문자를 구분하므로, 정의되지 않은 변수를 사용했다는 오류를 지적받게 된다.

```
>>> x = 2
>>> print(X)
Traceback (most recent call last):
  File "<pyshell#1>", line 1, in <module>
    print(X)
NameError: name 'X' is not defined
```

1.5 논리적/물리적 명령행

물리적 명령행이란 프로그램 코드 내에 직접 표현된 한 줄을 의미하고, 논리적 명령행은 파이썬 인터프리터 관점에서의 한 명령 단위를 의미한다. 파이썬은 각각의 물리적 명령행이 곧 논리적 명령행일 것이라고 내부적으로 간주하고 프로그램을 실행한다.

다음은 2개의 논리적 명령행을 2개의 물리적 명령행으로 표현한 것이다.

```
i = 10
print(i)
```

위의 두 논리적 명령행을 하나의 물리적 명령행에 넣고 싶다면, 다음과 같이 세미콜론(;)을 이용해 논리적 명령행의 끝을 명시적으로 파이썬 인터프리터에게 알려줄 수 있다.

```
i = 10; print(i);
```

이처럼 사용할 수도 있지만, 파이썬으로 프로그램을 만들 때 될 수 있으면 한 명령을 한 행에 적는 방법으로 프로그램을 만드는 것이 좋다.

1.6 들여쓰기

파이썬에서 공백은 중요한 역할을 하는 데 특히 한 행의 앞에 붙어있는 공백이 매우 중요하다. 이것을 들여쓰기라 하는데, 한 논리적 명령행의 앞에 붙어있는 공백(빈 칸 혹은 탭)은 논리적 명령행의 들여쓰기 단계를 의미하며, 이것은 한 명령의 범위를 구분하는 데 사용된다.

이것은 같은 들여쓰기 단계에 있는 명령들은 반드시 같은 들여쓰기를 사용해야 함을 의미하며, 같은 들여쓰기를 사용하고 있는 명령들의 집합을 블록(block)이라고 부른다. 나중에 블록에 대해 다루는 예제를 보게 될 것이다.

잘못된 들여쓰기는 오류를 일으킨다. 다음 예제는 일부러 들여쓰기를 잘못했다.

```
i = 5
    j = 6
```

위 예제를 실행하면 '예상하지 못한 들여쓰기 오류'라는 다음과 같은 오류 메시지를 받는다. 따라서 꼭 필요한 경우에만 들여쓰기해야 하는 데, 뒤에서 다시 설명한다.

```
SyntaxError: unexpected indent
```

1.7 IDLE 에디터 창을 이용한 프로그램의 작성과 실행

만약 앞에서 실행했던 다음 프로그램에서 x에 다른 값을 넣고, y식의 값을 알고 싶으면 세 줄을 다시 입력해 실행해야 한다.

```
>>> x = 2
>>> y = x * 2  + 3
>>> print(y)
7
```

실행해야 할 프로그램의 문장이 길어지고 여러 줄이면 매번 실행할 때마다 다시 입력해야 한다면 귀찮고 힘든 일이 될 것이다. 이때는 프로그램의 내용을 파일에 저장한 후 실행하고 필요에 따라 바꾸어 실행하면 좋다.

파이썬 IDLE의 에디터 창을 이용해 프로그램을 만들고 저장하고 실행할 수 있는 데 다음과 같은 순서로 진행하면 된다.

1 [File][New File] 메뉴를 선택하면 나타나는 메모장 같은 곳에 원하는 프로그램을 입력한다.
2 [Run][Run Module] 메뉴(또는 F5)를 실행하면, 실행하기 전에 저장하라는 조그만 창이 뜨는데, 확인 버튼을 누르고 적절한 위치에 원하는 파일 이름을 주면 확장자가 .py인 파이썬 파일로 저장한 다음 실행하게 된다.
3 또는 [File][Save] 메뉴(또는 Ctrl+S) 또는 [File][Save As..] 메뉴(또는 Ctrl+Shift+S)를 선택해 원하는 위치에 저장부터 하고 난 후 실행해도 된다.

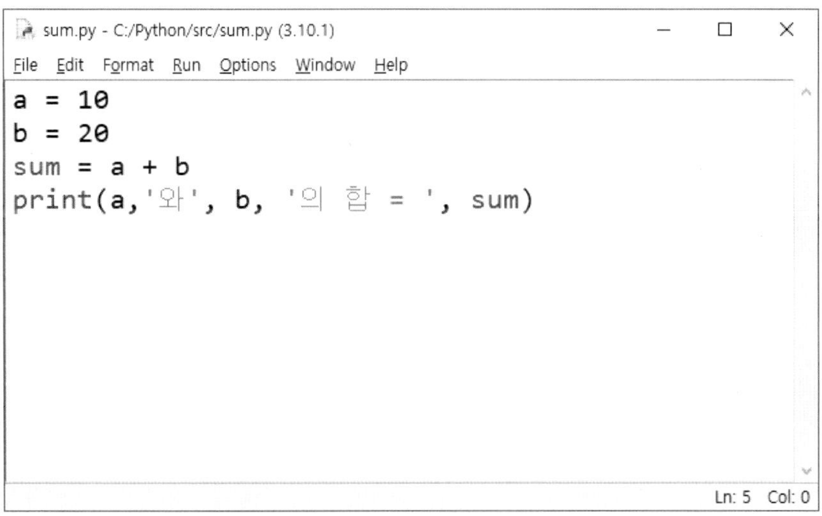

그림 1-4 간단한 프로그램의 저장과 실행

이제부터는 길이가 긴 프로그램은 이처럼 에디터 창을 이용해 프로그램을 만들어 저장한 후 실행하는 방법을 사용하자.

프로그래밍 문제

여러 사칙연산 계산을 셸과 IDLE에서 실행해 보자.

1 밑변이 3이고 높이가 2인 삼각형의 넓이를 계산하라.

2 밑변이 5, 윗변이 3, 높이가 2인 사다리꼴의 넓이를 계산하라.

CHAPTER

02 데이터 형, 연산자, 표현식

본 장에서는 파이썬 프로그램의 기본 구성과 프로그램의 작성에 필요한 여러 요소인 데이터형, 연산자, 표현식 등에 대해 배운다.

Python Network Programming

2.1 파이썬 프로그램의 기본 구성

파이썬 프로그램은 예약어, 변수, 상수, 연산자, 함수 등으로 구성되는데 각 구성 요소에 대해 살펴보자.

예약어(reserved word, keyword)

예약어는 파이썬 언어에서 기능과 사용 용도가 이미 정해져 있는 것으로, 변수 또는 함수의 이름으로 사용할 수 없다. 예약어는 다음과 같다.

```
False, None, True, and, as, assert, async, await, break, class,
continue, def, del, elif, else, except, finally, for, from, global, if,
import, in, is, lambda, nonlocal, not, or, pass, raise, return, try,
while, with, yield
```

예약어는 셸에서 다음과 같이 입력해 직접 확인해 볼 수도 있다.

```
>>> import keyword
>>> keyword.kwlist
['False', 'None', 'True', 'and', 'as', 'assert', 'async', 'await',
'break', 'class', 'continue', 'def', 'del', 'elif', 'else', 'except',
'finally', 'for','from', 'global', 'if', 'import', 'in', 'is',
'lambda', 'nonlocal','not', 'or', 'pass', 'raise', 'return', 'try',
'while', 'with', 'yield']
```

식별자(identifier)

식별자는 프로그램에서 사용할 변수, 사용자 정의함수, 클래스, 모듈 등의 이름을 지정할 때 사용된다. 식별자 이름은 다음과 같은 규칙을 따라 붙인다.

- 영문자, 숫자, 밑줄(_), 유니코드 문자를 사용할 수 있으나, 숫자로 시작할 수는 없음
- 영문 대문자와 소문자는 구별함 (예: name과 Name은 다름)
- 예약어를 식별자로 사용할 수는 없음
- 한글도 유니코드 문자이므로 사용할 수는 있지만 될 수 있으면 사용하지 않는 게 좋음

변수(variable)

파이썬 언어에는 몇 가지 데이터 형태가 있는 데, 변수는 프로그래밍의 가장 기본적인 내용이므로 잘 이해하기 바란다.

프로그램에서 실행 중에 변할 수 있는 값을 가지고 있는 것을 변수(variable)라고 한다. 이와 반대되는 개념으로 변하지 않는 상수(constant)도 있다.

변수는 어떤 값을 저장하는 메모리 공간을 말하며 일상생활의 그릇 또는 상자(box)에 비유할 수 있다. 일상생활에서 물건을 담아 사용할 그릇이나 상자가 필요하며, 또 여러 크기가 필요하듯이 프로그램에서도 여러 종류의 변수가 사용된다. 파이썬은 C나 자바 언어와 달리 변수를 사용하기 전에 미리 선언할 필요는 없다.

변수 이름의 명명 규칙

변수의 이름을 붙이는 데 약간의 제한이 있다.

- 앞의 식별자 규칙을 따라야 한다.
- 보통 변수 이름에는 소문자, 상수 이름에는 대문자를 쓴다.
- 변수의 이름은 사용 목적과 상관이 있는 이름을 쓰는 것이 좋다. 예를 들어 면적을 표시하려면 area라는 이름을 붙인다.
- 변수명이 긴 경우에는 밑줄(_) 또는 대문자를 적절히 사용하여, 읽고 구분하기 쉽게 한다.
- 될 수 있으면 지역변수에는 짧은 이름을, 전역변수에는 긴 이름을 사용한다.
  (지역변수와 전역변수는 나중에 설명함)
- 변수의 올바른 사용 예 :
  Count, _MaxSpeed, total_amount, userName, tree3

- 변수의 그릇된 사용 예 (이유):
  if(예약된 키워드 사용), 72street(숫자로 시작), total#amount(특수 문자의 사용), user name (공백 포함), user-name(중간에 '-' 문자 사용)

변수의 종류

가장 많이 사용하는 변수의 종류는 데이터형(data type)에 따라 부울형(Boolean), 정수형, 실수형, 문자열이 있는 데 변수의 종류에 따라 크기가 다른 기억장소가 각 변수에 할당된다. 다음과 같이 사용할 수 있다.

```
booleanVar = True
intVar = 1
floatVar = 2.3
strVar = "string"
```

부울형은 True 또는 False 값을 가진다. 문자열은 큰따옴표 또는 작은따옴표로 둘러싸인 글자들이다. 위 표현을 다음과 같이 한 줄로 사용하는 것도 가능하다.

```
booleanVar, intVar, floatVar, strVar = True, 1, 2.3, "string"
```

연산자(operator)

연산을 수행하는 데 필요한 것으로 연산자의 종류에는 산술연산자, 관계연산자, 논리연산자, 증가감소연산자, 비트연산자, 지정연산자 등이 있다.

상수(constant)

값이 변하지 않는 것을 상수라 하는 데 숫자 상수, 문자열 상수 등이 있다.

주석문

주석문(설명문, comment)은 # 문자부터 그 줄의 끝까지로 이루어진 일종의 설명문이다. 프로그램의 실행과는 아무 상관이 없고, 프로그램 소스 코드를 주로 보게 되는 프로그래머 자신 또는 동료 프로그래머를 위해 사용한다.

주석은 프로그램을 읽는 사람들에게 그 프로그램이 무엇을 하는 것인지 쉽게 파악할 수 있도록 도움을 주기 위해 작성한다. 주석을 전혀 붙이지 않으면 프로그램을 작성한 한참 뒤에는 본인이 직접 작성한 프로그램이라도 작성 의도를 알 수 없게 될 수도 있다. 따라서 중요한 결정사항, 세부사항, 해결하고자 하는 문제에 대해서는 주석을 이용해 설명하는 것이 좋다.

다음과 같이 3개의 작은따옴표 또는 큰따옴표를 이용해 여러 줄에 걸쳐 주석문을 표시하는 방법도 있다.

```
'''
These are multi-line
comments
'''
```

함수

함수는 print() 함수 등과 같이 파이썬에서 기본으로 제공되는 내장함수(built-in function)와 프로그래머가 필요할 때 작성하는 사용자 작성함수(user-defined function)로 나뉜다. (뒤에서 더 자세히 배운다.)

변수와 수식표현

변수에 값을 지정하고 변경한 후 출력하는 간단한 프로그램을 살펴보자.

```
i = 10
j = 20
print("i=", i, "j=", j)
j = i + j
print("j=", j)
```

위 프로그램에서 = 은 왼쪽의 변수에 값을 지정해 주기 때문에 지정연산자라고 한다. 각각 정수변수 i와 j에 정숫값 10과 20을 지정한 후 각각의 값을 출력하는 문장이다. +는 덧셈을 하는 연산자로 산술연산자라 한다. i와 j의 값을 더하여 그 결과를 j에 지정한다는 뜻이다. j의 값이 얼마일까? 직접 실행해 확인해 보자.

2.2 기본 입출력 함수

프로그램을 실행해 어떤 결과를 얻으려면 적절한 값을 프로그램에 주어야 하고, 이것에 따라 계산되어 나오는 결과를 화면에 출력해 결과를 확인해야 한다. 이 경우 필요한 것이 기본 입출력 함수인 input()과 print() 함수이다.

print() 함수

print() 함수는 숫자나 문자열 등의 데이터를 화면에 출력할 때 사용되는 함수이다. print() 함수의 여러 사용 예를 직접 실행해 결과를 확인하는 방법으로 익혀 보자.

```
>>> print(10+20)
30
>>> print("10"+"20")
1020
>>> print("app " * 5)
app app app app app
>>> n = 10
>>> print("n=%d" %n)
n=10
>>> m = 5
>>> print("m=%d, n=%d" %(m,n))
m=5, n=10
```

마지막 예에서 보듯이 결과를 표시할 수가 여러 개이면 콤마(,)로 구분하고 괄호로 둘러싸면 된다. %d는 정수, %f는 실수, %s는 문자열을 출력하는 시식이다. 표 2.1에 형식지정자에 따른 출력형태를 요약하였다.

표 2.1 print() 함수에서 사용 가능한 서식과 사용 예

서식	설명	사용 예
%d	10진수 정수로 출력	print("%d" %10)
%f	실수로 출력	print("%f" %1.2)
%s	문자열 출력	print("%s" %"cat")
%c	한 글자 출력	print("%c" %"p")
%x	16진수 정수로 출력	print("%x" %10)
%o	8진수 정수로 출력	print("%o" %8)

또는 다음과 같이 format() 함수를 사용해 출력하는 방법도 있다. 4번째 줄의 {0}, {1}은 0번째, 1번째 인자가 각각 name, age임을 의미한다.

```
>>> pi = 3.141592
>>> age = 20
>>> name = 'Kim'
>>> print('name = {0}, age = {1}'.format(name, age))
name = Kim, age = 20
>>> print('pi={0:.3f}'.format(pi))
pi=3.142
```

마지막의 {0:.3f}는 소수점 셋째 자리까지 출력하라는 뜻이다. format()을 사용하면 출력하는 순서를 임의로 지정할 수 있어 좋다.

input() 함수

input() 함수는 키보드로부터 숫자 또는 문자를 입력받을 때 사용하는 함수이다. 숫자를 입력받더라도 실제의 숫자 그 자체가 아니라 숫자로 이루어진 문자열의 형태이기 때문에 이를 숫자로 이용하려면 적절하게 정수 또는 실수로 바꾸어야 한다. 이때 사용하는 함수가 각각 int()와 float()이다. 이와 반대로 숫자를 문자열로 변환하는 함수는 str()이다.
다음 input() 함수의 실행 예를 자세히 살펴보고, 숫자와 문자의 차이를 기억하자.

```
>>> n = input('type a number : ')
type a number : 3
>>> n
'3'
>>> n = int(n)
>>> n
3
>>> n = str(n)
>>> n
'3'
```

입출력 함수의 사용 예제

앞에서 배운 print( ), input( ) 함수와 사칙연산을 이용해 임의의 정수에 임의의 실수를 곱해 그 결과를 출력하는 프로그램은 다음과 같다.

```
i = int(input("Type an int number : "))
f = float(input("Type a float number : "))
print("곱셈 결과 = ", i*f)
```

이번에는 섭씨-화씨온도 변환 프로그램을 만들어 보자. 섭씨온도(C)를 화씨온도(F)로 바꾸는 식은 다음과 같다.

```
F = C*9/5 + 32
```

예제 섭씨-화씨온도 변환 - Ce2Fa.py

```
C = float(input("Type 섭씨온도 : "))
F = C*9/5 + 32
print("화씨온도는", F)
```

임의의 식이 주어지면 위의 두 예와 같이 프로그램으로 변환할 수 있다.

연습문제 2-1

다음 각 프로그램을 작성하고, 실행해 보자.

1 키보드에서 임의의 두 실수를 입력받아 곱한 후 그 결과를 출력하는 프로그램

2 1마일은 1.609km이다. 키보드에서 임의의 마일(정수)을 입력받아 km로 변환해 출력하는 프로그램

2.3 자료형과 크기

파이썬 언어에는 부울형, 정수형, 실수형, 문자열의 기본 자료형이 있다. 변수를 사용하기 전에 미리 자료형을 선언해야 하는 C 언어 등과 달리, 파이썬에서는 변수에 값을 지정하면 그 값의 자료형에 따라 변수의 자료형이 자동으로 정해지고, 또한 바뀔 수도 있다.

부울형

부울(Boolean)형은 참(True) 또는 거짓(False) 값 중 하나를 갖는 데이터형인데, 비교의 결과를 참이나 거짓으로 저장하는 데 사용된다. 데이터형을 알고 싶으면 type() 함수를 사용한다.

```
>>> aVar = True
>>> bvar = False
>>> type(aVar)
<class 'bool'>
>>> a = 1
>>> b = 2
>>> c = a > b
>>> c
False
>>> d = a < b
>>> d
True
```

정수형

소수점이 없는 숫자를 표현하는 데이터형이다.

```
>>> intVar = 0
>>> type(intVar)
<class 'int'>
```

다음은 각각 10, 2, 8, 16진수로 나타낸 정수의 표현이다.

```
1, 23, 3493 # 10진수
0b010101, 0b110010 # 2진수
0o1, 0o27, 0o6645 # 8진수
0x1, 0x17, 0xDA5 # 16진수
```

실수형

실수형은 소수점이 있는 숫자를 표현하는 데이터형이다.

```
>>> fVar = 1.0
>>> type(fVar)
<class 'float'>
```

다음은 여러 가지 실수 표현이다.

```
0., 0.0, .0, 1., 1.0, 1e0, 1.e0, 1.0e0
```

식별을 쉽게 할 수 있게 밑줄(_)을 사용한 숫자의 표현도 가능하다(파이썬 3.6부터 적용)

```
>>> 100_000.000_0001, 0x_FF_FF, 0o7_777, 0b_1010_1010
(100000.0000001, 65535, 4095, 170)
>>> 0.00_10_27
0.001027
```

복소수형

복소수를 사용하려면 수의 허수부에 'j' 또는 'J'를 사용한다. 다음의 사용 예를 보자.

```
>>> a=1+1j
>>> b=1-1J
>>> a+b
(2+0j)
>>> a-b
2j
>>> a*b
(2+0j)
>>> type(a)
<class 'complex'>
```

복소수의 실수부분과 허수부분을 얻으려면 다음과 같이 한다.

```
>>> a.real
1.0
>>> b.imag
-1.0
```

문자열

문자열은 'car', "123" 등의 문자 집합을 의미하는 데, 문자열은 앞뒤를 큰따옴표 또는 작은따옴표 쌍으로 감싸야 한다. 또 여러 줄에 걸친 문자열을 사용하려면 연속으로 이어진 3개의 큰따옴표 또는 작은따옴표의 쌍으로 둘러싸면 된다.

```
>>> strVar = "test"
>>> type(strVar)
<class 'str'>
```

문자열 안에서 큰따옴표나 작은따옴표를 사용하려면 다음과 같이 사용하거나, \ 기호를 사용해 기호를 포함하거나 여러 줄에 걸친 문자열을 사용할 수 있다. 실행 결과와 함께 보자.

```
>>> str1 = "single quote ' inside string"
>>> str1
"single quote ' inside string"
>>> str2 = 'double quote " inside string'
>>> str2
'double quote " inside string'
>>> str3 = "double quote \" inside string"
>>> str3
'double quote " inside string'
>>> str4 = "not very long string \
that spans two lines"
>>> str4
'not very long string that spans two lines'
>>> str5 = """
line 1
line 2
"""
>>> str5
'\nline 1\nline 2\n'
```

타입 에러

연산할 수 없는 자료형을 서로 연산하면 타입 에러가 발생하니 주의해야 한다.

```
age = 23
message = "Happy " + age + "rd Birthday!"
TypeError: can only concatenate str (not "int") to str
```

위는 문자열과 숫자를 합하려 시도하기 때문에 오류가 생긴 것이다.

아래와 같이 여러 종류의 변숫값을 지정한 후 type( ) 함수를 사용하면 변수가 bool(부울형), int(정수), float(실수), str(문자열)형으로 생성된 것을 확인할 수 있다.

```
>>> bVar = True
>>> intVar = 0
>>> fVar = 1.0
>>> strVar = "test"
>>> type(bVar)
<class 'bool'>
>>> type(intVar)
<class 'int'>
>>> type(fVar)
<class 'float'>
>>> type(strVar)
<class 'str'>
```

2.4 연산자의 종류

단순한 출력이 아니고 어떤 계산이나 일을 수행하는 프로그램을 만드는 데 많이 사용되고 꼭 필요한 것이 연산자이다. 이 절에서는 파이썬의 다양한 연산자에 대해 살펴보고 공부한다.

연산자에는 지정연산자(또는 대입연산자), 산술연산자, 관계연산자, 논리연산자, 비트연산자, 이동연산자, 멤버연산자, 식별연산자 등이 있다.

지정연산자

지정연산자(assignment operator, 대입연산자, 할당연산자 라고도 함)는 변수나 표현에 어떤 값을 지정할 때 사용하는 연산자를 말한다.
우리는 앞에서 다음과 같은 표현을 사용하였다.

```
i = 3
i = i + 2
```

이때 사용했던 '=' 기호가 지정연산자인데 오른쪽(우변)의 값을 먼저 계산한 후 그 값을 왼쪽(좌변)의 변숫값으로 지정한다는 뜻이다.

일반 수학에서 사용하듯이 좌변과 우변이 같다는 뜻의 등호가 아니므로 좌변과 우변을 바꾸어서 사용할 수 없다. 오른쪽의 i는 현재값(변경 전 값), 왼쪽의 i는 새로운 값(변경 후 값)으로 생각하면 된다.

산술연산자

산술연산자(arithmetic operator)에는 덧셈, 뺄셈, 곱셈, 나눗셈을 위한 사칙연산자(+, -, *, /)와 정수나눗셈(//), 그리고 나머지 연산자(%)가 있다.

- 정수나눗셈(//) : 정수끼리 나눗셈을 할 때는 소수점 이하의 계산을 하지 않고 버리기 때문에 주의해야 한다. 예를 들어 7//3의 결과는 2이다.
- 거듭제곱(**) : 거듭제곱을 계산하는 연산자. 예를 들어 3**2는 9이다.
- 나머지 연산자(%) : 정수끼리의 나눗셈에서 나머지를 구할 때 사용되며, 실수형 데이터에는 적용할 수 없다. 다음의 계산을 하면 c의 값은 1이 된다.

```
a = 10
b = 3
c = a % b
```

- 연산자의 우선순위는 **, *, /, %가 +, - 보다 높다.

다음 표에 산술연산자를 요약 표시하였다. 이하의 설명에서 연산자의 왼쪽에 있는 연산항을 x, 연산자의 오른쪽에 있는 연산항을 y라 한다.

표 2.2 산술연산자

연산자	설명	사용 예
x + y	x와 y를 더함	a = x + y
x - y	x에서 y를 뺌	s = x - y
x * y	x와 y를 곱함	m = x * y
x / y	x를 y로 나눔	d = x / y
x // y	x를 y로 나눔(정수 나눗셈)	i = x // y
x % y	x를 y로 나눈 나머지	r = x % y
x ** y	x의 y 제곱	q = x ** y

관계연산자

'성적이 90점 이상이면 합격이다'라는 내용을 파이썬 언어로 바꾸려고 하면, 성적(score)이 90점 이상이라는 조건이 참(True)인지 또는 거짓(False)인지 판별해야 한다. 다음 문장을 실행해 결과를 확인해 보라.

```
score = 95
print(score >= 90)
print(score < 80)
```

관계연산자(relational operator)는 연산항의 대소관계 또는 동등관계를 판정하고자 할 때 사용하는 연산자이다. 다른 말로 비교연산자라고 부르기도 하며 연산의 결과는 True 또는 False이다. 주로 뒤에 나오는 조건문이나 반복문에서 많이 사용되며 크게 다음의 두 부류로 나눈다.

- 두 수의 크기 관계를 표현하는 네 개의 연산자(〉, 〉=, 〈, 〈= 즉 크다, 크거나 같다, 작다, 작거나 같다)와
- 같다와 같지 않다를 나타내는 두 개의 연산자(==, !=)가 있다.

표 2.3에 관계연산자와 사용 예를 요약해 표시하였다. 사용 예의 결과를 예측하기 위해 미리 x와 y의 값을 임의로 지정한 후, 직접 실행해 결과를 확인해 보라.

표 2.3 관계연산자

연산자	설명	사용 예
x == y	x와 y가 같은가?	print(x == y)
x != y	x와 y가 다른가?	print(x != y)
x 〉 y	x가 y보다 큰가?	print(x > y)
x 〈 y	x가 y보다 작은가?	print(x < y)
x 〉= y	x가 y보다 크거나 같은가?	print(x >= y)
x 〈= y	x가 y보다 작거나 같은가?	print(x <= y)

논리연산자

복잡한 조건은 관계연산자만을 이용해 표현하기 어렵다.
예를 들어 조건1과 조건2가 있다고 하면 두 조건을 모두 만족할 때 실행하게 할 수도 있고, 두 조건 중 하나만 만족해도 실행하게 할 수도 있기 때문이다.

논리연산자(logical operator)는 여러 조건을 복합해 사용하는 것이 보통인데, 논리곱(and) 연산자, 논리합(or) 연산자, 논리 부정(not) 연산자의 3종류가 있다.

논리곱 연산자

논리 and 연산자라고도 하며, 두 개의 연산항 모두가 참이어야 연산결과가 참이 된다.

앞의 예에서 성적 A를 받을 수 있는 또 다른 조건이 있다고 하자. 즉 시험점수가 80점 이상이면서 리포트점수도 80점 이상이면 A를 받을 수 있다면, 이 조건은 다음과 같이 표현할 수 있는데, 이때 사용하는 and 연산자가 논리곱 연산자이다.

```
exam >= 80 and report >= 80
```

예제 위 문장 앞에 exam과 report 점수를 임의로 주고, 위 문장을 출력해 True 또는 False가 출력되도록 바꾸어 보자.

논리합 연산자

논리 or 연산자라고도 하며 두 개의 연산항 중 하나만 참이어도 연산결과는 참이 된다.

예를 들어 성적 A를 받으려면 시험점수가 90점 이상이거나 또는 리포트점수가 90점 이상이어야 한다는 조건은 다음과 같이 표현할 수 있는 데, 이때 사용하는 or 연산자가 논리합 연산자이다.

```
exam >= 90 or report >= 90
```

예제 위 문장 앞에 exam과 report 점수를 임의로 주고, 위 문장을 출력해 True 또는 False가 출력되도록 바꾸어 보자.

논리부정 연산자

논리 not 연산자라고도 하며, 연산항이 참이면 연산결과는 거짓으로, 연산항이 거짓이면 연산결과는 참이 된다.

```
>>> a = not True
>>> a
False
```

시험점수(exam)가 90점 이상이라는 말은 '90점 미만이 아니다.'라는 말과 같다. 이를 식으로 표현하면 다음과 같다.

```
not (exam < 90)
```

예제 위 문장 앞에 exam 점수를 임의로 주고, 위 문장을 출력해 True 또는 False가 출력되도록 바꾸어 보자.

표 2.4 **논리연산자**

연산자	설명	사용 예
x and y	조건 x와 y가 모두 참(True)이면 참(True)	if x > 0 and y < 5 :
x or y	x 조건과 y 조건이 적어도 하나가 참이면 참	if x > 0 or y > 0 :
not x	x 조건이 거짓이면 참	if not (x < 0) :

비트연산자

파이썬 언어에서는 비트(bit) 단위의 연산이 가능한 데, 이 연산자들은 정수형 데이터에만 사용할 수 있고 실수형 데이터에는 사용할 수 없다. 비트(bit)는 binary digit의 약자로 이진수 0, 1 값을 뜻한다. 비트연산자는 비트 단위로 연산을 진행하는 연산자이며 대부분이 두 개의 연산항을 필요로 하는 이항 연산자이다.

표 2.5에 비트연산자와 사용 예를 요약 표시하였다.

표 2.5 비트연산자

연산자	설명	사용 예
x & y	x와 y 각 비트가 모두 1이면 결과가 1	c = a & b
x | y	x와 y 각 비트 중 하나라도 1이면 결과가 1	c = a | b
x ^ y	x와 y 각 비트가 같으면 0, 다르면 1	c = a ^ b
~x	1은 0, 0은 1로 바꿈	~a
x 〈〈 y	x의 비트 패턴을 y 값(양수) 만큼 왼쪽으로 이동 빈 부분은 0으로 채움.	a << 2
x 〉〉 y	x의 비트 패턴을 y 값(양수) 만큼 오른쪽으로 이동	a >> 2

비트 and 연산자

비트 and 연산자(&)는 비교하는 두 비트가 모두 1일 경우에만 1이 되는 연산자이다. 다음의 예를 검토해 보자. 16진수를 나타낼 때는 숫자의 앞에 0x를 붙여 10진수와 구별한다.

```
  1101 0111   0xD7
& 0011 0011   0x33
---------------------
  0001 0011   0x13
```

위의 예를 셸에서 확인하기 위해 다음과 같이 입력해 보자.

```
>>> a=0xD7
>>> b=0x33
>>> c = a & b
>>> hex(c)
'0x13'
```

또는 더 간단히 다음과 같이 확인할 수도 있다. hex()는 10진수를 16진수로 변환하는 함수다.

```
>>> hex(0xD7 & 0x33)
'0x13'
```

비트 or 연산자

비트 or 연산자(|)는 두 비트 중 하나라도 1이면 연산결과가 1이 되는 연산자이다. 이 연산자를 이용하면 특정 비트를 1로 만들 수 있다. 다음의 예를 검토해 보자.

```
  1101 0111   0xD7
| 0011 0011   0x33
--------------------
  1111 0111   0xF7
```

비트 Exclusive OR 연산자

비트 Exclusive OR 연산자(^)는 두 비트가 서로 다를 때에만 연산결과가 1이 되는 연산자이다. 다음의 예를 검토해 보자.

```
  1101 0111   0xD7
^ 0011 0011   0x33
--------------------
  1110 0100   0xE4
```

왼쪽 이동 연산자

왼쪽 이동 연산자(<<)는 연산항의 비트 열을 정해진 수만큼 왼쪽으로 이동시키는 이항 연산자이고 연산항은 모두 정수이어야 한다. 다음의 예를 검토해 보자. b의 값이 얼마일까?

```
>>> a = 1
>>> b = a << 1
>>> b
2
>>> c = a << 2
>>> c
4
```

비트의 열을 한 칸씩 왼쪽으로 이동시킬 때마다 값의 크기가 두 배씩 증가하므로, 곱셈 연산자를 대신하여 곱셈할 수 있다.

오른쪽 이동 연산자

오른쪽 이동 연산자(>>)는 피연산자의 비트 열을 정해진 수만큼 오른쪽으로 이동시키는 이항 연산자이고, 연산항은 모두 정수이어야 함.
다음의 예를 실행해 연산결과를 확인해 보자.

```
>>> a = 8
>>> b = a >> 1
>>> b
4
>>> c = a >> 2
>>> c
2
```

비트의 열을 한 칸씩 오른쪽으로 이동시킬 때마다 값의 크기가 1/2로 감소하므로, 나눗셈 연산자를 대신하여 나눗셈할 수 있다.

1의 보수 연산자(비트 부정)

1의 보수 연산자(~)는 주어진 수의 각 비트를 뒤집는 연산(즉 비트1은 0으로, 0은 1로 바꾸는)을 하는데, 이것은 1의 보수를 계산하는 것과 같다. 1의 보수에 1을 더한 값을 2의 보수라고 한다. 다음의 예를 검토해 보자.

```
>>> n = 123
>>> ~n
-124
>>> ~n + 1
-123
```

복합지정연산자

다음의 첫 번째 식을 두 번째 식처럼 압축해 사용할 수 있다. 이것을 복합지정연산자라고 한다.

```
i = i + 2
i += 2
```

위의 연산자 '+'처럼 연산자의 좌우에 두 개의 연산항을 갖는 연산자를 이항 연산자라 하는데, 많은 이항 연산자를 위에서처럼 압축된 형태로 사용될 수 있다. 압축하여 사용할 수 있는 연산자에는 다음과 같은 것들이 있다.

```
+ - * / % << >> & ^ |
```

이 연산자들을 압축된 형태로 사용하면 다음과 같다.

```
+= -= *= /= %= <<= >>= &= ^= |=
```

이렇게 압축된 형태의 지정연산자는 간단하다는 장점 이외에도 사람들이 생각하는 것과 유사하다는 장점이 있다. 예를 들어 다음과 같이 사용하면, 'i 값에 2를 더하여 그 값을 다시 i에 넣는다'라고 생각하게 된다.

```
i = i + 2
```

그러나 이 문장을 다음과 같이 바꾸어 쓰면,

```
i += 2
```

'i에 2를 더하라 (또는 i의 값을 2만큼 증가시켜라)'라는 뜻으로 받아들이므로 이것이 더욱더 자연스럽다.

멤버 연산자

멤버 연산자(membership operators)는 특정한 값이 문자열 또는 리스트에 속해 있는지 알려주는 연산자이다. (리스트는 뒤에 나옴)

연산자 in은 부울 연산자로 두 개의 문자열을 받아, 첫 번째 문자열이 두 번째 문사열에 들어있으면 참(True)을, 없으면 거짓(False)을 반환한다.

```
>>> 'py' in 'python'
True
```

연산자 not in은 부울 연산자로 두 개의 문자열을 받아, 첫 번째 문자열이 두 번째 문자열에 들어있으면 거짓(False)을, 없으면 참(True)을 반환한다.

```
>>> 'ty' not in 'python'
True
```

식별연산자

식별연산자(identity operators) is와 is not은 메모리 주소가 같은지를 시험하는 연산자이다.

```
>>> a = 2
>>> b = 2
>>> a is b
True
>>> a is not b
False
```

위 코드는 a와 b의 값이 2인지 시험하는 것이 아니고 a와 b의 메모리 주소가 같은지 시험하는 것이다. 메모리 주소를 확인하기 위해 다음과 같이 실행해 보자. 물론 각자의 실행 결과는 대부분 다를 것이다.

```
>>> id(a)
140726593053552
>>> id(b)
140726593053552
```

다음 예를 보자.

```
>>> 5 == 5.0
True
>>> 5 is 5.0
False
```

== 연산자는 값을 비교한다. 따라서 5와 5.0은 같으므로 True를 반환한다. 그러나 5와 5.0 객체의 주소는 다르므로 False를 반환한다.

2.5 연산자의 우선순위

지금까지 설명된 연산자를 포함한 파이썬의 모든 연산자의 계산 우선순위를 표 2.6에 표시하였다. 위에 있는 것이 우선순위가 더 높은 것이다. 계산의 우선순위를 알고 싶을 때 참고하면 좋다.

표 2.6 연산자 우선순위

우선순위	연산자	설명
1	() [] {}	괄호, 리스트, 딕셔너리, 세트
2	**	지수
3	+ - ~	단항연산자
4	* / % //	산술연산자
5	+ -	
6	<< >>	비트 시프트
7	&	비트연산자
8	^	
9	|	
10	in, not in, is, is not, <, <=, >, >=, ==, !=	비교(멤버십 테스트 포함)
11	not	논리연산자
12	and	
13	or	
14	= %= /= //= -= += *= **=	지정연산자

프로그래밍 문제

다음 각 프로그램을 작성하고, 실행해 보자.

1 자동차의 연료 효율을 미국식(mile/gallon)에서 한국식(km/l)으로 바꾸는 프로그램을 작성하라. (단 1마일은 1.6 km이고, 1 갤런은 3.7854리터이다.) 마일 수와 갤런 수를 입력받는다.

2 산술연산자를 이용하여 임의의 주어진 초를 분으로 바꾸는 프로그램

3 임의의 주어진 분을 입력받고, 그분에 해당하는 날짜와 나머지 시간과 나머지 분을 출력하는 프로그램을 만들어라. (예: 1550분은 1일 1시간 50분)

4 500만 원을 연이율 5%로 저금했을 때 1년 후의 원리금의 합계를 출력하는 프로그램

5 IDLE에서 임의의 exam, report 점수를 입력받아, exam 점수가 90점 이상이거나 report 점수가 90점 이상이면 A학점이라고 출력하는 프로그램

6 1부터 n까지의 합은 n(n+1)/2로 주어진다. 1부터 100까지의 합을 구하여 출력하는 프로그램을 작성하고 실행하라.

7 판매자가 딸기와 포도를 판매하고 있다. 포도 한 알의 무게는 75g이고 딸기 한 알의 무게는 113.5g이다. 사용자로부터 포도알의 개수와 딸기의 개수를 입력받아 총 무게를 계산하여 출력하는 프로그램을 작성하고 실행하라.

CHAPTER

03 프로그램의 제어문

이 장에서는 프로그램에서 계산의 순서를 바꾸는 여러 종류의 제어 문장에 대해 배운다. 제어문에는 조건문, 반복문, 기타 제어문 등이 있는데, 각 제어문의 개념과 사용방법을 이해하는 것을 목표로 한다.

3.1 조건문

특정한 조건에 따라 프로그램의 수행 순서가 달라지는 문장을 조건문이라 한다. 조건문에는 if 문, if-else 문, if-elif 문 등이 있다.

if 문

특정한 조건을 만족시킬 때에만 정해진 문장을 수행하고 싶을 때 유용하게 사용할 수 있는 문장인 if 문의 기본 구조는 다음과 같다.

```
if Condition(조건) :
    Block(블록)
```

Condition(조건)이 True(참)인 경우에만 콜론(:) 다음의 Block(블록) 부분을 실행하고 False(거짓)이면 블록 부분을 실행하지 않는다.

if의 다음은 모두 들여쓰기(indentation)를 해 [블록]을 이루게 한다. 블록은 보통 하나 또는 그 이상의 문장으로 구성되며, 블록에 들어있는 문장들은 첫 줄의 [조건]이 참(True)일 때에만 실행된다.

들여쓰기는 파이썬에서 매우 중요하다. 이것은 프로그램의 논리적인 구조를 알기 쉽게 하기 위한 것으로, 파이썬에서 들여쓰기는 일관성 있게 해야 한다. 즉 한번 Tab 키를 사용했다면 계속 Tab 키를 사용해야 하며, 빈칸 4개를 사용했다면 계속 빈칸 4개를 사용해야 한다. 파이썬에서는 빈칸 4개를 들여쓰기로 사용하는 것이 권장된다.

조건문뿐만 아니라 뒤에 나오는 반복문, 함수 등의 블록에서도 들여쓰기를 잘못하면 의미가 달라지거나 오류가 생길 수 있으므로 주의해야 한다.

셸의 대화형 모드에서는 실행할 문장이 모두 끝나고 Enter 키를 2번 누르면 if 문이 끝나는 것으로 간주한다.

예제 점수가 90 이상일 때 성적이 A이고, 장학금을 받을 수 있다면, 다음과 같은 프로그램으로 작성할 수 있다.

```
score = int(input("정수 입력:"))
if score >= 90 :
    print("성적 - A")
    print("장학금 수여")
```

예제 나이 판정 프로그램

```
age_0 = 22
age_1 = 18
age = int(input('your age? '))
if age < age_0 and age > age_1: #복합 조건문
    print("당신의 나이는 18~22세 사이입니다")
```

if-else 문

앞에서 설명한 if 문은 특정한 조건을 만족시킬 때 정해진 문장을 수행하는 데 반해, 조건을 만족시키지 못한 경우에는 다른 문장을 수행하고 싶을 때 사용하는 것이 if-else 문이다.

if-else 문의 기본 구조는 다음과 같은데, 조건을 계산하여 그 값이 참(True)이면 [블록1]을 실행하고, 그 값이 거짓(False)이면 [블록2]를 실행한다. else 부분이 생략되면 앞의 if 문과 같게 된다.

```
if [조건] :
    [블록1]
else :
    [블록2]
```

예를 들어 앞의 프로그램에서 점수가 90 미만일 때 다른 처리를 해야 한다면, 다음과 같은 프로그램으로 작성할 수 있다.

```
if score >= 90 :
    res = "pass"
else :
    res = "fail"
```

한 문장의 if-else 문

위의 if-else 문 대신 점수가 90 이상이면 합격이고 그렇지 않으면 불합격인 것을 다음과 같이 한 문장으로 사용할 수 있다.

```
res = 'pass' if score >= 90 else 'fail'
```

예제 논리연산자와 if–else 문을 사용하는 조금 더 복잡한 예제로 평년과 윤년(leap year)을 구분하는 방법을 프로그램으로 작성해 보자. 특정 연도가 다음 조건 중 하나를 만족하면 윤년이다.

- 년도 수가 4로 나누어지면서 100으로 나누어지지 않거나
- 400으로 나누어지면 윤년이다.

이것을 판별하는 부분을 파이썬 코드로 쓰면 다음과 같다.

▌예제 윤년 판정 - leap.py

```
year = int(input("Type a year :"))
if (year%4 == 0 and year%100 != 0) or year%400 == 0 :
    print(year, "is leap year")
else :
    print(year, "is not a leap year")
```

중첩 if 문

중첩 if 문(또는 중복 if 문)은 if 문의 몸체 안에 또 다른 if 문이 있는 것을 말한다. 중첩 if 문의 예로 다음 문제를 생각해 보자.

키보드에서 임의의 정수를 입력하면, 그것이 양수인지, 음수인지, 0인지 판별해 출력하는 프로그램은 다음과 같이 작성할 수 있다.

```
n = int(input("type int number : "))
if n > 0 :
    print("positive")
else :
    if n < 0 :
        print("negative")
    else :
        print("0")
```

같은 프로그램을 다음과 같이 또 다른 형태로 작성할 수도 있다.

```
n = int(input("type int number : "))
if n >= 0 :
    if n == 0 :
        print("0")
    else :
        print("positive")
else :
    print("negative")
```

위 두 프로그램을 실행해 보고 혹시 차이가 있는지 생각해 보라.

if-elif-else 문

앞의 if-else 문의 if와 else 사이에 하나 또는 그 이상의 elif를 넣어 사용할 수 있다. 3가지 중 하나를 선택하는 경우에는 elif를 하나 넣어 3개 중 하나를 선택하면 되고, 그 이상의 선택이 필요하면 필요한 만큼 elif를 넣어 사용하면 된다. 경우에 따라서는 마지막의 else 부분을 생략할 수 있다.

▌if–elif–else 문의 기본 구조

```
if [조건1] :
    [블록1]
elif [조건2]:
    [블록2]
else :
    [블록3]
```

앞의 중첩 if 문에서 사용한 수를 판별해 출력하는 프로그램을 elif 문을 이용해 다시 작성해 보면 다음과 같다.

▌예제 수의 판정 - number.py

```
n = int(input("type int number : "))
if n > 0 :
    print("positive")
elif n < 0 :
    print("negative")
else :
    print("0")
```

다중 elif 문(다중 선택문)

위의 elif는 필요하다면 여러 개 사용할 수 있는 데 이렇게 여러 개의 조건 중 하나를 선택해 사용하기 때문에 다중 선택문이라 한다. 이 선택문은 if 또는 elif의 조건이 참이면 그 해당 블록을 실행하고 그 밑의 나머지 elif나 else는 무시한다.

예제 박물관의 입장료가 4세 미만은 무료, 18세 미만은 5불, 65세 미만은 10불, 65세 이상은 5불이라 할 때, 이상의 내용을 코드로 작성한 것이 다음과 같다.

▌예제 입장료 계산 - price.py

```
age = 12
if age < 4:
    price = 0
elif age < 18:
    price = 5
elif age < 65:
    price = 10
else:
    price = 5

print("Your admission cost is $" + str(price) + ".")
```

이번 장에서 배운 내용을 바탕으로 다음 프로그래밍 문제를 작성해 보자.

프로그래밍 문제

1 임의의 정수가 짝수인지 홀수인지 판별하는 프로그램

2 이차방정식 $ax^2+bx+c=0$의 계수 a, b, c(a ≠ 0)를 입력받아 판별식($D=b^2-4ac$)을 이용해 근의 종류를 출력하는 프로그램

3 임의의 점수(0 - 100)를 입력받고 70 미만이면 “불합격”, 70 이상이면 “합격”, 80 이상이면 “합격”, “입학금면제 장학금”, 90 이상이면 “합격”, “입학금면제 장학금”, “등록금면제 장학금”을 출력하는 프로그램

4 사용자로부터 cm 단위의 길이를 입력받는다. 입력값이 음수이면 "잘못 입력하였습니다"라는 메시지를 출력하고 양수이면 길이를 인치로 변환하여 출력하는 프로그램을 작성하라. (1인치 = 2.54cm)

3.2 반복문

반복문은 똑같은 일이나, 비슷한 일을 반복해 계속하고 싶을 때 사용되는 중요한 구문이다. 예를 들어 '*' 문자를 100번 출력하고 싶을 때 print("*") 문장을 100번 호출해 작성하는 것보다 반복문을 사용하는 것이 편리하다.

반복문은 영어로는 보통 루프(loop)문이라고 하며 while 반복문과 for 반복문이 있다.

while 문

while 반복문의 기본 구조는 다음과 같다.

```
[초기화]
while [조건] :
    [블록]
[다음 문장]
```

while 반복문은 [초기화] 부분에서 초깃값을 정한다. 그다음 [조건]을 계산하여 값이 True(참)이면 반복문의 몸체인 [블록]을 계속 수행하고, 값이 False(거짓)이면 while 문을 벗어난 [다음 문장]을 수행한다. 따라서 보통 문장의 수행을 무한히 반복하지 않기 위해서는 보통 블록의 끝부분에 반복의 수행을 끝낼 수 있는 조건의 변화가 있어야 한다.

예제 while 반복문의 예제로 '*' 문자를 100개 출력하는 프로그램은 다음과 같다.

```
i = 1
while i <= 100 :
    print('*')
    i = i + 1
```

위 프로그램은 i가 1부터 시작해 100이 될 때까지 i의 값을 하나씩 증가시키면서 별표를 출력하는 프로그램이다.

예제 또 다른 while 반복문의 예제로 1부터 100까지 자연수의 합을 구해 출력하는 프로그램은 다음과 같다.

▌예제 while 반복문 - sumwhile.py

```
1  i = 1
2  sum = 0
3  while i <= 100 :
4      sum = sum + i
5      i = i + 1
6  print("sum=", sum)
```

1행에서 루프변수 i를 1로 초기화하고, 2행에서 중간합 sum 변수를 0으로 초기화한다. 3행에서 루프변수 i가 100보다 작거나 같으면 블록 내용을 실행한다. 4행은 중간합을 계산하는 부분이고, 5행에서 그다음 계산을 위해 루프변수를 증가시킨다. 6행에서 최종 결과를 출력한다.

for 반복문

반복문을 만들 수 있는 또 다른 문장에 for 문이 있다.
뒤에서 자세히 배우게 되는 반복 객체를 명시적으로 사용할 때 for 반복문의 기본 구조는 다음과 같다.

▌for 문의 기본 구조(반복 객체를 이용할 때)

```
for [변수] in [반복 객체(리스트, 튜플, 문자열 등)] :
    [블록]
```

for 문은 [반복 객체]의 각 요소의 값을 하나씩 [변수]에 저장하고 블록을 실행한다. 이 동작은 [반복 객체]에 더 이상의 요소가 없을 때까지 반복한다. 반복 객체는 뒤에서 자세히 배운다. 다음은 각각 반복 객체인 리스트, 튜플, 문자열을 이용한 for 문의 사용 예이다.

```
for i in [1, 2, 3] :  # 리스트
   print("숫자", i)
for i in (1, 2, 3):   # 튜플
   print("숫자", i)
for i in '123':       # 문자열
   print("숫자", i)
```

이 프로그램을 각각 직접 실행해 출력결과를 확인해 보자. 각 for 문의 실행 결과는 다음과 같다.

```
숫자 1
숫자 2
숫자 3
```

for 반복문은 보통 위의 명시적인 반복 객체 대신 range() 함수를 사용하는 경우가 많은데, 이때는 다음과 같은 기본 구조를 사용한다.

```
for [변수] in range(start, stop, step) :
   [블록1]
```

range() 함수는 위와 같이 3개의 매개변수가 있는 데 start에서 시작해 stop-1까지 step 간격으로 리스트를 만든다. start와 step의 기본값은 0과 1이기 때문에 range(10)이라 호출하면 range(0, 10, 1)이라 호출한 것과 같다.

위의 리스트를 사용한 것과 똑같은 프로그램을 range() 함수를 사용하면 다음과 같다.

```
for i in range(1, 4, 1) :
   print("숫자", i)
```

다음은 for 문에 관한 예제들이다.

예제 1부터 10까지 출력하는 프로그램이다.

```
for x in [1, 2, 3, 4, 5, 6, 7, 8, 9, 10] :
    print(x, end=" ")
```

줄을 바꾸지 않고 숫자를 한 줄에 출력하기 위해 end=" " 를 사용했다.

예제 range() 함수를 사용해 1부터 10까지 출력하는 프로그램이다.

```
for x in range(1, 11) :
    print(x, end=" ")
```

예제 앞의 while 문과 유사하게 1부터 100까지 수의 합을 계산해 출력하는 프로그램이다.

▌예제 for 반복문 - sumfor.py

```
1   sum = 0
2   for i in range(1, 101, 1) :
3       sum = sum + i
4   print("sum = ", sum)
```

1행에서 변수 sum의 값을 0으로 초기화하고, 2-3행에서 1부터 100까지 정수의 합을 계산하여, 4행에서 sum의 값을 출력한다.

예제 x를 n(양의 정수)번 곱해 x^n을 계산하는 프로그램을 for 반복문을 이용해 만들어 보자. 파이썬에는 ** 연산자가 있어 x^n을 쉽게 계산할 수 있지만, 프로그램의 작성을 익히기 위해 ** 연산자를 사용하지 않고, 반복문을 사용해 구현한다.

▌예제 : x^n을 계산 - power.py

```
1  x = float(input('Type x : '))
2  n = int(input('Type n : '))
3
4  prod = 1
5  for i in range(1, n+1):
6      prod = prod * x
7
8  print(prod)
```

1~2행에서 x와 n의 값을 입력받는다. 4행에서 중간 계산 값을 1로 초기화한다. 앞의 숫자를 합하는 예에서 초깃값을 0으로 한 것과 달리 곱셈을 해야 할 때는 초깃값을 1로 주어야 한다. 5~6행에서 x를 n번 곱하는 일을 수행한 후 8행에서 결과를 출력한다.

중첩 반복문

중첩 반복문은 반복문 안에 또 다른 반복문이 들어있는 문장을 말한다. 외부의 반복문 변수 하나(예 i=2)에 대해 내부 반복문의 실행이 끝나면, 외부 반복문의 그다음 변수(예: i=3)에 대해 다시 내부 반복문이 실행되는 식이다.

예제 예를 들어 구구단을 2단부터 9단까지 출력하려면 다음과 같은 중첩 반복문을 사용한다. (gugu.py).

```
for i in range(2, 10, 1) :
    for j in range(1, 10, 1):
        print("%d x %d = %d", %(i, j, i*j))
```

위의 구구단 출력 프로그램을 while 중첩 반복문을 사용해 작성해 보자.

무한 반복문

무한히 반복하는 반복문을 작성하려면 어떻게 해야 할까? while 문을 사용하고 조건식을 참(True)으로 지정하면 쉽게 무한 반복문을 만들 수 있다. 다음 프로그램을 실행해 보자.

```
while True :
    print("last forever")
```

반복문 안의 조건문

필요한 경우에는 반복문 안에 조건문을 넣어 계산할 수 있다. 다음은 사용자가 임의의 정수를 입력하면 음수인지 양수인지 영인지 판정하는 프로그램이다. 5번 시도하면 종료한다. 프로그램의 구조를 파악한 후 실행해 보자.

▌예제 반복문과 조건문을 사용한 수의 판정 - guessNum.py

```
trial = 5
while trial > 0 :
    number = int(input('Enter any integer number : '))
    if number < 0:
        print('음의 수')
    elif number > 0:
        print('양의 수')
    else:
        print('영(zero)')
    trial = trial - 1
```

조건문 안의 반복문

조건문 안에 반복문을 넣어 계산할 수 있다. 예를 들어 앞의 x^n을 계산하는 프로그램은 n이 양의 정수일 때만 동작한다. 만약 이 프로그램을 n이 음의 정수이어도 동작하게 하려면 조건에 따라 달리 동작하도록 하는 부분을 추가해 조건에 따라 다른 반복문이 수행되도록 하면 된다. (힌트: 2^{-3}은 $1/2^3$을 계산)

3.3 기타 제어문

앞에서 배운 문장 이외에도 프로그램 수행의 순서를 바꾸는 문장이 몇 개 더 있다. 이러한 문장에는 break, continue, return 문이 있는 데 이것을 주제로 공부해 보자.

break 문

반복문의 수행 도중에 어떤 조건에 다다르면 반복문에서 빠져나오고 싶을 때가 있다. 이 경우에는 break 문을 사용하면 편리하다. 단 break 문은 중첩된 반복문에서는 그것과 가장 가까운 반복문에서만 빠져나올 수 있다.

다음의 예는 n = 10부터 n = -10까지의 수의 역수(1/n)를 구하는 프로그램이다. break 문을 어떻게 사용하는지 확인해 보라.

▌예제 break를 사용한 역수 계산 - break.py

```
n = 10
while n >= -10 :
    if n == 0 :
        break
    inv = 1.0 / n
    print(inv)
    n = n - 1
```

0의 역수를 계산하지 못하기 때문에 계산을 중지하고 반복문의 수행을 멈추게 된다.

continue 문

continue 문은 반복문의 수행 도중에 어떤 조건에 다다르면 반복문에서 빠져나오는 대신 나머지 계산을 생략하고 그다음 차례의 계산을 계속하고 싶을 때 사용한다.

앞의 break 문의 예제인 역수 계산 문제에서 0의 역수를 계산하지 못하기 때문에 계산을 중지하고 반복문의 수행을 멈추게 된다. 이 경우 continue 문을 사용하면 0의 역수만 계산하지 않고 그다음 수의 역수를 계속 계산할 수 있다. 다음의 예를 실행해 continue 문이 어떻게 동작하는지 확인해 보라.

▌예제 continue를 사용한 역수 계산 - continue.py

```
n = 10
while n >= -10 :
    if n == 0 :
        n = n - 1
        continue
    inv = 1.0 / n
    print(inv)
    n -= 1
```

return 문

return 문은 함수의 끝부분에서 그 함수를 호출한 함수로 돌아갈 때 사용하는 문장이다. 돌아갈 때는 그냥 돌아갈 수도 있고 (이때는 꼭 return 문을 사용하지 않아도 함수의 끝에 다다르면 호출한 함수로 되돌아감) 또는 어떤 계산 값을 가지고 돌아갈 수도 있다. 함수는 뒤에서 배운다.

```
return
return area
```

프로그래밍 문제

1 1 mile은 1.6 km이다. 10 mile부터 200mile까지 10mile 간격으로 해당하는 mile이 몇 km인지 출력하는 프로그램을 작성하라.

2 임의의 크지 않은 자연수 n을 입력받아 n!(팩토리얼)을 계산해 출력하는 프로그램을 반복문을 이용해 작성

3 임의의 자연수 n이 입력되면 2부터 n까지의 모든 소수를 출력하는 프로그램

4 임의의 금액 n이 입력되면(단 n의 최소 단위는 1000원) 그 금액을 만족하는 모든 경우를 출력하는 프로그램(중첩 반복문 사용)의 작성. 지폐(50000, 10000, 5000, 1000원권)만 사용함.

5 아스키 코드표를 출력하는 프로그램(아스키 값 32-126까지)

6 산술연산자를 사용해 임의의 소문자는 대문자로, 대문자는 소문자로 변환해 출력하는 프로그램

7 비트연산자를 사용해 임의의 소문자는 대문자로, 대문자는 소문자로 변환해 출력하는 프로그램

8 임의의 자연수 k를 각각 왼쪽과 오른쪽으로 n번 시프트 하는 프로그램(n : 크지 않은 자연수)

9 윤년계산 방법을 이용해 2000년부터 2500년까지 윤년인 해를 출력하는 프로그램

10 두 수의 최대공약수는 두 수를 나누어떨어지는 가장 큰 수이다. 예를 들어 (16, 24)의 최대공약수는 8이다. 두 수를 입력받아 다음 알고리즘에 의해 최대공약수를 구하는 프로그램을 작성하라.

- 큰 수를 작은 수로 나눈 나머지를 구하라.
- 큰 수를 작은 수로 대체하고 작은 수는 나머지로 대체하라.
- 작은 수가 0이 될 때까지 이 과정을 반복하라. 마지막 큰 수가 최대공약수다.

CHAPTER

04 파이썬 자료구조

프로그램에서 자료를 저장할 수 있는 여러 가지 구조들이 있는데, 이것을 자료구조(data structure)라고 한다. 자료구조는 서로 관련이 있는 자료들을 효율적으로 처리하고 저장하는 데 사용된다. 이 장에서는 문자열, 리스트, 튜플, 딕셔너리(사전), 세트(집합)에 대해서 공부한다. 각각의 사용법에 대해 알아보고, 또한 어떤 특성이 있는지 확인해 보자.

4.1 문자열

파이썬에서 문자열(string)은 'abc', "hello"처럼 연속적으로 이어진 글자들의 집합을 작은따옴표(') 또는 큰따옴표(")로 묶은 것이다.

문자열은 한 줄이면 큰따옴표 또는 작은따옴표로 구분되며, 여러 줄로 계속되는 경우에는 연속적인 큰따옴표(또는 작은따옴표) 3개로 앞, 뒤를 둘러싸면 된다. 큰따옴표를 이용해 문자열을 만들더라도 print()로 출력하면 작은따옴표를 사용해 출력한다.

문자열 기본 구조

문자열이름 = "글씨들" (또는 '글씨들')

(예) word = "Python" (word = 'Python')

문자열의 예는 다음과 같다.

```
>>> str1 = "Python"
>>> str2 = 'language'
>>> str3 = """
multi-line
string
example
"""
>>> str3
'\nmulti-line\nstring\nexample\n'
```

문자열에는 인덱스(첨자)를 붙일 수 있는 데, 첨자는 대괄호 속에 표시한다. 가장 첫 글자의 첨자는 0이고 하나씩 증가한다. C언어와 같이 구별된 문자형 데이터는 없고, 한 글자는 크기가 1인 문자열이다. 다음 예의 문자열은 길이가 6이므로 첨자는 0부터 5까지 있다.

```
>>> word = 'Python'
>>> word[0]  # 위치(첨자) 0의 문자
'P'
>>> word[5]
'n'
```

첨자는 문자열 오른쪽의 맨 끝에서부터 음수로 시작할 수도 있다. -0은 0과 같으므로 음의 첨자는 -1부터 시작한다.

```
>>> word = 'Python'
>>> word[-1]  # 마지막 문자
'n'
>>> word[-6]
'P'
```

다음 그림을 보면 문자열의 첨자를 더 잘 이해할 수 있다. 숫자의 첫 줄은 문자열의 첨자 0~6이며, 두 번째 줄은 같게 대응되는 음의 첨자이다.

P	y	t	h	o	n
0	1	2	3	4	5
-6	-5	-4	-3	-2	-1

위와 같이 첨자 하나를 사용하는 것을 인덱싱(indexing)이라 하는데, 첨자를 두 개를 사용하는 슬라이싱(slicing)도 가능하다. 인덱싱이 첨자 하나만 사용하기 때문에 한 글자만 취할 수 있는 데 비해, 슬라이싱은 문자열 일부를 얻을 수 있다. 슬라이싱은 첫 첨자(생략하면 기본값은 0)와 두 번째 첨자(생략하면 기본값은 문자열의 길이)보다 하나 작은 위치까지의 문자열을 얻는 것이다.

다음의 여러 슬라이싱 예를 살펴보자.

```
>>> word = 'Python'
>>> word[0:2]  # 첨자 0부터 1(2-1)까지
'Py'
>>> word[2:5]  # 첨자 2부터 4(5-1)까지
'tho'
>>> word[:2]   # 첨자 0부터 1까지의 문자
'Py'
>>> word[4:]   # 첨자 4부터 끝까지
'on'
>>> word[-2:]  #
'on'
```

슬라이싱에서 첨자의 처음은 포함되고 마지막은 포함되지 않기 때문에 word[:i] + word[i:]는 항상 word와 같다.

```
>>> word = 'Python'
>>> word[:2]
'Py'
>>> word[2:]
'thon'
>>> word[:2]+word[2:]
'Python'
```

너무 큰 첨자 번호를 사용하면 오류가 발생한다.

```
>>> word[42]  # the word only has 6 characters
Traceback (most recent call last):
  File "<stdin>", line 1, in <module>
IndexError: string index out of range
```

하지만 슬라이싱에서는 범위를 벗어나도 알맞게 잘 처리된다.

```
>>> word[4:42]
'on'
>>> word[42:]
''
```

문자열은 바꿀 수 없으므로 다음과 같이 바꾸려 하면 오류가 발생한다.

```
>>> word[0] = 'J'
  ...
TypeError: 'str' object does not support item assignment
```

만약 또 다른 문자열을 원하면 다음과 같이 슬라이싱을 이용해 문자열을 새롭게 만들면 된다.

```
>>> word = 'Python'
>>> word2 = 'J' + word[1:]
>>> word2
'Jython'
```

내장함수 len()은 문자열의 길이를 계산한다.

```
>>> s = 'smiles'
>>> len(s)
6
```

문자열 처리

인의의 문자열을 입력받아 거꾸로 출력하는 프로그램을 작성해 보자.

```
# 변수 초기화 부분
outStr = ""
count, i = 0, 0

inStr = input("Type string : ")      # 문자열을 입력받아
count = len(inStr)                   # 문자열 길이 계산
for i in range(0, count) :
    outStr += inStr[count - (i + 1)] # 마지막 문자부터 추출하여 저장

print("Reversed string : %s" % outStr)
```

문자열 함수와 메소드의 차이

파이썬은 객체지향 프로그래밍 언어이기 때문에 사용되는 많은 것들이 객체(object)이다.(뒤의 클래스에서 자세히 배움).

객체는 관련되는 변수와 함수를 묶은 것인데, 문자열도 객체이다. 객체에 어떤 연산이나 동작을 하고 싶을 때 객체의 이름 바로 뒤에 점(.)을 붙인 후에 함수의 이름을 적는 데 이 함수를 메소드 함수 또는 메소드(method)라고 한다.

이후의 내용 중 함수와 메소드를 명확히 구분하지 않고 그냥 함수라 사용하기도 한다. 파이썬에는 쉽게 프로그램에서 활용할 수 있는 다양한 문자열 처리함수와 메소드가 있다.

문자열 구성 파악 함수

각 문자열이 어떻게 구성되어 있는지 쉽게 알아볼 수 있는 메소드가 제공되는데, isdigit(), isalpha(), isalnum(), isupper(), islower(), isspace()가 있다. 이 함수들은 함수 이름을 보면 쉽게 짐작할 수 있듯이 각각 숫자, 대소문자 알파벳, 알파벳과 숫자, 대문자, 소문자, 빈칸을 파악하는 함수인데, 연산의 결과를 True 또는 False로 반환한다.

사용 예는 다음과 같다. 직접 실행해 결과를 확인해 보자. 문자열 함수를 사용하는 방법은 문자열 변수 다음에 '.문자열 함수()'를 입력하면 된다.

```
'123'.isdigit() # 문자열이 숫자인가?
'abcABC'.isalpha() 문자열이 문자인가?
'Ab122'.isalnum() # 문자열이 문자+숫자 혼합인가?
'AB'.isupper() # 문자열이 대문자인가?
'ab'.islower() # 문자열이 소문자인가?
' '.isspace() # 문자열이 공백인가?
```

대소문자 변환 함수

upper()는 대문자로, lower()는 소문자로, swapcase()는 대소문자를 상호 변환, title()은 각 단어의 첫 글자를 대문자로 변환, capitalize( )는 첫 글자만 대문자로 바꾸는 함수이다.

사용 예는 다음과 같다. 직접 실행해 결과를 확인해 보자.

```
str = 'Python programming is easy!'
str.upper() # 대문자로 변환
str.lower() # 소문자로 변환
str.swapcase() #  대소문자 상호 변환
str.title() # 단어의 첫 글자를 대문자로 변환
```

문자열 찾기 함수

count(), find(), rfind(), index(), rindex(), startswith(), endswith() 함수가 있다. count( )는 해당 문자열에서 특정 문자열이 포함된 개수를 반환하는 함수이고, startswith( ) 함수는 해당 문자열로 시작하는지를 True 또는 False 값을 반환한다.
사용 예는 다음과 같다. 직접 실행해 결과를 확인해 보자.

```
>>> str = 'Python programming is easy!'
>>> str.count('i') # 문자열에서 'i' 개수
2
>>> str.find('on') # 문자열에서 'on'의 처음 위치. 없으면 -1 반환
4
>>> str.rfind('sy') #문자열에서 'sy'가 나오는 가장 나중 위치(또는 오른쪽부터 처음)
24
>>> str.index('on') # 문자열에서 'on'의 처음 위치. 없으면 ValueError
4
```

문자열 공백 삭제, 변경 함수

문자열의 앞뒤 공백이나 특정 문자를 삭제 또는 변경할 때 strip(), rstrip(), lstrip(), replace() 함수를 사용한다. strip()은 문자열 양쪽 끝을 자른다. rstrip(), lstrip()은 왼쪽끝, 오른쪽끝을 자른다. replace()는 문자열의 특정 부분을 변경할 때 사용한다.
사용 예는 다음과 같다. 직접 실행해 결과를 확인해 보자.

```
>>> str = ' hello '
>>> str.strip() # 양쪽에서 공백 제거
'hello'
>>> str # 원래 문자열은 변하지 않는다
' hello '
>>> str.rstrip() # 오른쪽 공백 제거
' hello'
>>> str.lstrip() # 왼쪽 공백 제거
'hello '
```

문자열 분리, 결합 함수

split(), splitlines(), join() 함수가 있다. split() 함수는 문자열을 분리해 리스트를 반환한다.

```
>>> s = 'a b' # a와 b 사이에 공백이 있다
>>> s.split() # s.split(None)와 같음
['a', 'b']
>>> str = 'abc'
>>> str.split('b') # 문자열을 ( )속의 문자로 분리
['a', 'c']
>>> '*'.join('hello') # *와 문자열의 각 문자를 하나씩 결합한 문자열 생성
'h*e*l*l*o'
```

문자열 정렬, 채우기 함수

center(), ljust(), rjust(), zfill() 함수가 있다. center(number)는 number만큼 자리를 잡은 후 문자열을 가운데 배치한다. ljust() 함수는 왼쪽에 붙여서 출력하고, rjust() 함수는 오른쪽에 붙여서 출력한다.

```
>>> str = 'abc'
>>> str.center(10)
'   abc    '
>>> str.center(10, '-')
'---abc----'
>>> 'he'.rjust(5) # 5자리를 오른쪽으로 정렬
'   he'
>>> 'he'.ljust(5) # 5자리를 왼쪽으로 정렬
'he   '
>>> 'he'.center(5) # 5자리를 가운데로 정렬
'  he '
>>> '12'.zfill(5) # 문자열 '12'의 왼쪽을 0으로 채워 5자리를 만든다
'00012'
```

문자열 처리 메소드에 대해 더 자세히 알고 싶으면 다음 주소를 참조하기 바란다.
https://docs.python.org/3/library/stdtypes.html#string-methods

연습문제 4-1

사용자가 입력한 문자열에 대해 다음 물음에 답하라.

1 문자열의 문자 수를 출력하라.

2 문자열을 10번 반복한 문자열을 출력하라.

3 문자열의 첫 번째 문자를 출력하라.

4 문자열에서 처음 3문자를 출력하라.

5 문자열에서 마지막 3문자를 출력하라.

6 문자열의 문자를 거꾸로 출력하라.

7 문자열에 7번째 문자가 있으면 출력하고, 없으면 '문자가 없음'이라는 메시지를 출력하라.

8 문자열에서 첫 번째 문자와 마지막 문자를 제거한 문자열을 출력하라.

9 문자열을 모두 대문자로 변경하여 출력하라.

10 문자열을 모두 소문자로 변경하여 출력하라.

11 문자열에서 'a'를 'e'로 대체하여 출력하라.

프로그래밍 문제

1 문자 'a'가 들어가는 단어를 키보드에서 입력받아 첫 번째 줄에는 'a'까지의 문자열을 출력하고 두 번째 줄에는 나머지 문자열을 출력하는 프로그램을 작성하라.

```
Your word: happy
ha
ppy
```

2 숫자를 문자열로 변화하는 방법은 str(num)을 이용한다. str(12) ⇒ '12'가 된다. 반대로 문자열을 숫자로 변환하려면 int(string)을 이용한다. int('12') ⇒ 12가 된다. 이를 이용하여 1부터 1000까지의 숫자의 각 자릿수의 합을 모두 구하라. 예를 들어 234 ⇒ 2+3+4=9가 된다.

4.2 리스트

여러 개의 데이터를 저장할 필요가 있을 때 리스트(list)를 사용한다. 예를 들어 학생 2명의 학점을 기록하기 위해 다음과 같이 사용할 수 있다.

```
studentScore1 = 3.95
studentScore2 = 2.98
```

만약 학생 수가 1000명이라면 어떻게 해야 할까? 이런 경우에 필요한 것이 리스트이다. 리스트는 하나의 변수에 여러 개의 값을 할당하는 자료형이다.

리스트의 시작과 끝은 대괄호[]로 구분되며, 대괄호 속에 콤마로 구분된 값(항목, item)들이 들어있다. 리스트를 만들 때는 다음과 같이 만든다.

리스트 기본 구조

```
리스트이름 = [항목1, 항목2, ...]
```

리스트는 다른 형태의 항목을 가질 수도 있으나, 대부분은 모두 같은 종류의 항목을 가진다. 다음은 리스트의 여러 예이다. 공백 리스트도 가능하다.

```
>>> odd = [1, 3, 5, 7, 9]
>>> squares = [1, 4, 9, 16, 25]
>>> squares
[1, 4, 9, 16, 25]
>>> empty = [] # 공백 리스트
>>> empty
[]
>>> a = [1, 'hello', 2, 'world', 1.23] # 리스트 요소는 어떤 것이라도 가능
```

리스트의 인덱싱과 슬라이싱

리스트는 문자열처럼 인덱싱(요소 접근하기)과 슬라이싱(잘라내기)이 가능하다.

```
>>> squares = [1, 4, 9, 16, 25]
>>> squares[0]  # 리스트 요소 추출하기(인덱싱은 0부터)
1
>>> squares[-1] # 마지막 요소
25
>>> squares[0:3] # 0부터 2(=3-1)까지 잘라내기. 새 리스트 반환
[1, 4, 9]
>>> squares[-3:] # 뒤에서 3번째부터 마지막까지 잘라내기
[9, 16, 25]
```

슬라이싱을 이용하면 새로운 리스트를 만들 수 있다.

```
>>> other = squares[:]
>>> other
[1, 4, 9, 16, 25]
```

리스트 합치기

리스트는 다음과 같이 합치기(병합, concatenation) 연산도 가능하다.

```
>>> squares + [36, 49, 64, 81, 100] # 리스트 합치기
[1, 4, 9, 16, 25, 36, 49, 64, 81, 100]
>>> a = [1, 2, 3]
>>> b = [4, 5, 6]
>>> a + b # 리스트 합치기
[1, 2, 3, 4, 5, 6]
```

리스트의 요소 수정, 추가, 제거하기

내용을 바꿀 수 없는 문자열과 달리 리스트는 내용을 바꿀 수 있으므로 다음과 같이 사용할 수 있다.

```
>>> cubes = [1, 8, 27, 65, 125]  # something's wrong here
>>> 4 ** 3  # the cube of 4 is 64, not 65!
64
>>> cubes[3] = 64  # 리스트 요소 수정하기
>>> cubes # 수정된 리스트
[1, 8, 27, 64, 125]
```

새로운 항목을 append() 메소드를 이용해 리스트의 끝에 추가할 수 있다.

```
>>> cubes.append(216)  # add the cube of 6
>>> cubes.append(7 ** 3)  # and the cube of 7
>>> cubes
[1, 8, 27, 64, 125, 216, 343]
```

슬라이스에 대한 값의 지정도 가능하므로 리스트의 크기를 바꾸거나, 내용을 모두 지울 수도 있다.

```
>>> letters = ['a', 'b', 'c', 'd', 'e', 'f', 'g']
>>> letters
['a', 'b', 'c', 'd', 'e', 'f', 'g']
>>> letters[2:5] = ['C', 'D', 'E'] # 리스트 요소 수정
>>> letters
['a', 'b', 'C', 'D', 'E', 'f', 'g']
```

```
>>> letters[2:5] = [] # 리스트 요소 제거
>>> letters
['a', 'b', 'f', 'g']
>>> letters[:] = [] # 리스트 요소를 모두 제거
>>> letters
[]
```

중첩 리스트

다음과 같이 리스트 안에 다른 리스트를 포함할 수도 있고, 다른 자료형을 포함한 복잡한 리스트도 가능하다.

```
>>> a = ['a', 'b', 'c']
>>> n = [1, 2, 3]
>>> x = [a, n]
>>> x
[['a', 'b', 'c'], [1, 2, 3]] # 리스트 요소가 리스트이다
>>> x[0]
['a', 'b', 'c']
>>> x[0][1] #중첩 리스트 요소 지정
'b'
```

2차원 리스트

2차원 리스트는 1차원 리스트를 여러 개 포함한 리스트이다. 다음은 리스트 안에 다른 리스트가 들어있는 2차원 리스트이다.

```
list2d = [[1,2,3],[4,5,6],[7,8,9]]
```

이 리스트를 표 또는 2차원 행렬처럼 다음과 같이 사용해도 리스트의 표현은 같다. 2차원 리스트는 표의 칸에 값을 채웠을 때 생기는 값들의 집합이다.

```
list2d = [[1,2,3],
          [4,5,6],
          [7,8,9]]
```

2차원 리스트의 값에 접근하려면 다음과 같이 대괄호 2개를 사용한다.

```
>>> list2d[0][0]
1
>>> list2d[2][2]
9
>>>
```

2차원 리스트를 행렬로 본다면 첫 첨자는 행, 두 번째 첨자는 열을 의미한다. 2차원 리스트를 행렬의 덧뺄셈 또는 곱셈 등에 사용할 수 있다.

내장함수를 이용한 리스트 다루기

리스트의 길이를 알고 싶으면 내장함수 len()을 사용한다.

```
>>> letters = ['a', 'b', 'c', 'd']
>>> len(letters)
4
```

리스트의 요소 합, 최솟값, 최댓값 구하기는 다음과 같이 한다.

```
>>> num = [1, 2, 3, 4, 5]
>>> sum(num)
15
>>> min(num)
1
>>> max(num)
5
```

리스트의 연산 함수

리스트에 특정한 값을 추가하거나 삭제하는 등의 여러 연산을 할 수 있다. 표 4.1에 리스트를 다루는 여러 함수에 대해 요약하였다.

표 4.1 리스트를 다루는 여러 함수

함수명	사용방법	설명
append()	List.append(val)	List 맨 뒤에 val 항목 추가
clear()	List.clear()	List의 내용을 지움
copy()	newList = List.copy()	List의 내용을 newList에 복사
count()	List.count(val)	List에서 val 값의 개수를 센다
del()	del(List[pos])	List에서 pos 위치의 항목 삭제
extend()	List.extend(newList)	List 뒤에 newList를 추가 +(더하기) 연산과 기능 같음
index()	List.index(val)	val을 찾아 해당 첨자 반환
insert()	List.insert(pos, val)	List의 pos 위치에 val 삽입
pop()	List.pop()	List 맨 뒤에서 항목 삭제
len()	len(List)	List 항목의 전체 개수를 센다
remove()	List.remove(val)	List에서 val 값 항목 삭제(여러 개면 첫번째만)
reverse()	List.reverse()	List 항목을 뒤집어 역순으로 만듦
sort()	List.sort()	List 항목을 정렬
sorted()	newList = sorted(List)	List 항목을 정렬해 newList 만듦

예제 리스트 요소 순서 테스트 프로그램(list.py)

```
cars = ['taxi', 'sedan', 'bus', 'truck']
cars.sort()  # 리스트 요소 변경
print(cars)

cars.sort(reverse=True)
print(cars)

print("Here is the original list:")
print(cars)
print("\nHere is the sorted list:")
print(sorted(cars))  # 원래 리스트는 유지
print("\nHere is the original list again:")
print(cars)
```

예제 리스트 역순으로 출력하기

```
cars = ['taxi', 'sedan', 'bus', 'truck']
print(cars)
cars.reverse()
print(cars))
```

연습문제 4-2

1 3명 이상 친구 이름 리스트를 작성하고 다음 내용을 프로그램에 추가하라.
- insert()로 맨 앞에 새로운 친구 추가
- insert()로 3번째 위치에 새로운 친구 추가
- append()로 마지막에 친구 추가

2 리스트 [1, 2, 3]에 대해 다음 내용을 프로그램에 추가하라.
- 두 번째 요소를 17로 수정
- 리스트에 4, 5, 6을 추가
- 첫 번째 요소 제거
- 리스트를 요소 순서대로 배열하기
- 인덱스 3에 25 넣기

프로그래밍 문제

1 for 루프를 이용하여 다음과 같은 리스트를 생성하라.
- 0~49까지의 수로 구성되는 리스트
- 1~50까지 수의 제곱으로 구성되는 리스트

2 크기가 같은 두 개의 리스트 L, M을 생성하고 두 리스트의 각 요소 합으로 구성되는 새로운 리스트를 생성하라. 예를 들어 L=[1,2,3]이고 M=[4,5,6]이면 [5,7,9]인 리스트 생성

3 사용자로부터 5개의 숫자를 문자열로 입력받아 각 숫자를 +로 연결한 문자열을 생성하라. 예를 들어 2, 5, 11, 33, 55를 입력하면 '2+5+11+33+55'를 생성하라.

4.3 튜플(tuple)

튜플(tuple)은 쉼표로 구분된 여러 개의 항목으로 정의되는데, 보통 이 항목들을 소괄호로 묶는다. 튜플은 여러 개의 객체를 모아 담는 데 사용된다. 튜플은 리스트와 비슷하지만, 리스트 클래스에 있는 여러 기능이 없다. 또 튜플은 수정할 수 없으며(immutable), 그래서 주로 문자열과 같이 바꿀 수 없는 객체들을 담을 때 사용된다.

튜플 만들기

다음과 같이 항목을 나열해 튜플을 만든다. 이것을 패킹이라고 한다.

```
>>> t1 = (1,2,3) # ( ) 속에 요소를 나열하여 만든다. 패킹
>>> t1
(1, 2, 3)
```

하지만 다음과 같이 소괄호()를 생략해 사용할 수도 있다.

```
>>> t2 = 1,2,3 # () 없이 항목을 나열해서 만들 수도 있다.
>>> t2
(1, 2, 3)
```

항목이 하나인 튜플을 만들 때는 항목 뒤에 쉼표(,)를 붙여 만든다.

```
>>> t3 = 1, # 요소가 한 개인 경우 ,를 붙인다
>>> t3
(1, )
```

튜플에 저장된 값들은 수정할 수 없으므로, 주민등록번호, 학번 등의 정보를 저장할 때 사용하면 좋다. 단순 값들의 목록을 다루는 구문이나 사용자 정의 함수에서 주로 사용된다.
튜플을 삭제할 때는 del() 함수를 사용한다.

```
del(t1)
```

튜플의 사용법

튜플의 항목에 접근하려면 리스트처럼 다음과 같이 사용하면 된다.

```
>>> t1 = (1,2,3)
>>> t1[1]
2
>>> t1[1:3]
(2,3)
```

튜플끼리의 덧셈과 튜플과 정수의 곱셈도 가능하다.

```
>>> t1 = (1,2,3)
>>> t2 = ('a','b')
>>> t1+t2 # 두 개의 튜플을 하나로 합치기
(1, 2, 3,'a','b')
>>> t1*2 # 동일한 튜플을 하나 더 생성하여 합치기
(1,2,3,1,2,3)
```

튜플의 항목을 굳이 바꾸고 싶으면, 튜플을 리스트로 변환해 항목을 변경한 다음, 리스트를 다시 튜플로 변환하는 방법을 사용한다. list(튜플) 함수와 tuple(리스트) 함수가 튜플과 리스트를 서로 변환하는 함수이다. 다음 예를 실행해 보라.

```
>>> T1=(1,2,3)
>>> L1=list(T1) # 튜플을 리스트로 변환
>>> L1.append(4)
>>> T1=tuple(L1) # 리스트를 튜플로 변환
>>> T1
(1, 2, 3, 4)
```

다음과 같이 튜플의 요소를 하나씩 변수에 할당하는 것을 언패킹이라 한다.

```
>>> a, b, c = (1, 2, 3)  # 튜플의 요소를 하나씩 변수에 할당. 언패킹
>>> a
1
>>> b
2
>>> c
3
```

4.4 딕셔너리(dictionary, 사전)

딕셔너리(dictionary, 사전)는 사전이나 전화번호부처럼 찾으려고 하는 단어(키, key)를 주면 대응되는 값(value)을 알 수 있는 자료구조이다. 쉼표 기호(,)로 구분되는 이 키(key):값(value)의 쌍이 순서 없이 나열되어 전체적으로 중괄호{ }로 묶인 자료구조가 딕셔너리이다.

딕셔너리 관련 동작

딕셔너리를 만들 때는 중괄호{}를 사용하여 키와 값의 쌍으로 구성하거나,

```
>>> height = {'Jun':174, 'Kim':170, 'Lee':165}
>>> height
{'Jun': 174, 'Kim': 170, 'Lee': 165}
```

또는 dict() 함수를 이용해 다음과 같이 빈 딕셔너리를 만들 수도 있다.

```
>>> test = dict()
>>> test
{}
```

특정한 킷값이 딕셔너리에 존재하는지 알고 싶으면 다음과 같이 in 키워드를 사용해 확인한다.

```
>>> height = {'Jun':174, 'Kim':170, 'Lee':165}
>>> 'Kim' in height # in 연산자로 키가 있는지 조사
True
```

특정한 키에 대응되는 값을 알고 싶으면 다음과 같이 대괄호 안에 '키' 값을 주어 확인한다.

```
>>> height['Kim']
170
```

특정 항목의 값에 접근하려면 다음과 같이 키값을 이용한다.(get() 메소드 사용도 가능)

```
>>> height['Lee']
165
```

위의 딕셔너리에 항목을 추가하려면 다음과 같이 키:값을 넣어준다.

```
>>> height['Ihm']=168 # 요소 추가하기
>>> height
{'Jun': 174, 'Kim': 170, 'Lee': 165, 'Ihm': 168}
```

특정한 키값에 대응한 값을 수정하려면 다음과 같이 직접 값을 지정한다.

```
>>> height['Lee'] = 180 # 요소 수정하기
>>> height
{'Jun': 174, 'Kim': 170, 'Lee': 180, 'Ihm': 168}
```

딕셔너리의 '키'로 사용할 수 있는 것은 '키'가 변하지 않는 값이어야 한다. 따라서 '키'에 사용 가능한 것은 정수, 실수, 문자열, 튜플 등이다. '값'에 사용 가능한 것은 정수, 실수, 문자열, 리스트 등이다.

딕셔너리 관련 함수

딕셔너리의 쌍을 삭제하려면 del(딕셔너리이름[키]) 함수를 다음과 같이 사용한다.

```
>>> del(height['Ihm'])
```

특정 항목의 값에 접근하려면 다음과 같이 get() 메소드를 사용한다.

```
>>> height.get('Lee')
165
```

딕셔너리 변수의 키를 출력하려면 keys( ) 함수를, 값을 출력하려면 values( ) 함수를, 키-값 쌍을 출력하려면 items( ) 함수를 사용한다. 다음 사용 예와 같이 모두 해당하는 것을 리스트로 만들어 반환하는데, items 함수는 key와 value의 쌍을 튜플로 묶은 값을 리스트로 반환한다.

```
>>> height.keys() # 키 뽑아내기
dict_keys(['Jun', 'Kim', 'Lee', 'Ihm']) # iterable이 반환됨
>>> height.values() # 값 뽑아내기
dict_values([174, 170, 165, 168])
>>> height.items() # 요소 분리하기
dict_items([('Jun', 174), ('Kim', 170), ('Lee', 165), ('Ihm', 168)])
```

다음과 같이 하면 뽑아낸 키를 리스트로 변환할 수 있다.

```
>>> height = {'Jun': 174, 'Kim': 170, 'Lee': 180, 'Ihm': 168}
>>> dict_keys = height.keys()
>>> keys_list = list(dict_keys)
>>> keys_list
['Jun', 'Kim', 'Lee', 'Ihm']
```

특정 항목을 삭제하려면 pop() 메소드에 키값을 주어 사용한다.

```
>>> height.pop('Ihm') # 마지막 요소 제거
168
>>> height
{'Jun': 174, 'Kim': 170, 'Lee': 165}
```

딕셔너리를 초기화하려면 clear() 메소드를 사용한다

```
>>> height.clear() # 요소 지우기. 빈 딕셔너리로 만든다
>>> height
{}
```

d.has_key(x) 함수는 딕셔너리 d에 x라는 key가 있으면 True를, 없으면 False를 반환한다.

연습문제 4-3

1 다음 딕셔너리에 대해 물음에 답하라.

```
days = {'January':31, 'February':28, 'March':31, 'April':30,
'May':31, 'June':30, 'July':31, 'August':31,'September':30,
'October':31, 'November':30, 'December':31}
```

- 사용자가 월을 입력하면 해당 월에 일수를 출력하라
- 알파벳 순서로 모든 월을 출력하라
- 일수가 31인 월을 모두 출력하라
- 월의 일수를 기준으로 순서가 정해진 (key-value) 쌍을 출력하라
- 사용자가 월을 3자리만 입력하면 월의 일수를 출력하라. (Jan, Feb 등)

2 다음 딕셔너리에 대해 물음에 답하라.

```
d=[{'name':'Kim', 'phone':'567-1414', 'email':'Kim@daum.net'},
{'name':'Lee', 'phone':'234-5678', 'email':'Lee@naver.com'},
{'name':'Park', 'phone':'555-9876', 'email':''}]
```

- 전화번호가 8로 끝나는 사용자 이름을 출력하라.
- 이메일이 없는 사용자 이름을 출력하라.
- 사용자 이름을 입력하면 전화번호, 이메일을 출력하라. 이름이 없으면 '이름이 없습니다'라는 메시지를 출력하라.

4.5 집합(set)

집합(set, 세트) 자료형은 중괄호 안에 항목들이 중복되지 않고, 순서 없이 모여 있는 것으로 키만 모아 놓은 딕셔너리의 특수한 형태이다. 세트를 생성하려면 딕셔너리처럼 중괄호를 사용하지만 콜론(:) 없이 값을 입력한다.

집합은 포함된 항목들의 순서나 중복에 상관없이 묶음 자체가 필요할 때 주로 사용한다. 이 자료형은 집합의 연산 등에 사용되며, 항목의 중복이 허용되지 않는 특징을 이용해 리스트

또는 튜플의 중복 제거에 사용되기도 한다.

집합의 함수

빈 집합을 만들 때는 set() 함수를 이용하고, set에 항목의 개수를 셀 때는 len() 함수, 항목을 추가할 때는 add() 함수, 제거할 때는 remove() 함수를 이용한다.

```
>>> name = set(['Kim', 'Lee', 'Park'])
>>> numbers = {1,2,3}
>>> len(numbers)
3
>>> numbers.add(4)
>>> numbers
{1, 2, 3, 4}
>>> numbers.remove(4)
>>> numbers
{1, 2, 3}
```

집합의 연산

다음과 같은 교집합, 합집합, 차집합 연산도 가능하다.

```
>>> setA={1,2,3}
>>> setB={2,3,4}
>>> setA & setB # 교집합
{2, 3}
>>> setA.intersection(setB) # 이것도 교집합
{2, 3}
>>> setA | setB # 합집합
{1, 2, 3, 4}
>>> setA - setB # 차집합
{1}
```

또한, 집합끼리는 멤버십 테스트를 이용해서 한 집합이 다른 집합의 부분집합인지 확인할 수 있으며, 부분집합 연산(issubset(), issuperset())도 가능하다.

```
>>> setA = {1, 2, 3}
>>> setB = {1, 2, 3}
>>> setA == setB  # 두 개의 집합이 같은가?
True
>>> setA = {1, 2, 3, 4, 5, 6}
>>> setB = {1, 2, 3}
>>> setB < setA     # 집합 B가 집합 A의 부분집합인가?
True
>>> setB.issubset(setA)  # 집합 B가 집합 A의 부분집합인가?
True
```

예제 집합은 항목의 중복이 허용되지 않는 특징이 있다. 이 특징을 이용해 1부터 45의 수 중에서 6개를 선택하는 로또 번호 생성 프로그램을 만들어 보자.

▌예제 : 로또 번호 생성 프로그램 - lotto.py

```
#pick 6 from 1-45

import random

pick = set()  # 빈 집합
while True:
    n = random.randint(1,45)
    if n in pick:
        continue
    else:
        pick.add(n)
    if len(pick) == 6:
        break
print(pick)
print(sorted(pick))
```

continue와 break 문장을 사용하지 않고도 작성할 수 있는 다른 버전(lotto2.py)은 다음과 같다.

```
import random

pick = set() # 빈 집합
while len(pick) < 6:
    n = random.randint(1,45)
    if n not in pick:
        pick.add(n) # 집합에 요소 추가
print(pick)
print(sorted(pick)) # 숫자 순서대로 출력
```

4.6 기타 자료형

bytes 자료형

bytes 자료형은 ASCII 코드 0-255의 문자로 구성된 것이다. 이에 반해 string 자료형은 유니코드의 문자들로 구성된다.

```
>>> str='abc'
>>> bb=b'abc'
>>> type(str)
<class 'str'>
>>> type(bb)
<class 'bytes'>
>>> str[0]
'a'
>>> bb[0]
97
```

프로그래밍 문제

1 리스트를 이용해 두 3×3 행렬의 덧셈을 계산하는 프로그램을 실행해 보라.

2 위 프로그램을 임의의 두 m×n 행렬의 덧셈을 계산할 수 있도록 확장해 보라.

3 사각형의 가로와 세로가 주어지면 사각형의 넓이와 둘레를 계산해 튜플에 패킹하는 프로그램을 작성하라.

CHAPTER

05 함수의 소개

이 장에서는 함수의 사용법과 함수를 이용해 프로그램을 조금 더 계층적으로 작성하는 방법을 공부한다.

Python Network Programming

5.1 함수의 기초

함수는 다시 사용할 수 있는 프로그램의 부분을 말한다. 여러 명령어 덩어리를 블록으로 묶어 이름을 지은 후, 그 이름을 필요할 때마다 불러 사용하면 그 블록에 포함된 명령어들을 여러 번 다시 실행할 수 있게 된다. 이것을 '함수를 호출한다'라고 한다. 즉 함수는 어떠한 값들을 넘겨받아 일을 처리한 후 그 결과를 출력하거나, 호출한 쪽으로 그 결과를 넘겨주는 일을 하는 명령어들이 모인 것을 말한다.

앞에서 이미 사용한 라이브러리 함수인 print()가 함수의 한 예이다. 화면에 숫자 또는 문자를 출력하고 싶으면 우리는 print() 함수를 호출해 사용했다. 이외에도 input(), int(), float(), range() 등의 내장함수들을 사용해 왔다.

이제부터는 프로그램을 작성할 때 함수가 중요한 단위가 되도록 작성하는 것이 좋다. 함수 사용의 장점은 다음과 같다.

- 프로그램 안에서 중복된 코드를 제거한다.
- 복잡한 프로그래밍 작업을 더 간단한 작업으로 분해할 수 있다
- 함수는 한번 만들어지면 다른 프로그램에서도 재사용될 수 있다.
- 함수를 사용하면 가독성(프로그램의 이해)이 증대되고, 유지 관리도 쉬워진다.

5.2 사용자 정의 함수의 작성

프로그램에서 여러 번 해야 할 일을 함수로 만들어 놓으면, 필요할 때마다 사용하는 사람은 그것을 불러서(호출해서) 이용할 수 있다.

사용자가 필요한 일을 하는 사용자 정의함수(user-defined function)를 만들고 그것을 호출하는 프로그램의 작성에 대해 살펴보자. 함수는 대개 다음과 같은 모양으로 작성된다.

```
def 함수이름(매개변수) :
    문장1
    문장2
    ...
    return (값)
```

def 키워드는 함수를 정의하기 시작한다는 의미이고, 그다음에 함수의 이름을 입력한다. 함수 이름을 작성할 때는 변수 이름 만들 때와 유사한 방법으로 하면 된다. 소괄호 안에 있는 것을 매개변수라 한다. 매개변수란 함수로 넘겨지는 값들의 이름이며, 함수는 이 값들을 이용해 일할 수 있다. 매개변수는 변수와 거의 같이 취급되지만, 매개변수의 값들은 함수가 호출될 때 넘겨받은 값들로 채워지며 함수가 실행되는 시점에 할당이 완료된다. 매개변수가 하나도 없으면 빈칸으로 두면 되고, 둘 이상이면 콤마(,)로 구분한다.

콜론의 다음 줄부터는 들여쓰기해서 함수의 몸체 부분을 완성한다. 들여쓰기하는 부분이 더 이상 없으면 함수의 몸체 부분이 끝난다. 함수의 마지막 부분에서 반환 값이 있으면 그것을 반환한다.

가장 간단한 함수

매개변수와 반환 값이 없는 가장 간단한 함수는 다음과 같은 모양이다. 맨 마지막의 return 문장은 생략해도 된다.

```
def 함수이름() :
    문장1
    ...
    (return)
```

hello, everybody! 라는 글자를 출력하는 간단한 함수 welcome()과 그 함수를 호출하는 프로그램은 다음과 같다.

```
def welcome() :    # 매개변수가 없다
    print("hello, everybody!")

welcome()    # 함수의 호출
```

직접 입력해 실행해 보자. 위 프로그램을 실행하면 1행부터 실행되는 것이 아니다. 1~2행은 함수의 정의 부분이므로 바로 실행되는 것이 아니다. 4행의 welcome()이 실행되어 이 함수를 호출하면, 1~2행의 함수 부분이 실행되어 글자가 출력된다.

반환 값이 없는 함수

넘겨받는 매개변수는 있고 반환 값이 없는 함수는 다음과 같은 모양이다. 맨 마지막의 return 문장은 생략해도 된다.

```
def 함수이름(매개변수) :
    문장1
    문장2
    ...
    (return)
```

앞의 프로그램은 항상 정해진 문자열만 출력하는 함수이기 때문에 별로 유용하지 않다.

출력할 문자열을 넘겨주면 그것을 출력하는 함수가 있으면 더 좋을 것 같다. 이런 함수를 만들어 보자. 출력할 문자열을 str이라는 매개변수로 넘겨받아 그것을 출력하는 함수 prtStr(str)과 그 함수를 호출하는 예를 만들어 보면 다음과 같다.

```
def prtStr(str) :    # str을 매개변수라 함
    print("%s" %str)
    return           # 반환값 없이 함수 종료. return을 생략해도 됨

str = "Wecome to Python"
prtStr(str)    # 인자를 전달하여 함수 호출
```

반환 값이 없으므로 3번 행은 생략해도 무방하다. 동일한 실행 결과가 나오기 때문이다.

보통 함수의 이름을 정할 때는 함수가 하는 일을 정확하게 설명하는 단어(동사와 명사)를 사용하는 것이 좋다. 적절하게 사용하면 굳이 주석을 붙이지 않아도 소스 코드를 이해하기 쉽기 때문이다. 다음 예를 보자.

```
squareArea(side)        # 정사각형의 넓이 계산하는 함수
computeAverage(list)  # 평균을 구하는 함수
```

반환 값이 있는 함수

넘겨받는 매개변수도 있고 반환 값도 있는 함수의 일반적인 모양은 다음과 같다.

```
def 함수이름(매개변수) :
    문장1
    문장2
    ...
    return 값
```

예를 들어 정사각형의 넓이 계산을 위해, 한 변의 길이가 s인 정사각형의 넓이를 계산하는 함수를 다음과 같이 정의하고, 필요한 만큼 함수를 호출해 사용하는 예는 다음과 같다.

▌예제 함수의 사용 - squareArea.py

```
1   def squareArea(s) :
2       area = s * s
3       return area    # area 값이 반환됨
4
5   a = squareArea(5) # 인자 5를 함수에 전달. 함수의 반환값이 a에 저장
6   b = squareArea(7) # 인자 7를 함수에 전달. 함수의 반환값이 b에 저장
7   print("한변의 길이가 %d인 정사각형의 넓이는 %d" %(5, a))
8   print("한변의 길이가 %d인 정사각형의 넓이는 %d" %(7, b))
```

프로그램을 실행하면 1~3행은 함수의 정의 부분이므로 바로 실행되지 않는다. 5행의 squareArea(5)를 실행해 1행의 함수를 호출하면 숫자 5가 s에 전달되어 2행에서 계산되어 area에 저장된 후 3행에서 그 값을 호출한 곳으로 반환한다. 이 반환된 값이 5행에서 변수 a에 저장된다. 그다음 6행의 squareArea(7)를 실행하면 유사한 절차에 따라 계산하여 반환된 값을 6행에서 b에 저장한다. 그다음 7~8행에서 결과를 출력한다. 위의 2~3행처럼 간단한

계산이면 그 두 문장을 return s*s 한 문장으로 대신해 사용해도 된다.

함수를 정의할 때 함수 이름 뒤 괄호 속에 주어진 이름을 매개변수(parameter)라 하고, 함수에 넘겨준 값들을 인수 또는 인자(argument)라고 한다. 위의 예에서 s는 매개변수고, 함수에 실제로 전달되는 값 5와 7이 인수이다.

조금 더 복잡한 함수를 이용한 프로그램을 작성해 보자.

1부터 50까지 합해서 그 결과를 a에 저장하고, 1부터 1000까지 합해서 그 결과를 b에 저장한다면 일의 본질은 같고 50까지 또는 1000까지 더하는 일만 다를 뿐이다. 이 경우에 1부터 n까지 더하는 일을 해주는 sum(n)이라는 함수를 만들어 사용하면 좋을 것 같다.
다음 프로그램이 그 결과이다.

예제 1부터 n까지 더하는 sum(n) 함수와 그를 이용한 프로그램

▌예제 합을 구하는 함수와 그를 이용한 프로그램 - funcSum.py

```
def sum(n):        # 매개변수 n을 전달받는다
    sum = 0
    for i in range(1, n+1): # 1~n까지 반복
        sum = sum + i        # 합에 새로운 수를 더한다
    return sum     # 합을 반환

a = sum(50)
b = sum(1000)
print(a)
print(b)
```

기본적으로 함수를 이용한 프로그램의 작성은 위에서 설명한 것과 같은 방법으로 하면 된다.

자료구조를 반환하는 함수

파이썬에서는 함수가 반환하는 것이 하나의 값이 아니고 앞에서 배운 여러 자료구조를 반환하도록 작성할 수 있다. 다음은 튜플을 반환하는 함수를 이용한 프로그램이다.

예제 튜플을 이용하면 다음과 같이 정사각형의 한 변의 길이가 주어졌을 때, 정사각형의 넓이와 둘레를 한꺼번에 반환하는 함수를 작성할 수 있다.

▌프로그램 5.1: 튜플을 이용한 함수(tupleFunc.py)

```
def square(s) :
    area =  s*s
    circumference = 4*s
    return (area, circumference)

s = float(input("정사각형 한변의 길이 : "))
(a, c) = square(s)
print("정사각형 넓이="+str(a)+"둘레="+str(c))
```

필요하다면 튜플 뿐만 아니라 리스트 등의 자료구조를 반환하는 함수도 작성할 수 있다.

5.3 지역변수와 전역변수

변수는 함수 안에서만 사용하는 지역변수(local variable)와 함수 밖에서도 사용할 수 있는 전역변수(global variable)로 나눈다.

다음 프로그램에서 함수 func1()의 변수 v와 함수 func2()의 변수 v는 이름은 같지만, 서로 영향을 미칠 수 없는 전혀 다른 변수이다. 마치 실세계의 동명이인과 같은 것으로 생각하면 이해하기 쉽다. 이 프로그램을 실행해 보면 10과 20이 출력될 것이다.

```
# 함수 선언부
def func1() :
    v = 10      # 함수 func1()안의 지역변수. func1()안에서만 유효
    print("func1()의 v = %d" % v)

def func2() :
    v = 20      # 함수 func2()안의 지역변수. func2()안에서만 유효
    print("func2()의 v = %d" % v)

# 메인 코드 부분
```

```
func1()
func2()
```

이번에는 위 프로그램의 func2()의 내용을 약간 변경한 다음 프로그램을 살펴보자. func2() 안에 지역변수 v 값을 지정하지 않았지만, 전역변수 v의 값이 정의되어 있으므로 그 값이 출력되어 실행 내용은 위와 같다.

```
# 함수 선언부
def func1() :
    v = 10      # 함수 func1()안의 지역변수
    print("func1()의 v = %d" % v)

def func2() :
    print("func2()의 v = %d" % v) # 함수 func2()안의 전역변수

# 전역변수 선언부
v = 20          # 전역변수이므로 프로그램 내에서 유효

# 메인 코드 부분
func1()  # 지역변수 값인 10을 출력
func2()  # 전역변수 값인 20을 출력
```

함수 안에서 전역변수의 값을 변경하려면 함수 안에서 global이라는 키워드로 전역변수임을 알려주어야 한다. 이번에는 위 프로그램의 func2()안에서 전역변수 v의 값을 변경한 후 실행해 v의 값이 어떻게 되는지 꼭 확인해 보라.

```
# 함수 선언부
def func1() :
    v = 10      # 함수 func1()안의 지역변수
    print("func1()의 v = %d" % v)

def func2() :
    global v        # v를 전역변수로 선언
    v = 30
    print("func2()의 변경된 전역 v = %d" % v) # 함수 func2()안의 전역변수

# 전역변수 선언부
v = 20          # 함수 밖에서 정의되었으므로 전역변수
```

```
# 메인 코드 부분
func1() # 10을 출력
func2() # 30을 출력
```

5.4 복잡한 매개변수의 전달 방법

함수에서 매개변수를 전달할 때 앞에서 배운 내용에 추가해 몇 가지 방법을 더 소개한다.

매개변수의 기본 인수 값 지정 전달

파이썬에서는 함수의 매개변수가 기본값을 가질 수 있다. 이것을 디폴트 인수(default argument)라고 한다. 함수를 호출할 때 인수를 선택적으로 넘겨주게 해 사용자가 값을 넘겨주지 않으면 자동으로 기본값을 사용하도록 하는 것이 편할 때가 있다. 함수를 선언할 때 원하는 매개변수 뒤에 대입 연산자(=)와 기본값을 입력해 기본 인수 값을 상수로 지정하면 된다. 다음 두 예를 실행해 결과를 확인하여 동작 원리를 이해해 보자.

```
def prtMesg(message, count=1):
    print (message * count)

prtMesg('default')
prtMesg('Hi! ', 5)

def greet(name, msg="Nothing new?"):
    print("Hi! ", name + ', ' + msg)

greet("Abe")
greet("Bob", "Good morning!")
```

키워드 인수를 이용한 매개변수 전달

여러 개의 매개변수를 가지고 있는 함수를 호출할 때, 그중 몇 개만 인수를 넘겨주고 싶을 때가 있다. 이때 인수들이 위치가 아니고 키워드에 의하여 함수로 전달되는 방식으로 매개변수의 이름을 지정하여 직접 값을 넘겨줄 수 있는데 이것을 키워드 인수라 한다. 함수 선언 시 지정된 매개변수의 순서대로 값을 넘겨주는 것 대신, 매개변수의 이름(키워드)을 사용해 각각의 매개변수에 인수를 넘겨주도록 지정해 준다.

키워드 인수를 사용하면 인수의 순서를 신경 쓰지 않고 함수를 쉽게 호출할 수 있는 점과 특정한 매개변수에만 값을 넘기도록 하여 나머지는 자동으로 기본 인수 값으로 채워지게 할 수 있다는 장점이 있다.

다음 예를 실행해 결과를 확인해 보자.

```
def func(a, b=2, c=3):
    print('a=', a, 'b=', b, 'c=', c)
    return a + b + c

print(func(4, 5))
print(func(5, c=7))
print(func(c=10, a=27))\end{src}
```

매개변수의 개수가 가변인 경우의 전달

때로는 함수에 매개변수의 개수를 임의로 지정해 주고 싶을 때가 있다. 이것을 가변 매개변수라 하는데, 다음 예제와 같이 매개변수의 이름 앞에 별표(*)를 사용하여 인수(arguments)가 변할 수 있음을 표시한다. 별(*) 기호가 붙은 매개변수를 예를 들어 *param과 같이 매개변수를 지정해 주면 함수에 넘겨진 모든 인수가 'param' 이라는 이름의 튜플로 묶여서 넘어와 처리된다.

다음 예를 실행해 결과를 확인해 보자.

```
def total(*numbers):
    sum = 0
    for n in numbers:
        sum += n
    return sum

print (total(1,2,3))
print (total(1,2,3,4,5))
```

또 위와 비슷하게 앞에 별 두 개가 달린 매개변수, 예를 들어 **param과 같이 매개변수를 지정하면 함수에 넘겨진 모든 인수가 'param'이라는 이름의 딕셔너리로 묶여서 넘어온다. 따라서 함수를 호출할 때 매개변수를 딕셔너리 형식의 `키=값' 형식으로 사용해야 한다.

다음 예를 실행해 결과를 확인해 보자.

```
def dicPresident(**keywords):
    for i in keywords.keys():
        print("%s : %d-th president" %(i, keywords[i]))

dicPresident(Kennedy=35, Obama=44, Trump=45)
```

5.5 pass 키워드

pass 키워드는 함수(또는 클래스)의 구현을 미룰 때 사용한다. 문법적으로 문장이 필요하지만, 아직 아무것도 구현되지 않은 곳에 pass를 사용한다. 예를 들어 구현해야 할 함수 f()가 아직 구현되지 않은 곳의 위치를 차지할 용도(placeholder)로 다음과 같이 사용한다.

```
def f(arg):
    pass
```

파이썬 셸에서 다음과 같이 입력하면 도움말을 볼 수 있다.

```
>>> help()
help> pass
```

5.6 람다(무명) 함수

람다(lambda, 무명) 함수는 이름은 없고 몸체만 있는 함수이다. 함수를 한 줄로 간단하게 만들어 사용한다. 파이썬에서 무명 함수는 lambda 키워드로 만들어진다.

lambda 함수의 기본 구조는 다음과 같다.

```
lambda parameters : expr

parameters는 매개변수, expr는 결과가 반환되는 식
```

다음은 람다 함수의 예이다.

```
sum = lambda x, y: x+y # lambda는 계산값  x+y를 반환

print( "정수의 합  : ", sum( 10, 20 ))
print( "정수의 합  : ", sum( 20, 20 ))
```

두 개 이상의 값을 반환하려면 튜플을 사용한다.

```
lambda x, y: (x + y, x * y) # (x+y, x*y) 튜플을 반환
```

5.7 재귀호출(되부름, recursion) 함수

재귀호출(되부름, recursion) 함수는 함수가 자기 자신을 부르게 작성된 함수를 말한다. 재귀호출 함수를 작성할 때는 함수가 종료되는 조건을 반드시 포함하도록 해야 한다. 그렇지 않으면 계속 자기 자신을 불러 시스템 자원을 소진해 비정상적으로 끝나게 된다.

재귀호출을 사용한다고 해서 기억장소(storage)가 절약되거나 속도가 빨라지지는 않는다. 하지만 프로그램이 간결해지고 이해하기가 쉬운 장점이 있다.

재귀호출 프로그램의 전형적인 예인 하노이 탑 프로그램을 살펴보자.

하노이 탑

옛날 하노이의 어느 수도원에서 그림 5-1과 같이 놓인 구멍이 뚫린 원판(디스크)를 움직이려고 했다. 초기 상태는 A, B, C 세 개의 말뚝이 있고, 맨 왼쪽에 64개의 원판이 차례대로 놓여 있는데, 위의 원판은 바로 아래보다 작다. 주어진 임무는 두 번째 말뚝 B를 이용하여 모든 원판을 오른쪽 말뚝 C로 옮기는 것이다. 단, 조건은 원판은 한 번에 하나씩 옮기며, 어떤 경우에라도 위에 놓인 원판은 아래 원판보다 클 수 없다.

그림 5-1 **하노이 탑 시작(6개의 원판인 경우)**

이 문제를 어떻게 풀 수 있을까? A에 있는 n개의 원판을 C로 옮기기 위해서는 다음 동작이 차례대로 되어야 한다.

① A의 바닥에 있는 제일 큰 원판을 제외한 n-1개의 원판을 C를 이용해 B로 옮긴다.
② 바닥의 제일 큰 원판을 A에서 C로 옮긴다.
③ 그다음 B에 있는 n-1개의 원판을 A를 이용해 C로 옮긴다.

위의 알고리듬에 따라 구현된 다음 재귀함수 프로그램은 a 위치에 있는 n개의 원판을 b를 이용해 c로 옮기는 것이다.

▌예제 재귀호출 하노이 탑 - hanoi.py

```
# a에 있는 n개의 원판을 b를 이용해 c로 옮김
def move(n, a, b, c):
    if n > 0:
        move(n-1, a, c, b) # a에 있는 n-1개의 원판을 c를 이용해 b로 옮김
        print("Move a disk from %s to %s" %(a,c))
        move(n-1, b, a, c) # b에 있는 n-1개의 원판을 a를 이용해 c로 옮김

move(3, 'a', 'b', 'c') # a에 있는 3개의 원판을 b를 이용해 c로 옮김
```

프로그램의 동작을 이해하기 위해 원판 3개가 A 위치에 놓여 있는 그림을 그린 후 프로그램이 지시하는 대로 원판을 움직여 보자.

재귀호출 프로그램의 작성

재귀호출 프로그램 작성의 좋은 예는 자료구조를 배운 후 연결리스트나 트리의 조작에서 많이 찾아볼 수 있다. 여러 다른 책에서 재귀호출의 예로 많이 나타나는 다음 계산들은 사실 반복문을 사용해서 충분히 작성할 수 있으므로 재귀호출 사용의 좋지 않은 예라 할 수 있다.

- factorial(!)의 계산
- power(x, n)의 계산
- Fibonacci 수의 계산 : $F_0 = 0$, $F_1 = 1$, $F_n = F_{n-1} + F_{n-2}$

그러나 아직 자료구조를 잘 모르는 상태이므로 부득이 재귀함수의 작성법을 익히기 위해 위의 함수 중 factorial(!)의 계산 함수를 재귀함수로 작성해 보자(factRec.py).

```
def facto(n):
    if n == 0:
        return 1 # 재귀 함수 종료 조건. n=0이면 종료
    else:
        return n * facto(n-1) # n! = n * (n-1)!

print(facto(5))
```

재귀함수를 더욱 잘 이해하려면 위에서 정의하고 있는 facto(n) 함수와 else 절에서 호출하는 facto(n-1) 함수가 이름은 같지만 서로 다른 함수라 생각하는 것이 좋다.

5.8 내장함수

파이썬의 내장함수는 추가 설치가 필요 없이 바로 호출해 사용하면 된다. 다음과 같은 내장함수가 있다. 내장함수의 이름을 확인하려면 셸에서 dir(__builtins__)를 사용하면 된다.

```
'abs', 'aiter', 'all', 'anext', 'any', 'ascii', 'bin', 'bool',
'breakpoint', 'bytearray', 'bytes', 'callable', 'chr', 'classmethod',
'compile', 'complex', 'copyright', 'credits', 'delattr', 'dict',
'dir', 'divmod', 'enumerate', 'eval', 'exec', 'exit', 'filter',
'float', 'format', 'frozenset', 'getattr', 'globals', 'hasattr',
'hash', 'help', 'hex', 'id', 'input', 'int', 'isinstance',
'issubclass', 'iter', 'len', 'license', 'list', 'locals', 'map',
'max', 'memoryview', 'min', 'next', 'object', 'oct', 'open', 'ord',
'pow', 'print', 'property', 'quit', 'range', 'repr', 'reversed',
'round', 'set', 'setattr', 'slice', 'sorted', 'staticmethod', 'str',
'sum', 'super', 'tuple', 'type', 'vars', 'zip'
```

위의 내장함수 중 몇 개에 대해 사용법을 간단히 소개한다.
abs()는 절댓값을 계산한다.

```
>>> abs(-2)
2
```

round()는 반올림하는 함수인데, 계산할 때 앞의 정수가 짝수인 쪽으로 계산되는 round_half_even 방식을 사용하기 때문에 다음과 같은 결과를 얻는다.

```
>>> round(1.5)
2
>>> round(2.5)
2
```

따라서, 우리가 보통 생각하는 반올림을 하고 싶으면 원래값에 0.5를 더한 다음 그 값을 정수로 변환하면 된다(int()함수 사용)

```
>>> f = 2.5
>>> int(f+0.5)
3
```

또한, 인수가 2개인 경우는 다음과 같이 동작한다.

```
>>> f = 12.3456
>>> round(f, 2) # 소수점 둘째 자리까지
12.35
>>> round(f, 3) # 소수점 셋째 자리까지
12.346
```

all(seq)은 seq 요소가 모두 True이면 True를 반환하고 any(seq)는 seq 요소 중 하나라도 True가 있으면 True를 반환한다.

```
>>> all([1,-2,3])
True
>>> all([1,-1,0])
False
>>> any([1,-1,-5])
True
>>> any([0,0,0])
False
```

hex(), oct(), bin()은 각각 16진수, 8진수, 2진수로 변환하는 함수이다.

```
>>> bin(12)
'0b1100'
>>> oct(9)
'0o11'
>>> hex(125)
'0x7d'
```

chr(code)는 ASCII 코드값을 받아 문자로 출력하며, ord(ch)는 문자 ch에 대한 ASCII 코드를 반환한다.

```
>>> chr(0x41)
'A'
>>> ord('A')
65
```

eval(str)은 실행이 가능한 문자열 str을 입력으로 받아 그 문자열을 실행한 결과값을 반환한다.

```
>>> eval('1+2*3')
7
```

dir(obj)은 obj의 모든 속성(변수와 메소드) 이름을 보여준다. dir(str)을 실행해 결과를 확인해 보라.

enumerate(iterable,start=0)는 번호와 iterable로 구성된 각 요소의 쌍을 iterable로 반환한다.

```
>>> enumerate('abc')
<enumerate object at 0x0000018341B23E10> # enumerate 객체 반환
>>> list(enumerate('abc')) # enumerate를 리스트로 변환
[(0, 'a'), (1, 'b'), (2, 'c')]
>>> dict(enumerate('abc')) # enumerate를 딕셔너리로 변환
{0: 'a', 1: 'b', 2: 'c'}
```

filter(func, seq)는 seq의 각 요소에 대해 func을 호출하여 결과가 True인 요소만 모아서 iterable로 반환한다.

```
>>> list(filter(lambda x: len(x)>2, ['this', 'is', 'a', 'test']))
['this', 'test'] # 리스트 요소 중에서 길이가 2보다 큰 요소만 모음
```

map(func, seq, *seqs)은 seq의 각 요소에 대해 func를 호출하여 실행하고 결과를 iterable로 반환한다.

```
>>> a = map(str.upper, 'abc')
>>> list(a)
['A', 'B', 'C']
```

max(s, *args, key=None[,default=...])와 min(s)은 s(iterable) 값 중에서 가장 큰 값과 작은 값을 반환한다.

```
>>> max([1,3,9])
9
>>> min([1,3,9])
1
```

repr(obj)는 obj를 문자열로 변환한다.

```
>>> repr(b'0011')
"b'0011'"
```

zip(seq,*seqs)는 seq의 요소와 *seqs의 요소 쌍으로 이루어진 리스트를 반환한다.

```
>>> a=zip('abc', (1,2,3))
>>> list(a)
[('a', 1), ('b', 2), ('c', 3)]
```

더 자세한 내장함수 리스트와 사용방법은 다음을 참조하자.

https://docs.python.org/3/library/functions.html

연습문제 5-1

1 소수 n은 1과 자기 자신(n)을 제외하고 2부터 n-1 사이에 약수가 하나도 없는 수이다. 임의의 수가 소수인지 판별하는 방법을 생각해 보자.

프로그래밍 문제

다음 각 함수를 구현하고 이를 시험하는 프로그램을 작성해 실행해 보라.

1 두 개의 매개변수 n, m을 전달받아 m x n개의 * 상자를 출력하는 프로그램을 작성

2 하나의 숫자를 전달받아 숫자의 자리 합을 구하는 함수를 작성. (예: 123 → 1+2+3 = 6)

3 두 개의 문자열이 서로 다른 처음 위치를 반환하는 함수를 작성. 두 개의 문자열이 같으면 -1을 반환

4 숫자를 전달받아 그 수의 약수를 반환하는 함수를 작성

5 문자열과 하나의 문자를 전달받아 문자열에서 문자의 위치를 모두 찾아 리스트로 반환하는 함수를 작성

6 원의 반지름을 주면 원의 넓이를 계산하는 함수

7 구의 반지름을 주면 구의 부피를 계산하는 함수 sphereVolume()

8 크지 않은 자연수 n을 매개변수로 받아 n!(팩토리얼)을 계산해 반환하는 함수

9 두 개의 정수가 주어지면 두 수 중에서 더 큰 수를 찾아서 이것을 반환하는 함수

10 섭씨온도를 화씨온도로 변환하여 반환하는 함수

11 3장의 x^n을 계산하는 반복문 예제 프로그램(power.py)은 n이 양의 정수라는 제약사항이 있다. 이것을 확장해 n이 양, 음, 0일 경우에도 동작하는 함수를 만들고 이것을 시험해 보라.

12 자연수 n이 소수인지 판별하는 함수 isPrime(n)을 만들고 이를 이용해 1부터 500까지 모든 소수를 출력하는 프로그램

13 사각형의 가로와 세로가 주어지면 사각형의 넓이와 둘레를 튜플로 반환하는 함수를 만들고 이를 실행해 보라.

CHAPTER

06 객체지향 프로그래밍과 클래스

이 장에서는 파이썬에서 제공하는 객체지향 프로그래밍을 공부한다.
객체지향 프로그래밍의 기본 개념과 클래스에 대해 간단히 배운다.

Python Network Programming

6.1 객체지향 프로그래밍

우리가 사는 실제 세계의 모든 것들이 여러 객체(object)로 구성된 것과 유사하게, 소프트웨어도 객체로 구성되어 있다는 생각에 바탕을 둔 프로그래밍 방법이 객체지향 프로그래밍(OOP: object-oriented programming)이다. 자바와 C++ 언어도 객체지향 프로그래밍 언어이다.

지금까지 프로그램을 작성할 때, 우리는 데이터를 다루는 명령어들이 모여 있는 함수들의 조합으로 프로그램을 만들었는데 이러한 방법이 절차 지향 프로그래밍 기법이다. 이와 달리 데이터와 기능을 묶어 객체를 만들고 이것을 바탕으로 프로그램을 만드는 방법이 객체지향 프로그래밍 기법이다.

객체지향 프로그래밍에서 객체는 보통 다음과 같이 생각한다.

객체(object) = 속성(attribute) + 기능(method)

객체는 상태와 동작으로 나타낼 수 있다. 객체의 상태(state)는 객체의 속성이고, 객체의 동작(behavior)은 객체가 취할 수 있는 기능이다. 예를 들어 자동차에는 제조사, 모델, 년식, 색상, 속도 등의 속성이 있고, 가속, 감속, 좌회전, 우회전 등 자동차가 할 수 있는 기능이 있다.

객체지향 프로그래밍은 이해하기가 조금 어렵지만, 제대로 이해하고 프로그래밍하는 방법을 배우면 나중에 고급 프로그램을 만들 때 쉽고, 유지 보수하기 쉬운 장점이 있다.

파이썬에서는 모든 것이 다 객체이다. 문자열도 객체이고, 심지어 정수도 객체이다. 셀에서 다음과 같이 입력해 확인해 보자.

```
>>> strVar = "test"
>>> type(strVar)
<class 'str'>
>>> test = '파이썬은 쉽다'
>>> type(test)
<class 'str'>
>>> type(10)
<class 'int'>
```

6.2 클래스

객체지향 프로그래밍에서 가장 핵심적인 내용은 클래스(class)인데 객체를 표현하기 위해 클래스를 만들어 사용한다.

일반적으로 클래스는 다음과 같은 모양으로 작성된다. 생성자, 멤버함수(들), 클래스변수는 들여쓰기를 한 블록에 정의한다. 보통 클래스 이름의 첫 글자는 대문자로 하는 것이 관습이다.

클래스의 기본 구조

```
class 클래스이름 : # class 키워드로 정의
    클래스변수(옵션)
    메소드(들)
```

클래스 몸체는 클래스변수(옵션)와 메소드로 구성된다.
다음과 같이 가장 간단한 클래스를 셀에서 만들어 시험해 보자.

```
>>> class Test: # 클래스 정의
        pass
>>> t = Test()    # 객체 생성
>>> print(t)
<__main__.Test object at 0x04217A70>  #t는 Test 객체이다
```

pass 문을 이용해 아무것도 정의하지 않은 클래스 Test를 만들었다. 이 경우 객체 t를 만들고 난 후(빈 클래스로도 객체를 만들 수 있다) print문으로 결과를 확인해 보면 이것은 main 모듈의 Test 클래스의 객체임을 알 수 있다.

보통 속성은 변수로, 동작은 메소드(또는 멤버함수)로 구현한다. (클래스 안에서 구현되는 함수를 메소드라 한다.) 위와 같이 객체에 대한 속성과 동작을 작성하는 설계도를 클래스(class)라고 하며, 클래스로부터 만들어지는 각각의 객체를 그 클래스의 인스턴스(instance)라고 한다.

다음 프로그램은 자동차를 클래스로 표현한 것이다. 이 프로그램을 실행해 보고, 다른 색상과 속도로 변경해 보라.

▌예제 : 클래스를 사용한 프로그램 - classCar.py

```
class Car :
    def __init__(self, color, speed) : # 초기화 메소드
        self.color = color          # 인스턴스 변수 정의
        self.speed = speed

    def speedUp(self, v): # 가속 메소드. 1번째 매개변수는 self
        self.speed = self.speed + v
        return self.speed

    def speedDown(self, v): # 감속 메소드
        self.speed = self.speed - v
        return self.speed

c1 = Car('black', 50)
c2 = Car('red', 70)
print('Car c1 : color=%s, speed=%d ' %(c1.color, c1.speed))
print('Car c2 : color=%s, speed=%d ' %(c2.color, c2.speed))
c1.speedDown(10)          # 차 c1의 속도 10만큼 감속
print('Car c1 : speed=%d' %c1.speed)
```

6.3 생성자

생성자(constructor)는 인스턴스를 생성할 때 무조건 호출되는 메소드인데, 반드시 이름을 __init__()라고 붙인다. 매개변수에 self만 있는 생성자를 기본 생성자라고 한다.

앞 프로그램의 2~4행이 생성자를 정의한 것인데 생성자의 첫 매개변수인 self는 클래스 인스턴스이다. self를 사용하는 이유는 메소드 안에서 필드에 접근하기 위해서이다. 메소드 안에서 필드에 접근할 일이 없다면 self를 생략할 수 있다. 하지만 거의 모든 메소드의 첫 번째 매개변수에 self를 사용한다. 위의 생성자는 self 외에 두 개의 매개변수 color, speed가 있다. 이렇게 생성자를 만들어 사용하면 인스턴스를 생성하면서 필드 값을 초기화까지 할 수 있어 편리하다.

14~15행에서 객체를 만들 때는 클래스 이름 뒤에 ()를 붙이고 괄호 속에 인자를 주면 되는데, 속도가 50인 검은색 차와 속도가 70인 빨간색 차를 각각 만들었다. 16~17행에서 두 차의 정보를 출력하고, 그다음에 차 c1의 속도를 10만큼 감속한 후 속도 정보를 출력했다.

6.4 캡슐화

사람을 표현하기 위해 People이라는 이름의 클래스를 다음과 같이 정의해 보자. 인스턴스를 처음 만들 때 나이와 이름을 갖도록 생성자를 작성한다. 다음 프로그램은 두 인자 20과 'Kim을 넘기면서 생성자를 불러 나이가 20이고 이름이 'Kim'이라는 객체(인스턴스)를 생성하도록 한다.

▌예제 : 캡슐화의 필요성 예시 – capsule.py

```
class People :
    def __init__(self, age=0, name=None):
        self.__age = age
        self.name = name

p1 = People(20, 'Kim')
print(p1.name)
print(p1.__age)
```

위 프로그램을 실행해 보면 이름은 Kim이라고 제대로 출력하지만, 나이는 제대로 출력되지 않고 아마도 다음과 같은 에러를 만나게 될 것이다.

```
AttributeError: 'People' object has no attribute '__age'
```

이런 차이가 발생한 이유는 나이(age)의 변수명 앞에는 '__'가 있고, 이름(name)의 변수명 앞에는 '__'이 없기 때문이다. 클래스 안에서 만든 변수의 이름 앞에 '__'를 추가해 사용하면 그 변수의 값을 외부에서 읽거나 변경하지 못한다. 따라서 self.name도 변수의 이름 앞에 'self.__name'으로 바꿔 쓰는 것이 좋다.

이처럼 데이터와 알고리즘을 하나로 묶어 공용 인터페이스만 제공하고 구현의 세부사항을 감추는 것을 **캡슐화**(encapsulation)라고 한다.

감춘 인스턴스 변숫값을 알고 싶거나, 바꾸고 싶을 때 사용할 수 있도록 클래스 내부에 인스턴스 변숫값을 반환하는 접근자(getter)와 인스턴스 변숫값을 설정하는 설정자(setter)를 구현하는 것이 좋다. 접근자와 설정자는 각각 get과 set으로 시작하는 이름으로 만드는 것이 관례이고 이들(접근자와 설정자)을 이용해 인스턴스 변수에 접근하는 예를 다음 프로그램에 보였다.

▌예제 : 접근자와 설정자를 사용한 프로그램 - getset.py

```
class People :
    def __init__(self, age=0, name=None):
        self.__age = age
        self.__name = name

    def getAge(self):
        return self.__age

    def getName(self):
        return self.__name

    def setAge(self, age):
        self.__age = age

    def setName(self, name):
        self.__name = name

```

```
p1 = People(20, "Kim")
print(p1.getName())
print(p1.getAge())
```

6.5 상속

객체지향 프로그래밍의 또 다른 장점은 코드를 재사용할 수 있다는 것인데 이를 위한 한 가지 방법으로 상속이 사용된다. 상속은 클래스 간의 형식과 세부 형식을 구현하는 것이다.

클래스의 상속(inheritance)은 기존에 존재하는 클래스로부터 코드와 데이터를 이어받고 자신이 필요한 기능을 추가하는 기법이다. 따라서 상속을 받으면 부모 클래스보다 자식 클래스의 정보가 더 구체화되고 많아진다.

상위 클래스를 부모클래스(parent class) 또는 슈퍼클래스(super class)라하고, 하위 클래스는 자식클래스(child class) 또는 서브클래스(sub class)라 한다.

상속을 구현하는 방법은 서브클래스를 정의할 때 괄호 안에 슈퍼클래스의 이름을 넣는다.

```
class subClass이름 (superClass이름) :
```

다음 프로그램은 People 클래스를 상속받아 Teacher 클래스를 구현한 예이다.

▌예제 : 상속을 구현한 프로그램 - classPeople.py

```
class People :
    def __init__(self, age=0, name=None):
        self.__age = age
        self.__name = name

    def introMe(self):
        print("Name :", self.__name, "age :", str(self.__age))

```

```
 9  class Teacher(People) :
10      def __init__(self, age=0, name=None, school=None) :
11         super().__init__(age, name) # 부모클래스 호출.  매개변수에 self
없음!
12          self.__school = school      # 자신의 인스턴스변수 추가
13
14      def showSchool(self):
15          print("My school : ", self.__school)
16
17  p1 = People(29, "Lee")    # People 객체 호출
18  p1.introMe()              # People.introMe() 호출
19
20  t1 = Teacher(48, "Kim", "HighSchool")   # Teacher 객체
21  t1.introMe()              # People.introMe() 호출
22  t1.showSchool()           # Teacher.showSchool() 호출
```

Teacher 클래스는 People 클래스를 상속받아(9행), 학교의 이름을 추가했고(10~12행), 자기 자신을 소개하는 메소드 introMe()는 부모클래스의 메소드 introMe()를 그대로 상속받아 사용하고 있다. 대신 학교의 이름을 알리는 메소드 showSchool()을 추가했다(14~15행).

부모 클래스의 메소드를 그대로 이어받아 사용하려면 자신의 메소드 이름 앞부분에 super().을 붙이고 매개변수에서는 self를 빼고 사용한다.(11행)

이처럼 모든 사람에 공통적인 내용은 부모클래스인 People 클래스에 구현하고, 교사에게 필요한 내용은 자식클래스에 구현하는 것이 상속을 이용한 프로그래밍 방법이다.

6.6 메소드 오버라이딩

자식클래스에서 부모클래스의 메소드 중 필요한 부분을 수정해 다시 정의해 사용하는 것을 메소드 오버라이딩(method overriding)이라고 한다.

위의 프로그램을 주의 깊게 보면 Teacher 클래스에 showSchool() 메소드를 추가했는 데, 이 메소드가 하는 일은 학교의 정보를 보여주는 일에 불과하다. 부모클래스에 이미 존재하는

introMe() 메소드를 상속받아 여기에 학교의 정보를 보여주는 것을 추가하는 것이 더 낫다. 이렇게 작성된 것이 다음 프로그램이다. 이 프로그램은 새로운 클래스인 Student 클래스도 추가로 정의했는데, Student 클래스는 학교 이름과 학년 정보를 포함하는 인스턴스 변수를 갖고 있다.

▌예제 : 상속과 메소드 오버라이딩을 구현한 프로그램 - override.py

```
class People :
    def __init__(self, age=0, name=None):
        self.__age = age
        self.__name = name

    def introMe(self):
        print("Name :", self.__name, "age :", str(self.__age))

class Teacher(People) :
    def __init__(self, age=0, name=None, school=None) :
        super().__init__(age, name) # 매개변수에 self 없음에 주의
        self.__school = school

    def introMe(self):
        super().introMe()
        print("School : ", self.__school)

class Student(Teacher) :
   def__init__(self, age=0, name=None, school=None, grade=None) :
        super().__init__(age, name, school) # 매개변수에 self 없음에 주의
        self.__grade = grade

    def introMe(self):
        super().introMe()
        print("Grade : ", self.__grade)

p1 = People(29, "Lee")              # People 객체
p1.introMe()

t1 = Teacher(48, "Kim", "HighSchool")    # Teacher 객체
t1.introMe()

s1 = Student(17, "Park", "HighSchool", 2)
s1.introMe()
```

Teacher 클래스는 People 클래스를 상속받아(9행), 학교의 이름을 추가했고(10~12행), 자기 자신을 소개하는 메소드도 부모클래스의 메소드에 학교 이름을 알리는 것을 추가했다(14~16행). 또한 Student 클래스도 Teacher 클래스를 상속받아(18행) 학년을 추가했고(21행), 자기 자신을 소개하는 메소드는 부모클래스의 메소드에 학년을 알리는 것을 추가했다(25행).

이처럼 자식클래스에서 부모클래스의 introMe() 메소드를 상속받고, 필요한 부분을 수정해 다시 정의해 사용하는 것이 메소드 오버라이딩이다.

인스턴스를 속성으로 사용

클래스를 이용해 프로그램을 작성하다 보면 클래스의 세세한 내용까지 계속 추가하게 된다. 이 경우 커진 클래스 일부분을 잘라내 별도의 클래스로 만들 수 있다. 예를 들어 전기차(ElectriCar) 클래스의 속성인 배터리(Battery) 인스턴스를 별도의 클래스로 만들고 이를 전기차 클래스의 속성으로 사용할 수 있다. 다음 프로그램을 보자.

▌예제 : 인스턴스를 속성으로 사용한 프로그램 - instance.py

```
class Car():
    # to represent a car
    def __init__(self, make, model, year):
        self.make = make
        self.model = model
        self.year = year
        self.odometer_reading = 0

    def get_car_name(self):
      long_name = str(self.year) + ' ' + self.make + ' ' + self.model
        return long_name.title()

class ElectricCar(Car):
    def __init__(self, make, model, year):
        # Initialize attributes of the parent class.
        super().__init__(make, model, year)
        self.battery = Battery()

class Battery():
    # to model a battery for an electric car.
    def __init__(self, battery_size=70):
        # Initialize the battery's attributes.
```

```
23         self.battery_size = battery_size
24     def describe_battery(self):
25         # a statement describing the battery size.
26         print("This car has a " + str(self.battery_size) + "-kWh battery.")
27
28 my_tesla = ElectricCar('tesla', 'model s', 2016)
29 print(my_tesla.get_car_name())
30 my_tesla.battery.describe_battery()
```

17번 행에서 전기차 인스턴스의 속성인 배터리를 별도의 클래스 19~26행으로 독립해 사용한 것을 볼 수 있다.

6.7 다형성

다형성(polymorphism)은 "많은(poly)+모양(morph)"이라는 의미인데, "함수 또는 연산의 의미가 전달된 객체(인자)에 따라 달라지는 것"을 말한다. 다형성을 이용해 객체들의 타입(클래스)이 다르면 같은 메시지가 전달되더라도 다른 동작을 하게 할 수 있다.

예를 들어 2 + 3은 5이지만 '2' + '3'은 '23'이 되고, 'hello' + 'world'는 'hello world'가 되는 것처럼 + 연산의 기능이 객체에 따라 달라지는 것을 의미한다.

또한, class를 예로 들어 설명하면 다음 프로그램(polymorph.py)을 실행 시 동일한 함수 sayhello()를 호출해도 그 함수가 전달되는 객체(이 예제의 경우에는 사람)이 Kim 또는 John이냐에 따라 "안녕하세요"나 "Hello"가 출력된다. 즉 객체에 따라 sayhello()의 동작이 달라지는데 이것이 다형성이다.

```
class Korean(object):
    def greeting(self):
        print("안녕하세요")

class American(object):
    def greeting(self):
```

```
        print("Hello")
def sayhello(people):
    people.greeting()

Kim = Korean()
John = American()
sayhello(Kim)
sayhello(John)
```

6.8 클래스 변수와 인스턴스 변수

객체가 생성될 때 그 안에서 만들어져 사용되는 변수를 인스턴스 변수라고 하고, 클래스 안에서 메소드와 같은 수준에서 생성되어 모든 객체가 이를 공유하는 변수를 클래스변수라고 한다.

어떤 특별한 기계장치가 생산될 때마다 제품번호가 하나씩 증가한다고 하자. 이런 경우에는 인스턴스 변수보다는 클래스변수를 사용하는 것이 좋다.

다음 프로그램의 sNumber가 제품번호를 나타내는 클래스변수이다. 새로운 제품(인스턴스)이 만들어질 때마다 생성자에서 sNumber 변수가 하나씩 증가한다.

▌예제 : 클래스변수를 사용한 프로그램 - classVar.py

```
class Machine:
    sNumber = 0
    def __init__(self):
        Machine.sNumber += 1
        self.number = Machine.sNumber

m1 = Machine()
print(m1.sNumber)
m2 = Machine()
print(m2.sNumber)
```

6.9 object 클래스

파이썬에서 클래스를 만들 때 부모 클래스를 명시적으로 지정해 주지 않으면 object 클래스의 자식 클래스로 생각한다. 즉 모든 클래스의 위에는 object 클래스가 있다. 따라서 클래스를 정의할 때 class className:과 class className(object):는 같다.

object 클래스에 정의된 모든 메소드는 앞, 뒤에 2개의 밑줄(__)이 있는 특수 메소드이다. 이 중 몇 개의 메소드를 요약하면 다음과 같다.

__new__() 메소드는 객체가 생성될 때 자동으로 호출된다. 이 메소드는 객체를 초기화하려고 __init__() 메소드를 호출한다. 보통은 새 클래스에 정의된 데이터 필드를 초기화하기 위해 __init__() 메소드만 오버라이드 하면 된다.

__str__() 메소드는 객체의 클래스 이름과 객체의 메모리 주소로 구성된 객체에 대한 설명을 문자열로 반환한다.

다음 프로그램(people.py)을 실행해 보라.

```
class People(object) :

    def __init__(self, age=0, name=None):
        self.__age = age
        self.__name = name

    def __str__(self):
        return super().__str__()

p1 = People(29, "John")
print(p1)
```

__str__() 메소드가 object 클래스의 메소드를 그대로 상속받아 사용했기 때문에 클래스 이름과 메모리 주소 정보밖에 없다.

```
<__main__.People object at 0x03675FB0>
```

따라서 객체에 대한 상세 정보를 반환받고 싶으면 다음과 같이 __str__()메소드를 오버라이드해 사용해야 한다.

```
def __str__(self):
    return "info -- Name : "+self.__name+" age :"+ str(self.__age)
```

프로그래밍 문제

1 직사각형을 구현하는 클래스를 설계하고 이를 시험해 보라. 높이/너비 변수, 접근자/설정자, 면적/둘레 길이를 구하는 메소드를 구현해야 한다.

2 위의 직사각형 클래스를 상속해 정사각형 클래스를 추가해 시험하라.

CHAPTER

07 모듈과 패키지

이 장에서는 파이썬의 모듈과 패키지에 대해 배운다. 여러 모듈의 활용 방법과 패키지의 설치 방법에 대해 간단히 배운다.

Python Network Programming

7.1 모듈

모듈(module)은 함수, 변수와 클래스 들을 모아 놓은 파일을 말한다. 다른 사람들이 만들어 놓은 모듈을 사용할 수도 있고 우리가 필요한 것을 만들어 사용할 수도 있다.

함수를 사용하면 코드의 재사용이 가능하다. 여러 함수를 한꺼번에 불러들여 재사용하고 싶을 때 사용하는 것이 모듈이다. 모듈을 작성하는 가장 간단한 방법은 .py 확장자를 가진 파일을 하나 만들고 그 안에 함수들과 변수들을 정의해 두는 것이다.

모듈은 크게 다음과 같이 3종류로 나눌 수 있다.

- **표준 모듈** : 파이썬에서 제공되는 모듈
- **서드 파티 모듈** : 외부 개발자, 회사 등이 독립적으로 만들어 제공하는 모듈
- **사용자 정의 모듈** : 사용자가 직접 만들어 사용하는 모듈

파이썬은 오픈 소스를 지향하므로 많은 사람이 개발하여 공개한 수많은 모듈이 존재한다. 유용한 서드 파티 모듈은 https://wiki.python.org/moin/UsefulModules를 참고하기 바란다. 오픈 모듈은 무료로 사용할 수 있다. 빅데이터, 인공지능, 사물 인터넷 등의 많은 프로그램이 파이썬의 오픈 모듈을 사용해 제작되었다.

7.2 모듈 만들기

간단한 모듈을 작성해 보자. 5장에서 작성했던 1부터 n까지의 합을 구하는 sum(n)과 x^n을 계산해 반환하는 함수 power(x, n)를 모듈로 만들어 보자. 다음과 같이 프로그램을 작성하고 이것을 myModule.py로 저장하자.

▌예제 : 모듈 프로그램 - myModule.py

```
def sum(n):
    sum = 0
    for i in range(1, n+1):
        sum = sum + i
    return sum

def power(x, n):
    prod = 1
    for i in range(1, n+1):
        prod = prod * x
    return prod
```

7.3 모듈 임포트 방법

지금까지 모듈을 임포트할 때 'import 모듈명'이라는 규칙을 사용했다. 그런데 여러분이 다른 책이나 입수한 소스 코드 중에는 모듈을 임포트해 사용하는 방법이 여러 종류인 것을 알 수 있다. 이번 절에는 앞에서 만들어 놓은 모듈(myModule)을 예로 들어 임포트하는 방법 간의 차이점을 알아보자.

방법 1 : import 모듈명

파이썬 IDLE을 새롭게 실행한 후(또는 셸을 다시 시작한 후) dir 함수를 파이썬 IDLE에서 호출하면 다음과 같다.

```
>>> dir()
['__annotations__', '__builtins__', '__doc__', '__loader__',
'__name__', '__package__', '__spec__']
```

이번에는 다음과 같이 myModule 모듈을 임포트한 후 다시 dir 함수를 호출해 이전 결과와 비교해 보면 myModule이 dir 함수의 결과 리스트에 추가된 것을 확인할 수 있다. myModule 이름이 추가됐기 때문에 myModule.sum(5)과 같이 사용하는 것이 가능하다.

```
>>> import myModule
>>> dir()
['__annotations__', '__builtins__', '__doc__', '__loader__',
'__name__', '__package__', '__spec__', 'myModule']
>>> myModule.sum(5)
15
```

방법 2 : from 모듈명 import 특정함수

모듈을 임포트하는 두 번째 방법을 살펴보기 위해 새로 파이썬 IDLE을 실행한 후 다음과 같이 실행해 보자.

```
>>> from myModule import power
```

'from myModule import power' 구문의 의미는 myModule 모듈로부터 power 함수를 임포트 하라는 뜻이다. 이 방법으로 모듈을 임포트하면 다음의 dir()의 결과값 리스트에서 보듯이 myModule 모듈에 구현된 power 함수만 존재하는 것을 확인할 수 있다.

```
>>> dir()
['__annotations__', '__builtins__', '__doc__', '__loader__',
'__name__', '__package__', '__spec__', 'power']
```

따라서 다음과 같이 myModule 모듈명을 사용하거나 myModule.power(2,5)와 같이 myModule 모듈 내의 power() 함수를 호출할 경우 오류가 발생한다. power(2,5)와 같이 해당 함수를 직접 이용하는 방법만 가능하다.

```
>>> myModule
Traceback (most recent call last):
  File "<pyshell#41>", line 1, in <module>
    myModule
NameError: name 'myModule' is not defined
>>> myModule.power(2,5)
Traceback (most recent call last):
  File "<pyshell#42>", line 1, in <module>
    myModule.power(2,5)
NameError: name 'myModule' is not defined
>>> power(2,5)
32
```

모듈 내의 함수를 호출할 때 모듈을 임포트하는 첫 번째 방식에서는 '모듈명.함수명' 형태로 사용했는데, 두 번째 방식은 함수 이름만으로도 바로 함수 호출이 가능하므로 코드의 작성이 작아진다는 장점이 있다. 하지만 두 번째 방식은 기존에 선언된 변수나 함수의 이름과 충돌할 가능성이 있다.

power라는 이름을 여러분이 만든 함수로 이미 사용 중이라면 'from myModule import power'를 하는 순간 해당 이름의 함수가 없어지고 myModule 모듈의 power()로 대체되는데, 이러한 것들이 나중에는 프로그램의 잠재적인 버그가 될 수 있다.

방법 3 : from 모듈명 import *

모듈을 임포트하는 세 번째 방식은 모듈 내의 모든 것을 임포트하는 것이다. 이전과 같이 IDLE을 새로 실행 후 다음과 같이 실행해 보자.

```
>>> from myModule import *
>>> dir()
['__annotations__', '__builtins__', '__doc__', '__loader__',
'__name__', '__package__', '__spec__', 'power', 'sum']
>>> sum(4)
10
>>> power(2,4)
16
```

'from myModule import *'은 "myModule 모듈 내의 모든 것을 임포트하라"라는 의미이므로, dir 함수의 결과를 보면 myModule 모듈이 지원하는 함수 power와 sum이 리스트에 포함된 것을 알 수 있다. 세 번째 방식으로 myModule 모듈을 임포트했을 때 power()를 사용하려면 두 번째 방식과 같이 power()를 바로 사용하면 된다. 그러나 세 번째 방식도 두 번째 방식과 마찬가지로 power()라는 이름의 함수가 이미 존재하고 있는 경우, 이름 충돌과 관련된 문제가 발생할 수 있다.

그러므로 모듈을 임포트할 때 가장 권장되는 방법은 바로 첫 번째 방식이다. 모듈을 임포트할 때는 'import 모듈명'을 사용하고, 모듈 내의 함수 또는 변수를 사용할 때는 '모듈명.함수명(변수)'의 형태를 사용하는 것이다.

그러나 모듈 이름이 너무 길거나 또는 너무 짧아서 모듈 이름을 다르게 사용하고 싶을 때는 다음과 같은 방법을 사용하면 좋다.

방법 4 : import 모듈명 as 다른모듈명

이 방법은 첫 번째 방법과 같은 방법이지만, 보통 모듈 이름이 너무 길어 원래의 모듈 이름을 다른 이름으로 변경해 사용하는 것이다.

```
import myModule as mm
```

위의 의미는 "myModule 모듈을 mm이라는 이름으로 임포트하라"이다.

dir 함수의 결과를 확인해 보면 myModule 대신 mm 항목이 결괏값 리스트에 있는 것을 확인할 수 있다. 따라서 myModule 모듈 내에 있던 함수를 사용할 때도 myModule.sum()가 아니라 mm.sum()과 같이 사용해야 한다.

```
>>> import myModule as mm
>>> dir()
['__annotations__', '__builtins__', '__doc__', '__loader__',
'__name__', '__package__', '__spec__', 'mm']
>>> mm.sum(5)
15
>>> mm.power(3,2)
9
```

7.4 모듈 탐색 경로

import문을 실행할 때 파이썬이 모듈 파일을 찾는 순서는 먼저 파이썬 인터프리터 내장(built-in) 모듈을 찾고, 그다음 sys.path에 정의된 디렉터리에서 찾는다.

sys.builtin_module_names를 출력하면 파이썬의 모든 내장 모듈의 목록을 볼 수 있는데, import문이 실행되면 파이썬은 이 목록을 먼저 확인한다.

```
>>> import sys
>>> sys.builtin_module_names
('_abc', '_ast', '_bisect', '_blake2', '_codecs', '_codecs_cn',
'_codecs_hk','_codecs_iso2022', '_codecs_jp', '_codecs_kr',
'_codecs_tw', '_collections', '_csv', '_datetime', '_functools',
'_heapq', '_imp', '_io', '_json', '_locale', '_lsprof', '_md5',
'_multibytecodec', '_opcode', '_operator', '_pickle', '_random',
'_sha1', '_sha256', '_sha3', '_sha512', '_signal', '_sre', '_stat',
'_string', '_struct', '_symtable', '_thread', '_tracemalloc',
'_warnings', '_weakref', '_winapi', 'array', 'atexit', 'audioop',
'binascii', 'builtins', 'cmath', 'errno', 'faulthandler', 'gc',
'itertools', 'marshal', 'math', 'mmap', 'msvcrt', 'nt', 'parser',
'sys', 'time', 'winreg', 'xxsubtype', 'zipimport', 'zlib')
```

만약 가져오고자 하는 모듈이 위의 내장 모듈 목록에 없으면, 파이썬은 sys.path에 정의된 디렉터리에서 모듈 파일을 찾는다.

sys.path에 정의된 디렉터리는 파이썬 모듈이 실행되고 있는 현재 디렉터리, PYTHONPATH 환경변수에 정의된 디렉터리, 파이썬과 함께 설치된 기본 라이브러리 디렉터리다.

```
>>> import sys
>>> sys.path:

C:\Python\Python310\python310.zip
C:\Python\Python310\DLLs
C:\Python\Python310\lib
C:\Python\Python310
C:\Python\Python310\lib\site-packages
```

제일 높은(최상위) 수준으로 실행되는 파이썬 프로그램을 메인 모듈이라 하는데, 어떻게 실행하느냐에 따라 메인 모듈이 결정된다.

파이썬에는 내장 전역변수인 __name__이 있는데, 이 변수는 모듈이 최상위 수준으로 실행될 때 '__main__'으로 지정된다. 다음과 같이 한 문장을 실행해도 이 모듈이 최상위 수준인 '__main__'인 것을 알 수 있다.

```
>>> print('{0}'.format(__name__))
__main__
```

다음은 myModule.py인데 이 파일을 독립적으로 실행하면, 이 모듈의 이름이 __main__이 된다.

```
# myModule.py
def sum(n):
    sum = 0
    for i in range(1, n+1):
        sum = sum + i
    return sum

def power(x, n):
    prod = 1
    for i in range(1, n+1):
        prod = prod * x
    return prod
if __name__ == '__main__':
    print('{0}'.format(__name__))
    print(sum(5))
    print(power(5,2))
```

아랫부분의 if 문이 실행되므로 다음 결과를 얻는다.

```
__main__
15
25
```

다음은 위의 myModule.py를 포함해 사용할 testmyModule.py이다. 이 두 파일을 같은 폴더에 놓고 아래 파일을 실행하면

```
# testmyModule.py
import myModule as my

print('{0}'.format(__name__))
print(my.sum(10))
print(my.power(5,3))
```

이번에는 testmyModule.py이 __main__이 되므로 myModule.py의 print 문이 실행되지 않아 실행 결과가 다음과 같다.

```
__main__
55
125
```

7.5 유용한 모듈들

다음은 알아두면 편리한 몇 가지 유용한 모듈들에 대해 알아보자.

math 모듈

수학 관련 함수를 사용할 수 있는 모듈이다. math 모듈에 있는 함수의 이름을 알고 싶으면 다음과 같이 사용한다.

```
>>> import math
>>> dir(math)
['__doc__', '__loader__', '__name__', '__package__', '__spec__',
'acos', 'acosh', 'asin', 'asinh', 'atan', 'atan2', 'atanh', 'ceil',
'copysign', 'cos', 'cosh', 'degrees', 'e', 'erf', 'erfc', 'exp',
'expm1', 'fabs', 'factorial', 'floor', 'fmod', 'frexp', 'fsum',
'gamma', 'gcd', 'hypot', 'inf', 'isclose', 'isfinite', 'isinf',
'isnan', 'ldexp', 'lgamma', 'log', 'log10', 'log1p', 'log2', 'modf',
'nan', 'pi', 'pow', 'radians', 'remainder', 'sin', 'sinh', 'sqrt',
```

```
'tan', 'tanh', 'tau', 'trunc']
 >>> math.pi # 원주율
3.141592653589793
>>> math.e # 자연로그 밑 e
2.718281828459045
```

keyword 모듈

파이썬의 키워드에 대한 정보를 얻을 수 있는 모듈이다. 다음과 같이 사용하면 파이썬의 모든 예약된 키워드를 알 수 있다.

```
>>> import keyword
>>> print(keyword.kwlist)
['False', 'None', 'True', 'and', 'as', 'assert', 'break', 'class',
'continue', 'def', 'del', 'elif', 'else', 'except', 'finally', 'for',
'from', 'global', 'if', 'import', 'in', 'is', 'lambda', 'nonlocal',
'not', 'or', 'pass', 'raise', 'return', 'try', 'while', 'with',
'yield']
```

os 모듈

운영체제의 기본기능을 다루는 모듈이다. 다음과 같은 함수들이 있다.

```
>>> import os
>>> os.system('calc')          # 계산기
>>> os.getcwd()                # 현 작업 디렉터리를 알 수 있다
'C:\\Python'
>>> os.chdir("C:/")            # 현 작업 디렉터리를 바꾼다
>>> os.getcwd()
'C:\\'
>>> os.listdir("C:/")          # 모든 파일이름을 알려준다
>>> os.mkdir("ttt")            # 서브 디렉터리를 만든다
```

만약 주어진 파일의 존재 여부를 검사하고 싶으면 다음과 같이 한다.

```
import os.path
if os.path.isfile("Lectures.txt"):
    print("file exists.")
```

이 함수들을 한 번씩 사용해 사용법을 익히자.

sys 모듈

파이썬 인터프리터에 대한 정보를 제공하는 모듈이다.

```
>>> import sys
>>> sys.prefix
'C:\\Python\\Python310'
>>> sys.version
'3.10.1 (tags/v3.10.1:2cd268a, Dec  6 2021, 19:10:37) [MSC v.1929 64
bit (AMD64)]'
>>> sys.byteorder
'little'
>>> sys.modules # 설치된 모든 모듈을 보임 - 매우 길다.
```

sys 모듈의 argv를 이용해 프로그램을 작성하면, 그 프로그램을 실행할 때 명령어 라인에서 매개변수를 전달받아 그에 따라 실행하는 방법이다.

먼저 다음 프로그램과 같이 작성해 이 파일을 echo.py라 저장한 후,

▌예제 : 명령어 라인에서 매개변수 전달 프로그램 - echo.py

```
import sys

for i in range(1,len(sys.argv)):
    print(sys.argv[i])
```

이 프로그램을 도스 명령어 창에서 다음과 같이 2번 실행해 결과를 꼭 확인해 보자. 아래와 같이 실행할 경우 echo.py가 sys.argv[0]이고, 그다음부터 차례대로 sys.argv[1], sys.argv[2] 등에 해당한다.

```
$ python echo.py hello everybody!
$ python echo.py 1st 2nd 3rd
```

random 모듈

난수가 필요할 때 사용하는 모듈이다. randint(start, end)는 정수 start부터 end까지 범위의 난수가 필요할 때 사용한다. 비슷하지만 randrange(start, end)는 정수 start부터 end-1까지 범위의 난수가 필요할 때 사용한다. random()은 0부터 1 사이의 난수를 반환하며, choice(seq)는 주어진 순서 seq의 항목 중 하나를 임의로 반환한다. sample(population, k)은 주어진 순서 혹은 세트 population에서 k개 길이의 리스트 또는 유일한 항목을 반환한다. shuffle()은 리스트의 항목을 임의로 뒤섞는다.

```
>>> import random
>>> random.randint(1,5)
4
>>> random.random()
0.33925056274636767
>>> random.random()*100
13.417048401821352
>>> mList = ["apple", "banana", "candy"]
>>> random.choice(mList)
'banana'
>>> random.shuffle(mList)
>>> mList
['candy', 'banana', 'apple']
```

time 모듈

time()은 1970년 1월1일 0시부터 지금까지 흐른 시간을 초로 표시하는 함수인데, 프로그램이 수행될 때 걸리는 시간을 측정할 때 사용하면 좋다. asctime()은 현재의 날짜, 시간을 문자열로 표시하는 함수이다.

```
>>> import time
>>> time.time()
1539860275.7310195
>>> time.asctime()
'Thu Oct 18 19:56:45 2018'
```

calendar 모듈

calendar 모듈을 이용해 달력을 출력하는 프로그램이다.

```
>>> import calendar
>>> cal = calendar.month(2022,3)
>>> print(cal)
March 2022
Mo Tu We Th Fr Sa Su
    1  2  3  4  5  6
 7  8  9 10 11 12 13
14 15 16 17 18 19 20
21 22 23 24 25 26 27
28 29 30 31
```

명령어 calendar.prcal(2022)를 사용하면 2022년의 달력을 얻을 수 있다.

7.6 패키지

모듈이 하나의 파이썬 파일 안에 함수가 여러 개 들어있는 것이라면, 패키지(package)는 여러 모듈을 모아 놓은 폴더와 그 폴더 안에 들어있는 파이썬 파일의 형태로 되어 있다.

site-packages

site-packages는 파이썬의 기본 라이브러리 패키지 외에 추가 패키지가 설치되는 곳이다. 각종 서드 파티 모듈들이 이곳에 설치된다. site-package는 파이썬이 기본적으로 모듈을 탐색하는 경로에 포함되어 있다.

다음과 같이 실행해 보면 sys.path에 site-packages가 포함된 것을 알 수 있다.

```
>>> import sys
>>> sys.path
['C:\\Program Files (x86)\\Python310\\python310.zip',
'C:\\Program Files  (x86)\\Python310\\DLLs',
'C:\\Program Files (x86)\\Python310\\lib',
'C:\\Program Files (x86)\\Python310',
'C:\\Program Files (x86)\\Python310\\lib\\site-packages']
```

외부 패키지 설치

파이썬에는 이미 잘 만들어진 패키지가 많이 있다. 이런 패키지를 쉽게 설치해 사용할 수 있는 데, 외부 패키지를 설치하기 위해서는 운영체제 명령어 창에서 설치해야 한다. 데이터를 분석할 때 많이 사용하는 numpy 패키지를 설치해 보자.

```
C:/> pip install numpy
```

설치가 끝나면 다음과 같이 실행해 결과가 같은지 확인하자.

```
>>> import numpy
>>> numpy.mean([2, 5]) # 리스트 원소의 평균값 계산
3.5
```

패키지 만들기

패키지는 단순히 모듈의 모음이다. 패키지를 자신이 편하게 사용하기 위해 만들 수도 있고 배포하기 위해서 만들 수도 있는데 만약 배포를 목적으로 한다면 모듈들을 디렉터리별로 나누고 버전 관리를 하고 다른 패키지의 의존성, 도움말 등을 정의해야 한다. 더 자세한 사항은 https://wikidocs.net/21045를 참조하기 바란다.

연습문제 7-1

1 math 모듈의 factorial(), degrees(), radians()함수의 사용법을 조사하라.

2 'c:₩>pip freeze' 명령을 이용하면 컴퓨터에 설치된 서드 파티 모듈을 알 수 있다. 자신의 컴퓨터에 설치된 서드 파티 모듈을 확인하라.

프로그래밍 문제

1 math 모듈의 함수를 이용해 임의의 각도를 라디안으로, 임의의 라디안을 각도로 변환하는 프로그램을 작성하라.

2 math 모듈의 함수를 이용하여 sin(30°) + cos(30°)의 값을 계산하라.

3 명령어 라인에서 다음과 같이 실행할 때 주어진 숫자의 합을 출력하는 addNumber.py 프로그램을 작성하라.

- `$ python addNumber.py 1 2 3`
- `$ python addNumber.py 1 2 3 4 5 6`

CHAPTER

08 예외 처리와 파일 입출력

본 장에서는 프로그램에서 예외가 발생할 때 대처하는 예외 처리 프로그래밍 방법에 대해 학습한다. 또한, 파일 입출력의 기본 개념에 대해 이해하고, 주어진 양식에 따라 파일 입출력을 하는 방법을 배운다.

Python Network Programming

8.1 예외 처리

프로그램이 수행될 때 예상하지 못한 상황이 발생하는 것을 예외(exception)라고 한다. 프로그램의 예외는 크게 예측이 가능한 예외와 예측이 불가능한 예외의 두 종류로 나눌 수 있다.

예측 가능한 예외는 발생 여부를 개발자가 사전에 알 수 있는 예외이다. 개발자는 예외를 예측하여 명시적으로 예외가 발생할 때는 어떻게 대응하라고 할 수 있다. 예를 들어 사용자 입력란에 값이 잘못 입력되면, 사용자에게 잘못 입력하였다고 알려주는 방법으로 쉽게 대응할 수 있다.

예측 불가능한 예외는 리스트의 인덱스 범위를 넘어서는 연산이나, 예상하지 못하게 0으로 나누는 연산 등을 할 때 발생한다. 이런 예측 불가능한 예외가 발생했을 경우, 인터프리터가 자동으로 이런 예외가 발생해 프로그램이 종료한다고 사용자에게 알려주도록 프로그램이 작성되면 좋다.

이와 같은 이유로 예외 처리(exception handling) 프로그래밍은 프로그램의 완성도를 높이는 데 매우 중요하다.

오류의 종류

오류를 처리하는 방법을 다루기 전에 오류가 어떤 상황에서 발생하는지 알아보자. 실제 프로그램의 실행 도중에 나타나는 오류는 다음과 같은 경우에 많이 발생한다.

- ZeroDivisionError는 0으로 나눌 때
- IndexError는 리스트의 범위를 벗어난 동작을 할 때
- FileNotFoundError는 없는 파일을 열려고 할 때
- ValueError는 원하는 값을 입력받지 못할 때
- NameError는 정의되지 않은 변수를 사용할 때
- TypeError는 데이터형이 맞지 않는 연산을 할 때(예: 문자열에 정수 더하기 등)

다음은 셀에서 위의 각 오류를 발생시키는 예이다. 직접 실행해 발생하는 오류를 하나씩 체험해 보자.

```
>>> 5/0
ZeroDivisionError: division by zero

>>> a=[0,1,2]
>>> a[3]
IndexError: list index out of range

>>> fp=open("Nofile.txt","r")
FileNotFoundError: [Errno 2] No such file or directory: 'Nofile.txt'

>>> int(input('Type float number or string : '))
Type float number or string : 1.23
ValueError: invalid literal for int() with base 10: '1.23'

>>> 1 + var*2
NameError: name 'var' is not defined

>>> "str"+1
TypeError: can only concatenate str (not "int") to str
```

예외 처리 프로그래밍 방법

파이썬 예외 처리의 기본 문법은 다음과 같은 try-except문이다.

```
try :
    [실행 코드] # 예외가 발생할 수도 있는 문장
except  :          # 예외가 발생하면
    [예외 처리 코드] # 예외를 처리
```

실행 코드에서 오류가 발생하지 않으면 예외 처리 코드 부분은 실행되지 않고, 오류가 발생하면 예외 처리 코드 부분을 실행한다. 예외 처리라 하지만 대부분은 오류를 수정하기보다는 오류가 발생했다고 알려주는 정도이다. 예외의 구체적 내용을 알고 있으면 위의 except 다음에 다음과 같이 예외의 이름을 명시해 작성할 수 있다.

```
try :
    [실행 코드] # 예외가 발생할 수도 있는 문장
except [예외1] : # 예외1이 발생하면
    [예외1 처리 코드] # 예외1를 처리
```

또한, 예외가 여러 종류 있으면 앞의 elif 문처럼 except를 여러 번 사용할 수도 있다. 그리고 else와 finally도 사용할 수 있는 데 이상의 모든 내용을 하나로 알기 쉽게 다음에 요약하였다.

```
try-except 문의 기본 구조

try :
    [무조건 실행 코드] # 예외가 발생할 수도 있는 문장
except [예외1] : # 예외1 발생하면
    [예외1 처리 코드] # 예외1 발생시 처리
except [예외2] (as 오류메시지) : # 예외2가 발생하면 오류메시지로 기록하고
    [예외2 처리 코드2] # 예외2의 오류메시지 알림
except : # 위에 명시되지 않은 오류이면
    [그 이외의 모든 예외 처리 코드] # 그 이외의 오류 처리
else : #오류가 없으면 다음줄로 가
    [정상 실행 코드] # 이 부분 실행
finally :
    [모든 처리 코드] # 예외가 있을 때, 없을 때 모두 실행되는 부분
```

try-except-else 문은 해당 예외가 발생하지 않으면 실행할 코드를 else 문에 작성하면 된다. 그리고 try-except-finally 문에서 finally 문은 오류가 있든 없든 실행하는 코드 부분이다.

다음 프로그램은 위에서 설명한 모든 내용을 직접 시험해 볼 수 있도록 작성되었다. 프로그램을 실행해 1부터 5를 선택하면 해당하는 오류를 발생시키고, 0을 선택하면 정상 실행으로 끝나도록 작성되었다. 이 프로그램을 6번 실행해 0~5까지 차례차례 선택하면서 소스와 결과를 비교 확인하는 방법으로 예외 처리 프로그래밍 방법을 이해하자.

▌예제 : try-except 문 - tryexcept.py

```
def menu():
    print("0. normal")
    print("1. 0으로 나누기")
    print("2. 리스트 인덱스")
    print("3. 없는 파일 열기")
    print("4. 원하는 값 안주기")
    print("5. TypeError")
try:
    menu()
    n = int(input("Select your choice: "))
    if n == 0:
        pass
    elif n == 1:
        a = 5 / 0
    elif n == 2:
        b = [0,1,2]
        b[3]
    elif n == 3:
        open("File.txt","r")
    elif n == 4:
        int(input("Type abc:"))
    elif n == 5:
        "str"+1
except ZeroDivisionError:
    print('0으로 나누기 에러 발생')
except IndexError as e2:
    print(e2)
except FileNotFoundError as e3:
    print(e3)
except (ValueError, TypeError) as e4:
    print(e4)
except:
    print("어떤 에러 발생")
else:
    print("에러 없음")
finally:
    print("예외처리 끝")
```

raise 문

raise 문은 필요할 때 예외를 발생시키는 코드이다. 다음은 원의 넓이를 계산하는 간단한 프로그램(raiseEx.py)이다. 만약 반지름을 다음과 같이 음수로 주어 계산하려고 하면

```
def area(radius):
    if radius < 0:
        raise RuntimeError("negative radius")
    else:
        return 3.14*radius*radius

print(area(-2))
```

다음과 같이 예외가 발생한 결과를 얻게 된다.

```
File "raiseEx.py", line 3, in area
    raise RuntimeError("negative radius")
RuntimeError: negative radius
```

assert 문

assert 문은 예외 정보가 조건에 만족하지 않을 경우, 예외를 발생시키는 구문이다. assert 문과 같이 True 또는 False의 반환이 가능한 함수를 사용하면 되는데, 이 함수가 False를 반환하면 예외가 발생한다. 다음 예(assertEx.py)를 보자.

```
def isEven(n):
    if n % 2 == 0:
        print(n, "is even")
        return True
    else:
        return False

assert isEven(8)
assert isEven(7)
```

홀짝을 판단하는 간단한 함수를 만들고 숫자 8과 7을 넘겨 예외 발생을 확인하니 다음과 같이 8을 넘길 때는 even이라 출력하고, 7일 때는 함수 isEven()에서 False가 반환되어 예외가 다음과 같이 발생함을 알 수 있다.

```
8 is even
Traceback (most recent call last):
  File "assert.py", line 8, in <module>
    assert isEven(7)
AssertionError
```

8.2 파일 입출력의 기본

파일 입출력은 지금까지 사용해 왔던 표준입력(키보드)과 표준출력(모니터 화면) 대신 파일로부터 입력을 받고, 처리 내용을 파일에 기록하는 것이다.

파일 처리는 새로운 파일을 만들어 그곳에 필요한 내용을 기록하거나, 이미 존재하는 파일의 내용을 읽거나, 거기에 덧붙여 쓰는 것을 말한다. 파이썬에서는 내장함수를 이용해 파일 입출력 기능을 수행한다.

파일은 **텍스트 파일**(text file)과 이진 파일(binary file)의 두 종류가 있는데, 파일 입출력 처리는 다음과 같은 3단계 절차를 거친다.

❶ open() 함수로 파일 이름과 처리목적(읽기 또는 쓰기)을 지정해 사용하려는 파일을 연다.
❷ 입출력에 필요한 읽기/쓰기 함수를 사용해 원하는 처리를 한다.
❸ 파일의 사용이 모두 끝나면, close() 함수를 호출해 사용하던 파일을 닫는다.

파일의 열기

파일을 열 때 사용하는 open() 함수는 다음과 같이 사용한다.

```
fname = open("filename", "mode")
```

fname은 프로그램 안에서 파일을 가리키는 파일 변수의 이름이다. 이 이름을 이용해 특정 파일로부터 읽거나 쓸 수 있다.

filename은 읽거나 쓸 대상 파일의 이름이다. 필요할 경우 드라이브와 디렉터리 경로를 포함할 수 있으며, 현재 위치를 기준으로 한 상대 경로를 지정할 수도 있다. 경로 없이 파일 이름만 주어지면 현재 디렉터리에서 파일을 찾는다. 파일명의 대소문자 구분 여부는 운영체제에 따라 다르므로 그에 맞추어 사용한다.

mode는 어떤 목적으로 파일을 열 것인지를 정의하는 “모드(mode)”를 지정할 때 사용하는데, 표 8.1에 여러 종류의 파일 사용 모드를 표시하였다.

표 8.1 파일의 사용 모드

파일 모드	모드 이름	설명
r	파일 읽기	해당 파일이 존재해야 함. 만약 파일이 없으면 에러 발생
w	파일 쓰기	파일이 이미 있으면 삭제되고, 없으면 새 파일 생성
a	추가모드	내용이 있으면 파일의 맨 끝에 덧붙여 씀. 없으면 새 파일 생성
r+	읽기쓰기 모드	파일이 없으면 에러 발생

쓰기 모드("w")를 사용할 때, 이미 존재하는 파일을 열려고 하면 그 파일이 없어지므로 주의해야 한다. 그리고 추가 모드("a")는 파일의 끝에 데이터를 추가하기 위해 사용하며, 갱신 모드("+")는 파일을 열어서 읽기와 쓰기를 한 파일에 한꺼번에 할 필요가 있을 때 사용한다.

예를 들어 test.txt란 파일의 내용을 읽기 위해서는 다음과 같이 한다.

```
file= open("test.txt", "r");
```

열기 형식에는 일반적으로 텍스트 파일("t")이나 이진 파일("b")이 들어가야 하는데 생략하면 텍스트 파일 형식이 된다. test.txt란 파일을 지우고 새로 쓰고 싶을 때는 다음과 같이 하면 된다.

```
file = open("test.txt", "w");
```

반면에 test.txt란 파일을 지우지 않고 파일의 끝에 덧붙이고 싶을 때는 다음과 같이 한다.

```
file = open("test.txt", "a");
```

파일 닫기

파일 닫기는 close() 함수를 이용한다. 사용하던 파일의 이름이 file이라 할 때 다음과 같이 사용한다.

```
file.close()
```

8.3 파일 쓰기와 읽기

파일에 쓰기

파일에 쓰기 함수에는 write() 함수와 writelines() 함수가 있다.

먼저 데이터 쓰기에는 write() 함수를 사용하는 데 먼저 다음과 같은 내용을 파이썬 파일로 저장한 후 실행한 다음 내용이 제대로 기록되었는지 확인하자.
(encoding="utf-8"는 파일에 한글을 사용할 때 필요하다. 한글을 사용하지 않으면 이 부분은 생략해도 된다.)

▌예제 : 파일에 쓰기 - filewrite.py

```
fileout = open("./phones1.txt", "w", encoding="utf-8")
fileout.write("성춘향 010-2345-6789\n")
fileout.write("이몽룡 010-1010-3585\n")
fileout.close()
```

그다음은 이미 만들어진 이 파일에 파일 추가모드인 "a"를 사용해 다음과 같이 한 줄을 더 추가해 보자.

▌예제 : 파일에 추가해 쓰기 - fileappend.py

```
fileout = open("./phones1.txt", "a", encoding="utf-8")
fileout.write("변학도 010-9876-5432\n")
fileout.close()
```

이 단계에서도 제대로 추가되었는지 파일의 내용을 확인해 보자. 이 파일을 다음 단계에서 파일 읽기에 사용한다.

파일에서 읽기

파일에서 데이터를 읽을 때 read(), readline(), readlines() 함수가 사용된다.
read() 함수는 다음 예처럼 읽을 때 매개변수가 없으면 파일의 전체 내용을 읽는다.

▌예제 : 파일에서 read()로 읽기 -fileread.py

```
filein = open("./phones1.txt", "r", encoding="utf-8")
readall = filein.read()
print(readall)
filein.close()
```

만약 n개의 글자를 읽어 들이고 싶으면 read(n)처럼 매개변수를 준다. 다음 프로그램은 read(7)과 같이 7개의 문자를 읽는 예이다.

▌예제 : 파일에서 read(n)으로 읽기 -filereadN.py

```
filein = open("./phones1.txt", "r", encoding="utf-8")
readall = filein.read(7)
print(readall)
filein.close()
```

파일의 전체 라인을 읽고 싶으면 readlines() 함수를 사용한다. 이 함수는 파일의 각 줄을 읽어 리스트에 저장하는데, 파일의 한 줄이 리스트 안의 한 항목이 된다. 각 항목의 끝에는 줄 바꿈 기호인 ₩n이 있다.

▌예제 : 파일에서 readlines()로 읽기 - filereadlineS.py

```
filein = open("./phones1.txt", "r", encoding="utf-8")
readall = filein.readlines()
print(readall)
filein.close()
```

앞의 프로그램 fileread.py와 출력 내용이 어떻게 다른지 직접 실행해 확인하자.

파일에서 한 줄씩 읽을 필요가 있을 때는 readline() 함수(s가 없음에 주의)를 이용한다. 파일에 몇 줄의 데이터가 있는지 알 수 없으므로 반복문을 이용해 한 줄씩 읽는데, rstrip() 함수를 이용해 줄의 끝에 있는 줄바꿈기호(₩n)를 없앨 수도 있다.

▌예제 : 파일에서 readline()으로 한 줄씩 읽기 - filereadline.py

```
filein = open("./phones1.txt", "r", encoding="utf-8")
readLine = filein.readline().rstrip()
while readLine != "" :
    print(readLine)
    readLine = filein.readline().rstrip()
filein.close()
```

위 프로그램을 직접 실행해 확인하자. rstrip() 함수를 사용하지 않으면 어떻게 되는가?

with - as 사용

open() 함수를 with - as 문과 같이 사용하면 명시적으로 close() 함수를 호출하지 않아도 파일이 항상 닫힌다. with - as 문을 사용하는 방법은 다음과 같다.

```
with open(파일이름) as 파일객체:
    파일 읽기 또는 쓰기 함수 사용
    필요한 다른 동작
    # 파일 닫기 불필요
```

사용 예제(withasEx.py)는 다음과 같다.

```
with open('testFile.txt', 'r') as file:
    str = file.read()
    print(str)
    file.close() # with ~ as를 사용하면 이 문장 없어도 됨
```

8.4 이진 파일의 처리

지금까지 사용한 파일은 텍스트 파일이고, 이 파일의 내용은 문서편집기(notepad) 등과 같은 텍스트 에디터 또는 print() 함수로 내용을 확인할 수 있다.

컴퓨터가 다루는 파일 중에는 이미지, 음악 파일 등은 텍스트 파일이 아니고 이진 파일(binary file)이다. 이진 파일은 위의 방법으로 확인할 수는 없고, 해당 파일을 확인하는 별도의 프로그램(이미지 편집기, 음악 플레이어 프로그램)이 필요하다. 이러한 이진 파일을 사용하려면 파일 모드의 뒤에 "b"를 추가하면 된다.

다음은 이진 파일의 복사 예제이다.

▌예제 : 이미지 파일의 복사 - binaryCopy.py

```
inFp, outFp = None, None
inStr = ""

inFp = open("./test.jpg", "rb")
outFp = open("./testCopied.jpg", "wb")

while True :
    inStr = inFp.read(1)
    if not inStr :
        break
    outFp.write(inStr)

inFp.close()
outFp.close()
print("image file copied.")
```

8.5 파일의 임의접근

지금까지 파일 처리에 사용한 방법은 파일의 처음부터 차례대로 데이터를 꺼내 사용하는 순차 접근(sequential access)이다. 간혹 파일의 특정 위치로 가서 데이터를 읽거나 써야 할 필요가 있을 때 사용하는 방법이 파일의 임의접근(random file access)이다.

파일 내에서의 위치를 바꾸고 싶으면 seek(offset, from) 함수를 사용한다. 위치는 기준점 from에 offset을 더하면 된다. from 값이 0이면 파일의 처음부터, 1이면 파일의 현재 위치부터, 2이면 파일의 맨 끝부터이다. from 값이 생략되면 기본값이 0이어서 파일의 맨 처음부터로 간주한다. 단 텍스트 파일에서는 파일 맨 처음부터 찾는 것만 허용된다.

만약 파일의 맨 처음부터의 위치를 바이트 수(이진모드), 또는 글자 수(텍스트 모드)로 알고 싶으면 tell() 함수를 사용한다.

이상의 내용을 시험하기 위해 파이썬 셸에서 다음의 내용을 차례차례 입력해 시험해 보자. 이 예는 파이썬 튜토리얼 페이지에서 가져온 것이다.
(https://docs.python.org/3/tutorial/inputoutput.html#reading-and-writing-files)

```
>>> f = open('workfile', 'w')
>>> f = open('workfile', 'rb+')
>>> f.write(b'0123456789abcdef')
16
>>> f.seek(5)      # Go to the 6th byte in the file
5
>>> f.read(1)
b'5'
>>> f.seek(-3, 2)  # Go to the 3rd byte before the end
13
>>> f.read(1)
b'd'
>>> f.tell()
14
```

8.6 객체 입출력 - 피클링

앞에서 파일에 문자열이나 숫자를 기록하는 방법을 배웠다. 리스트나 딕셔너리와 같은 객체도 파일에 기록하는 방법이 있는데 pickle 모듈의 dump()와 load() 메소드를 사용하면 된다.

pickle 모듈은 객체를 파일에 저장하거나 네트워크에 전송할 수 있도록 바이트 스트림으로 변환하는 작업(직렬화 또는 pickling)을 해주는 dump() 함수와 바이트 스트림을 객체로 변환하는 작업(역 직렬화 또는 unpickling)을 해주는 load() 함수를 제공한다.

pickling을 사용하여 바이너리 IO를 수행하기 위해서는 rb 또는 wb 모드를 사용하여 이진 데이터 파일을 열고, 데이터를 쓰고 읽기 위해 pickle의 dump와 load 함수를 호출한다.

다음은 피클링의 예제이다. 어떤 일을 하는지 분석하고 실행해 본 후 원하는 대로 바꾸어 실행해 보자.

▌예제 : 피클링 - pickling.py

```
import pickle

Pres = { "Kennedy": 35, "Obama": 44}

# 딕셔너리를 피클 파일에 저장
pickle.dump(Pres, open("pres.pic", "wb"))

# 피클 파일에 딕셔너리를 로딩
Pres2 = pickle.load(open("pres.pic", "rb"))
Pres2['Trump'] = 45

pickle.dump(Pres2, open("pres2.pic", "wb"))
print(Pres)
print(Pres2)
```

프로그래밍 문제

1 임의의 파일에 글자를 기록하여 저장하는 프로그램을 작성하라.

2 임의의 주어진 텍스트 파일의 내용을 화면에 출력하는 프로그램을 작성하라.

CHAPTER

09 컴퓨터 네트워크 개요

컴퓨터 네트워크 프로토콜에 대해 살펴본다. OSI 7계층 참조 모델과 TCP/IP 프로토콜을 소개하고 IP 주소에 관해 설명한다.

Python Network Programming

컴퓨터 네트워크란 데이터를 전달하기 위해 많은 노드와 노드를 연결하는 링크로 구성된 시스템이다. 호스트나 라우터 등과 같이 데이터를 중계하거나 처리하는 네트워크 종단장치를 노드라 한다. 호스트는 프로그램을 구동하는 데 필요한 컴퓨터를 의미하며 네트워크 사용자는 컴퓨터에서 실행되는 프로그램을 말한다. 라우터는 하나의 통신 채널에서 다른 통신 채널로 데이터를 전달하는 통신기기이다. 이런 노드들은 통신 매체를 사용하여 서로 연결된다.

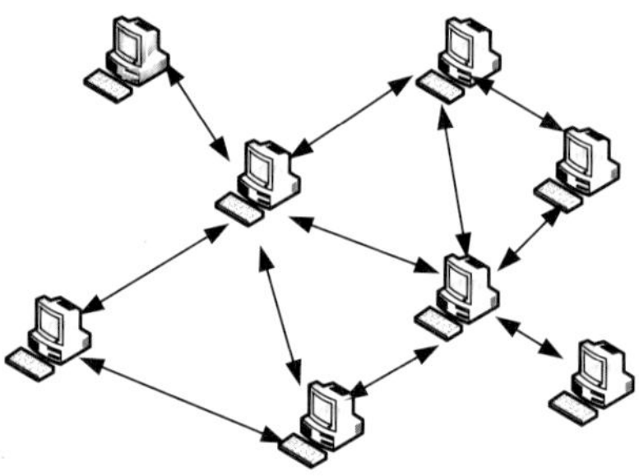

그림 9-1 **네트워크의 구성**

데이터 네트워크에서 데이터 통신을 하기 위해서는 다음과 같이 5가지 요소가 필요하다.

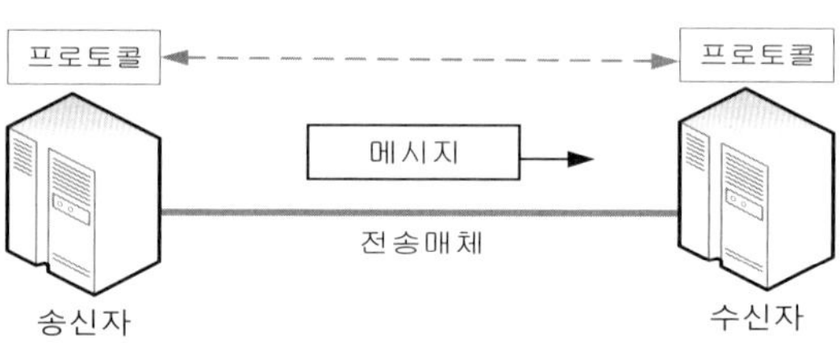

그림 9-2 **컴퓨터 네트워크의 구성요소**

- 송신자
- 수신자
- 전송 매체
- 메시지
- 프로토콜

송신자는 데이터를 송신하는 호스트를 의미한다. 수신자는 송신자로부터 데이터를 받아 처리하는 호스트이다. 전송 매체는 이중 꼬임선이나, 동축케이블, 광케이블, 무선 신호와 같이 전기 신호로 변환된 데이터를 전달하는 물리적인 통로를 말한다.

메시지는 전송 매체를 통해 전달되는 정보이며 패킷으로 구성된다. 패킷은 데이터 통신을 위한 교환 시스템에서 처리되는 데이터 단위이며, 그림 9-3과 같이 실제 전송할 정보를 저장하고 있는 페이로드 부분과 전송에 필요한 제어정보로 구성된다. 데이터 전송에 필요한 제어정보를 헤더라고 하는데, 헤더는 주로 패킷의 송신 주소, 수신 주소, 길이, 순서번호 등과 같은 정보를 포함한다. 패킷의 최대 길이는 각 시스템에서 정해져 있으며 최대 길이보다 긴 메시지는 몇 개의 패킷으로 분할된다.

헤더	페이로드

그림 9-3 **패킷의 구조**

프로토콜은 네트워크에서 노드들이 데이터를 정확하게 교환하기 위해 사용하는 일련의 규약이다. 예를 들어 패킷 내부에 들어있는 목적지 정보의 위치와 크기, 패킷의 구조와 해석 방법 등이 프로토콜에 규정되어 있다. 데이터 통신과 관련된 임의의 두 개체가 네트워크를 통해서 데이터 교환을 하기 위해서는 무엇을, 어떻게, 언제 통신할 것인가 규약을 정해야 하는데 이러한 규약이 프로토콜이다.

일반적으로 프로토콜은 다음과 같은 3가지 구성요소를 갖는다.

- 구문(syntax)

데이터의 형식, 부호화 및 신호의 크기 등을 포함하여 무엇을 전송할 것인가에 관한 내용이 들어있음

• 의미(semantics)

데이터의 특정한 형태에 대한 해석을 어떻게 할 것인가와 그와 같은 해석에 따라 어떻게 동작을 취할 것인가 등, 전송의 조정 및 오류 처리를 위한 제어정보 등을 포함

• 타이밍(timing)

언제 데이터를 전송할 것인가와 얼마나 빠른 속도로 전송할 것인가와 같은 내용을 포함

프로토콜은 하나의 모듈로 구성되기보다 수행해야 하는 기능에 따라 모듈의 형태로 구성된다. 모듈 형태로 나누어 구성하면 프로토콜의 기능을 유지 관리하기 쉽고 기능을 수정 보완하기도 쉽기 때문이다. 따라서 하나의 프로토콜은 여러 개의 세부 프로토콜의 집합으로 이루어진다. 프로토콜을 기능에 따라 구분하여 구성한 것을 계층 구조라고 한다. 대부분 프로토콜은 계층 구조로 되어 있으며 표준화되어 있다.

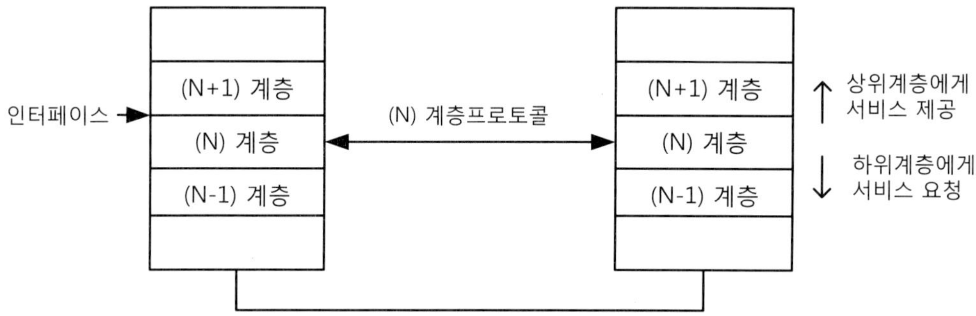

그림 9-4 프로토콜의 계층 구조

그림 9-4는 프로토콜의 계층 구조를 나타낸 것이다. 임의의 계층을 (N)계층이라 할 때 상위 계층은 (N+1)계층, 하위 계층은 (N-1)계층이다. 두 계층 사이의 연결을 인터페이스라 한다. 어떤 계층의 역할은 하위 계층의 서비스를 받아 상위 계층에게 서비스를 제공하는 것이다. 예를 들어 송신 측 (N)계층은 (N+1)계층으로부터 패킷을 받아 수신 측 (N)계층과의 프로토콜에 필요한 제어정보를 추가하여 (N-1)계층에게 전송을 요청한다. (N)계층의 제어정보를 해독하여 필요한 기능을 수행하는 것은 상대방 (N)계층 프로토콜이다. 맨 하위 계층까지 전달된 패킷은 전기 신호로 변환되어 전송 매체를 통해 상대방 컴퓨터로 전달된다.

표준화된 프로토콜 중에서 가장 대표적인 OSI 7계층 참조 모델과 인터넷에서 사용되는 TCP/IP 프로토콜에 대해 살펴보자.

9.1 OSI 7계층 참조 모델

1970년대 중반부터 데이터 통신 네트워크를 근간으로 하여, 서로 다른 형태의 분산 시스템이 확산함에 따라, 컴퓨터 및 데이터 통신 산업에서도 서로 다른 특성을 갖는 시스템 간에 데이터 전송이 가능한 개방형 시스템(OS; Open System)의 필요성 확대되었다. 이에 따라 국제표준화기구(ISO; International Standard Organization)에서 데이터 통신 네트워크 시스템에 대한 개방형 7계층 구조를 갖는 OSI 7계층 표준 모델을 제안하였으며, 이를 7계층 참조 모델(7-layer reference model)이라 한다.

OSI 참조 모델의 목적은 각종 표준을 개발하기 위한 기본 골격을 제공하는 것과 궁극적으로 같은 표준을 지원하도록 함으로써 서로 다른 컴퓨터의 응용 프로세스 간에 데이터 통신이 가능하도록 하는 것이었다. 따라서 이 모델은 실제 사용보다는 프로토콜의 기능을 정의한 표준으로 주로 이용된다. 즉 프로토콜의 기능과 기능에 따라 계층을 정의할 때 기준으로 주로 이용된다.

OSI 모델이 제공됨으로써, 다양한 프로세스들은 네트워크상의 다른 시스템의 응용 프로세스와 정보처리 작업을 해당 시스템의 사양이나 환경에 영향을 받지 않고 수행할 수 있게 되었다. OSI 모델은 특정 시스템에 대한 프로토콜의 의존도를 줄이고, 향후 기술 진보에 따른 프로토콜의 확장성 등을 고려하여 보편적인 개념과 용어를 사용하였다. 즉, 개방형 시스템의 프로세스 상호 간의 데이터 통신, 데이터 저장, 자원 관리, 보호 및 응용 프로그램의 지원 등과 같은 협업 동작에 관해 규정하였다.

OSI 7계층 참조 모델은 기능에 따라 다음과 같이 7계층으로 구성되어 있다.
최상위 응용계층부터 최하위 물리계층으로 구성되어 있으며, 각 계층의 기본적인 동작은 하위 계층의 서비스를 받아 자신의 기능을 수행하는 것이다.

물리계층은 데이터링크 계층으로부터 한 단위의 데이터를 받아 통신 링크를 따라 전송될 수 있는 전기적인 신호로 변환하는 역할을 한다. 데이터를 수신하는 경우에는 전기 신호를 데이터로 변환하여 상위 계층에게 전달한다.

표 9-1 OSI 7계층 참조 모델

계층	기능
응용계층	WWW, FTP, Telnet과 같은 응용 프로그램
표현계층	데이터의 압축과 암호화 기능 수행
세션계층	네트워크 연결 성립, 제어, 관리, 종료 등을 대화단위로 수행
전송계층	종단간 데이터 전송
네트워크계층	데이터 전송 경로 설정
데이터링크계층	데이터 오류 검출 및 흐름 제어
물리계층	데이터를 전기적 신호로 변환

데이터링크 계층은 직접 연결된 노드와 노드 사이의 데이터 전달을 책임진다. 데이터링크 계층의 주요 기능은 상위 계층인 네트워크계층으로부터 받은 데이터를 프레임 단위로 나누고, 송신자와 수신자의 물리 주소를 헤더에 추가한다. 또 전송 도중에 오류가 발생하면 오류를 검출하고 이를 제거하기 위해 재전송하는 기능도 수행한다. 수신자의 데이터 처리율을 고려하여 수신자가 저장하거나 처리할 수 있는 것보다 많은 데이터가 송신 측에서 전송되지 않도록 하는 흐름 제어 기능도 이 계층에서 수행된다. 이러한 오류제어와 흐름 제어를 통하여 상위 계층에게 신뢰성 있는 데이터 전송 서비스를 제공하는 것이 데이터링크 계층의 기능이다. 가장 간단한 네트워크는 물리계층과 데이터링크 계층으로 구성되는데, 이러한 간단한 네트워크들은 라우터를 통해 서로 연결된다.

네트워크계층은 노드들이 라우터를 통하여 연결된 경우, 발신지에서 목적지까지 데이터 전송을 담당한다. 이를 위해 상위 계층인 전송계층으로부터 받은 패킷에 발신지와 목적지 논리 주소를 헤더에 추가한다. 데이터링크 계층에서 사용하는 물려 주소 체계는 네트워크마다 다를 수 있는데, 논리 주소는 모든 노드에 공통으로 적용되는 주소가 부여되므로 라우터로 연결된 노드를 식별할 수 있게 한다. 또 네트워크계층은 패킷이 최종 목적지까지 전달될 수 있도록 경로를 지정하거나 교환하는 기능을 수행한다. 이러한 기능을 통해 네트워크계층은 발신지 호스트부터 최종 목적지 호스트까지 패킷을 전달하는 책임을 진다.

전송계층은 패킷의 프로세스-대-프로세스 사이의 데이터 전송을 책임진다. 한 대의 호스트에는 여러 개의 프로세스가 동시에 수행될 수 있으므로, 논리 주소만으로 프로세스를 식별하기는 어렵다. 따라서 각 프로세스를 식별하기 위해 포트 주소를 지정한다. 상위 계층으로부터 받은 데이터를 전달 가능한 세그먼트 단위로 나누고 각 세그먼트에는 순서번호를 부여하여 재조립과 손실 여부를 판단할 수 있도록 한다. 또 프로세스와 프로세스 사이의 연결방식을 결정한다. 연결방식은 데이터를 전송하기 전에 먼저 송신 호스트와 수신 호스트 사이에 연결을 설정하는 연결지향 전송과 이러한 연결이 없이 데이터를 전송하는 비연결 전송 방식이 있다. 연결지향 전송은 데이터의 전송 순서가 유지되며, 흐름 제어와 오류제어를 통하여 신뢰성 있는 데이터 전송을 한다. 비연결 전송 방식은 흐름 제어와 오류제어를 수행하지 않으므로 데이터의 수신 순서가 전송 순서와 다를 수도 있으므로 신뢰성을 보장하지 못한다. 그러나 비연결 전송은 연결 과정이 없으므로 간단한 데이터 전송에는 연결방식보다 유리하다.

세션 계층은 동기화와 대화 제어를 책임진다. 예를 들어, 책 한 권의 내용을 전송하는 경우를 가정해 보자. 내용을 한꺼번에 전송하는 것보다 한 장 단위로 전송하는 것이 유리할 수 있다. 첫 번째 장을 전송하고 두 번째 장을 전송하는 도중에 오류가 발생하였다면 두 번째 장만 다시 전송하는 것이 효율적이다. 이를 위해서는 지금 이루어지고 있는 전송을 하나의 대화로 간주하여 관리할 필요가 있다. 첫 번째 장을 전송하는 세션은 종료되고 두 번째 장을 전송하는 세션이 이루어지고 있으므로 이를 대화 단위로 관리하면 지금 진행되고 있는 세션에 문제가 생겼을 경우 다시 세션을 시작하면 그 이전에 이루어진 전송은 그대로 사용할 수 있다.

표현계층은 통신 장치 간의 상호 운용성(Interoperability)을 보장하는 계층이다. 이를 위해 두 시스템 간에 주고받는 정보의 구문과 의미를 다룬다. 또 필요에 따라 보안 목적을 위한 데이터 암호화와 복호화 기능을 수행한다. 전송 데이터를 압축하여 효율적인 전송이 가능하도록 하는 데이터 압축과 확장 기능도 수행한다.

응용계층은 사용자 인터페이스를 통하여 사용자가 네트워크를 이용할 수 있도록 해준다. 응용계층이 제공하는 서비스로는 월드 와이드 웹, e-mail 서비스, 파일 전송 서비스, 원격 로그인 서비스 등이 있다.

9.2 TCP/IP 프로토콜

TCP/IP 프로토콜은 인터넷에서 사용되기 때문에 가장 많이 알려진 프로토콜이다. 이 프로토콜은 OSI 7계층 모델과 계층 구조가 정확하게 일치하지 않으나 표 9.2와 같은 대응 관계를 갖는다. OSI 모델의 응용, 표현, 세션 계층은 TCP/IP에서는 하나로 뭉쳐 응용계층으로 구성된다. 전송계층과 네트워크계층은 서로 비슷한 동작을 하며, OSI의 데이터링크 계층과 물리계층은 TCP/IP에서는 네트워크 접속 계층으로 표현된다.

표 9-2 OSI 7계층과 TCP/IP 프로토콜

OSI 계층	TCP/IP
응용계층	응용계층
표현계층	
세션계층	
전송계층	전송계층
네트워크계층	네트워크계층
데이터링크계층	네트워크 인터페이스계층
물리계층	

TCP/IP 프로토콜의 기본 목적은 서로 다른 서브 네트워크를 하나로 연결하여 서브 네트워크에 연결된 사용자들이 자원을 공유하는 것이다. 즉 근거리 통신망, SLIP(Serial Line Internet Protocol), FDDI(Fiber Distributed-Data Interface), ATM(Asynchronous Transfer Mode), PPP (Point-to-Point Protocol) 등과 같은 서브 네트워크를 연결하기 위한 프로토콜로 제정되었다. 이처럼 네트워크를 서로 연결하는 작업을 인터네트워킹이라 하는데, TCP/IP는 서브 네트워크에 대해서는 별도로 정의하지 않고 이를 그대로 연결하여 더 큰 규모의 네트워크를 구성하기 위해 만들어졌다.

TCP/IP 프로토콜에서도 데이터 전송은 패킷 단위로 이루어진다. 그림 9-5는 인터넷에서 사용되는 TCP(Transmission Control Protocol) 패킷의 헤더 구조를 나타난 것이다. TCP 헤더에는 송수신 포트 번호와 메시지를 여러 개의 패킷으로 나누었을 경우 각 패킷의 순서번호가 들어있다. 또 TCP는 신뢰성 있는 전송 서비스를 제공하므로 수신 패킷에 대한 응답 번호가 헤더에 포함된다. 그 이외에도 오류제어와 흐름 제어를 하기 위한 정보가 헤더에 포함된다.

송신 포트번호	수신 포트번호
패킷순서번호	
패킷확인응답번호	
헤더길이 및 제어 플레그	윈도우 크기
체크섬	긴급 데이터 포인터
옵션과 패딩	

그림 9-5 TCP 헤더 구조

그림 9-6은 UDP(User Datagram Protocol) 패킷의 헤더 구조를 나타낸 것이다. UDP는 비신뢰성 전송 서비스를 제공하므로 헤더 구조가 TCP보다 간단하다. UDP 체크섬은 UDP 헤더에 대한 오류 검사를 위해 사용된다.

발신포트	수신포트	UDP 길이	UDP 체크섬

그림 9-6 UDP 헤더 구조

그림 9-7은 네트워크계층에서 사용되는 IP 데이터그램의 구조를 보여준다. 전송계층에서 전달받은 TCP나 UDP 패킷을 IP 페이로드 부분에 넣고 IP 헤더를 추가한다.

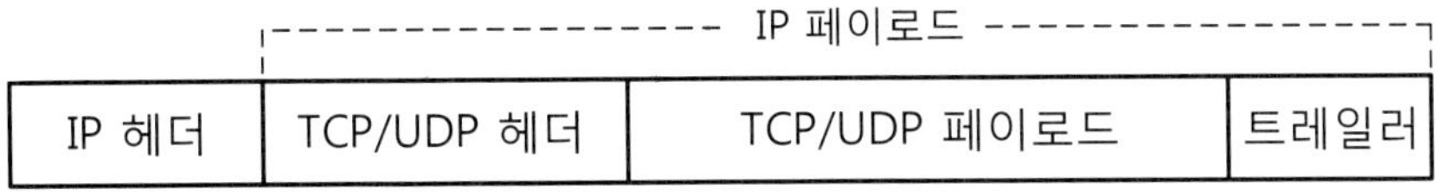

그림 9-7 IP 데이터그램의 구조

그림 9-8은 TCP/IP 프로토콜에서 각 계층을 거치면서 데이터가 어떻게 처리되는지 나타낸 것이다.

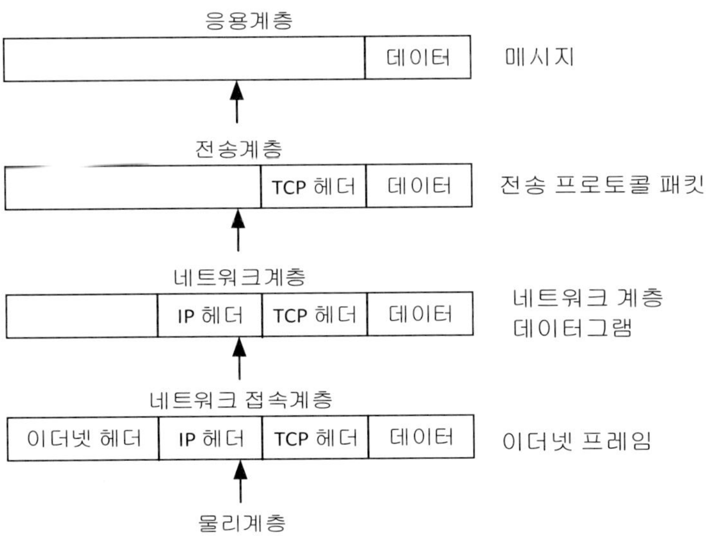

그림 9-8 TCP/IP의 데이터 송수신 과정

TCP/IP에서 데이터가 송수신되는 과정을 좀 더 자세히 살펴보자.

먼저 응용 프로그램은 메시지나 데이터 스트림을 전송계층 프로토콜인 UDP 또는 TCP 중 하나로 전송한다. 네트워크계층이 제공하는 서비스를 기반으로 프로세스와 프로세스 사이의 전송을 담당하는 전송계층 프로토콜은 TCP와 UDP가 있다.

TCP는 연결 위주의 데이터 전송을 하고, UDP는 비연결 방식으로 데이터를 전송한다. 전송계층 프로토콜은 애플리케이션으로부터 받은 데이터에 헤더를 추가하여 패킷을 만들어 다음 계층인 네트워크계층으로 전달한다.

네트워크계층은 전송계층의 패킷을 IP 데이터그램[1) 페이로드에 넣은 다음, 데이터그램 헤더를 추가하여 IP 데이터그램을 만들어 네트워크 인터페이스 계층으로 보낸다. 네트워크계층이 데이터그램을 보낼 때 전송할 패킷의 목적지 주소를 기반으로 적절한 네트워크 인터페이스를 선택한다. 일반적으로 네트워크 인터페이스는 네트워크 어댑터와 연결된다. 시스템에는 연결될 네트워크마다 하나의 네트워크 어댑터가 있어야 한다. 따라서 컴퓨터가 여러 네트워크에 연결될 때 여러 개의 어댑터가 필요하지만, 네트워크 인터페이스 소프트웨어는 하나만 필요하다. 예를 들어 호스트가 두 개의 토큰 링 네트워크에 연결되면 두 개의 네트워크 어댑터 카드가 있어야 한다. 그러나 토큰 링 네트워크 인터페이스 소프트웨어 하나와 토큰 링 장치 드라이버 하나만 필요하다.

네트워크 인터페이스 계층은 네트워크계층의 IP 데이터그램을 서브 네트워크가 이해하고 전송할 수 있는 패킷으로 변환한다. 네트워크 인터페이스는 네트워크계층에 존재할 수 있는 모든 네트워크 어댑터에 대해 일관된 인터페이스를 제공하는 데 필요한 네트워크 관련 장치 드라이버 및 네트워크계층과 통신하는 네트워크 관련 소프트웨어들이다.[2)]

네트워크 인터페이스를 선정하고 네트워크 어댑터와 연결하는 것은 운영체제가 담당한다. 컴퓨터에 네트워크 어댑터를 설치하면 운영체제가 자동으로 적절한 네트워크 인터페이스를 선택한다. 운영체제가 시작되면 저장된 정보를 기반으로 운영체제가 네트워크 인터페이스 소프트웨어를 자동으로 구성한다.

전송 종단점

지금까지 설명한 계층 중에서 네트워크 인터페이스 계층과 네트워크계층, 전송계층은 운영체

1) 네트워크계층의 패킷을 데이터그램이라 한다
2) https://www.ibm.com/support/knowledgecenter/en/ssw_aix_71/com.ibm.aix.networkcomm/tcpip_interfaces.htm

제 속에 구현되어 있으므로 사용자가 직접 구현할 필요는 없다. 사용자가 프로그램하는 것은 주로 전송계층에서 위에서 동작하는 응용 프로그램이다. 응용 프로그램에서는 전송을 위해 데이터를 전송계층에게 보내면 된다. 앞에서 설명한 바와 같이 전송계층 프로토콜에는 TCP와 UDP가 있는데 여러 개의 응용 프로그램이 TCP나 UDP에게 데이터 전송을 요구할 수 있다. 전송계층에게 보내진 데이터는 상대방 호스트의 전송계층에게 전달되고 상대방 TCP나 UDP는 이를 응용 프로그램에게 전달해야 한다. 그러나 호스트에서 실행되고 있는 응용 프로그램은 여러 개일 수 있으므로 이를 구분하는 방법이 필요하다. TCP/IP에서는 각 응용 프로그램마다 포트 번호를 할당하여 구분하고 있다. 이처럼 호스트 사이에 데이터를 전달하는 네트워크계층 프로토콜인 IP와는 달리 TCP와 UDP는 한 프로세스에서 다른 프로세스까지 이루어지는 데이터 전송의 전 과정을 관리하므로 단말 간 전송 프로토콜이라 한다.

그림 9-9는 네트워크계층과 전송계층의 전송을 나타낸 것이다. 네트워크계층은 인터넷으로 연결된 두 호스트 사이의 전송을 담당한다. 즉 송신 호스트에서 전송된 데이터를 수신 호스트까지 전달하는 책임을 진다. 각 호스트에는 고유한 주소가 할당되어 있으므로 주소만 있으면 데이터를 전달할 호스트를 찾아낼 수 있다.

전송계층은 프로세스와 프로세스 사이의 전송을 책임진다. 하나의 호스트에는 두 개 이상의 프로세스가 동시에 실행될 수 있으므로 호스트 주소만으로 상대방 프로세스를 지정할 수 없다. 따라서 앞에서 설명한 바와 같이 포트 번호를 사용하여 프로세스를 식별한다. 네트워크에서 프로세스가 호스트에 연결되는 부분을 종단점이라 한다. 종단점을 정확히 나타내기 위해서는 사용되는 프로토콜, 송신자 주소와 포트 번호, 수신자 주소와 포트 번호가 필요하다.

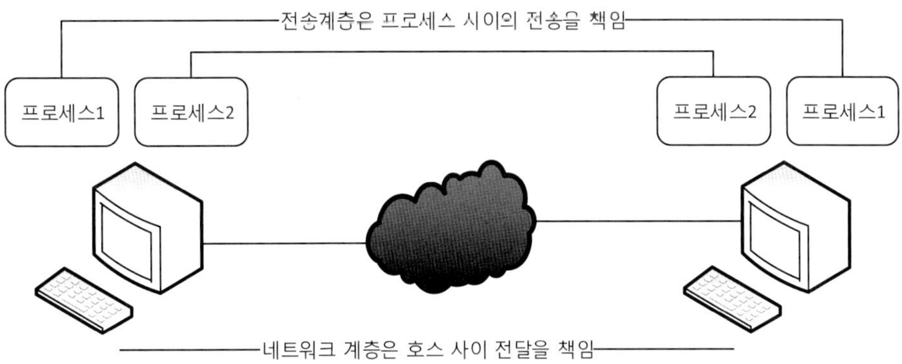

그림 9-9 **프로세스와 프로세스 사이의 데이터 전송**

TCP는 통신 채널에서 발생할 수 있는 패킷의 손실이나 오류와 같은 문제를 처리할 수 있도록 설계되었다. TCP는 오류제어와 흐름 제어를 통해 신뢰성 있는 바이트 스트림 채널을 제공하기 때문에 응용 프로그램에서는 이러한 문제에 대해 고려할 필요가 없다. 또 TCP는 연결지향 전송 프로토콜이기 때문에 두 프로그램 사이에 데이터 전송을 하기 전에 TCP 연결이 확립되어야 한다.

UDP는 전송 전에 연결을 만들지도 않고 전송 중에 발생할 수 있는 오류나 패킷의 손실 또는 중복 등을 처리하지도 않는다. 따라서 UDP를 사용하는 응용 프로그램은 패킷 손실이나 오류로 인한 재요청 같은 문제들을 직접 처리해야 한다. 일반적으로 연속적인 데이터 전송에는 TCP를 사용하고 단편적인 데이터 전송을 위해서는 UDP를 주로 사용한다.

9.3 IP 주소

TCP/IP 프로토콜은 서브 네트워크를 연결하기 위해 제정된 것이라고 앞에서 설명했다. 이러한 서브 네트워크에서 호스트틀 식별하기 위해 사용되는 물리 주소는 서브 네트워크마다 구성이 다를 수 있다. 어떤 서브 네트워크에서 사용된 물리 주소를 다른 서브 네트워크에서는 알지 못하므로 서브 네트워크를 연결하여 구성된 인터넷에서는 별도의 글로벌 주소가 필요하다. 인터넷에서 호스트를 구분하기 위해 사용되는 글로벌 주소가 IP 주소이다.

IP는 버전 4(IPv4)와 버전 6(IPv6)가 있는데, IPv4에서는 32-비트 주소를 사용하고 IPv6는 128-비트 주소를 사용한다. 지금은 일부 IPv6가 사용되기도 하지만 주로 IPv4가 사용되므로 여기서도 IPv4에서 사용되는 32-비트 IP 주소를 중심으로 설명하기로 한다. IP 주소는 32-비트의 이진수로 되어 있지만 IP 주소를 표기할 때는 알아보기 쉽도록 보통 네 개의 숫자가 점으로 분리된 십진수 형식으로 표현된다. 예를 들어, 점으로 구분된 십진수 IP 주소 192.168.123.132는 이진 표기법으로 32비트 숫자 11000000101000111101110000100에 해당한다. 이 숫자는 알아보기 어려울 수도 있으므로 이진수로 8자리씩 4부분으로 나누어 나타낸다. 이러한 8비트 섹션을 옥텟이라고 한다. 그러면 앞에서 제시한 IP 주소는 11000000.10101000.01111011.10000100이 된다. 이 숫자도 마찬가지로 알아보기가 어려우므로, 이진 주소를 점으로 분리된 십진수 형식(192.168.123.132)으로 변환하여 표기한다. 점으로 분리된 각 십진수는 이진수를 십진 표기법으로 변환한 옥텟이다.

CIDR에 따른 10진수 표기법	192	168	123	132	/24
2진수 표기법	11000000	10101000	01111011	10000100	
	←------네트워크------→			←호스트→	

그림 9-10 IP 주소

인터넷은 서브 네트워크를 라우터로 연결한 것이다. 그러나 서브 네트워크 사이에 데이터 패킷을 전달하는 라우터는 패킷이 향하는 호스트의 정확한 위치를 모른다. 라우터는 해당 호스트가 어떤 서브 네트워크에 속하는지만을 알고 있으며 자신의 라우팅 테이블에 저장된 정보를 사용하여 대상 서브 네트워크로 패킷을 전달하는 방법을 결정한다. 패킷은 대상 서브 네트워크로 배달된 다음 해당 호스트로 배달된다.

이러한 프로세스가 작동하기 위해 IP 주소는 두 부분으로 나누어진다. IP 주소의 첫째 부분은 네트워크 주소로 사용되고, 나머지 부분은 호스트 주소로 사용된다. 앞에서 예로 든 192.168.123.132를 두 부분으로 나누면 다음과 같이 된다.

192.168.123. 네트워크 주소
.132 호스트 주소

또는

192.168.123.0 - 네트워크 주소
0.0.0.132 - 호스트 주소

서브넷 마스크(subnet mask)

TCP/IP가 작동하는 데 필요한 두 번째 항목이 바로 서브넷 마스크이다. 서브넷 마스크는 TCP/IP 프로토콜에 의해 호스트가 로컬 서브 네트워크에 있는지 아니면 원격 네트워크에 있는지를 확인하는 데 사용된다.

TCP/IP에서는 네트워크 주소와 호스트 주소로 사용되는 IP 주소의 부분이 고정되어 있지 않아 또 다른 추가 정보가 없으면 네트워크 주소와 호스트 주소를 확인할 수 없다. 이러한 추가 정보는 서브넷 마스크라고 하는 또 다른 32비트 숫자의 형태로 제공된다. 이 예제에서는 서브넷 마스크가 255.255.255.0이다. 이진 표기법에서는 255가 11111111에 해당하므로 이 서브넷 마스크가 아래와 같다.

```
11111111.11111111.11111111.0000000
```

서브넷 마스크의 의미를 알아보기 위해 IP 주소와 서브넷 마스크를 나란히 놓으면 주소의 네트워크 부분과 호스트 부분을 아래와 같이 분리할 수 있다.

```
11000000.10101000.01111011.10000100 -- IP 주소(192.168.123.132)
11111111.11111111.11111111.00000000 -- 서브넷 마스크(255.255.255.0)
```

처음 24비트(서브넷 마스크에서 1로 이루어진 숫자)는 네트워크 주소이고 마지막 8비트(서브넷 마스크에서 나머지 0으로 이루어진 숫자)는 호스트 주소이다. 이 숫자가 의미하는 것은 아래와 같다.

```
11000000.10101000.01111011.00000000 -- 네트워크 주소(192.168.123.0)
00000000.00000000.00000000.10000100 -- 호스트 주소(000.000.000.132)
```

이제 255.255.255.0이라는 서브넷 마스크를 사용하는 이 예제에서 네트워크 주소는 192.168.123.0이고, 호스트 주소는 0.0.0.132라는 것을 알 수 있을 것이다. 패킷이 원격 네트워크로부터 192.168.123.0 서브넷에 도달하여 해당 서브 네트워크에 목적지 주소 192.168.123.132가 있으면 이 주소를 가진 컴퓨터가 네트워크로부터 해당 패킷을 받아서 처리한다.

거의 모든 십진 서브넷 마스크는 왼쪽은 모두 1이고 오른쪽은 모두 0인 이진 숫자로 변환된다. 또 다른 일반적으로 사용되는 서브넷 마스크는 아래와 같다.

```
 십진                이진
255.255.255.192     1111111.11111111.1111111.11000000
255.255.255.224     1111111.11111111.1111111.11100000
```

인터넷 공식문서 RFC 1878[3]에 TCP/IP 네트워크에서 사용할 수 있는 유효한 서브넷과 서브넷 마스크에 대한 설명이 있으므로 필요하면 참조하기 바란다.

3) http://www.internic.net에서 구할 수 있다

IP 주소 클래스

인터넷 주소는 인터넷을 관리하는 조직인 InterNIC(http://www.internic.net)에서 할당하고 있다. 이러한 IP 주소는 클래스로 나누어진다. 클래스 중 가장 일반적으로 사용되는 클래스는 A, B, C이다. 클래스 D와 E도 있지만, 일반 사용자는 대개 사용하지 않는다. 각 주소 클래스는 서로 다른 기본 서브넷 마스크를 갖고 있다. 첫 번째 옥텟을 보면 IP 주소의 클래스를 식별할 수 있다. 다음은 클래스 A, B, C의 인터넷 주소 범위와 예제 주소이다.

클래스 A 네트워크는 기본 서브넷 마스크 255.0.0.0을 사용하고 첫 번째 옥텟으로 0~127 사이의 값을 갖는다. 따라서 주소 10.52.36.11은 클래스 A 주소이다. 이 주소의 첫 번째 옥텟은 10으로, 1~126(포함) 사이에 있다.

클래스 B 네트워크는 기본 서브넷 마스크 255.255.0.0을 사용하고 첫 번째 옥텟으로 128~191 사이의 값을 갖는다. 주소 172.16.52.63는 클래스 B 주소이다. 이 주소의 첫 번째 옥텟은 172로, 128~191(포함) 사이에 있다.

클래스 C 네트워크는 기본 서브넷 마스크 255.255.255.0을 사용하고 첫 번째 옥텟으로 192~223 사이의 값을 갖는다. 예를 들어 주소 192.168.123.132는 클래스 C 주소이다. 이 주소의 첫 번째 옥텟은 192로, 192~223(포함) 사이에 있기 때문이다.

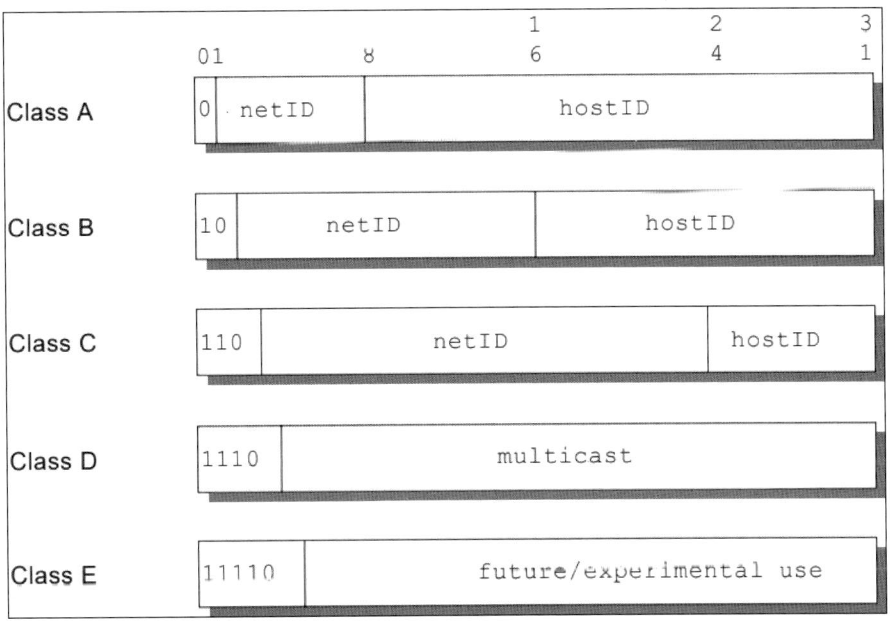

[4]

그림 9-11 IP 주소의 클래스

다음에는 서브넷 마스크를 사용하여 네트워크를 나누는 방법에 대해 알아보자.

서브넷 마스크를 이용한 서브넷 구성

클래스 A, B, C IP 주소를 사용하는 네트워크는 시스템 관리자에 의해 더 작은 단위로, 즉 서브넷으로 나누어질 수 있다. 인터넷의 논리적 주소 체계와 실제로 사용되는 실제 네트워크를 맞출 때 이러한 작업이 필요하다.

시스템 관리자가 관리하는 네트워크가 사용하는 IP 주소에 잘 맞지 않는 방식으로 구성되어 있을 수도 있다. 예를 들어 각각 다른 사이트에 있는 3개의 네트워크에서 총 150대의 호스트를 갖고 있고 하나의 라우터로 3개의 네트워크를 연결하여 구성되는 광역 네트워크를 가정해 보자. 3개의 네트워크는 각각 50대의 호스트를 갖고 있고 클래스 C 네트워크 주소 192.168.123.0을 할당받았다고 가정해 보자.

호스트 부분이 모두 1이거나 모두 0인 이진 주소는 유효하지 않기 때문에 이 예에서 192.168.123.0 주소와 192.168.123.255 주소는 사용할 수 없다. 0 주소는 호스트를 지정하지 않고 네트워크만을 지정하는 데 사용된다. 255 주소(이진 표기법에서 호스트 주소가 모든 1인 주소)는 네트워크상의 모든 호스트에 메시지를 브로드캐스트하는 데 사용된다. 이처럼 네트워크 또는 서브넷의 첫 번째 주소와 마지막 주소는 개별 호스트에 할당될 수 없다.

따라서 192.168.123.0의 주소를 가진 네트워크에서 254개의 호스트 주소가 가능하므로 150대의 컴퓨터를 모두 하나의 네트워크에 연결할 수 있다. 하지만 이 예에서는 150대의 컴퓨터가 3개의 실제 네트워크에 나누어져 있다. 각 네트워크에 추가로 주소 블록을 요청하는 대신 하나의 주소 블록을 여러 개의 서브넷으로 나누어 사용할 수 있다.

이를 위해 네트워크 주소는 늘리고 호스트 주소 범위는 줄이는 서브넷 마스크를 사용하여 네트워크를 4개의 서브넷으로 나눈다. 즉 호스트 주소에 사용되는 비트 중 일부를 '빌려' 이를 네트워크 주소 부분에 사용한다. 서브넷 마스크 255.255.255.192를 사용하면 하나의 네트워크를 각각 62대의 호스트로 이루어진 4개의 네트워크로 나눌 수 있다. 이진 표기법에서 255.255.255.192는 1111111.11111111.1111111 .11000000과 같으므로 26비트가 네트워크 주소로 사용되고 6비트가 호스트 주소로 사용된다. 마지막 옥텟의 처음 두 자릿수는 네트워크 주소가 되어 추가 네트워크 00000000(0), 01000000(64), 10000000(128), 11000000(192)를 가

4) http://www.redbooks.ibm.com/pubs/pdfs/redbooks/gg243376.pdf

질 수 있다. 따라서 서브넷 마스크 255.255.255.192를 사용하면 192.168.123.0 네트워크가 4개의 네트워크 192.168.123.0, 192.168.123.64, 192.168.123.128, 192.168.123.192로 나누어진다. 이들 4개 네트워크에서 유효한 호스트 주소는 다음과 같다.

```
192.168.123.1-62
192.168.123.65-126
192.168.123.129-190
192.168.123.193-254
```

모두 1과 모두 0인 이진 호스트 주소는 유효하지 않으므로 마지막 옥텟이 0, 63, 64, 127, 128, 191, 192, 255인 주소는 사용할 수 없다.

두 호스트 주소, 192.168.123.71과 192.168.123.133을 보면 그 이유를 알 수 있다. 기본 클래스 C를 위한 서브넷 마스크 255.255.255.0을 사용할 경우 이 두 주소가 모두 192.168.123.0 네트워크에 있다. 그러나, 서브넷 마스크 255.255.255.192를 사용한다면 이 두 주소가 각각 다른 네트워크에 있게 된다. 즉, 192.168.123.71은 192.168.123.64 네트워크에 있고 192.168.123.133은 192.168.123.128 네트워크에 있게 된다.

CHAPTER

10 파이썬 네트워크 프로그래밍 모듈

ipaddress 모듈을 이용하여 IP 주소 처리하는 방법을 설명하고, 소켓의 주소 유형과 소켓 유형을 소개한다. socket 모듈을 이용한 호스트 검색, 소켓 정보 찾기 등에 관해 설명한다.

네트워크 통신은 네트워크로 연결된 통신 장치 사이에 정보를 송수신하거나 클라우드 서비스를 관리하는 데 사용된다. 통신 장치를 연결하는 데 사용되는 네트워크는 다양한 종류가 있으나 본 교재에서는 이러한 장치들이 인터넷에 연결된 것으로 가정한다.

제9장에서 설명한 바와 같이 인터넷에서는 TCP/IP 프로토콜이 사용된다. 인터넷에서는 호스트를 식별하기 위해 IP 주소를 사용한다. 따라서 네트워크로 데이터를 전송할 때 호스트에서 실행되는 프로그램은 IP 주소를 처리할 수 있어야 한다. 이 장에서는 IP 주소를 파이썬 프로그램으로 처리하는 방법에 대하여 설명한다. IP 주소를 다루기 위해서는 파이썬에 내장된 표준 라이브러리를 사용할 수 있다. 파이썬의 표준 라이브러리에는 네트워크 서비스를 생성하거나 기존 서비스에 원격으로 접속할 수 있는 다음과 같은 기본 모듈이 포함되어 있다. 모듈에 관한 자세한 내용은 https://docs.python.org에서 찾아볼 수 있다.

- ipaddress - 인터넷 주소 관련 모듈
- socket - 데이터 송수신을 위한 기본 통신 모듈
- select – 입출력 모니터링 모듈
- selectors – 효율적인 입출력 다중화를 위한 모듈
- socketserver - 네트워크 서버 작성 모듈
- asyncio - 비동기 입출력 모듈
- urllib – URL 관련 프로그래밍 모듈
- http - HTTP 프로토콜을 이용한 프로그래밍 모듈

ipaddress 모듈은 IPv4 또는 IPv6 주소와 네트워크를 만들고, 처리하기 위한 모듈이다. 이 모듈의 함수와 클래스는 두 호스트가 같은 서브 네트워크에 있는지 확인하고, 특정 서브 네트워크의 모든 호스트를 대상으로 처리를 반복하고, 문자열이 유효한 IP 주소나 네트워크를 정의하고 있는지 등 IP 주소와 관련된 다양한 작업을 간단하게 처리할 수 있게 해 준다.

socket 모듈은 C 소켓 라이브러리에 대한 직접 액세스를 제공하며 모든 네트워크 서비스와 통신을 위해 사용된다. 이 모듈은 가장 기본적인 모듈이며 파이썬을 사용한 통신 프로그램을 작성할 때 가장 많이 사용된다.

select 모듈은 운영체제에서 일어나는 여러 가지 입출력 동작을 모니터링하기 위해 사용된다. 이 모듈은 소켓이나 파일이 읽기 또는 쓰기 가능으로 되거나 통신 오류가 발생하는지를 모니터링하여 알려준다. select 모듈을 이용하여 프로그램하면 동시에 여러 연결을 모니터링하는 것이 더 쉬워지고, 폴링 루프를 작성하는 것보다 효율적이다. 윈도우에서는 소켓에 대해서만 select 모듈을 사용할 수 있다.

selector 모듈은 select 모듈을 기반으로 동작하며 여러 소켓을 동시에 감시할 수 있는 고급 인터페이스를 제공하며 네트워크 서버가 여러 클라이언트와 동시에 통신할 수 있게 해준다.

socketserver 모듈은 새로운 네트워크 서버를 만드는 데 필요한 많은 반복적인 작업을 추상화한 것이다. 클래스를 결합하여 스레드를 새로 생성하여 사용하고 TCP 또는 UDP를 지원하는 서버를 작성할 수 있다. 따라서 응용 프로그램에서는 실제 메시지 처리만 집중할 수 있다.

asyncio 모듈은 async/await 구문의 코루틴(coroutine)을[5] 사용하여 동시성 응용 프로그램을 작성하기 위한 모듈이다. 고성능 네트워크 및 웹 서버, 데이터베이스 연결 라이브러리, 분산 작업 대기열 등을 제공하는 파이썬 비동기 프레임 워크를 구현하기 위한 기반으로 사용된다. 따라서 asyncio는 IO 바인딩 및 높은 수준의 구조화된 네트워크 코드에 가장 적합하다.

urllib 모듈은 URL 관련 프로그램을 작성하기 위한 모듈이다. HTTP 서버에 접근하여 요청을 보내고 응답을 받기 위해 사용할 수 있다. 이 모듈은 urllib.request, urllib.error, urllib.parse, urllib.robotparser 모듈을 포함한다.

---

5) 코루틴은 서브 루틴을 일반화한 것으로 여러 응용 프로그램을 동시에 실행할 수 있도록 주기적으로 또는 유휴 상태일 때 프로세스가 자발적으로 양보하는 협업 멀티태스킹에 사용된다.

http 모듈은 HTTP 관련 프로그래밍을 위한 모듈이다. 주로 HTTP 서버를 구현하기 위해 사용된다. 이 모듈은 http.client, http.server, http.cookies, http.cookiejar 모듈을 포함한다.

파이썬에 포함된 기본 모듈 이외에도 제3자가 개발한 Twisted, requests 등의 모듈이 파이썬 네트워크 프로그래밍을 위해 많이 사용된다. 본 장에서는 ipaddresses 모듈과 socket 모듈을 소개하고 다른 모듈은 관련 내용을 다룰 때 설명한다.

10.1 ipaddress 모듈

IP 주소를 검사하고 처리하기 위해서는 먼저 IP 주소 객체를 만들어야 한다. IP 주소는 네트워크를 식별하기 위한 부분과 네트워크 내부에서 호스트를 식별하기 위한 부분으로 구성된다. 지금까지 사용하던 방법은 클래스에 따라 IP 주소에서 네트워크 영역과 호스트 영역이 미리 정해져 있다. 예를 들어 C 클래스 IP 주소인 "192.168.100.14"는 처음 24비트는 네트워크 영역을 나타내고 마지막 8비트는 호스트를 나타낸다. 이를 서브넷 마스크 "255.255.255.0"을 사용하여 표시한다. 선행 24비트는 네트워크를 나타내기 위해 사용되고 나머지 비트는 호스트를 나타내기 위해 사용된다는 뜻이다. 1993년에 새로 도입된 CIDR(Classless Inter-Domain Routing) 표기법은 "IP 주소/10진수"의 형태로 주소를 나타낸다. 여기서 IP 주소는 단일 IP 주소나 전체 네트워크의 시작주소를 나타낸다. 예를 들어 "192.168.100.10/24"와 같은 인터넷 주소는 단일 인터페이스를 나타내는 IP 주소가 "192.168.100.10"이고 32 비트 중 선행 24 비트가 네트워크를 식별하기 위해 사용되고 나머지 8비트는 호스트를 식별하기 위해 사용된다. 또 "192.168.100.0/24"는 "192.168.100.0"이 네트워크 시작주소이고 32비트 중 24비트는 네트워크를 나타내기 위해 사용되고 나머지 8비트는 호스트를 위해 사용된다는 의미이다.

CIDR 형태가 아닌 주소를 포함하는 객체를 호스트 주소 객체라 하고, CIDR 형태의 주소를 포함하는 객체를 인터페이스 주소 객체라 한다. 네트워크 주소 객체는 전체 네트워크의 주소 범위를 나타낸다. 그림 10-1에서 "192.168.100.5"는 호스트 주소이고, "192.168.100.10/24"는 CIDR 표기법의 호스트 인터페이스 주소를 나타낸다. "192.169.100.0/24"는 네트워크 주소를 나타낸다. 호스트 인터페이스 주소는 방화벽이나 라우터와 같이 어떤 네트워크에 접속하기 위한 장치의 주소를 나타낸다.

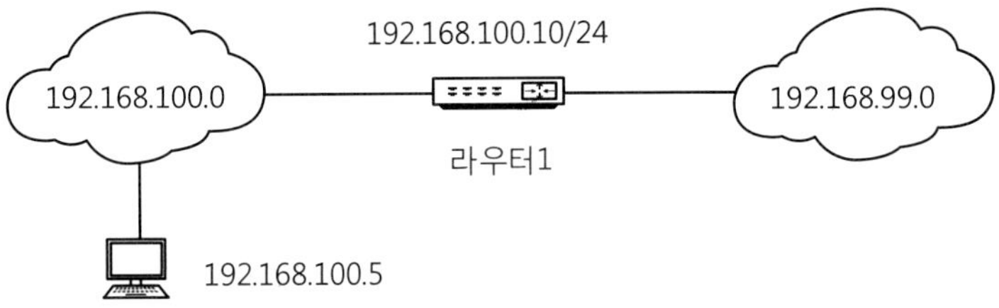

그림 10-1 호스트 주소, 네트워크 주소, 호스트 인터페이스 주소

IP 주소를 나타내기 위해 다음과 같이 3가지 클래스가 있다.

- IPv4Address – IPv4 호스트 주소
- IPv4Network – IPv4 네트워크 주소
- IPv4Interface – IPv4 인터페이스 주소

문자열과 정수로부터 주소 객체를 만들기 위해 ipaddress 모듈을 사용할 수 있다. ipaddress 모듈에는 호스트 주소와 네트워크 주소, 인터페이스 주소 객체를 생성할 수 있는 다음과 같은 생성 함수[6]가 있다.

```
ipaddress.ip_address()
ipaddress.ip_network()
ipaddress.ip_interface()
```

호스트 주소

IP 주소를 사용하여 작업할 때 필요한 기본 단위는 호스트 주소이다. 네트워크 프로그래밍을 위해서는 먼저 IP 주소를 나타내기 위해 주소 객체를 만들어야 하는 데 ipaddress를 이용하여 문자열이나 정수로부터 주소 객체를 만들 수 있다. 주소 객체를 만드는 가장 간단한 방법은 ipaddress.ip_address() 생성 함수를 사용하는 것이다. 이 함수는 전달된 값에 따라 IPv4 주소를 만들지 또는 IPv6 주소를 만들지 자동으로 결정한다. 문자열, 정수 또는 바이트 시퀀스를 ipaddress.ip_address()에 전달하면 반환값은 사용되는 주소 유형에 따라 IPv4Address 또는 IPv6Address 객체가 된다.

6) 생성 함수: 객체지향프로그램에서 다른 객체를 생성하고 초기화하기 위한 함수(또는 메서드)이다.

```
>>> import ipaddress
>>> ipaddress.ip_address('192.0.2.1')
IPv4Address('192.0.2.1')
>>> ipaddress.ip_address('2001:DB8::1')
IPv6Address('2001:db8::1')
```

'192.0.2.1'과 같이 IPv4 주소를 나타내는 문자열과 함께 호출하면 IPv4Address 주소 객체가 생성되고, '2001:DB8::1'과 같은 IPv6 주소와 함께 호출하면 IPv6Address 주소 객체가 생성된다. 문자열 대신 다음과 같이 정수를 전달하여 주소 객체를 만들 수도 있다. 32비트 이내의 정숫값은 IPv4로 처리된다.

```
>>> ipaddress.ip_address(3221225985)
IPv4Address('192.0.2.1')
>>> ipaddress.ip_address(42540766411282592856903984951653826561)
IPv6Address('2001:db8::1')
```

직접 IPv4 또는 IPv6 주소 객체를 만들기 위해 IPv4Address()와 IPv6Address() 생성 함수를 이용할 수도 있다. IPv4Address()는 IPv4 주소를 저장하는 주소 객체를 반환하고 IPv6Address()는 IPv6 주소를 저장하는 주소 객체를 반환한다.

```
>>> ipaddress.ip_address(1)
IPv4Address('0.0.0.1')
>>> ipaddress.IPv4Address(1)
IPv4Address('0.0.0.1')
>>> ipaddress.IPv6Address(1)
IPv6Address('::1')
```

IP 주소를 문자열이나 정수로 표현할 필요가 있으면 str()이나 int() 함수를 사용한다. 예를 들어 socket 모듈에서는 주소를 표현하기 위해 문자열 주소를 사용한다.

```
>>> str(ipaddress.IPv4Address('127.0.0.1'))
'127.0.0.1'
>>> int(ipaddress.IPv4Address('127.0.0.1'))
2130706433
>>> str(ipaddress.IPv6Address('::1'))
'::1'
>>> int(ipaddress.IPv6Address('::1'))
1
```

binascii와 ipaddress 모듈을 사용하면 목적에 따라 주소를 여러 가지로 표현할 수 있으며, 주소의 타입과 주소가 멀티캐스트 통신을 위해 예약되어 있는지 혹은 사설 네트워크를 위한 것인지 등 주소와 관련된 정보를 알 수 있다. 주소 객체의 version 속성은 IPv4이면 4, IPv6이면 6이다. packed 속성은 IP 주소를 압축형 바이너리(packed binary)로 표현한다. IPv4이면 4바이트, IPv6이면 16바이트로 나타낸다. 주소 객체와 관련된 다음과 같은 속성들을 사용하면 주소의 속성을 알 수 있다.

- is_multicast　　멀티캐스트 주소이면 True이다.
- is_private　　사설망 주소이면 True이다.
- is_global　　공중망 주소이면 True이다.
- is_unspecified　　주소 용도가 지정되지 않았으면 True이다.
- is_reserved　　유보된 주소이면 True이다.
- is_loopback　　루프백 주소이면 True이다. 예를 들어 '127.0.0.1'은 루프백 주소이다.
- version　　IP 주소의 버전을 알려준다.

```
>>> import ipaddress
>>> addr = ipaddress.ip_address('127.0.0.1')
>>> addr.is_loopback
True
>>> addr.version
4
```

▌예제 – ipaddress_attributes.py

```
# ipaddress 모듈의 속성
import binascii
import ipaddress as ipa
Addresses =[
```

```
5       '192.168.0.5',
6       '2001:0:9d38:6abd:480:f1f:3f57:fffb',
7   ]
8   for ipaddr in Addresses:
9       addr =ipa.ip_address(ipaddr)
10      print(f'IP address: {addr!r}')
11      print('IP version:',addr.version )
12      print('Packed addr:',binascii.hexlify(addr.packed))
13      print('Integer addr:',int(addr))
14      print('Is private?:',addr.is_private )
15      print()
```

- 라인 4~7 IPv4 주소와 IPv6 주소를 저장하는 리스트형 변수를 생성한다.
- 라인 9 ipa.ip_address() 클래스를 이용하여 주소 객체(addr)를 만든다.
- 라인 10~13 ip주소 객체의 여러 가지 속성을 표시한다. {addr!r}은 주소를 repr()을 사용하여 강제로 형 변환한 것이다. 라인 12는 packed 속성을 사용하여 점 십진법 주소의 각 자리를 2진수로 표현한다. 예를 들어 '192.168.0.5'는 'b'11000000.10101000.00000001.00000001''로 표현된다.

  binascii.hexlify(b'data') 함수는 bytes data(addr.packed)를 16진수로 표현하는 함수이다.

```
>>> import binascii
>>> a=b'\x10\xf3\x5a\x11' ← 바이너리 데이터
>>> binascii.hexlify(a) ← 바이너리 데이터를 16진수로 표현
b'10f35a11'
>>> a.hex() # 바이너리를 16진수로 표현하는 다른 방법
b'10f35a11'
```

다음은 위 예제를 실행한 결과이다. IP 주소의 버전, 사설 네트워크 주소 여부, 16진 값, 10진 값 등을 알 수 있다.

```
IP address: IPv4Address('192.168.0.5')
IP version: 4
Packed addr: b'c0a80005'
Integer addr: 3232235525
Is private?: True

IP address: IPv6Address('2001:0:9d38:6abd:480:f1f:3f57:fffb')
IP version: 6
```

```
Packed addr: b'200100009d386abd04800f1f3f57fffb'
Integer addr: 42540488210633193206006041362424135675
Is private?: True
```

'192.168.0.5'은 IPv4 주소이고 사설 네트워크를 위한 주소이며, '2001:0:9d38:6abd:480:f1f:3f57:fffb'는 IPv6 주소이고 역시 사설 네트워크 주소임을 알 수 있다.

연습문제 10-1

자신이 사용하고 있는 컴퓨터의 IP 주소를 확인해 보자. [윈도우키 + R]을 누르고 cmd를 입력하여 명령창을 연다. 명령 창에서 ipconfig를 입력하면 그림 10-2와 같은 화면이 나타난다. 이 화면에서 IPv4와 IPv6 주소를 확인할 수 있다.

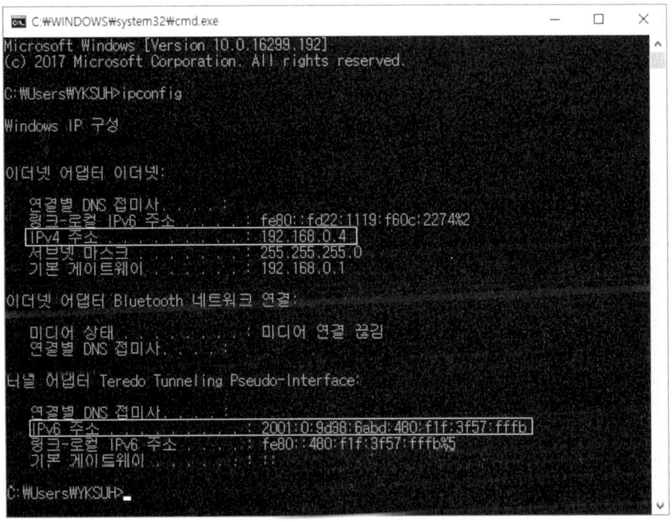

그림 10-2 ipconfig 명령 실행 결과

위 프로그램에서 자신이 사용하고 있는 컴퓨터의 IPv4 주소와 IPv6 주소를 입력하여 결과를 확인해 보자. 컴퓨터 설정이나 연결에 따라서 IPv6 주소가 표시되지 않을 수도 있다.

네트워크 주소

네트워크 주소는 IP 주소 그룹으로 만들어지며 해당 네트워크에 속하는 호스트 주소의 범위를 정의하는 문자열로 구성된다. 네트워크 프로그램에서 네트워크를 다루기 위해서는 네트워크 주소 객체가 필요하다. 일반적으로 네트워크 주소 객체는 "network address/network prefix"와 같이 기본 주소와 마스크로 표현된다. 마스크는 IP 주소 중에서 네트워크 주소로 사용되는 부분을 나타내기 위한 선행 비트 수이다.

예를 들어 IP 네트워크 주소 객체가 "192.168.0.0/24"로 표시되면 시작주소는 32비트로 구성되는 "192.168.0.0"이며, 마스크는 "24"이다. 따라서 "192.168.0.0"의 주소 중에서 앞쪽 24비트가 네트워크 주소를 나타낸다는 의미이다. 나머지 8비트는 호스트 주소이다.

ipaddress 모듈의 ip_network() 생성 함수는 IPv4Network 또는 IPv6Network 네트워크 주소 객체를 생성한다.

```
>>> ipaddress.ip_network('192.0.2.0/24') #시작주소/마스크
IPv4Network('192.0.2.0/24')
>>> ipaddress.ip_network('2001:db8::0/96')
IPv6Network('2001:db8::/96')
```

이 객체의 with_netmask 속성은 네트워크 주소를 네트워크 마스크와 함께 문자열로 나타낸다. with_hostmask 속성은 네트워크 주소를 호스트 마스크와 함께 문자열로 나타낸다.

```
>>> ipaddress.ip_network('192.168.0.0/24').with_netmask
'192.168.0.0/255.255.255.0' ← 네트워크 마스크 표시
>>> ipaddress.ip_network('2001:db8::0/96').with_netmask
'2001:db8::/ffff:ffff:ffff:ffff:ffff:ffff::'
>>> ipaddress.ip_network('192.168.0.0/24').with_hostmask
'192.168.0.0/0.0.0.255' ← 호스트 마스크 표시
>>> ipaddress.ip_network('2001:db8::0/96').with_hostmask
'2001:db8::/::ffff:ffff'
```

호스트 주소와 마찬가지로 네트워크 주소에는 두 가지 네트워크 클래스(IPv4와 IPv6)가 있다.

```
>>> ipaddress.ip_network('192.168.0.0/24')
IPv4Network('192.168.0.0/24') ← IPv4NetWork 객체 생성
>>> ipaddress.ip_network('2001:db8::0/96')
IPv6Network('2001:db8::/96') ← IPv6NetWork 객체 생성
```

네트워크를 나타낼 때 기본 주소에서 호스트 주소 부분은 항상 0으로 표시되어야 하며, 0이 아니면 Value Error가 발생한다. 해당 부분을 강제로 0으로 바꾸려면 ip_network() 호출 시 "strict=False"로 지정해야 한다.

```
>>> ipaddress.ip_network('192.0.2.1/24') ← 호스트 주소가 0이 아님
Traceback (most recent call last):
  .........
ValueError: 192.0.2.1/24 has host bits set
>>> ipaddress.ip_network('192.0.2.1/24', strict=False)
IPv4Network('192.0.2.0/24') ← 호스트 주소 부분이 0으로 변경됨
```

네트워크에 몇 개의 개별 주소가 있는지 알아보려면 num_addresses 속성을 이용한다.

```
>>> net4 = ipaddress.ip_network('192.0.2.0/24')
>>> net4.num_addresses
256 ← 32-24=8비트가 호스트 주소로 사용되므로 256개의 호스트 주소 사용 가능
>>> net6 = ipaddress.ip_network('2001:db8::0/96')
>>> net6.num_addresses
4294967296
```

네트워크 주소 객체에서 사용 가능한 호스트 주소를 반복적으로 알아보려면 다음과 같이 반복문을 사용한다. 네트워크 주소 객체의 hosts() 메서드를 호출하면 해당 네트워크에 속하는 호스트의 주소를 반환한다.

```
>>> net4 = ipaddress.ip_network('192.0.2.0/24')
>>> for x in net4.hosts():
... print(x)
192.0.2.1
192.0.2.2
192.0.2.3
192.0.2.4
...
192.0.2.252
192.0.2.253
192.0.2.254
```

네트워크 주소 객체에서 넷마스크와 호스트 마스크를 알아보려면 다음과 같이 할 수 있다.

```
>>> net4 = ipaddress.ip_network('192.0.2.0/24')
>>> net4.netmask
IPv4Address('255.255.255.0')
>>> net4.hostmask
IPv4Address('0.0.0.255')
```

```
>>> net6 = ipaddress.ip_network('2001:db8::0/96')
>>> net6.netmask
IPv6Address('ffff:ffff:ffff:ffff:ffff:ffff::')
>>> net6.hostmask
IPv6Address('::ffff:ffff')
```

주소를 펼치거나 압축해서 표현하려면 다음과 같이 한다. IPv4는 펼침이나 압축을 지원하지 않지만, IPv6 주소는 프로그램에서 가장 간결하거나 자세한 형식을 쉽게 표현할 수 있다.

```
>>> addr6.exploded
'2001:0db8:0000:0000:0000:0000:0000:0001'
>>> addr6.compressed
'2001:db8::1'
>>> net6.exploded
'2001:0db8:0000:0000:0000:0000:0000:0000/96'
>>> net6.compressed
'2001:db8::/96'
```

네트워크 주소의 인덱스를 이용하면 해당 네트워크에 속하는 호스트 주소를 확인할 수 있다.

```
>>> import ipaddress
>>> net4 = ipaddress.ip_network('192.0.2.0/24')#네트워크 주소 객체
>>> net4[1] #처음 호스트 주소
IPv4Address('192.0.2.1')
>>> net4[-1] #마지막 호스트 주소
IPv4Address('192.0.2.255')
>>> net6=ipaddress.ip_network('2001:db8::0/96')
>>> net6[1]
IPv6Address('2001:db8::1')
>>> net6[-1]
IPv6Address('2001:db8::ffff:ffff')
```

in 연산자를 이용하면 임의의 호스트 주소가 네트워크에 포함되는지 확인할 수 있다.

```
>>> addr4 = ipaddress.ip_address('192.0.2.1')
>>> addr4 in ipaddress.ip_network('192.0.2.0/24')
True
>>> addr4 in ipaddress.ip_network('192.0.3.0/24')
False
```

주소 객체를 비교하려면 다음과 같이 한다. 버전이나 형식이 다른 객체를 비교하면 TypeError가 발생한다.

```
>>> ipaddress.ip_address('192.0.2.1') <
ipaddress.ip_address('192.0.2.2')
True
```

IP 주소를 사용하는 다른 모듈(예: 소켓 모듈)은 주소 객체를 허용하지 않을 수 있다. 이 경우 다른 모듈에서 허용하는 정수 또는 문자열로 주소를 변환해야 한다.

```
>>> addr4 = ipaddress.ip_address('192.0.2.1')
>>> str(addr4)
'192.0.2.1'
>>> int(addr4)
3221225985
```

여러 가지 예제를 통해 ipaddress 모듈의 사용법을 익혀보자.
네트워크 주소 객체는 네트워크에서 사용 가능한 브로드캐스트 주소를 확인하거나 주소의 압축 표현, 마스크 등 주소와 관련된 값에 액세스하기 위한 속성을 제공한다.

▌예제 ipaddress_network_attributes.py

```
# network address 속성
import ipaddress as ipa

NetAddrs = ['10.9.0.0/24', 'fdfd:87b5:b475:5e3e::/64']

for addr in NetAddrs:
    net = ipa.ip_network(addr)
    print(f'Network address: {net!r}')
    print(f'Is private: {net.is_private}')
    print(f'Broadcast address: {net.broadcast_address}')
    print(f'Compressed address: {net.compressed}')
    print(f'Addr with netmask: {net.with_netmask}')
    print(f'Addr with hostmask: {net.with_hostmask}')
    print(f'Num addresses: {net.num_addresses}')
    print()
```

위 예제를 실행하면 다음과 같이 네트워크와 관련된 여러 가지 속성을 볼 수 있다.

```
Network address: IPv4Network('10.9.0.0/24')
Is private: True
Broadcast address: 10.9.0.255
Compressed address: 10.9.0.0/24
Addr with netmask: 10.9.0.0/255.255.255.0
Addr with hostmask: 10.9.0.0/0.0.0.255
Num addresses: 256

Network address: IPv6Network('fdfd:87b5:b475:5e3e::/64')
Is private: True
Broadcast address: fdfd:87b5:b475:5e3e:ffff:ffff:ffff:ffff
Compressed address: fdfd:87b5:b475:5e3e::/64
Addr with netmask: fdfd:87b5:b475:5e3e::/ffff:ffff:ffff:ffff::
Addr with hostmask: fdfd:87b5:b475:5e3e::/::ffff:ffff:ffff:ffff
Num addresses: 18446744073709551616
```

ip_network() 클래스로 네트워크 주소 객체를 만들면 객체는 네트워크에 포함된 호스트 주소를 포함하고 있다.

```
>>> net = ipaddress.ip_network('192.168.1.0/30')
>>> type(net)
<class 'ipaddress.IPv4Network'>
>>> list(net.hosts())
[IPv4Address('192.168.1.1'), IPv4Address('192.168.1.2')]
>>> net[0]
IPv4Address('192.168.1.0')
>>> net[1]
IPv4Address('192.168.1.1')
```

다음 프로그램은 주어진 네트워크 주소에서 사용할 수 있는 호스트 주소를 3개 찾아 출력한다. zip() 함수는 같은 개수로 이루어진 자료형을 하나씩 튜플로 묶어 주는 함수이다. zip() 함수의 인수로 range(3)이 주어지므로 net.hosts()도 3개만 사용된다.

▌예제 ipaddress_network_iterate_hosts.py

```
import ipaddress

```

```
NETWORKS = [
    '10.9.0.0/24',
    'fdfd:87b5:b475:5e3e::/64',
]

for n in NETWORKS:
    net = ipaddress.ip_network(n) #네트워크 주소 객체 생성
    print('{!r}'.format(net))
    for i, ip in zip(range(3), net):
        print(i, ': ', ip)
    print()
```

이 프로그램을 실행하면 다음과 같은 결과를 볼 수 있다.

```
IPv4Network('10.9.0.0/24')
0: 10.9.0.1
1: 10.9.0.2
2: 10.9.0.3

IPv6Network('fdfd:87b5:b475:5e3e::/64')
0: fdfd:87b5:b475:5e3e::1
1: fdfd:87b5:b475:5e3e::2
2: fdfd:87b5:b475:5e3e::3
```

이 프로그램의 출력 결과를 앞의 프로그램과 비교하면 호스트 주소에는 전체 네트워크를 반복할 때 생성된 첫 번째 값이 포함되지 않는다는 것을 알 수 있다.

네트워크 주소 객체는 어떤 주소가 네트워크 일부인지 판단하기 위해 in 연산자를 지원한다. 다음 예제에서 '10.9.0.0/24'로 표시되는 네트워크 주소에 '10.9.0.6'의 호스트 주소가 포함되는지 확인해 보자.

▌예제 ipaddress_network_membership.py

```
import ipaddress

NETWORKS = [
    ipaddress.ip_network('10.9.0.0/24'),
    ipaddress.ip_network('fdfd:87b5:b475:5e3e::/64'),
]
```

```

ADDRESSES = [
    ipaddress.ip_address('10.9.0.6'),
    ipaddress.ip_address('10.7.0.31'),
    ipaddress.ip_address(
        'fdfd:87b5:b475:5e3e:b1bc:e121:a8eb:14aa'
    ),
    ipaddress.ip_address('fe80::3840:c439:b25e:63b0'),
]

for ip in ADDRESSES:
    for net in NETWORKS:
        if ip in net:
            print('{}\nis on {}'.format(ip, net))
            break
    else:
        print('{}\nis not on a known network'.format(ip))
    print()
```

이 프로그램을 실행하면 다음과 같은 결과를 볼 수 있다.

```
10.9.0.6
is on 10.9.0.0/24

10.7.0.31
is not on a known network

fdfd:87b5:b475:5e3e:b1bc:e121:a8eb:14aa
is on fdfd:87b5:b475:5e3e::/64

fe80::3840:c439:b25e:63b0
is not on a known network
```

인터페이스 주소

인터페이스 주소는 네트워크에서 방화벽이나 라우터와 같이 변하지 않는 특정 주소를 나타내기 위해 사용되며 호스트 주소와 넷 마스크로 표현된다. "192.168.0.5/24"와 같은 인터페이스 주소는 "192.168.0.0/24" 네트워크에서 주소가 "192.168.0.5"인 호스트를 의미한다. ip_interface(address) 생성자를 호출하면 인수로 주어진 address의 타입에 따라 IPv4 또는 IPv6 인터페이스 주소 객체를 반환한다. 인터페이스 주소 객체는 ip와 network 속성이 있다.

ip 속성은 네트워크 정보가 없이 주소만 나타내며 network 속성은 인터페이스가 속하는 네트워크를 보여준다.

```
>>> ipaddress.ip_interface('192.0.2.1/24')
IPv4Interface('192.0.2.1/24')
>>> ipaddress.ip_interface('2001:db8::1/96')
IPv6Interface('2001:db8::1/96')

>>> interface = ipaddress.IPv4Interface('192.168.0.5/24')
>>> interface.ip
IPv4Address('192.168.0.5')
>>> interface.network
IPv4Address('192.168.0.0/24')
```

예제 ipaddress_interfaces.py는 인터페이스 주소의 여러 가지 속성을 보여 준다.

▌예제 ipaddress_interfaces.py

```
import ipaddress

ADDRESSES = [
    '10.9.0.6/24',
    'fdfd:87b5:b475:5e3e:b1bc:e121:a8eb:14aa/64',
]

for ip in ADDRESSES:
    iface = ipaddress.ip_interface(ip) #인터페이스 주소
    print('{!r}'.format(iface))
    print('network:\n  ', iface.network)#네트워크 주소
    print('ip:\n  ', iface.ip)#호스트 주소
    print('IP with prefixlen:\n  ', iface.with_prefixlen)#CIDR 표기
    print('netmask:\n  ', iface.with_netmask)#넷 마스크
    print('hostmask:\n  ', iface.with_hostmask)#호스트 마스크
    print()
```

[실행 결과]

```
IPv4Interface('10.9.0.6/24')
network:
   10.9.0.0/24
ip:
```

```
  10.9.0.6
IP with prefixlen:
  10.9.0.6/24
netmask:
  10.9.0.6/255.255.255.0
hostmask:
  10.9.0.6/0.0.0.255

IPv6Interface('fdfd:87b5:b475:5e3e:b1bc:e121:a8eb:14aa/64')
network:
  fdfd:87b5:b475:5e3e::/64
ip:
  fdfd:87b5:b475:5e3e:b1bc:e121:a8eb:14aa
IP with prefixlen:
  fdfd:87b5:b475:5e3e:b1bc:e121:a8eb:14aa/64
netmask:
  fdfd:87b5:b475:5e3e:b1bc:e121:a8eb:14aa/ffff:ffff:ffff:ffff::
hostmask:
  fdfd:87b5:b475:5e3e:b1bc:e121:a8eb:14aa/::ffff:ffff:ffff:ffff
```

10.2 socket 모듈

소켓은 그림 10-3과 같이 양방향 통신 채널의 종단점이며 프로세스 내부 통신과 같은 시스템에 있는 프로세스와 프로세스 사이의 통신 또는 멀리 떨어져 있는 프로세스 사이의 통신에 사용된다.

socket 모듈은 소켓 인터페이스에 접속하여 네트워크 통신을 할 수 있는 메서드를 제공한다. 또 소켓 모듈은 실제 데이터를 처리하기 위한 소켓 클래스를 포함하고 있다. 소켓 클래스는 연결을 설정하거나 해제하고 데이터를 송수신하기 위한 함수들이 제공된다. 이러한 소켓은 Unix 도메인 소켓, TCP, UDP 등과 같은 다양한 채널에서 구현된다.

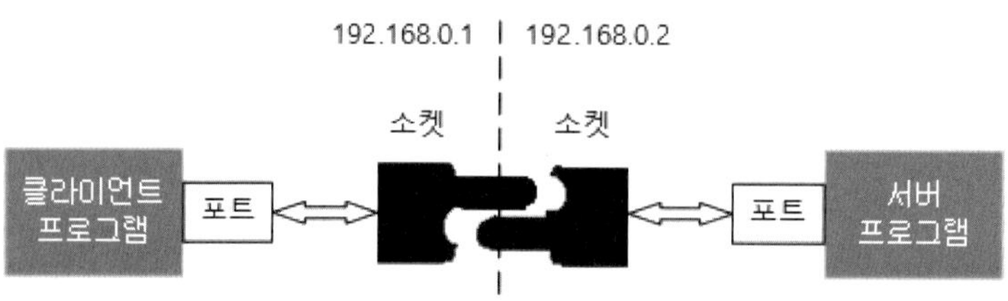

그림 10-3 소켓 인터페이스

네트워크에서 호스트 검색

소켓 모듈에는 네트워크의 도메인 이름 시스템(Domain Name System)에 연결할 수 있는 기능이 포함되어 있어서 호스트 이름을 숫자로 표기된 네트워크 주소로 변환할 수 있다. 응용 프로그램에서 호스트에 연결하기 전에 주소를 숫자 표기 네트워크 주소로 변환할 필요는 없지만, 숫자 주소와 호스트 이름을 포함하는 정보처리를 할 때 유용하게 사용할 수 있다.

자신이 사용하고 있는 호스트의 이름을 찾으려면 소켓 모듈의 gethostname()을 사용한다. 이 함수는 인수 없이 호출되며 호스트의 문자열 이름을 반환한다.

```
>>> import socket
>>> print(socket.gethostname())
YKSUH
```

반환된 이름은 운영체제를 설치할 때 사용자가 설정한 이름이며 현재 시스템의 네트워크 설정에 따라 달라지며 다른 네트워크(예 : 무선 LAN에 연결된 노트북)에 연결되면 변경될 수 있다.

gethostbyname(host)을 사용하면 문자열 호스트 이름을 IP 주소로 변환할 수 있다. 다음 예제는 이 함수를 사용하여 여러 사이트에 있는 호스트의 IP 주소를 확인한다.

▌예제 socket_gethostbyname.py

```
# 문자열 주소로부터 IP 주소 찾는 프로그램

import socket

HOSTS = [
    'www.uou.ac.kr',
    'www.dongyang.ac.kr',
    'www.python.org',
    'testname',
]

for host in HOSTS:
    try:
        print('{} : {}'.format(host, socket.gethostbyname(host)))
    except socket.error as e_msg:
        print('{} : {}'.format(host, e_msg))
```

- 라인 5~10 HOSTS 변수는 여러 가지 문자열 호스트 주소를 저장한다.
- 라인 14 gethostbyname(host) 함수를 사용하여 HOSTS 변수에 저장된 각 문자열 호스트 이름(host)에 대한 IP 주소를 찾아 출력한다.
- 라인 15~16 호스트 주소를 찾을 수 없는 경우 발생하는 socket.error 예외 메시지를 e_msg로 출력한다.

```
www.uou.ac.kr : 203.250.94.26
www.dongyang.ac.kr : 203.249.39.46
www.python.org : 151.101.196.223
testname : [Errno 11001] getaddrinfo failed
```

연습문제 10-2

자신이 사용하고 있는 PC의 IP 주소를 찾아 출력하는 프로그램을 작성하시오.

호스트에 대한 더 많은 정보에 액세스하려면 gethostbyname_ex(hostname)를 사용할 수 있다. 이 함수는 호스트에 대한 정보를 (hostname, aliaslist, ipaddrlist) 튜플로 반환한다. hostname은 표준 호스트 이름, aliaslist는 호스트 별칭 리스트, ipaddrlist는 호스트에 사용 가능한 모든 IP 주소 리스트를 나타낸다.

▌예제 socket_gethostbyname_ex.py

```
# 문자열 주소로부터 확장 IP주소 찾는 프로그램

import socket

HOSTS = ['www.dongyang.ac.kr',
'pymotw.com','www.python.org','testname',]
for host in HOSTS:
    print(host)
    try:
        hostname, aliases, addresses =
                socket.gethostbyname_ex(host)
        print(' Hostname:', hostname)
        print(' Aliases :', aliases)
        print(' Addresses:', addresses)
    except socket.error as emsg:
```

```
14          print('ERROR:', emsg)
15      print()
```

라인 5 HOSTS는 조사할 호스트의 문자열 주소를 저장하는 리스트 변수이다.

라인 9 gethostbyname_ex() 함수가 반환하는 튜플을 언패킹하여 각각 hostname, aliaslist, ipaddrlist 변수에 저장한다.

라인 13~14 이 함수를 호출했을 때 예외가 발생하면 에러 메시지를 emsg 변수에 저장하고 출력한다. 'testsite'를 함수로 호출하면 예외가 발생한다.

[실행 결과]

```
www.dongyang.ac.kr
 Hostname: www.dongyang.ac.kr
 Aliases : []
 Addresses: ['203.249.39.46']

pymotw.com
 Hostname: pymotw.com
 Aliases : []
 Addresses: ['66.33.211.242']

www.python.org
 Hostname: python.map.fastly.net
 Aliases : ['www.python.org']
 Addresses: ['151.101.228.223']
testsite
ERROR: [Errno 11001] getaddrinfo failed
```

연습문제 10-3

gethostbyname_ex() 함수를 이용하여 네이버 호스트(www.naver.com)에 대한 정보를 찾아보자.

대부분의 문자열 주소는 도메인 이름과 일치하지만, 도메인 이름이 길거나 복잡하면 문자열 주소를 간단히 표시하는 때도 있다. 문자열 주소에 대한 완전한 도메인 이름을 확인하려면 getfqdn()[7]을 사용할 수 있다. 다음 예제에서 'pymotw.com'의 완전한 도메인 이름은 'apache2-zoo.george-washington.dreamhost.com'임을 알 수 있다.

7) full qualified domain name

```
>>> from socket import *
>>> getfqdn('www.dongyang.ac.kr')
'www.dongyang.ac.kr'
>>> getfqdn('www.python.org')
'www.python.org'
>>> getfqdn('pymotw.com')
'apache2-zoo.george-washington.dreamhost.com'
```

호스트의 IP 주소를 알고 있으면 gethostbyaddr(ipaddress)을 사용하여 호스트의 문자열 주소를 알아낼 수 있다. 이 함수는 호스트에 대한 정보를 (hostname, aliaslist, ipaddrlist) 튜플로 반환한다.

▌예제 socket_gethostbyaddr.py

```
1  from socket import *
2
3  hostname, aliaslist, ipaddrlist = gethostbyaddr('203.249.39.46')
4
5  print('Hostname :', hostname)
6  print('Aliases  :', aliaslist)
7  print('Addresses:', ipaddrlist)
```

라인 3은 gethostbyaddr() 함수를 이용하여 IP 주소 '203.249.39.46'의 호스트 이름과 별칭, IP 주소를 알아낸다.

[실행 결과]

```
Hostname : www.dongyang.ac.kr
Aliases  : []
Addresses: ['203.249.39.46']
```

연습문제 10-4

'www.ulsan.ac.kr'의 IP 주소를 찾아내고 '147.46.10.58'의 문자열 주소를 찾아보자.

주소 유형과 소켓 유형

소켓은 주소 유형과 소켓 유형 파라미터를 이용하여 데이터 전송 방식을 결정한다. 인터넷에서 사용되는 TCP/IP 프로토콜은 네트워크 인터페이스 계층, 네트워크계층, 전송계층, 응용계층의 4계층으로 구성된다고 설명한 바 있다. 각 계층을 구현하는 실제 프로토콜은 한 가지만 있는 것이 아니라 전송 서비스에 따라 여러 가지 프로토콜이 있다.

표 10-1 OSI 참조 모델과 TCP/IP 프로토콜의 비교

TCP/IP	OSI 모델	프로토콜
응용계층	응용계층	DNS, DHCP, FTP, HTTPS, IMAP, LDAP, NTP, POP3, RTP, RTSP, SSH, SIP, SMTP, SNMP, Telnet, TFTP
	표현계층	JPEG, MIDI, MPEG, PICT, TIFF
	세션계층	NetBIOS, NFS, PAP, SCP, SQL, ZIP
전송계층	전송계층	TCP, UDP
네트워크계층	네트워크계층	ICMP, IGMP, IPsec, IPv4, IPv6, IPX, RIP
접속계층	데이터링크계층	ARP, ATM, CDP, FDDI, Frame Relay, HDLC, MPLS, PPP, STP, Token Ring
	물리계층	Bluetooth, Ethernet, DSL, ISDN, Wi-Fi

주소 유형은 사용할 네트워크계층 프로토콜을 지정하고 소켓 유형은 전송계층 프로토콜을 지정한다.

파이썬은 세 가지 주소 유형을 지원한다. 가장 보편적인 AF_INET은 IPv4 인터넷 주소 지정에 사용된다. IPv4 주소는 4바이트 길이이며 대개 점으로 구분된 네 개의 숫자(예 : 10.1.1.5 및 127.0.0.1)로 구성된 일련의 숫자로 표시된다. 이 값은 일반적으로 "IP 주소"라고 한다. 현재 거의 모든 인터넷에서 현재 IP 버전 4를 사용한다.

AF_INET6은 IPv6 인터넷 주소 지정에 사용된다. IPv6은 인터넷 프로토콜의 "차세대" 버전이며 128비트 주소, 통신량 조절 및 라우팅 기능을 지원한다. 사물인터넷의 확산으로 인해 클라우드 컴퓨팅의 사용이 늘어나고 이로 인하여 네트워크에 추가되는 장치가 증가하면서 IPv6의 필요성이 점점 늘어나고 있다.

AF_UNIX는 POSIX 호환 시스템에서 사용할 수 있는 프로세스 간 통신 프로토콜인 Unix Domain Sockets (UDS)의 주소 유형이다. 일반적으로 UDS를 구현하면 운영체제가 네트워크 스택을 거치지 않고 프로세스 간에 직접 데이터를 전달할 수 있다. 이것은 AF_INET을 사용하는 것보다 효율적이지만 파일 시스템이 주소 지정을 위한 네임 스페이스로 사용되므로 UDS는 동일한 시스템의 프로세스로 제한된다. AF_UNIX 상수는 UDS가 지원되는 시스템에서만 정의된다.

소켓 유형은 일반적으로 메시지 지향 데이터그램 전송을 위한 SOCK_DGRAM과 스트림 지향 전송을 위한 SOCK_STREAM이 있다. 데이터그램 소켓은 사용자 데이터그램 프로토콜인 UDP를 사용한다. UDP에서 전달되는 정보 단위를 데이터그램이라 하는데 데이터그램 소켓은 비신뢰성 전송을 한다. "최선을 다해 전송"을 하지만 전송 오류나 순서 오류가 발생하지 않는다는 보장을 하지는 않는다. 스트림 지향 소켓은 TCP 프로토콜을 사용한다. 스트림 지향 소켓은 클라이언트와 서버 간에 타임아웃 관리, 재전송 및 기타 기능을 통해 신뢰성 있는 메시지 전달을 보장한다.

HTTP와 같이 많은 양의 데이터를 전달하는 대부분의 응용 프로그램 프로토콜은 TCP를 기반으로 구축된다. 이는 메시지 순서 및 재전송이 TCP에서 자동으로 처리되므로 응용 프로그램을 만드는 것이 간단해지기 때문이다.

UDP에서는 데이터그램을 해당 프로세스로 전달하는 일만 수행하므로 신뢰성이 요구되지 않는 서비스나 멀티캐스팅에 사용된다. UDP를 사용하는 서비스는 Echo, Daytime, TFTP, RPC, NTP, SNMP 등이 있다. UDP와 TCP는 모두 IPv4 또는 IPv6 주소 유형과 함께 사용할 수 있다.

파이썬 소켓 모듈은 다른 소켓 유형도 지원하지만 별로 사용되지 않기 때문에 여기서 다루지 않는다.

서비스 정보 찾기

하나의 호스트에서 여러 개의 응용 프로그램이 실행될 경우, 각 응용 프로그램은 식별을 위해 고유한 포트 번호가 할당되어야 한다. 호스트의 IP 주소와 응용 프로그램의 포트 번호는 인터넷에서 응용 프로그램의 위치를 정확하게 나타내기 위해 사용되며 IP 주소와 포트 번호의 조합을 소켓 주소라고 한다. IP 주소, 전송 프로토콜 및 포트 번호는 응용 프로그램을 식별하고 소켓을 통해 전송된 메시지를 올바로 상대방에게 전달하는 데 사용된다.

사용자 응용 프로그램은 1~65535 범위의 포트 번호를 사용할 수 있으나 미리 지정된 포트 번호는 피해야 한다. 인터넷 응용계층의 프로토콜은 포트 번호가 미리 정해져 있다. 예를 들어 포트 번호 25는 SMTP를 사용하는 전자 메일 서버 간 통신을 위해 할당되어 있고, 포트 번호 80은 웹 클라이언트와 서버 통신을 위한 HTTP 프로토콜에 할당되어 있다. 이와 같은 인터넷 응용 프로토콜의 포트 번호는 **getservbyname(**servicename[,protocolname]**)**함수를 사용하여 알 수 있다.

이 함수의 servicename 인수는 'http', 'ftp' 등과 같은 인터넷 서비스 이름이며 protocolname 인수는 전송계층 프로토콜을 나타내며 'tcp'나 'udp'를 사용할 수 있으나 생략하면 자동으로 부여된다. 아래 예제에서 getservbyname('ftp')을 호출하면 ftp를 위한 포트 번호가 21임을 알 수 있다.

```
>>> import socket
>>> print(socket.getservbyname('ftp'))
21
>>> print(socket.getservbyname('http'))
80
>>> print(getservbyname('telnet', 'tcp'))
23
```

반대로 포트 번호로부터 서비스 이름을 알아내려면 **getservbyport(port)**를 이용한다. 예를 들어 getservbyport() 함수를 이용하면 port 번호 80은 http 서비스를 위해 할당된 값임을 알 수 있다.

```
>>> import socket
>>> print(socket.getservbyport(80))
'http'
```

예제 socket_getservbyport.py는 몇 가지 포트 번호가 어떤 서비스에 할당되어 있는지 보여 준다.

▌예제 - socket_getservbyport.py

```
import socket

for port in [80 ,443 ,21 ,70 ,25 ,143 ,993 ,110 ,995]:
    print(f'{port:4d}: {socket.getservbyport(port)}')
```

라인 3의 각 포트 번호에 대해 라인 4에서 getservbyport() 함수를 호출하면 서비스 이름을 알 수 있다.

프로그램 실행 결과는 다음과 같다. 이 결과로부터 smtp 프로토콜은 포트 번호 25번을 사용하고 이메일 프로토콜인 pop3에는 포트 번호 110번이 할당되어 있음을 알 수 있다.

```
 80: http
443: https
 21: ftp
 70: gopher
 25: smtp
143: imap
993: imaps
110: pop3
995: pop3s
```

인터넷에서 사용되는 전송 프로토콜은 TCP, UDP, ICMP 등이 있다. 프로그램에서 프로토콜을 표시할 때는 번호를 이용한다. 전송 프로토콜 이름으로부터 프로토콜 번호를 알아내려면 **getprotobyname()**를 이용한다. getprotobyname(protocolname)은 'tcp', 'udp', 'icmp'와 같은 프로토콜 이름을 인수로 전달하면 프로토콜 번호를 반환한다. 아래 예제에서 tcp, udp, icmp 프로토콜에 대한 프로토콜 번호가 각각 6, 17, 1번임을 알 수 있다.

```
>>> from socket import *
>>> for pt in ('tcp', 'udp', 'icmp'):
        print('{} for {}'.format(getprotobyname(pt), pt))

6 for tcp
17 for udp
1 for icmp
```

소켓 속성 찾기

네트워크 프로그램을 작성할 때 소켓을 생성하고 사용하기 위해 소켓의 옵션을 속성으로 지정한다. 소켓에서 사용되는 여러 가지 속성을 확인하는 방법을 알아보자.

import socket 실행 후 socket 모듈의 메서드나 속성을 나타내는 문자 상수를 확인하려면 dir(socket)을 이용한다. 그러나 from socket import *를 실행하고 dir(socket)을 호출하면

socket 모듈의 메서드 목록을 보여준다. import socket 실행 후 dir(socket.socket)을 호출해도 socket 모듈의 메서드를 보여준다. socket 프로그램을 작성할 때 속성 문자 상수나 함수 이름이 잘 기억나지 않으면 dir(socket)을 호출하여 확인할 수 있다.

```
>>> import socket
>>> dir(socket)
['AF_APPLETALK', 'AF_DECnet', 'AF_INET', 'AF_INET6', 'AF_IPX',
'AF_IRDA', 'AF_SNA', 'AF_UNSPEC', 'AI_ADDRCONFIG', 'AI_ALL',
'AI_CANONNAME', 'AI_NUMERICHOST', 'AI_NUMERICSERV', 'AI_PASSIVE',
'AI_V4MAPPED', 'AddressFamily', 'AddressInfo', 'CAPI', 'EAGAIN',
'EAI_AGAIN', 'EAI_BADFLAGS', 'EAI_FAIL', 'EAI_FAMILY', 'EAI_MEMORY',
'EAI_NODATA', 'EAI_NONAME', 'EAI_SERVICE', 'EAI_SOCKTYPE', 'EBADF',
'EWOULDBLOCK', 'INADDR_ALLHOSTS_GROUP', 'INADDR_ANY',
'INADDR_BROADCAST', 'INADDR_LOOPBACK',
.........
'getservbyname', 'getservbyport', 'has_ipv6', 'herror', 'htonl',
'htons', 'inet_aton', 'inet_ntoa', 'inet_ntop', 'inet_pton', 'io',
'ntohl', 'ntohs', 'os', 'selectors', 'setdefaulttimeout', 'socket',
'socketpair', 'sys', 'timeout']
```

socket 모듈의 메서드에 대한 간단한 사용법을 보려면 help(method)를 실행한다. 예를 들어 gethostname() 메서드에 대한 사용법을 보려면 help(gethostname)을 실행한다.

socket 모듈의 각 속성 문자 상수에 대한 속성값을 확인하려면 **getattr()** 함수를 사용한다. getattr(socket, "속성_문자_상수")은 socket 모듈의 속성 문자 상수에 대한 속성값을 반환한다. 다음 예제는 속성 문자 상수 'AT_INET'는 주소 유형(AddressFamily)을 나타내면 속성값이 2임을 보여 준다.

```
>>> import socket
>>> getattr(socket, 'AF_INET')
<AddressFamily.AF_INET: 2>
```

연습문제 10-5

socket 모듈의 gethostbyname() 함수의 사용법을 알아보자. 또한 'SOCK_STREAM'과 'SOCK_DGRAM'의 속성값을 확인해 보자. 이들 문자 상수는 어떤 유형을 나타내는가?

소켓 정보 찾기

소켓에 대한 정보를 확인하려면 **getaddrinfo**(host, port) 함수를 사용한다. 이 함수는 (host, port)에 대한 소켓 정보를 5-튜플의 리스트로 변환한다.

```
socket.getaddrinfo(host, port, family=0, type=0, proto=0, flags=0)
```

host는 문자열 주소로 지정한다. port는 'http'와 같은 서비스 이름이나 포트 번호로 지정한다. 이 함수가 반환하는 5-튜플은 다음과 같다.

```
family, type, proto, canonname, sockaddr
```

family, type, proto는 각각 주소 유형, 소켓 유형, 프로토콜을 나타내는 상수이다. canonname은, 함수를 호출할 때 flags = AI_CANONNAME으로 지정하면 호스트의 정식 명칭을 나타내는 문자열이고, flags = 0으로 지정하면 빈 문자열이다. sockaddr은 (ip, port) 튜플로 표시된 소켓 주소이다.

다음 예와 같이 실행하면 ("www.dongyang.ac.kr", 'http')에 대한 소켓 정보를 알 수 있다. 반환된 addrinfo를 출력해 보면 원소가 5-튜플인 리스트임을 알 수 있다.

```
>>> addrinfo = socket.getaddrinfo("www.dongyang.ac.kr", 'http')
>>> type(addrinfo)
list
>>> addrinfo
[(<AddressFamily.AF_INET: 2>, <SocketKind.SOCK_STREAM: 1>, 0, '',
('203.249.39.46', 80))]
```

아래의 예제 socket_getaddrinfo.py는 ('www.dongyang.ac.kr', 'http')에 대한 자세한 소켓 정보를 보여준다. get_constants(prefix)는 getattr()를 이용하여 prefix로 시작하는 소켓 문자 상수와 이에 대한 속성값을 딕셔너리로 반환한다.

▌예제 – socket_getaddrinfo.py

```
#소켓 정보 찾기
import socket
```

```

def get_constants (prefix ):
    """
    소켓 모듈의 속성 문자와 맵핑되는 속성값을 딕셔너리로 반환한다
    """
    return {
        getattr(socket, n):n # {속성값:속성 문자}
        for n in dir(socket) #socket의 속성 문자
        if n.startswith(prefix) #prefix로 시작하는 속성 문자 조사
    }

# 'AF_', 'SOCK_', 'IPPROTO_'로 시작하는 소켓 속성 문자를 속성값과 맵핑시키는 딕셔너리를 만든다
families =get_constants('AF_')
types =get_constants('SOCK_')
protocols =get_constants('IPPROTO_')

for response in socket.getaddrinfo('www.dongyang.ac.kr','http'):

    # 5-튜플 응답을 unpacking한다
    family ,socktype ,proto ,canonname ,sockaddr =response

    print ('Family          :',families[family])
    print ('Type            :',types[socktype])
    print ('Protocol        :',protocols[proto])
    print ('Canonical name:',canonname)
    print ('Socket address:',sockaddr)
    print ()
```

이 프로그램의 실행 결과는 다음과 같다.

```
Family          : AF_INET
Type            : SOCK_STREAM
Protocol        : IPPROTO_IP
Canonical name :
Socket address : ('203.249.39.46', 80)
```

('www.dongyang.ac.kr', 'http')는 주소 유형이 AF_INET이고 소켓 유형은 SOCK_STREAM임을 알 수 있다. IPPROTO_IP는 주소 유형과 소켓 유형에 따라 전송 프로토콜이 자동으로 정해진다는 의미이다.

연습문제 10-6

getaddrinfo() 함수를 사용하여 'http://www.naver.com'에 대한 정보를 찾아보자. 이 사이트는 몇 개의 IP 주소를 가지고 있는가? 또 각각 주소 유형, 소켓 유형, 전송 프로토콜은 무엇인가?

IP 주소 변환

C로 작성된 네트워크 프로그램은 struct sockaddr을 사용하여 IP 주소를 이진값으로 나타내고, 파이썬 프로그램은 문자열 주소를 사용하여 IP 주소를 나타낸다. 파이썬 표현(문자열)과 C 표현(2진 값) 사이에서 IPv4 주소를 변환하려면 inet_aton()과 inet_ntoa()를 사용할 수 있다.

socket.inet_aton(ip_string) 함수는 IPv4 주소를 문자열 형식(예: '123.45.67.89')에서 32비트 압축 바이너리(packed binary) 형식으로 변환한다. 이 함수로 전달된 ip_string이 유효하지 않으면 OSError가 발생한다. inet_aton()은 IPv6는 지원하지 않으며 IPv6에서는 inet_pton()을 사용해야 한다.

socket.inet_ntoa(packed_ip) 함수는 socket.inet_aton() 함수와 반대로 32비트의 압축 바이너리 주소를 문자열 표현(예: '123.45.67.89')으로 변환한다. 이 함수에 전달된 바이트 시퀀스의 길이가 정확히 4바이트가 아니면 OSError가 발생한다.
inet_ntoa()는 IPv6을 지원하지 않으므로 IPv6에서는 inet_ntop()을 사용해야 한다.

▌예제 – socket_address_packing.py

```
# socket_address_packing.py
# 문자열 주소와 2진수 주소의 상호 변환

import binascii
import socket
for string_address in ['203.249.39.46','127.0.0.1']:
   packed =socket.inet_aton (string_address)#문자열 주소를 2진수로 변환
   print('Original:',string_address)
   print('Packed  :',binascii.hexlify (packed )) #2진수를 16진수로 표현
   print('Unpacked:',socket.inet_ntoa (packed )) #2진수 주소를 문자열로 변환
   print()
```

이 프로그램의 실행 결과는 다음과 같다. 십진 문자열 주소가 32비트 압축 바이너리로 변환된 결과를 볼 수 있으며, 이러한 변환된 값은 C언어로 작성한 프로그램에서 주소를 표현하기 위해 사용할 수 있다

```
Original: 203.249.39.46
Packed  : b'cbf9272e'
Unpacked: 203.249.39.46

Original: 127.0.0.1
Packed  : b'7f000001'
Unpacked: 127.0.0.1
```

inet_pton()와 inet_ntop() 함수는 IPv4와 IPv6에서 사용할 수 있다. 인수로 전달된 값에 따라 적절한 형식의 주소 값이 반환된다. inet_pton() 함수는 문자열 주소를 압축 바이너리 주소로 변환하고, inet_ntop() 함수는 압축 바이너리 주소를 문자열 주소로 변환한다. 다음 프로그램은 문자열 형식으로 표현된 IPv6 주소를 128비트 압축 바이너리로 변환하고, 다시 이를 문자열 형식으로 변환하는 프로그램이다.

▌예제 – socket_ipv6_address_packing.py

```
# socket_ipv6_address_packing.py
# IPv6 주소 표현 변환 프로그램

import binascii
import socket
string_address ='2002:ac10:10a:1234:21e:52ff:fe74:40e'

#문자열을 압축 바이너리로 변환
packed =socket.inet_pton(socket.AF_INET6 ,string_address )

print ('Original:',string_address )
print ('Packed  :',binascii.hexlify(packed ))
#압축 바이너리를 문자열로 변환
print ('Unpacked:',socket.inet_ntop(socket.AF_INET6 ,packed ))
```

IPv6 주소는 이미 16진수로 표현되기 때문에 압축 바이너리 형식으로 변환해도 비슷한 결과를 얻는다. 프로그램의 실행 결과는 다음과 같다.

```
Original: 2002:ac10:10a:1234:21e:52ff:fe74:40e
Packed  : b'2002ac10010a1234021e52fffe74040e'
Unpacked: 2002:ac10:10a:1234:21e:52ff:fe74:40e
```

바이트 순서 변환

인터넷은 개방형 시스템이기 때문에 연결된 컴퓨터의 종류가 매우 다양하다. 컴퓨터마다 데이터를 내부에서 저장하는 방식도 다르고 네트워크에서 프로토콜이 데이터를 전송하는 순서도 컴퓨터가 데이터를 저장하는 순서와 다를 수 있다. 따라서 송신 컴퓨터에서 데이터를 저장하는 순서대로 데이터를 전송하면 수신 컴퓨터에서 데이터를 받아 저장할 때 문제가 발생할 수 있다. 예를 들어, 숫자 1을 4바이트 정수로 표현하면 "00 00 00 01"가 될 수 있는데, 송신 컴퓨터에서는 맨 왼쪽의 00을 가장 높은 자리로 해석하고 오른쪽의 01을 낮은 위치로 해석한다고 가정해 보자. 송신 컴퓨터가 낮은 위치부터 4바이트의 데이터를 수신 컴퓨터로 송신할 경우, 수신 컴퓨터는 00을 가장 낮은 위치로 해석하고 01을 가장 높은 위치로 해석한다면 동일한 정보가 나타내는 데이터가 다르게 된다. 즉 수신 컴퓨터에서는 "01 00 00 00"으로 해석하게 되므로 원래 데이터와 다르다. 이러한 문제를 피하고자 데이터를 전송하기 전과 데이터를 수신한 후에 바이트 순서를 맞추는 절차가 필요하다.

바이트 순서는 호스트 바이트 순서와 네트워크 바이트 순서가 있다. 호스트 바이트 순서는 컴퓨터가 메모리에 바이트를 저장하는 순서를 말한다. 이 순서는 컴퓨터에 사용되는 CPU에 따라 다르다. 십진수 1234를 16진수로 표현하면 0x04D2가 되는데, 어떤 CPU(CPU 1)에서는 이것을 메모리 낮은 위치부터 0x04, 0xD2의 순서로 저장하고, 인텔 CPU(CPU 2)에서는 메모리 낮은 위치부터 0xD2, 0x04의 순서로 저장한다.

	CPU 1	CPU 2
메모리 n+1 번지	0xD2	0x04
메모리 n 번지	0x04	0xD2

네트워크 바이트 순서는 네트워크에서 바이트 단위로 데이터가 전달되는 순서를 말하는데 상위 바이트부터 전송한다. 즉 0x04D2의 경우 0x04, 0xD2의 순서로 전송된다. 따라서 CPU 2의 호스트 바이트 순서는 네트워크 바이트 순서와 다르다. 이로 인하여 CPU 2가 전송한 데이터를 CPU 1이 수신하면 바이트 순서가 바뀌게 된다. 이런 문제를 해결하기 위하여 컴퓨터 내부에서 만들어진 데이터를 네트워크를 통하여 전송하기 전에 htons() 또는 htonl()을 사용하

여 네트워크 바이트 순서로 바꾸어야 한다. 수신 컴퓨터는 ntohs() 또는 ntohl() 함수를 사용하여 자신에게 맞는 바이트 순서로 바꾸어야 한다.

- socket.ntohl(x)

32비트 양의 정수 x를 네트워크 바이트 순서에서 호스트 바이트 순서로 변환한다.

- socket.ntohs(x)

16비트 양의 정수 x를 네트워크 바이트 순서에서 호스트 바이트 순서로 변환한다.

- socket.htonl(x)

32비트 양의 정수 x를 호스트 바이트 순서에서 네트워크 바이트 순서로 변환한다.

- socket.htons(x)

16비트 양의 정수 x를 호스트 바이트 순서에서 네트워크 바이트 순서로 변환한다.

다음 프로그램의 실행 결과를 살펴보면 호스트 바이트 순서는 0x04D2이고 네트워크 바이트 순서는 0xD204임을 알 수 있다.

```
>>> import socket
>>> a = 1234
>>> hex(a)
'0x4d2'
>>> b = socket.htons(a) #네트워크 바이트 순서
>>> hex(b)
'0xd204' ← 낮은 바이트부터 표시
>>> c = socket.ntohs(b) #호스트 바이트 순서
>>> hex(c)
'0x4d2' ← 높은 바이트부터 표시
```

CHAPTER

11 소켓 프로그래밍

네트워크 프로그램 작성방법을 설명하기 전에 먼저 네트워크 프로그래밍에 대한 기본 배경을 살펴보기로 하자. 네트워크로 연결된 장치들이 서로 정보를 주고받기 위해서 각각이 어떤 역할을 해야 하는지 설명한 다음, 파이썬 모듈을 이용하여 네트워크 응용 프로그램을 어떻게 작성하는지 설명한다.

11.1 네트워크 구조 모델

네트워크에서 컴퓨터가 서로 데이터를 교환하기 위해서는 각각의 역할을 정해야 한다. 컴퓨터의 역할은 서비스 제공자와 서비스 요청자로 구분할 수 있다. 서비스 제공자의 역할을 하는 측을 서버, 서비스 요청자의 역할을 하는 측을 클라이언트라 한다. 프로그램이 서버와 클라이언트의 역할을 동시에 할 수 있도록 구성할 수 있지만, 많은 경우 서버 컴퓨터와 클라이언트 컴퓨터로 하드웨어적으로 역할을 구분하기도 한다. 일반적으로 서버 프로그램이 탑재되는 컴퓨터와 클라이언트 프로그램이 탑재되는 컴퓨터의 하드웨어적 특성이 명확하게 나뉘기 때문이다. 컴퓨터의 역할에 따라 네트워크 구조 모델은 피어-투-피어 구조와 클라이언트/서버 구조로 구분할 수 있다.

피어-투-피어 구조

피어-투-피어(P2P, Peer-to-Peer) 구조는 각 컴퓨터가 네트워크에서 서버의 역할을 할 수도 있고 클라이언트의 역할을 할 수도 있다. 따라서 모든 컴퓨터가 동등하게 요청과 응답을 할 수 있는 구조이다. P2P 모델의 핵심은 중앙서버에서 자원을 집중해서 관리하는 것이 아니라, 네트워크의 각 노드가 자원을 분산해서 관리하는 데 있다.

P2P 모델을 동등 계층 간 통신이라고도 하는데, 비교적 소수의 서버에 집중하기보다는 네트워크 구성에 참여하는 컴퓨터들의 계산과 대역폭 성능에 의존하여 구성되는 통신망이다. P2P 통신망은 일반적으로 노드들을 규모가 큰 애드혹(AdHoc)으로 서로 연결하는 경우 이용된다. 이런 통신망은 여러 가지로 쓸모가 있는데, 오디오나 비디오, 데이터 등 임의의 디지털 형식 파일을 공유할 때 보편적으로 사용된다. 또한, 인터넷 전화(VoIP)같은 실시간 데이터 등도

P2P 기술을 통해 서로 전달될 수 있다.

순수 P2P 파일 전송 네트워크는 클라이언트나 서버란 개념 없이, 오로지 동등한 계층 노드들이 서로 클라이언트와 서버 역할을 동시에 네트워크 위에서 하게 된다. 이 네트워크 구성 모델은 보통 중앙서버를 통하는 통신 형태의 클라이언트-서버 모델과는 구별된다.

P2P 네트워크 구조는 최근에 인터넷에서 멀티미디어 파일을 공유하는 용도로 많이 사용되긴 했지만, 1969년 4월 7일에 제정된 RFC란 인터넷 규약의 초기 버전부터 핵심적인 기술로 내재되어 있어 유래가 깊다.

최근의 P2P 서비스는 순수 파일 전송 네트워크에서 발달하여 그리드 컴퓨팅 기술로 진화해 웹하드 형태로 서비스되고 있다. 외부적으로 웹하드 형식으로 보이지만 실제로는 각 사용자의 저장장치에 파일이 직접 전송되어 순수 초기 P2P 네트워크와 마찬가지로 사용자들의 시스템에 부하를 유발하는 공통점이 있다. 이런 웹하드 형태의 그리드 컴퓨팅, P2P 서비스로는 피디박스, 화일아이, 아이팝 등이 있다.

클라이언트-서버 구조

클라이언트-서버 모델은 컴퓨터의 역할이 클라이언트와 서버로 나뉘는 네트워크 구조 모델을 의미한다.

클라이언트-서버 구조로 된 네트워크 프로그램을 작성하거나, 특정 시스템이 클라이언트-서버 구조로 만들어져 있다는 것은 클라이언트와 서버가 각자의 역할에 맞게 구성됨을 말한다. 대표적인 예로는 월드 와이드 웹이 있다. 웹사이트에서는 웹 서버가 서버 역할을 하고, 사용자가 이용하는 웹 브라우저가 클라이언트 프로그램이 된다.

클라이언트-서버 모델에서 모든 자원은 서버에 집중된다. 클라이언트는 일반적으로 데이터 재현을 위한 최소한의 자원을 가진다. 서버는 클라이언트의 요청을 처리하고 자원을 공유하고 관리해야 하므로 고성능의 컴퓨터를 사용한다.

대다수의 네트워크 서비스들이 클라이언트-서버 모델을 기반으로 만들어진다. HTTP, SMTP, Telnet, DNS와 같은 고전적인 서비스부터, MMORPG와 같은 게임, 멀티미디어 서비스의 상당수가 이 모델을 기반으로 한다.

장점

서버와 클라이언트의 역할이 분리된다. 이는 프리젠테이션 영역과 데이터 처리 영역이 분리될 수 있음을 의미하는데 때문에 유지 보수가 매우 쉬워진다. 수정, 업그레이드, 패치를 클라이언트와 서버가 서로 독립적으로 할 수 있기 때문이다.

데이터가 서버에 집중되므로 보안을 유지하기가 수월하다. 서버는 자원에 대한 클라이언트의 액세스 권한을 쉽게 제어할 수 있다. 클라이언트-서버 모델은 오랜 시간에 걸쳐 검증되었다. 보안상으로 안전하며, 사용자/개발자 친화적이며 사용하기 쉽다.

단점

클라이언트-서버 모델의 고질적인 문제는 서버에 네트워크 트래픽과 데이터가 집중된다는 점이다. 클라이언트의 접속이 어느 정도 수준을 넘어서게 되면 처리 비용이 급격히 증가하는 문제가 있다.

또 P2P와 같은 분산형 네트워크보다 견고함이 떨어진다.

클라이언트-서버 모델에서 서버의 기능은 클라이언트가 요청하는 서비스를 제공하는 것이다. 즉 서버는 클라이언트 요청을 기다리다 요청을 받으면 서비스를 제공하고 또다시 요청을 기다린다. 반면에 클라이언트는 요청을 위해 서버에 접속하여 필요한 요청 데이터를 전송한 다음, 서버가 성공적으로 응답을 보내거나 실패할 경우 실패의 원인을 알려주기 기다린다. 서버는 무한히 반복적으로 실행되며 클라이언트의 요청을 계속 처리하다. 클라이언트는 한 번만 서비스 요청을 하고 해당 서비스를 받은 후에는 트랜잭션을 마친다. 클라이언트가 나중에 추가 요청을 할 수도 있지만, 이들은 별도의 트랜잭션으로 간주한다.

오늘날 클라이언트-서버 모델의 가장 일반적인 개념은 그림 11-1과 같다. 인터넷을 통해 사용자 또는 클라이언트는 서버에서 정보를 검색하고, 서버는 클라이언트가 요청하는 정보를 제공한다. 이러한 시스템이 실제로 클라이언트-서버 구조의 예이기는 하지만, 유일한 것은 아니다.

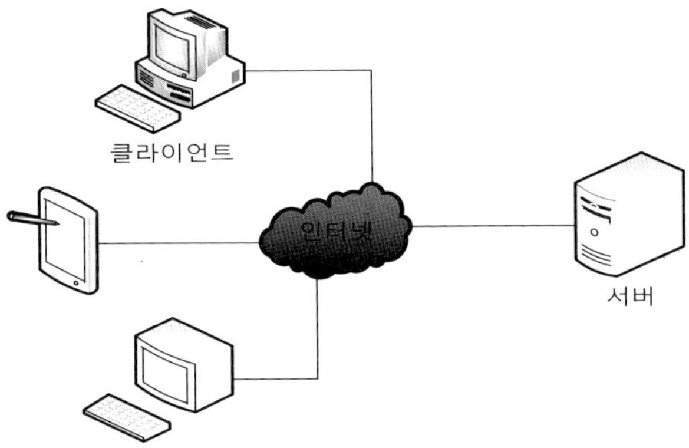

그림 11-1 클라이언트 - 서버 구조

11.2 클라이언트-서버 모델과 파이썬 소켓 모듈

클라이언트-서버 모델은 네트워크 시스템에서 가장 많이 사용되는 네트워크 구조 모델이다. 이 모델에서 통신은 서버와 클라이언트 사이에서만 이루어진다. 서버와 서버 사이, 클라이언트와 클라이언트 사이의 통신은 불가능하다. 클라이언트는 일반적으로 한 번에 하나의 서버와 통신을 한다. 서버는 어느 시점에서든 여러 클라이언트와 통신할 수 있다. 클라이언트는 서버의 존재 및 주소를 알아야 하지만 서버는 연결이 설정되기 전에 클라이언트의 주소 (또는 클라이언트의 존재 여부)를 알 필요가 없다. 클라이언트의 주소는 연결 후에 알 수 있다.

클라이언트와 서버는 여러 계층의 네트워크 프로토콜을 통해 통신한다. 인터넷에서는 TCP/IP 프로토콜을 사용하는데 그림 11-2는 OSI 참조 모델과 TCP/IP 프로토콜을 비교한 것이다.

서버가 클라이언트 요청에 응답하기 전에 먼저 수행해야 할 작업이 있다. 즉 서로 요청과 응답을 주고받기 위한 준비가 필요하다. 먼저 서버는 클라이언트의 요청을 받는 통신 종단점을 준비해야 한다. 통신 종단점은 상대방을 식별할 수 있는 고유 식별자이다. 서버가 하나의 서비스를 제공한다면 하드웨어당 하나의 식별자가 있으면 되지만 동일 하드웨어 서버에서 여러 개의 서비스가 제공된다면 각각의 서비스를 식별할 수 있는 식별자가 추가로 필요하다. 따라서 통신 종단점은 하드웨어를 식별하는 주소와 서비스를 식별하는 포트 번호로 구성된다.

일단 통신 종단점이 준비되면 서버와 클라이언트는 그림 11-3과 같이 소켓이라는 가상의 접속

구를 통해 네트워크에 접속한다. 소켓을 통해 접속되면 서버는 클라이언트의 연결을 기다린다. 연결 후 요청이 들어오면 이에 응답하는 동작을 반복적으로 수행한다.

마찬가지로 클라이언트는 자신의 요청을 처리할 수 있는 서버가 존재한다는 사실을 알고 있어야 한다. 서버의 존재를 모르면 클라이언트는 요청할 수 없고 따라서 서버는 요청을 받아 처리하는 동작을 하지 못한다.

서버보다 클라이언트의 준비는 비교적 간단하다. 클라이언트는 소켓을 준비한 다음, 서버에게 연결 요청을 보낸다. 연결되면 클라이언트는 필요한 데이터를 교환하거나 서비스 요청을 할 수 있다. 클라이언트가 서버로부터 처리 결과를 수신하면 통신이 종료된다.

컴퓨터에서 운영체제가 설치되어 있을 때 사용자의 응용 프로그램은 전송계층 위에서 실행된다. 즉 TCP/IP 프로토콜의 네트워크 접속 계층, 네트워크계층, 전송계층은 운영체제 속에 포함되어 있다.

<table>
<tr><th>TCP/IP 프로토콜 계층</th><th></th><th>OSI -7 Layers</th></tr>
<tr><td rowspan="3">응용 계층
(telnet, ftp, http, snmp)</td><td rowspan="3"></td><td>응용계층</td></tr>
<tr><td>표현계층</td></tr>
<tr><td>세션계층</td></tr>
<tr><td>전송 계층(TCP, UDP)</td><td></td><td>전송계층</td></tr>
<tr><td colspan="2">네트워크 계층(IP, ICMP, IGMP)</td><td>네트워크계층</td></tr>
<tr><td colspan="2" rowspan="2">데이터링크 계층
(이더넷, 토큰버스, 토큰링, FDDI)</td><td>데이터링크계층</td></tr>
<tr><td>물리계층</td></tr>
</table>

그림 11-2 OSI 7계층과 TCP/IP 프로토콜 계층 비교

따라서 사용자가 이러한 계층을 프로그램으로 구현할 필요는 없다. 사용자 프로그램은 전송계층의 서비스를 받아 필요한 기능을 구현하면 된다. 전송계층의 서비스는 소켓을 통해 제공되며, 사용자 프로그램은 파이썬 소켓 관련 모듈들의 API 함수를 사용하여 전송계층의 서비스를 이용할 수 있다.

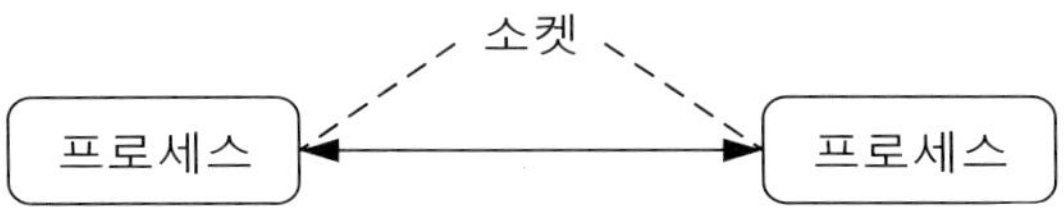

그림 11-3 **소켓의 개념**

따라서 응용 프로그램이 네트워크를 통해 데이터 송수신을 하려면 소켓을 생성해야 한다. 전화기로 통화를 하기 위해서는 전화기 잭을 전화 콘센트(소켓)에 꽂아야 하는 것과 비슷한 개념이다.

그림 11-4는 응용 프로그램과 소켓과의 관계를 나타낸 것이다. 응용 프로그램은 고유한 소켓과 연결되어야 하고, 소켓을 정확하게 식별하기 위해서는 컴퓨터의 IP 주소와 함께 포트 번호가 필요하다.

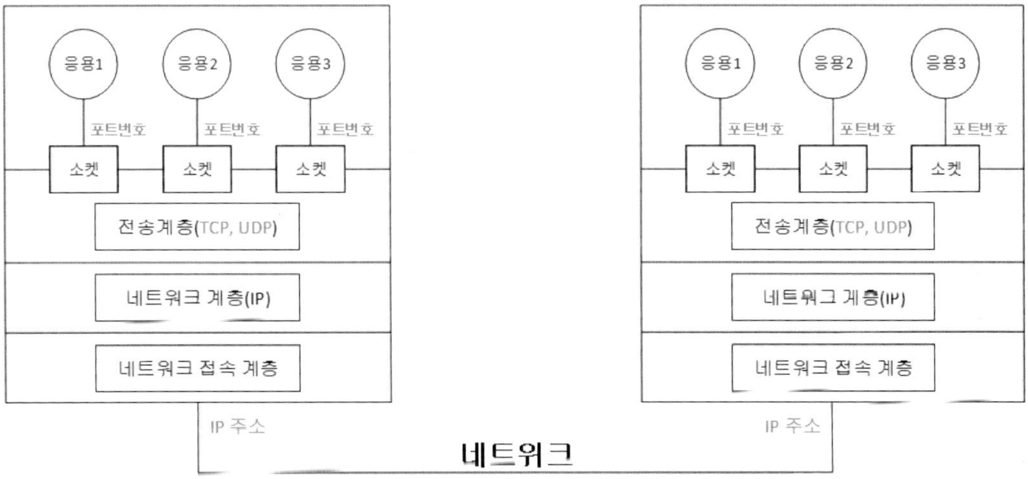

그림 11-4 **응용 프로그램과 소켓의 관계**

소켓 관련 모듈

파이썬에서 소켓 프로그래밍을 위해 사용할 수 있는 모듈은 기본 socket 모듈 외에도 여러 가지가 있다. socket 모듈은 낮은 수준에서 소켓 프로그래밍을 위한 모듈이며, 기본적인 네트워크 프로그램에서 가장 많이 사용된다.

asyncore와 asynchat 모듈은 클라이언트의 요청을 비동기적으로 처리하는 서버 프로그램을 높은 수준에서 작성할 수 있는 모듈이다. 클라이언트와의 연결이나 접속 처리 등은 이 모듈들이 내부적으로 비동기 처리해주므로 사용자는 데이터 송수신 처리에 집중할 수 있다. 이들 모듈을 사용하여 서버 프로그램을 작성하기 위해서는 송수신 데이터를 처리하기 위한 클래스를 정의하는 것으로 충분하다. asyncore와 aynchat 모듈은 파이썬 3.6부터 더는 사용되지 않고 asyncio 모듈이 대신 사용된다.

asyncio 모듈은 코루틴(coroutine)과 이벤트 루프를 사용하여 클라이언트의 요청을 병행 처리할 수 있다. 코루틴은 호출 루틴과 피호출 루틴이 대등 관계를 유지한다. 피호출 루틴의 실행이 완전히 끝나기 전에 제어가 호출 루틴으로 돌아갈 수 있으며, 제어가 피호출 루틴으로 돌아왔을 때는 중단된 부분부터 다시 수행이 계속된다.

select 모듈은 socket 모듈과 함께 낮은 수준에서 네트워크 프로그램을 작성할 때 많이 사용된다. select 모듈의 select() 함수는 소켓 객체의 동작을 관리하는 기능이 있어서, 다수의 소켓 중에서 읽기, 쓰기 준비, 오류 이벤트가 발생한 소켓이 어느 것인지 알려준다. 이벤트 핸들러를 이용하여 처리하는 방식은 아니지만, 사용자 프로그램에서 이벤트 발생 소켓 목록을 알 수 있으므로 이벤트 발생을 기다리지 않고 나중에 발생한 이벤트를 처리할 수 있다.

socketserver 모듈은 TCP나 UDP 서버 프로그램을 쉽게 작성할 수 있도록 해주는 모듈이다. 서버 소켓을 생성하고, 소켓에 데이터가 도착하면 실행되는 handle() 함수만 정의하면 기본적인 서버 프로그램이 가능하다. 또 이 모듈은 서버 프로그램에서 스레드를 구현하는 기능도 있으므로 클라이언트의 요청을 병렬 처리할 수 있다.

selectors 모듈은 소켓 프로그래밍을 위한 모듈은 아니나, socket 모듈과 함께 비동기 프로그램을 작성할 때 사용된다. 이 모듈은 이벤트 구동 방식 프로그래밍을 위한 것으로 소켓에서 발생할 수 있는 이벤트를 등록해 두고 프로그램을 실행되는 동안 이벤트가 발생하면 미리 준비된 함수를 실행하는 방식이다.

이벤트 중심의 네트워크 프로그램을 작성하기 위해서는 서드 파티[8]에서 만든 twisted 모듈도 있다. 처음 작성하기는 기본 라이브러리를 사용한 프로그램보다 복잡하고 어렵지만, 성능이 우수하고 유연하며, 내부적으로 프로토콜이 많이 구현되어 있다.

8) 파이썬 인터프리터와 함께 제공되지 않고 제3의 단체에서 개발하여 보급한다.

socket 모듈

파이썬에서 전송계층의 서비스를 받아 응용 프로그램을 작성하기 위해 socket 모듈이 사용된다. socket 모듈에는 소켓 생성뿐만 아니라 연결 설정, 종단점과 소켓의 결합, 데이터 송수신 등을 위한 속성과 socket 클래스가 있다. socket 클래스는 다음과 같이 사용하며 소켓 객체를 반환한다.

```
socket(family, type, proto=0)
```

family는 소켓의 주소 유형(AddressFamily)을 나타내는 인수이며 AF_INET과 AF_INET6, AF_UNIX 등이 있다. AF는 Address Family를 나타내는 약어이다. AF_UNIX는 파일 기반 주소 유형이며 통신에서는 거의 사용되지 않는다. AF_INET은 네트워크 기반 주소 유형을 나타낸다. 이는 IPv4를 위한 것이며 IPv6는 AF_INET6이 사용된다. 인터넷 통신을 위해 대부분 AF_INET이 사용되며 앞으로 본 교재에서도 별도 언급이 없으면 AF_INET을 사용한다.

type은 소켓 유형(SocketKind)을 나타내는 인수이다. 소켓은 연결 위주 소켓과 비연결 소켓이 있다. 연결 위주의 소켓은 데이터 전송이 이루어지기 전에 먼저 연결이 되어야 하며, 신뢰성 있는 데이터 전송을 한다. 따라서 전송 도중에 패킷의 순서가 바뀌거나 중복되는 일이 없다. 인터넷 전송 프로토콜 중 연결 위주의 전송 서비스를 제공하는 것이 TCP이다. 이러한 TCP 소켓을 생성하기 위해 type을 SOCK_STREAM으로 지정한다. 비연결 소켓은 데이터그램 소켓이라고 하는데, 데이터 전송을 하기 전에 상대방과 연결을 만들지 않는다. 따라서 패킷의 순서나 중복 등을 보장되지 않고 다만 최선을 다해 전송할 따름이다. 이러한 전송 방식을 최선(best effort) 전송이라고 한다. 순서 바뀜이나 중복과 같은 문제가 있지만, 연결 위주의 전송에서 필요한 오버헤드가 없으므로 비용이 적게 들고 효율적일 수 있다. 이러한 형태의 전송 서비스를 제공하는 프로토콜은 UDP이다. 소켓을 생성할 때 UDP 소켓을 생성하려면 type을 SOCK_DGRAM으로 지정한다. proto 인수는 CAN 소켓에서만 사용되며 일반적으로 디폴트 0이 할당된다.

소켓 클래스의 메서드는 서버 기능을 수행하기 위한 것과 클라이언트 기능을 수행하기 위한 메서드, 데이터 송수신을 위한 메서드 등이 있다. sock = socket.socket()라 할 때 서버 소켓과 관련된 메서드는 다음과 같다.

sock.bind()	(address, port)를 소켓과 결합한다
sock.listen()	클라이언트의 연결을 기다린다
sock.accept()	클라이언트의 연결 요청을 받아들이고 클라이언트 소켓을 생성한다.

클라이언트 소켓과 관련된 메서드는 다음과 같다.

sock.connect()	TCP 서버에게 연결 요청을 한다
sock.connect_ex()	connect() 메서드를 확장한 것으로 문제가 있으면 예외가 아니라 오류 코드를 반환한다

서버와 클라이언트에서 데이터 송수신을 위한 메서드는 다음과 같다.

sock.recv()	TCP 소켓을 통해 메시지를 수신한다. 수신 데이터를 bytes형으로 반환. 상대방 연결이 종료되면 빈 문자열을 반환함
sock.recv_into()	TCP 소켓을 통해 메시지를 수신하여 버퍼에 저장한다
sock.send()	TCP 소켓으로 메시지를 전송한다. 송신 완료된 bytes 수 반환
sock.sendall()	TCP 소켓으로 메시지를 버퍼에 남기지 않고 모두 전송한다
sock.recvfrom()	UDP 소켓을 통해 메시지를 수신한다
sock.recvfrom_into()	UDP 소켓을 통해 메시지를 수신하여 버퍼에 저장한다
sock.sendto()	UDP 소켓으로 메시지를 송신한다

그 이외에 소켓 옵션을 설정하기 위한 sock.setsockopt(), 소켓을 닫을 때 사용하는 메서드 sock.close()가 있다. 또 소켓 동작 모드를 설정하기 위한 sock.setblocking()과 블로킹 모드일 때 타임아웃을 설정하기 위한 sock.settimeout() 메서드가 있다.

각 메서드의 사용방법은 프로그램을 작성하면서 자세히 설명하기로 한다.

sock.close()	소켓을 닫는다
sock.setblocking()	소켓을 차단(True) 또는 비차단(False) 모드로 설정한다
sock.settimeout()	차단 소켓의 타임아웃을 설정한다
sock.gettimeout()	차단 소켓의 타임아웃을 조사한다
sock.detach()	소켓을 실제로는 닫지 않고 닫힌 상태로 설정한다
sock.setsockopt()	소켓 옵션을 설정한다

11.3 TCP 소켓 프로그램

소켓을 사용하여 데이터 송수신을 위한 TCP 서버와 클라이언트 프로그램 작성 순서는 그림 11-5와 같다. TCP를 이용한 통신은 전화 통신과 비슷하다. 상대방과 통화를 하기 전에 먼저 다이얼을 돌려 상대방과 연결을 해야 한다. 연결되면 비로소 통화할 수 있다. 마찬가지로 TCP를 이용한 데이터 통신에서도 상대방과 연결을 만든 후에 데이터 송수신이 진행된다.

전화 통화에서 통화가 끝나면 연결을 종료하듯이 TCP 통신에서도 송수신이 끝나면 연결을 끊어야 한다.

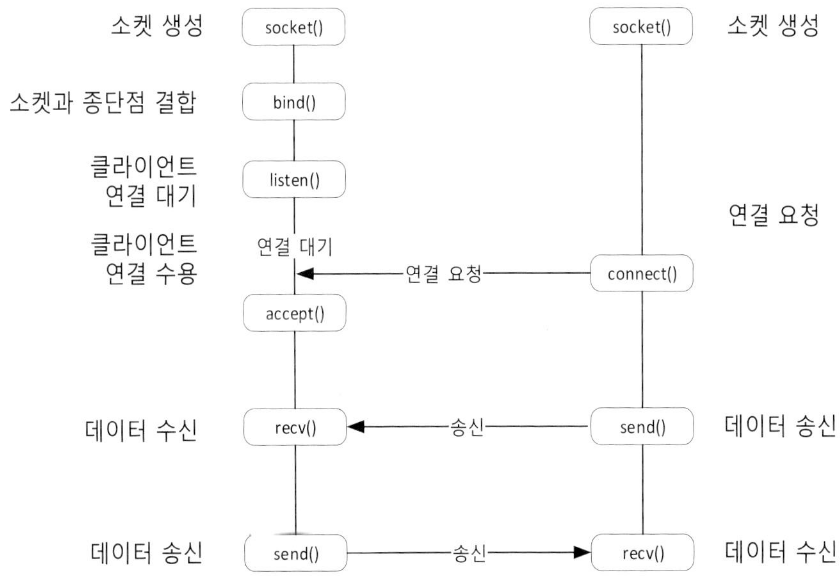

그림 11-5 TCP 소켓 프로그램 순서

앞에서 설명한 바와 같이 TCP 소켓은 연결 위주의 전송을 한다. TCP 소켓을 이용한 데이터 송수신을 하기 전에 상대방과 먼저 연결이 되어야 한다. 그림 11-5에서 서버는 socket() 메서드를 사용하여 소켓을 생성하고 bind() 메서드를 호출하여 소켓과 (주소, 포트)를 결합한다. listen() 메서드를 호출하여 클라이언트의 접속을 기다리다 클라이언트의 연결 요청을 받으면 accept() 메서드를 사용하여 클라이언트와 연결을 완료한다. 여기까지가 연결 설정 과정이다. 연결되면 send()와 recv() 메서드를 사용하여 메시지를 전송하거나 수신할 수 있다.

클라이언트는 소켓을 생성하고 connect() 메서드를 호출하여 서버에게 연결 요청을 한다. 연결 요청은 동기 모드로 처리되므로 서버가 accept() 메서드로 연결을 받아들이면 connect() 메서드가 반환된다. 여기까지 진행하면 연결이 이루어진 것이므로 이제부터 메시지 송수신이 가능하다.

타임 서버 프로그램

소켓을 사용하여 TCP 서버를 구성하는 과정을 살펴보자. 먼저 소켓을 생성하기 위해서는 다음과 같이 socket() 메서드를 호출한다.

```
import socket
sock = socket.socket(socket.AF_INET, socket.SOCK_STREAM)
```

sock은 socket 클래스 객체이며 소켓 메서드를 사용하여 필요한 기능을 수행한다. 생성된 소켓의 속성을 확인하려면 sock.family, sock.type, sock.proto 속성을 조사한다. 각각 소켓의 주소 유형, 소켓 유형, 프로토콜값을 나타낸다.

소켓 객체를 생성하고 난 다음에는 통신 종단점을 지정한다. 소켓을 생성할 때 AF_INET 유형을 지정하였으므로 통신 종단점은 (host, port) 튜플로 나타낸다. host는 서버의 도메인 이름이나 IP 주소를 문자열로 나타낸 것이다. 클라이언트가 접속할 때 반드시 host와 같은 문자열을 사용해야 한다. IPv4일 때는 host = ''와 같이 빈 문자열을 사용할 수 있으며, 이 경우에는 클라이언트에서 서버 주소를 나타내는 임의의 주소를 사용하여 서버에 접속할 수 있다. port는 상위 계층의 서비스를 나타내는 고유 번호이며, 1~65535까지 사용할 수 있으나 미리 선점된 번호도 있으므로 2000 이후의 번호를 사용하는 것이 좋다. 종단점은 다음과 같이 정의할 수 있으며 반드시 튜플로 설정되어야 한다.

```
address = ('', 5000)
```

생성된 소켓을 통신 종단점과 결합하고 listen() 메서드를 호출하여 클라이언트의 연결을 기다린다. listen(5)에서 ()속의 숫자는 동시 연결 가능한 소켓 수이다.

```
sock.bind(address)
sock.listen(5)
```

클라이언트의 연결 요청을 받으면 accept() 메서드를 이용하여 요청을 허용한다. accept() 메서드는 연결 요청한 클라이언트의 소켓과 클라이언트 주소(ip, port)를 튜플로 반환한다. 연결된 클라이언트와의 통신은 accept()가 반환한 소켓을 통해 이루어진다.

```
client, addr = sock.accept()
```

client는 클라이언트 소켓이고, addr은 클라이언트 주소이다. 서버 소켓 sock은 클라이언트와 연결하기 위해 사용되고 실제 데이터 송수신은 클라이언트 소켓을 통해 이루어진다. 클라이언트와 연결될 때마다 하나의 클라이언트 소켓이 생성되므로 한 개의 서버가 여러 클라이언트와 통신을 할 수 있다.

클라이언트와 연결되면 send() 함수를 이용하여 데이터를 보낼 수 있다. 이때 전송 데이터는 바이트형이라야 한다. 문자열을 바이트형으로 변환하려면 str.encode() 메서드를 이용한다. 이 메서드는 문자열을 utf-8 코드를 사용하여 바이트형으로 변환한다.

```
client.send("message".encode())
```

지금까지 설명한 서버 프로그램을 하나로 묶으면 다음과 같다. 이 프로그램은 클라이언트가 접속하면 현재 시각을 클라이언트에게 보내는 타임 서버 프로그램이다. 프로그램에서 time.ctime(time.time())는 현재 시가을 보여준다.

▌예제 time_server.py

```
# time_server.py
import socket
import time
sock = socket.socket(socket.AF_INET, socket.SOCK_STREAM)#소켓 생성
address = ('', 5000)#종단점 주소
sock.bind(address)#주소와 소켓 결합
sock.listen(5)#연결 대기

while True:
    client, addr = sock.accept()#연결 허용. 클라이언트 소켓과 주소 반환
    print("Connection requested from ", addr)
    client.send(time.ctime(time.time()).encode())#bytes형 메시지 전송
    client.close()#소켓 해제
```

위 프로그램을 실행하고 명령 창에서 "telnet localhost 5000"을 실행하면 그림 11-6과 같이 현재 시각을 볼 수 있다.

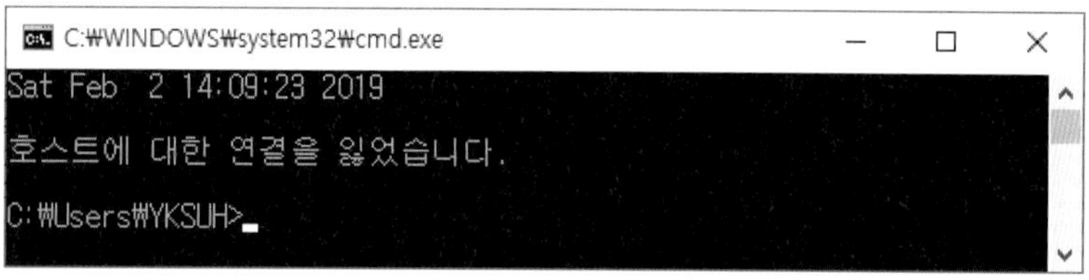

그림 11-6 타임 서버에 telnet으로 접속하여 현재 시각 읽어오기

간단한 타임 클라이언트 프로그램

앞에서 설명한 타임 서버 프로그램에 접속하여 시간을 읽어오는 클라이언트 프로그램을 작성해 보자. 클라이언트는 서버보다 간단하다.

소켓 객체를 생성하고, connect() 메서드로 서버에 연결 요청한다. connect() 함수는 서버와 연결되면 반환된다. 연결이 완료되면 데이터를 수신하거나 송신할 수 있다. 소켓 객체를 생성할 때 주소 유형과 소켓 유형은 서버와 같이 AF_INET과 SOCK_STREAM으로 설정한다. 데이터를 수신하기 위해 sock.recv(1024)를 호출한다. 1024는 한 번에 수신할 수 있는 최대 바이트 수이다. 이 함수는 수신 데이터를 나타내는 바이트 열을 반환하므로 decode() 함수를 호출하여 문자열로 변환한다.

▌예제 time_client.py

```
import socket

sock = socket.socket(socket.AF_INET, socket.SOCK_STREAM)# 소켓 생성
sock.connect(('localhost', 5000))# 서버로 연결 요청. 연결되면 반환됨
print("현재 시각: ", sock.recv(1024).decode())# 데이터 수신
sock.close() #소켓을 닫는다
```

[실행 결과]

```
현재 시각:  Sat Feb  2 14:24:35 2019
```

연습문제 11-1

(1) 클라이언트가 접속한 횟수를 카운터하여 전송하는 서버 프로그램을 작성하시오. 예를 들어 첫 번째 클라이언트가 서버에 접속하면 "당신은 1번째 접속자입니다"라는 메시지를 전송한다. 클라이언트 프로그램도 적절히 수정하시오.

(2) 서버에서 수신한 현재 시각을 "2019 Feb 2 (Sat) 14:24:35"의 형태로 변환하여 출력하도록 클라이언트 프로그램을 수정하시오

TCP 에코 서버 프로그램

다음은 TCP 소켓을 사용한 에코 서버 프로그램을 작성해 보자. 에코 서버는 그림 11-7과 같이 클라이언트가 보내온 메시지를 그대로 다시 되돌려 보내는 프로그램이다. 이 프로그램은 한 명의 클라이언트만 연속적으로 서비스한다.

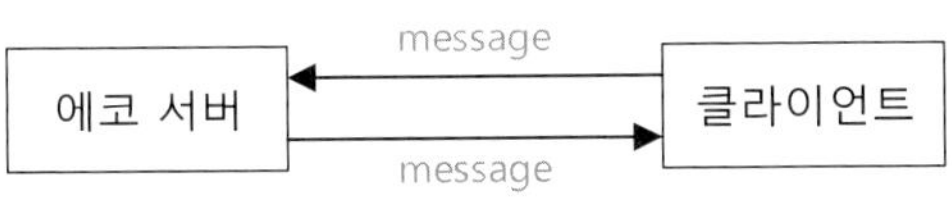

그림 11-7 **에코 서버의 동작**

▌예제 TCP_echoserver_demo.py

```
# TCP 에코 서버
# 1명의 클라이언트만 서비스한다

from socket import *

port = 2500
BUFSIZE = 1024

sock = socket(AF_INET, SOCK_STREAM)
sock.bind(('', port)) #자신의 주소 사용
sock.listen(1) #최대 대기 틀라이언트 수
print("Waiting for clients...")

#클라이언트의 연결요청을 받는다
c_sock, (r_host, r_port) = sock.accept()
print('connected by', r_host, r_port)
```

```
17
18 while True:
19     #상대방 메시지 수신
20     data = c_sock.recv(BUFSIZE)
21     if not data: #연결이 종료되었으면
22         break
23     print("Received message: ", data.decode())
24
25     #수신 메시지를 다시 전송
26     c_sock.send(data)
27
28 c_sock.close()
```

라인 6~7 포트 번호와 수신 버퍼 크기를 지정한다. 버퍼 크기는 2^n으로 지정한다.

라인 9~11 TCP 소켓을 생성하고 자신의 주소와 포트 번호를 결합하고 클라이언트의 접속을 기다린다. 서버 주소로 빈 문자열('')을 입력하면 자신의 주소를 사용한다.

라인 15 클라이언트의 연결 요청을 받아 클라이언트 소켓은 c_sock에 할당하고, 클라이언트의 주소 튜플을 언패킹하여 클라이언트 주소는 r_host, 클라이언트의 포트 번호는 r_port에 저장한다.

라인 18~26 데이터를 수신하고 수신 데이터가 없으면 프로그램을 종료하고 데이터가 있으면 상대방에게 다시 전송한다. recv() 메서드는 블로킹 모드로 동작하므로 데이터가 수신되어야 반환되지만, 상대방이 소켓을 닫으면 빈 문자열을 반환한다. 따라서 빈 문자열이 수신되면 연결이 닫힌 것이므로 통신을 종료한다. 빈 문자열은 False로 처리된다. 수신된 메시지는 바이트 열이므로 콘솔에 출력하기 위해 decode() 메서드를 이용하여 문자열로 변환한다.

라인 28 소켓을 닫는다.

TCP 클라이언트 프로그램

이번에는 앞에서 설명한 에코 서버에 접속하여 메시지를 보내고 서버가 보낸 메시지는 수신하여 콘솔에 출력하는 클라이언트 프로그램을 작성해 보자.

▌예제 TCP_client_demo.py

```
1   # TCP_client_demo.py
2   # 간단한 TCP 클라이언트
3
4   import socket
5
6   port = 2500
7   address = ("localhost", port)
8   BUFSIZE = 1024
9
10  #TCP 소켓을 생성하여 서버와 연결
11  s = socket.socket(socket.AF_INET, socket.SOCK_STREAM)
12  s.connect(address)
13
14  #전송 메시지를 입력받아 보내고 수신 메시지를 출력한다
15  while True:
16      msg = input("Message to send: ")
17      s.send(msg.encode()) #서버로 메시지 송신
18      r_msg = s.recv(BUFSIZE) #서버로부터 메시지 수신
19      if not r_msg: break #연결이 해제되었으면 종료
20      print("Received message: %s" %r_msg.decode())
```

라인 6~7 소켓 주소는 ("localhost", port)와 같이 반드시 튜플로 만들어야 한다. port는 서버에서 지정한 port와 같다.

라인 11~12 TCP 소켓을 생성하고 서버로 연결 요청한다. 서버가 연결을 허용하면 connect() 메서드가 반환된다. connect()는 블로깅 모드로 동작하므로 이 메서드가 반환되면 서버와 연결이 된 것이다.

라인 15~20 키보드에서 메시지를 입력받아 서버로 전송한다. send() 메서드로 메시지를 전송할 때 전송 메시지는 반드시 바이트 타입이어야 하므로 encode() 메서드를 사용하여 문자열을 bytes로 변환한다. encode()를 호출할 때 인수로 변환 코드를 지정할 수 있으나 생략하면 'utf-8'로 변환된다. 수신된 메시지는 화면에 출력한다. 수신 데이터도 bytes이므로 decode()를 사용하여 문자열로 변환해야 한다.

[프로그램 실행]

TCP_echoserver_demo.py 서버 프로그램을 먼저 실행하고 클라이언트 프로그램을 실행한다. 서버 실행 창에서 클라이언트가 접속되는지 확인한다.

```
connected by 127.0.0.1 63650
```

키보드에서 메시지를 입력하여 전송한다. 전송한 메시지가 되돌아오는지 확인한다.

```
Message to send: Hello Server
Received message: Hello Server

Message to send:
```

연습문제 11-2

(1) 두 사람이 짝을 지어 각각 서버와 클라이언트를 실행할 수 있도록 클라이언트를 수정해 보자.
(2) 클라이언트를 강제로 종료하면 서버에서 예외가 발생한다. 클라이언트 메시지가 'no'이면 소켓을 닫는 코드를 추가하고 소켓을 닫고 종료했을 때 서버의 반응을 확인해 보자. 서버가 이렇게 반응하는 이유는?

TCP 에코 서버와 클라이언트 수정

앞에서 설명한 에코 서버와 클라이언트를 좀 자세히 살펴보자. 데이터를 송수신하기 위해 send()/recv() 함수를 호출했을 때 상대방과의 접속이 끊어져 있으면 어떻게 될까?

send() 함수는 성공적으로 데이터가 전송되면 전송된 바이트 수를 반환하고, 실패하면 error 예외가 발생한다. recv() 함수는 데이터가 성공적으로 수신되면 수신된 데이터를 반환하고 실패하면 error 예외가 발생한다. 예외는 주로 상대방과의 연결이 끊어지기 때문에 발생한다. 따라서 연결이 중간에 끊어지더라도 프로그램이 정상적으로 실행하도록 다음과 같이 예외처리를 해야 한다. 상대방이 close() 함수로 소켓을 정상적으로 닫았을 때 recv() 함수를 호출하면 예외는 발생하지 않지만, 수신 데이터는 널(null)이 된다. 따라서 이 경우에도 소켓을 닫고 종료해야 한다.

```
while True:
    try:
        data = c_sock.recv(BUFSIZE)
        if not data: #상대방과 정상적으로 연결 종료
            c_sock.close()
            break
```

```
except: #수신할 때 예외 발생
    c_sock.close()
    break
else: #정상 수신
    print(data.decode())

try:
    c_sock.send(data)
except: #송신할 때 예외 발생
    c_sock.close()
    break
```

send()나 recv() 함수를 호출했을 때 예외가 발생하면 소켓을 닫고 무한루프를 종료한다. recv() 함수를 호출했을 때 예외가 발생하지 않으면 수신 데이터를 출력하고 데이터를 다시 클라이언트에게 전송한다. 예외처리를 반영한 에코 서버 프로그램은 다음과 같다.

▌예제 TCP_echoserver.py

```
# 송수신 예외 처리를 한 에코 서버

from socket import *

port = 2500
BUFSIZE = 1024

sock = socket(AF_INET, SOCK_STREAM)
sock.bind(('', port))
sock.listen(5) #최대 대기 틀라이언트 수
print("Waiting for clients...")

c_sock, (r_host, r_port) = sock.accept()
print('connected by', r_host, r_port)
while True:
    try:
        data = c_sock.recv(BUFSIZE)
        if not data: #연결 해제됨
            c_sock.close()
            print('연결이 종료되었습니다')
            break
```

```
    except:
        print("연결이 종료되었습니다")
        c_sock.close() #소켓을 닫는다
        break #무한루프 종료
    else:
        print(data.decode())

    try:
        c_sock.send(data)
    except: #연결 종료로 인한 예외 발생
        print("연결이 종료되었습니다")
        c_sock.close() #소켓을 닫는다
        break #무한루프 종료
```

다음 프로그램은 TCP 클라이언트 프로그램이다. 앞에서 설명한 연결 종료에 대한 예외처리와 더불어 서버 주소와 포트를 사용자가 입력할 수 있도록 하였다. 서버 주소와 포트를 입력하지 않으면 '127.0.0.1"을 기본 서버 주소로 사용하고 2500을 기본 포트로 사용한다.

▌예제 TCP_client.py

```
# 예외처리를 한 TCP 클라이언트 프로그램
# 실행할 때 서버 주소와 포트를 지정한다.
# 지정하지 않으면 '127.0.0.1'과 2500 사용

import socket

sock = socket.socket(socket.AF_INET, socket.SOCK_STREAM)

#서버 주소 입력
svrIP = input(("Server IP(default: 127.0.0.1): "))
if svrIP == '':
    svrIP = '127.0.0.1' #기본 주소

#포트 번호 입력
port = input('port(default: 2500): ')
if port == '':
    port = 2500 #기본 포트
else:
    port = int(port)
```

```

sock.connect((svrIP, port))
print('Connected to ' + svrIP)

while True:
    msg = input("Sending message: ")

    #송신 데이터가 없으면 다시 진행
    if not msg:
        continue

    try: #데이터 전송
        sock.send(msg.encode()) #메시지 전송

    except: #연결이 종료됨
        print("연결이 종료되었습니다")
        break

    try: #데이터 읽기
        msg = sock.recv(1024)
        if not msg:
            print("연결이 종료되었습니다")
            break
        print(f'Received message: {msg.decode()}')

    except: #연결이 종료됨
        print("연결이 종료되었습니다")
        break

sock.close()
```

[프로그램 실행]

서버(TCP_echoserver.py)와 클라이언트(TCP_client.py)를 실행하고 클라이언트에서 메시지를 전송하면 정상적으로 수신되는지 확인해 보자. 서버와 클라이언트가 메시지를 송수신하는 도중에 서버나 클라이언트를 강제로 종료했을 때 예외가 어떻게 처리되는지 살펴보자.

연습문제 11-3

클라이언트 프로그램은 메시지를 송신한 후에 서버로부터 메시지를 수신하여 출력한다. 따라서 클라이언트가 메시지를 송신하기 전에 서버가 메시지를 보내면 이 메시지는 사라지게 된다. 서버가 메시지를 먼저 보내면 수신하여 출력하고, 보내지 않으면 자신의 메시지를 송신하도록 클라이언트 프로그램을 수정하시오.

[힌트] 소켓을 블로킹 모드로 설정하면 recv() 함수는 메시지가 수신될 때까지 프로그램을 차단된다. 다음과 같이 소켓의 타임아웃을 설정하면 타임아웃 동안만 차단되고 타임아웃이 지나면 예외가 발생한다. 예외가 발생하면 메시지 송신 부분으로 진행한다.

```
sock.settimeout(1.0) #타임아웃을 1.0초로 설정한다

#데이터가 수신되지 않으면 다음으로 진행한다
try:
    r_msg = sock.recv(2014)
    print(r_msg.decode())
except socket.timeout: #타임아웃 동안 데이터가 수신되지 않으면 예외발생
    pass
```

create_connection()을 사용한 클라이언트 프로그램

클라이언트 프로그램을 작성할 때 create_connection() 함수를 사용하면 TCP 소켓 생성과 연결 요청을 한 번에 할 수 있다. 즉 socket()과 connect()를 하나로 합친 함수라 할 수 있다. 다음 프로그램은 create_connection() 함수를 사용한 클라이언트 프로그램이다.

▌예제 TCP_client_easy.py

```
#TCP_client_easy.py
#create_connection()을 이용한 TCP 클라이언트 프로그램

import socket

# TCP 소켓 생성과 연결
sock =socket.create_connection(('localhost',2500 ))

# 메시지 전송
message ="클라이언트 메시지"
print('sending {}'.format (message))
```

```
12 sock.sendall(message.encode())
13
14 data =sock.recv(1024) #데이터 수신
15 print('received {}'.format (data.decode()))
16 print('closing socket')
17 sock .close () #연결 종료
```

라인 7 create_connection() 메서드를 호출할 때 (host, port) 튜플을 인수로 전달한다. 'localhost'는 자신의 IP 주소를 의미한다.

라인 12 send() 메서드는 메시지를 송신 버퍼에 저장한 다음 네트워크로 전송하므로 한 번에 전송되지 않고 버퍼에 남을 수 있다. 그러나 sendall() 메서드를 호출하면 메시지를 버퍼에 남기지 않고 모두 전송한다.

서버 프로그램(TCP_echoserver.py)을 먼저 실행하고 클라이언트 프로그램(TCP_client_easy.py)을 실행해 보자.

요청 처리 서버 프로그램

지금까지 수신 메시지를 되돌려 전송하는 에코 서버 프로그램을 살펴보았다. 서버 프로그램의 기능은 클라이언트로부터 받은 메시지 해석하여 적절한 응답을 보내는 것이다. 이번에는 그림 11-8과 같이 클라이언트에서 1부터 10까지의 숫자 메시지를 받으면 각 숫자에 대한 영어를 전송하는 서버 프로그램을 작성해 보자. 예를 들어 1을 받으면 one을 전송한다.

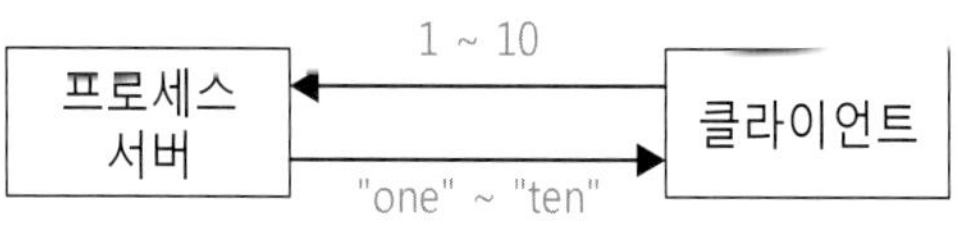

그림 11-8 **프로세스 서버의 동작**

▌예제 - TCP_process_server.py

```
import socket

#숫자에 대한 영어 사전
table = {'1':'one', '2': 'two', '3': 'three', '4': 'four',\
```

```
4   '5':'five', '6': 'six', '7': 'seven', '8': 'eight',\
5   '9': 'nine', '10': 'ten'}

6   s=socket.socket() #AF_INET, SOCK_STREAM
7   address = ("", 2500)
8   s.bind(address)
9   s.listen(1)
10  print('Waiting...')
11  c_socket, c_addr = s.accept()
12  print("Connection from ", c_addr)
13  while True:
14      data = c_socket.recv(1024).decode() #요청 수신
15      try:
16          resp = table[data] #데이터를 key로 사용하여 value를 가져온다
17      except:
18          c_socket.send('Try again'.encode()) #오류가 있을 때
19      else:
20          c_socket.send(resp.encode()) #변환 값을 전송
```

라인 3~5	수신 숫자를 key로 사용하는 데이터 처리용 딕셔너리를 정의한다.
라인 6~11	소켓을 생성하고 클라이언트의 연결 요청을 받는다.
라인 14	메시지를 수신하여 문자열로 변환한다.
라인 16	테이블에서 숫자에 대응하는 key의 value를 가져온다. 없으면 예외처리를 한다.
라인 17~18	숫자에 대응하는 key가 없으면 안내 메시지를 전송한다.
라인 19~20	예외가 발생하지 않으면 숫자에 대응하는 영어를 전송한다.

[프로그램 실행]

서버 프로그램을 먼저 실행하고 클라이언트 프로그램(TCP_client.py)을 실행한다. 클라이언트에서 숫자를 입력하면 이에 대응하는 영어가 수신되는지 확인해 보자.
서버 프로그램의 콘솔 화면은 다음과 같다.

```
Waiting...
Connection from  ('127.0.0.1', 52452)
```

클라이언트에서 여러 가지 숫자를 입력해 보고, 1~10 범위가 아닌 숫자도 전송해 보자. 범위 밖의 수를 전송하면 예외 처리하여 안내 메시지가 수신된다.

```
Server IP(default: 127.0.0.1):
port(default: 2500):
Connected to 127.0.0.1
Sending message: 1
Received message: one
Sending message: 5
Received message: five
Sending message: 12
Received message: Try again
```

연습문제 11-4

다음과 같은 이름과 학번 테이블을 이용하여 이름을 수신하면 학번을 전송하는 서버 프로그램을 작성하라.

```
table = {'홍길동': 20150001, '심순애': 20150002, '박문수': 20150003}
```

클라이언트에서 이름을 잘못 입력한 경우, '이름이 없습니다'라는 메시지를 클라이언트로 전송한다.

사용자 모듈을 이용한 서버 프로그램

서버 프로그램을 작성할 때 소켓 생성, 바인드, 접속 대기와 같은 처리는 항상 필요하므로 이를 사용자 모듈로 만들어 사용하면 편리하다. MyTCPServer 라는 사용자 모듈을 정의해보자. 이 모듈에는 __init__(), accept(), disconnect(), send(), receive() 메서드가 있다.

__init__(port) 메서드에서 port 인수를 전달받아 TCP 소켓을 생성하고 주소와 바인드한 다음, 클라이언트 연결을 기다린다. 연결 상태를 나타내는 self.connected를 False로 설정한다.

accept() 메서드는 클라이언트의 연결을 받아들이고 self.connected를 True로 설정한다. 이 메서드는 클라이언트 소켓과 주소를 반환한다.

disconnect() 메서드는 연결을 닫고 self.connected를 False로 설정한다.

send(msg) 메서드는 self.connected가 True이면 msg를 전송하고 True를 반환한다. 연결이 끊어진 상태이면 msg를 전송하지 않고 False를 반환한다.

receive(r_sock=None) 메서드는 r_sock에서 수신한 메시지를 반환한다. 연결이 끊어진 상태이면 None을 반환한다. r_sock을 따로 지정하지 않으면 accept()가 반환한 소켓을 사용한다.

▌예제 - MyTCPServer.py

```
# MyTCPServer.py
class TCPServer:
    def __init__(self, port):
        import socket
        self.sock = socket.socket(socket.AF_INET, socket.SOCK_STREAM)
        self.sock.bind(('', port)) #소켓과 주소의 결합
        self.sock.listen(1) #연결 대기
        self.connected = False

    def disconnect(self):
        self.connected = False
        self.c_sock.close()

    def accept(self): #연결 수락
        self.c_sock, self.c_addr = self.sock.accept()
        self.connected = True
        return self.c_sock, self.c_addr

    def send(self, msg):
        if self.connected:
            self.message = msg
            self.c_sock.send(self.message.encode())
            return True
        else:
            return False

    def receive(self, r_sock=None):
        if not r_sock:
            r_sock = self.c_sock
        try:
            data = r_sock.recv(1024)
            if not data:
                self.disconect()
                return None
            return data.decode()
        except:
```

```
        self.disconnect()
        return None
```

사용자 정의 MyTCPServer 모듈을 이용하여 다음과 같이 에코 서버 프로그램을 작성할 수 있다.

▌예제 MyTCPServer_ex01.py

```
#사용자 정의 모듈을 이용한 에코 서버 프로그램
import MyTCPServer as ms #사용자 정의 모듈을 불러온다

server = ms.TCPServer(2500)
print("Waiting for connection")
while True:
    if not server.connected:
        server.accept()
    else:
        msg = server.receive()
        # 연결이 되어 있지 않으면 None이 반환됨
        if msg:
            print('수신메시지: ', msg)
            server.send(msg)
        else:
            print("Disconnected")
            break
server.disconnect()
```

MyTCPServer_ex01.py를 먼저 실행하고 TCP_client.py를 실행해 보자. 클라이언트에서 송신한 메시지가 다시 수신된다. 클라이언트에서 연결을 강제 종료하면 예외가 발생하지 않고 "Disconnected"가 표시된다.

TCP 소켓을 이용한 파일 송수신

두 컴퓨터 사이에 파일을 송수신하려면 FTP 프로토콜을 이용할 수 있지만 여기서는 TCP 프로토콜을 이용하여 파일을 송수신하는 방법에 대해 알아보다. 그림 11-9는 파일 송수신 프로그램의 동작 순서를 나타낸 것이다. 서버는 클라이언트로부터 수신 준비 완료 메시지를 받으면 전송할 파일 이름을 보내고 이어서 파일 내용을 보낸다.

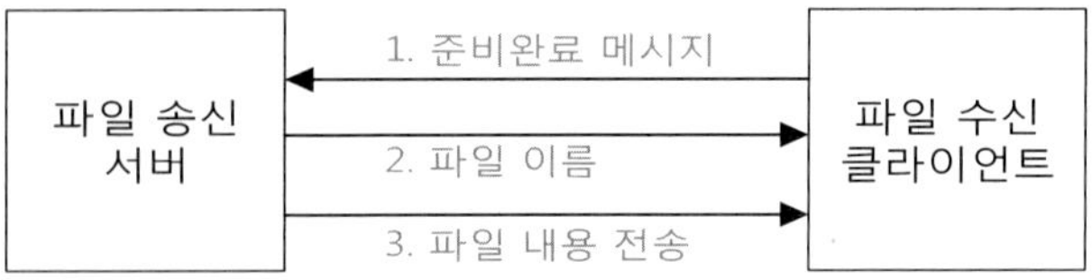

그림 11-9 파일 송수신 프로그램의 동작

다음은 파일 전송 프로그램이다. TCP 소켓을 생성하고 파일 수신 프로그램의 접속을 기다린다. 파일 수신 프로그램으로부터 준비 완료 메시지를 받으면 전송할 파일 이름을 입력받는다. 파일 이름을 먼저 송신하고 with 문장으로 전송할 파일을 읽기와 바이너리 모드로 연다. with open()을 이용하면 파일 전송이 끝난 후 파일을 닫지 않아도 된다.

```
with open(filename, 'rb') as f:
    c_sock.sendfile(f,0) #Send file
```

파일 이름을 지정할 때 경로 위치도 함께 지정할 수 있으나 '₩'는 ESC 문자이므로 사용할 수 없고 대신 '/'을 사용하여 경로를 지정한다. 예를 들어 'D:₩test₩sample.txt' 파일을 전송하려면 파일 이름을 'D:/test/sample.txt'로 지정해야 한다. 파일 수신 프로그램에게 파일 이름을 전송할 때는 split() 함수를 이용하여 경로는 제거하고 파일 이름만 전송해야 한다.

파일 전송은 sendfile(file, offset=0, count=None) 메서드를 이용하면 편리하다. sendfile() 메서드는 EOF(End Of File)에 도달할 때까지 파일을 전송하고 전송된 바이트 수를 반환한다. file은 바이너리 모드로 오픈된 파일이며 offset은 파일에서 전송 시작 위치를 나타낸다.

sendfile() 대신 read()와 send() 함수를 사용할 수도 있다. read() 함수로 파일에서 데이터를 읽는다. 데이터가 있으면 send() 또는 sendall() 함수로 전송하고 더는 데이터가 없으면 종료한다.

```
data = f.read()
while data:  #더 이상 데이터가 없으면 data는 False가 된다
    c_sock.sendall(data)
    data = f.read()
```

▌예제 - TCP_sendfile.py

```
# TCP_sendfile.py
# 파일 전송 프로그램

import socket
import sys

port = 2500
s_sock = socket.socket()
host = ""
s_sock.bind((host, port))
s_sock.listen(1)

print('Waiting for connection....')

c_sock, addr = s_sock.accept() #클라이언트와 연결
print('Connected from', addr)
msg = c_sock.recv(1024) #클라이언트로부터 준비 완료 수신
print(msg.decode())
filename = input('File name to send(c:/test/sample.bin): ') #'\'대신 '/' 사용하여 경로 구분
print(f"Sending '{filename}'")
fn = filename.split('/') #파일 경로 중 파일 이름만 추출

c_sock.sendall(fn[-1].encode()) #파일 이름 전송

with open(filename, 'rb') as f:
    c_sock.sendfile(f,0) #파일 내용 전송

    #data = f.read()
    #while data:
    #    c_sock.sendall(data)
    #    data = f.read()

print('Sending complete')
c_sock.close()
```

파일 수신 프로그램(TCP_receivefile.py)에서는 먼저 준비 완료 메시지를 보내고 수신할 파일 이름을 받아 바이너리 모드로 파일을 오픈한다. 'w' 옵션으로 파일을 열면 새로운 파일을 생성하거나 기존에 파일이 있으면 덮어쓴다. 'a' 옵션을 사용하면 기존 파일이 없으면 생성하고, 파일이 있으면 기존 파일에 추가한다. 설정된 버퍼 크기로 데이터를 받아 파일에 계속 저장한다. 더 수신 데이터가 없으면 소켓을 닫고 종료한다.

▌예제 - TCP_receivefile.py

```
# TCP_receivefile.py
# 파일 수신 프로그램

import socket

s_sock = socket.socket()
host = "localhost"
port = 2500

s_sock.connect((host, port)) #서버와 연결
s_sock.send("I am ready".encode()) #준비 완료 메시지 송신
fn = s_sock.recv(1024).decode()

with open('e:/'+fn, 'wb') as f: #저장 파일 열기
    print('file opened')
    print('receiving file...')
    while True:
        data = s_sock.recv(8192) #파일 내용 수신
        if not data: #내용이 없으면 종료
            break
        f.write(data)#내용을 파일에 쓰기

print('Download complete')
s_sock.close()
print('Connection closed')
```

[프로그램 실행]

파일 송신 프로그램(TCP_sendfile.py)을 먼저 실행하고 파일 수신 프로그램(TCP_receivefile.py)를 실행한다. 파일 송신 프로그램에서 전송할 파일의 이름을 경로를 포함하여 입력한다. 파일 송신 프로그램의 실행화면은 다음과 같다.

```
Waiting for connection....
Connected from ('127.0.0.1', 50792)
I am ready
File name to send(c:/test/sample.bin): c:/agentlog.txt
Sending 'c:/agentlog.txt'
Sending complete
```

파일 수신 프로그램의 실행화면은 다음과 같다. 프로그램에서 지정된 폴더에 파일이 저장되어 있는지 확인해 보자.

```
file opened
receiving file...
Download complete
Connection closed
```

TCP 소켓을 이용한 동영상 송수신 프로그램

웹카메라의 동영상을 TCP 소켓을 이용하여 실시간으로 송수신하는 프로그램을 작성해 보자. 프로그램을 위해 OpenCV와 imutils 모듈을 설치해야 한다.

```
C:〉pip install -U —user opencv-python imutils
```

송신 프로그램에서 동영상은 프레임 단위로 전송되는데 한 번에 전송되는 프레임은 다음과 같이 구성된다. 웹카메라에서 프레임을 획득하고 프레임의 길이(바이트 수)를 8바이트로 계산하여 전송 프레임 앞부분에 추가한다.

프레임 길이(8)	동영상 프레임

OpenCV 메서드인 cv2.VideoCapture(0)를 호출하여 웹카메라에서 동영상 프레임을 획득하고 imutils.resize(frame, width)를 이용하여 프레임의 해상도를 조절한다. 프레임의 길이는 struct.pack('Q', len(frame_bytes))를 이용하여 비번호 8바이트로 변환한다. 'Q'는 객체를 비번호(unsigned) 8바이트로 변환하는 변환 지성 문자이나. pickle.dumps()를 이용하여 프레임을 바이트 스트림으로 변환하고 길이 바이트와 프레임 바이트를 결합하여 전체 프레임을 구성하여 전송한다.

▌예제 - video_server.py

```
# Video server(송신)

import socket, cv2, pickle, struct, imutils

# 소켓 생성
server_socket = socket.socket(socket.AF_INET, socket.SOCK_STREAM)
```

```

port = 9000
server_addr = ('', port)

# 주소와 포트번호 바인드
server_socket.bind(server_addr)

# 접속 대기
server_socket.listen(5)
print("접속 대기:", server_addr)

# 클라이언트 연결
while True:
    client_socket, addr = server_socket.accept()
    print(addr, '와 연결됨')
    if client_socket:
        vid = cv2.VideoCapture(0) # 웹카메라
        if vid.isOpened():
            print('width:{}, height: {}'.format(vid.get(3), vid.get(4)))
        while (vid.isOpened()):
            img, frame = vid.read() # 프레임 획득
            frame = imutils.resize(frame, width=640) # 프레임 크기 조절
            frame_bytes = pickle.dumps(frame) # 프레임을 바이트 스트림으로 변환
            message = struct.pack("Q", len(frame_bytes)) + frame_bytes # 메시지 = [frame 길이(unsigned 8bytes) + frame]
            client_socket.sendall(message) # 메시지 전송

            cv2.imshow('Server Video', frame) # 전송 영상 표시
            key = cv2.waitKey(1) & 0xFF
            if key == ord('q'):
                client_socket.close()
```

수신 프로그램은 메시지를 수신하여 프레임 길이 정보(8바이트)를 알아내고 길이 만큼의 데이터를 잘라 화면에 표시하는 동작을 반복한다.

▌예제 - video_client.py

```
# Video client(수신)
import socket, cv2, pickle, struct

```

```
# 소켓 생성
client_socket = socket.socket(socket.AF_INET,socket.SOCK_STREAM)
host_ip = 'localhost' # 서버 IP 주소
port = 9000
client_socket.connect((host_ip,port)) # 서버와 연결
data = b""
payload_size = struct.calcsize("Q") # 길이 정보를 unsigned 8bytes로 표시

while True:
    while len(data) < payload_size: # 수신 프레임은 길이 영역(8바이트)보다 커야 한다
        packet = client_socket.recv(4*1024) # 4K
        if not packet: break # 연결 종료?
        data+=packet
    packed_msg_size = data[:payload_size] # 프레임 길이 추출
    data = data[payload_size:] # 프레임 추출
    msg_size = struct.unpack("Q",packed_msg_size)[0] # 프레임 길이를 파이썬 자료형으로 변환

    while len(data) < msg_size: # 길이 만큼의 frame을 수신한다
        data += client_socket.recv(4*1024)
    frame_data = data[:msg_size] # 한 프레임 크기를 잘라낸다
    data  = data[msg_size:] # 다음 프레임(next frame)

    # 동영상 프레임 표시
    frame = pickle.loads(frame_data) # 바이트 스트림을 프레임으로 변환
    cv2.imshow("Client Video",frame)
    key = cv2.waitKey(1) & 0xFF
    if key  == ord('q'):
        break
client_socket.close()
```

[프로그램 실행]

서버 프로그램(video_server.py)을 먼저 실행하고 클라이언트(video_client.py)를 실행한다. 두 프로그램이 서로 다른 컴퓨터에서 실행되면 클라이언트 프로그램에서 서버 주소를 변경해야 한다. 그림 11-10은 송신 화면과 수신 화면이다.

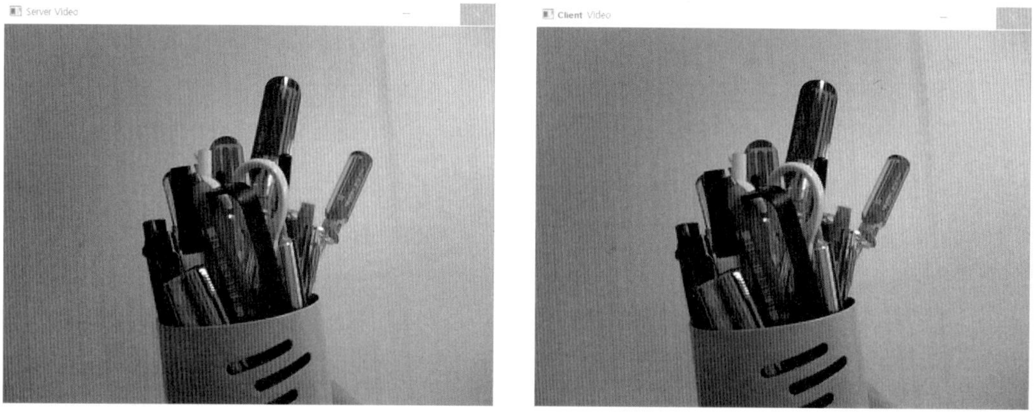

그림 11-10 송신 비디오와 수신 비디오

11.4 UDP 소켓 프로그램

UDP 소켓을 이용한 클라이언트/서버 프로그램

UDP 프로토콜을 이용한 데이터 전송 프로그래밍은 TCP보다 간단하다. UDP를 이용한 통신은 편지를 이용한 통신과 비슷하다. 편지를 보낼 때 상대방과 연결을 하는 것이 아니라 상대방의 주소만 알면 바로 편지를 보낼 수 있다. UDP 소켓 통신도 연결 과정이 없이 소켓이 생성되면 바로 데이터의 송수신이 가능하다. 연결을 만들지 않으므로 송수신 종료 후에 연결을 해제할 필요도 없다.

그림 11-11은 UDP 소켓 프로그램 순서를 나타낸 것이다. 먼저 SOCK_DGRAM 타입의 소켓을 생성하고 전송 문자열을 string.encode() 메서드로 바이트 열로 변환하여 sendto() 메서드를 이용하여 목적지로 전송하면 된다. 목적지는 (address, port) 튜플로 지정되어야 한다. 데이터 수신은 recvfrom() 메서드를 사용한다. 최대 수신 바이트 수를 지정하고 recvfrom() 함수를 호출하면 수신 데이터와 발신자 주소가 반환된다.

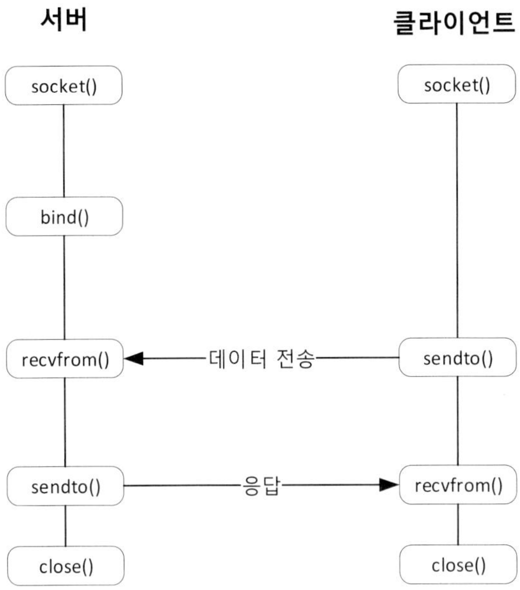

그림 11-11 UDP 소켓 프로그래밍 순서

수신 데이터는 바이트 열로 표현되기 때문에 문자열로 출력하려면 string.decode() 함수를 사용하여 문자열로 변환하거나 repr(data) 함수를 이용하여 데이터 오브젝트를 문자열로 변환해야 한다. 서버는 소켓을 생성하고, bind()로 소켓과 종단점(주소와 포트번호)을 결합한다. UDP 소켓은 연결이 필요 없으므로 recvfrom()과 sendto()를 사용하여 메시지 송수신이 가능하다. 클라이언트는 소켓을 생성하고 메시지 송수신을 한다.

UDP 에코 서버 프로그램

UDP를 이용한 서버 프로그램을 작성해 보자. 소켓을 생성한 다음 bind() 메서드로 소켓과 자신의 주소를 결합한다. 포트 번호는 클라이언트 프로그램의 포트 번호와 같아야 한다. recvfrom() 메서드를 호출하면 수신 메시지와 상대방의 종단점 주소가 반환된다. 반환된 주소를 이용하여 sendto() 메서드를 사용하여 상대방에게 메시지를 송신한다. 다음 프로그램은 수신 메시지를 콘솔 화면에 표시하고 다시 상대방에게 송신하는 에코 서버 프로그램이다. UDP 에코 서버는 상대방과 연결이 없으므로 두 명 이상의 클라이언트로부터 메시지를 받아 처리할 수 있다.

▌예제 UDP_server.py

```
1  import socket
2  port = 2500
3  BUFFER = 1024
4
5  sock = socket.socket(socket.AF_INET,socket.SOCK_DGRAM) #UDP 소켓
6  sock.bind(('', port))
7  print("수신 대기 중")
8
9  while True:
10     data, addr = sock.recvfrom(BUFFER) #데이터와 상대방 종단점 주소 수신
11     print("Received message: ", data.decode())
12     print(addr)
13     sock.sendto(data, addr)
```

라인 5~6 SOCK_DGRAM 유형으로 소켓을 생성하고 종단점과 결합한다.

라인 10 recvfrom() 메서드를 호출할 때 반환되는 수신 메시지와 상대방 주소를 각각 data, addr 변수에 저장한다.

라인 11~12 수신 메시지와 수신 주소를 출력한다.

라인 13 수신 메시지를 다시 전송한다. sendto(data, addr)에서 addr은 recvfrom()이 반환한 상대방 주소다.

UDP 클라이언트 프로그램

다음은 UDP 소켓을 생성하여 서버와 메시지를 주고받는 클라이언트 프로그램이다. SOCK_DGRAM 소켓을 생성하고 sendto()를 사용하여 메시지를 송신하거나 recvfrom()을 사용하여 메시지를 수신한다. UDP는 비연결 프로토콜이므로 TCP와 같은 연결 과정이 없다.

▌예제 UDP_client_demo.py

```
import socket
BUFFSIZE = 1024
port = 2500

sock = socket.socket(socket.AF_INET,socket.SOCK_DGRAM)
msg = "Hello UDP server"
sock.sendto(msg.encode(),('localhost', port))
data, addr = sock.recvfrom(BUFFSIZE)
print("Server says:", data.decode())
```

[프로그램 실행]

서버 프로그램을 먼저 실행하고 클라이언트 프로그램을 실행해 보자. 클라이언트 프로그램은 자신의 메시지를 보내고 상대방의 메시지를 받아 표시한다.

TCP 서버와는 달리 UDP 서버는 클라이언트와 연결을 설정하지 않으므로 여러 클라이언트와 통신할 수 있다. TCP 서버에서는 메시지 송수신을 하기 전에 accept() 메서드로 클라이언트와 연결이 되어야 하는데, 먼저 연결된 클라이언트를 서비스하느라 동기 방식으로는 다른 클라이언트와 연결할 수 없다. 그러나 UDP 서버에서는 수신 메시지를 처리하고 다른 클라이언트가 보내는 메시지를 받을 수 있으므로 동기 방식으로도 여러 클라이언트와 송수신을 할 수 있다. 메시지를 입력하여 전송하고, 수신 메시지를 출력하도록 UDP_client_demo.py 프로그램은 다음과 같이 수정해 보자

▌예제 UDP_client.py

```
#UDP 클라이언트 프로그램

import socket
BUFFSIZE = 1024
port = 2500

sock = socket.socket(socket.AF_INET,socket.SOCK_DGRAM) #UDP 소켓
msg = "Hello UDP server"
sock.sendto(msg.encode(),('localhost', port)) #메시지 전송

while True:
    data, addr = sock.recvfrom(BUFFSIZE) #데이터 수신
```

```
    print("Server says:", data.decode())
    msg = input('Sending message: ')
    sock.sendto(msg.encode(), addr) #메시지 전송
```

먼저 서버(UDP_server.py)를 실행하고, 두 대 이상의 컴퓨터에서 클라이언트 프로그램(UDP_client.py)을 실행해 보자. 서버는 두 개의 클라이언트에게서 온 메시지를 모두 수신하여 표시한다. 두 대의 클라이언트가 동시에 서버에 연결해서 메시지를 주고받을 수 있다.

1:1 UDP 채팅 프로그램

1:1로 채팅할 수 있는 프로그램을 작성해 보자. 서버와 클라이언트의 동작은 비슷하다. 수신 메시지는 화면에 출력하고 키보드 입력 메시지는 상대방에게 전송하면 채팅을 할 수 있다. 모든 동작이 동기식으로 이루어지므로 한 번씩 차례로 송수신할 수 있다.

다음은 UDP 채팅 서버 프로그램이다. 클라이언트의 데이터를 먼저 수신하고 자신의 메시지를 송신한다.

▌예제 UDP_chat_server.py

```
import socket

port = 2500 #포트 번호
BUFFSIZE = 1024
sock = socket.socket(socket.AF_INET,socket.SOCK_DGRAM)
sock.bind(('', port))

print("Waiting for client")
while True:
    print("<- ", end ='')
    data, addr = sock.recvfrom(BUFFSIZE) #메시지 수신
    print(data.decode()) #수신 메시지 출력

    resp = input("-> ")
    sock.sendto(resp.encode(),addr) #메시지 송신
```

UDP 채팅 클라이언트 프로그램은 소켓을 생성한 다음, 바로 데이터 송수신을 할 수 있다.

▌예제 UDP_chat_client.py

```
import socket
BUFFSIZE = 1024
port = 2500 #포트 번호

sock = socket.socket(socket.AF_INET,socket.SOCK_DGRAM)
ip_addr = input('Server IP Address: ')#같은 컴퓨터에서 실행하면 리턴
if ip_addr == '':
    ip_addr = 'localhost' #자기 자신 지정
addr = (ip_addr, port)

while True:
    msg = input("<- ")
    sock.sendto(msg.encode(),addr) #메시지 송신
    print("-> ", end ='')
    data, addr = sock.recvfrom(BUFFSIZE) #메시지 수신
    print(data.decode()) #수신 메시지 출력
```

[프로그램 실행]

서버를 먼저 실행하고 클라이언트를 실행한다. 클라이언트에서 먼저 메시지를 보낸 다음, 서버에서 메시지를 송신한다. 메시지 송수신은 차례대로 한 번씩 진행한다. 다른 사람과 짝을 이루어 1:1 채팅을 해 보자.

연습문제 11-5

클라이언트에서 십진수 또는 이진수를 전송하면 서버에서 이진수 또는 십진수로 변환하여 응답하는 UDP 프로그램을 작성하시오. 숫자는 양수라 가정한다. 예를 들어 십진수 25는 (25, 'd'), 이진수 1001은 (1001, 'b')와 같이 튜플로 전송하고, 서버는 이에 대한 응답으로 각각 (11001, 'b')와 (9, 'd')을 전송한다.

전송 손실을 보완한 UDP 프로그램

TCP 프로토콜과 달리 UDP 프로토콜은 신뢰성 있는 전송을 보장하지 않는다. UDP 프로토콜로 데이터를 전송하면 전송 데이터가 중간에 손실될 수도 있다. 데이터가 손실된 경우 가장 기본적인 오류 제어기법은 정지-대기(Stop-and-Wait) 방식이다. 이 방식은 수신 측에서 데이터를 정상적으로 수신하면 'ACK' 응답 보내고 수신하지 않으면 응답을 보내지 않는 방식이다. 송신자는 상대방의 응답이 없으면 응답 대기 시간을 두 배 증가시키고 다시 메시지를 전송한다. 대기 시간을 무한정 길게 할 수는 없으므로 대기 시간이 일정 기준을 넘게 되면 상대방과

통신이 끊긴 것으로 생각하고 통신을 종료한다. 이처럼 오류 제어기법을 이용한 UDP 서버와 클라이언트 프로그램을 작성해 보자.

전송 손실을 가정한 UDP 서버 프로그램

실제 데이터 전송에서 오류가 발생할 확률은 매우 낮다. 따라서 여기서는 30%의 전송 손실이 발생하는 것으로 가정하여 서버(수신) 프로그램을 작성한다. random.randint(1, 10)을 이용하여 랜덤 값이 4보다 작으면 응답을 보내지 않고 4 이상이면 'ACK' 응답을 보낸다.

▌예제 - ErrorControl_UDP_server.py

```
import random
from socket import *

port = 2500
BUFFER = 1024
s_sock = socket(AF_INET, SOCK_DGRAM)
s_sock.bind(('', port))
print('Waiting...')

while True:
    data, address = s_sock.recvfrom(BUFFER)
    if random.randint(1, 10) < 4: #패킷 손실
        print(f'Packet from {address} lost!!!')
        continue
    print(f'Message is {data.decode()!r} from {address}') #메시지 출력

    s_sock.sendto('ACK'.encode(), address) #ACK 응답 전송
```

오류제어 기능이 포함된 클라이언트 프로그램

클라이언트 프로그램에서는 메시지를 전송하고 settimeout()을 이용하여 0.1초 동안 응답을 기다린다. 타임아웃 동안 응답이 없으면 대기 시간을 두 배 증가시키고 다시 메시지를 전송한다. 대기 시간이 2초를 넘거나 ACK 응답이 수신되면 종료한다. 이 과정을 10번 반복하여 손실률이 30%일 때 데이터 전송이 성공적으로 이루어지는지 확인한다.

UDP 소켓을 이용하면 일반적으로 sendto()를 이용하여 전송하고 recvfrom()을 이용하여 데이터를 수신한다. 그러나 UDP 소켓에서도 connect() 함수를 이용하여 상대방과 먼저 연결하면 send()와 recv() 함수를 이용하여 데이터를 송수신할 수 있다.

▌예제 - ErrorControl_UDP_client.py

```
import random
from socket import *

port = 2500
BUFFER = 1024
server = "localhost"
c_sock = socket(AF_INET, SOCK_DGRAM)
c_sock.connect((server, port))

for i in range(10): #10번 시도
    delay = 0.1  #0.1초부터 지연 시작
    data = 'Hello message'

    while True:
        c_sock.send(data.encode())
        print(f'Waiting up to {delay} seconds for a reply')
        c_sock.settimeout(delay) #타임아웃 설정
        try:
            data = c_sock.recv(BUFFER) #데이터 수신
        except timeout: #타임아웃 발생
            delay *= 2  #대기 시간 2배 증가
            if delay > 2.0: #시간 초과
                print('The server seems to be down')
                break
        else:
            print('Response: ', data.decode())
            break #종료
```

UDP 소켓을 이용한 파일 송수신

UDP 소켓을 이용하여 파일을 송수신하는 프로그램을 작성해 보자. 이 프로그램은 파일 송신과 수신 기능을 모두 수행할 수 있다. 프로그램을 실행할 때 주어지는 인자로 기능이 결정된다. 's' 인자와 함께 실행하면 송신 동작을 하고, 'r' 인자와 함께 실행하면 수신 동작을 한다.

'r' 인자가 주어지면 수신을 위해 Receiver() 함수를 호출한다. 서버처럼 동작하는 Receiver() 함수에서는 먼저 recvfrom() 함수로 송신 측으로부터 파일 이름을 수신하고 응답으로 sendto() 함수를 이용하여 'ok'를 전송한다. open(file_name, "wb")로 저장할 파일을 열고 recvfrom()

함수로 수신한 데이터를 파일에 저장한다. 빈 바이트열이 수신되면 데이터가 없다는 의미이므로 파일을 닫고 종료한다.

's' 인자가 주어지면 송신을 위해 Sender() 함수를 호출한다. 클라이언트처럼 동작하는 Sender() 함수에서는 송신할 파일 이름을 입력받아 상대방에게 전송하고 'ok' 응답이 수신되는지 확인한다. 'ok' 응답이 수신되면 open(file_name, "rb")으로 파일을 열고 read() 함수를 호출하여 파일 내용을 전송한다. 파일 내용은 바이너리로 읽기 때문에 인코딩하지 않고 sendto() 함수를 이용하여 그대로 전송한다. 파일의 끝에 도달하면 read() 함수는 빈 바이트 열을 반환한다. 빈 바이트 열을 마지막으로 전송하여 수신 측에게 전송 종료를 알린다.

▌예제 - UDP_file_sr.py

```
#UDP 소켓을 이용한 파일 송수신 프로그램
#수신을 먼저 실행하고 송신한다

import socket, time, sys

BUFSIZE = 1024*8

def Receiver():
    sock.bind(addr)

    file_name, client = sock.recvfrom(BUFSIZE) #파일 이름 수신
    sock.sendto('ok'.encode(), client) #응답

    with open('d:/'+file_name.decode(), "wb") as fp:
        print("파일 수신 중...")
        while True:
            data = sock.recvfrom(BUFSIZE)
            if not data[0]: #수신 완료
                break
            fp.write(data[0]) #수신 데이터를 파일에 저장

    print("수신 완료")

def Sender():
    file_name = input("File name to send: ")
    sock.sendto(file_name.encode(), addr) #파일 이름 전송
    resp, client = sock.recvfrom(BUFSIZE) #응답 수신

```

```
29      if resp.decode().lower() == 'ok':
30          fp = open(file_name, "rb")
31          data = fp.read(BUFSIZE)
32          print("송신 중...")
33
34          while(data):
35              sock.sendto(data, client)
36              time.sleep(0.02) #수신 측에서 저장할 때까지 잠시 대기
37              data = fp.read(BUFSIZE)
38
39          sock.sendto(data, client) #송신 완료를 위해 빈 데이터 전송
40          fp.close()
41          print("전송 완료")
42
43      else:
44          print("수신 응답 오류")
45
46  if __name__ == "__main__":
47      sock = socket.socket(socket.AF_INET, socket.SOCK_DGRAM)
48      addr = ('localhost', 2500)
49      try:
50          role = sys.argv[1] #송신(s) 또는 수신(r)
51          if role == 's':
52              Sender()
53          elif role == 'r':
54              Receiver()
55          else:
56              print("s(송신) 또는 r(수신)을 지정하세요")
57      except:
58          print("s(송신) 또는 r(수신)을 지정하세요")
```

[프로그램 실행]

'r' 인자와 함께 프로그램을 먼저 실행하고 's' 인자로 프로그램을 한 번 더 실행한다. 소스 파일과 같은 폴더에 있는 파일 이름을 입력하여 파일을 전송한다. 이 프로그램을 이용하면 텍스트 파일과 바이너리 파일을 모두 전송할 수 있다. 수신 파일을 다른 위치에 저장하려면 라인 14에서 저장 위치를 변경한다.

연습문제 11-6

수신 측에서 파일을 받아 저장할 여유를 주지 않고 데이터를 송신하면 오류가 발생할 수 있다. 예제 프로그램에서는 라인 36에서 time.sleep(0.02)을 호출하여 시간 여유를 두고 데이터를 전송한다. 수신 측에서 데이터를 받을 수 있는 경우에만 송신하면 이러한 문제를 방지할 수 있다. 이러한 기능을 **흐름 제어(flow control)**라고 한다. 가장 기본적인 흐름 제어는 수신 측으로부터 긍정 응답('ACK')을 받을 때만 다음 데이터를 송신하는 것이다. 송신 측에서는 데이터를 보낸 다음, 'ACK'를 수신한 경우에만 다음 데이터를 보내고, 수신 측에서는 수신 데이터를 저장한 다음에 'ACK'를 전송하도록 프로그램을 수정하시오.

UDP 소켓을 이용한 동영상 송수신 프로그램

UDP 소켓을 이용하여 클라이언트에서 웹카메라 영상을 서버로 전송하고, 서버에서 수신 동영상을 표시하고 MP4 형식으로 저장해 보자. 클라이언트에서 컬러 동영상(640×480)은 고정길이 프레임 단위로 전송되는데 한 번에 전송되는 프레임 픽셀 수는 다음과 같다. 컬러 영상이므로 R, G, B에 대한 정보가 필요하다.

$$\text{프레임 픽셀 수} = 640 \times 480 \times 3$$

640×480×3=46080×20이므로 프레임 픽셀을 46080 바이트씩 20개로 나누어 전송한다. 전송 프레임은 다음과 같이 구성되는데, 각 프레임 번호를 헤더로 사용한다.

프레임 번호(1)	동영상 프레임(46080)

동영상 전송 클라이언트 프로그램은 다음과 같다.
3차원 데이터를 1차원으로 평탄화하고 바이트형으로 변환하여 전송한다

```
one_d_frame = frame.flatten()
send_frame = one_d_frame.tobytes()
sock.sendto(bytes([i])+send_frame[i*fSize:(i+1)*fSize],(UDP_IP, UDP_PORT))
```

▌예제 - video_UDP_client.py

```
import socket
import cv2
```

```

UDP_IP = 'localhost'
UDP_PORT = 9000

sock = socket.socket(socket.AF_INET, socket.SOCK_DGRAM)

# WebCam 객체 생성
cap = cv2.VideoCapture(0)
fSize = 46080

while cap.isOpened():
    # Video frame을 읽는다. 성공하면 ret = True, 실패하면 ret = False
    ret, frame = cap.read()
    cv2.imshow("Client Frame", frame) # 영상 디스플레이
    if cv2.waitKey(1) & 0xFF == ord('q'):
        sock.close()
        cap.release()
        break

    # frame을 1차원으로 변환
    one_d_frame = frame.flatten()
    send_frame = one_d_frame.tobytes()

    for i in range(20):
        # 프레임을 46080 바이트씩 전송. 프레임 번호를 헤더로 사용
        sock.sendto(bytes([i]) + send_frame[i*fSize:(i+1)*fSize], (UDP_IP, UDP_PORT))
```

video_UDP_server.py는 동영상 수신 서버 프로그램이다.
먼저 수신 프레임을 저장할 2차원 버퍼를 정의한다.

```
buffer = [b'₩xff' * 46080 for x in range(20)]
```

MPEG4 동영상 파일을 위한 코덱과 압축 방식을 가져와서 동영상을 파일로 저장할 VideoWriter 객체를 생성한다.

```
fourcc = cv2.VideoWriter_fourcc(*'XVID') # XVID MPEG-4 코덱
out = cv2.VideoWriter('output.mp4', fourcc, 25.0, (640,480))
```

20개의 프레임이 모두 수신되면 프레임을 모두 더한 후, numpy 모듈을 이용하여 바이트형 데이터를 정수형으로 변환하고 평탄화된 데이터를 다시 원래대로 640×480×3 포맷으로 복원한다.

```
frame = numpy.frombuffer(picture, dtype=numpy.uint8)
# 640 x 480 x 3으로 변환
frame = frame.reshape(480, 640, 3)
```

변환된 데이터는 화면에 표시하고 MP4 파일로 저장된다.

```
out.write(frame)
```

▌예제 - video_UDP_server.py

```
import socket
import numpy
import cv2

UDP_IP = ""
UDP_PORT = 9000

sock = socket.socket(socket.AF_INET, socket.SOCK_DGRAM)
sock.bind((UDP_IP, UDP_PORT))

# 640 x 480 칼라 프레임 저장 버퍼
buffer = [b'₩xff' * 46080 for x in range(20)] # 640 x 480 x 3 = 46080 x 20

# 동영상 파일의 fourcc 값 가져오기(코덱, 압축 방식, 색상, 픽셀 포멧 등)
fourcc = cv2.VideoWriter_fourcc(*'XVID') # XVID MPEG-4 코덱
out = cv2.VideoWriter('output.mp4', fourcc, 25.0, (640,480))

while True:
    picture = b''

    # 프레임을 수신하여 버퍼에 저장
    data, addr = sock.recvfrom(46081)
    buffer[data[0]] = data[1:46081] # frame(46081) = frame_number(0) + frame_data(46080)

```

```
if data[0] == 19: # 마지막 프레임?
    for i in range(20):
        picture += buffer[i] # 프레임 직렬화

    # 이진 문자열을 정수 배열로 변환
    frame = numpy.frombuffer(picture, dtype=numpy.uint8)
    # 640 x 480 x 3으로 변환
    frame = frame.reshape(480, 640, 3)
    # 프레임 표시
    cv2.imshow("Server Frame", frame)
    # frame을 동영상 파일에 저장
    out.write(frame)

    if cv2.waitKey(1) & 0xFF == ord('q'):
        out.release()
        sock.close()
        cv2.destroyAllWindows()
        break
```

[프로그램 실행]

웹카메라를 연결하고 프로그램을 실행해 보자. 서버 프로그램을 먼저 실행하고 클라이언트 프로그램을 실행한다. 잠시 후 카메라가 켜지고 서버와 클라이언트 영상이 나타난다. 프로그램을 종료하려면 서버 프레임 영상에서 'q'를 타이핑한 후, 클라이언트 프레임에서 'q'를 타이핑한다. "output.mp4" 파일이 생성되고 이 파일을 클릭하면 저장된 동영상을 볼 수 있다.

11.5 프레임 작업과 파싱

데이터를 전송했다고 해서 통신이 모두 끝난 것은 아니다. 수신자가 수신 데이터를 원래의 형태로 복구해야 통신이 완료된 것이라고 할 수 있다. 네트워크를 통해 전송할 수 있는 데이터의 크기는 네트워크에 따라 제한을 받는다. 만약 어떤 네트워크로 전송할 수 있는 크기보다 큰 데이터를 전송하려면 데이터를 네트워크에서 전송할 수 있는 작은 전송 단위로 나누어야 한다. 이러한 작업을 단편화라 한다. 응용 프로토콜은 보통 메시지를 단편화하고 이를 프레임으로 구성하는데, 프레임은 여러 필드의 집합으로 생각할 수 있다. PLC(Programmable Logic Controller)와 같은 산업용 제어기기는 다른 기기와 통신을 할 때 프레임을 구성하여 정보를

주고받는다. 프레임 작업은 수신자가 연속적인 데이터 흐름(스트림이라 한다) 속에서 페이로드(payload)[9]의 시작과 끝을 찾을 수 있도록 프레임을 구성하는 것이다. 만약 프레임 길이가 일정하다면 수신자는 프레임의 시작 위치만 찾을 수 있다면 프레임의 크기를 알고 있으므로 프레임을 재조립하여 원래의 메시지를 쉽게 복구할 수 있다.

사용자 메시지를 단순히 일정한 크기로 나누고 이를 재조립하여 원래의 메시지를 복구하는 방법을 살펴보자.

```
frame=[]
msg = input("Your message: ")
size = 4

for i in range(0, len(msg), size):
    frame.append(msg[i:i+size])
print('단편화 메시지: {}'.format(frame))
print('재조립 메시지: {}'.format(''.join(frame)))
```

이 프로그램은 사용자 메시지를 4문자 단위로 나누어 프레임을 구성하고 각 프레임을 리스트 변수에 저장하였다. 리스트에 저장된 프레임은 join() 함수를 사용하여 재조립한다.

''.join(frame)은 frame의 요소를 ''로 결합한다. 즉 frame 요소를 연결하여 하나로 만든다.

[프로그램 실행]

이 프로그램을 실행하고 메시지를 입력하면 다음과 같이 단편화되고 다시 재조립되는 것을 알 수 있다.

```
Your message: 이 메시지는 단편화됩니다
단편화 메시지: ['이 메시', '지는 단', '편화됩니', '다']
재조립 메시지: 이 메시지는 단편화됩니다
```

문자 위주 프레임

메시지를 단편화하여 프레임을 구성할 때 위에서 살펴본 것처럼 단순히 메시지를 나누어 프레임을 구성하지는 않는다. 단순히 나누어 전송하면 수신 측에서는 프레임이 어디서부터 시작되

9) 전송 정보 중에서 실제 메시지 부분

는지 알 수 없다. 따라서 분할된 메시지에 여러 필드가 추가되어야 수신 측에서 스트림에서 프레임을 정확히 찾아내고 이를 재조립할 수 있다. 프레임이 다음과 같이 구성되어야 한다고 가정해 보자.

시작문자(1)	주소(2)	순서번호(4)	길이(4)	페이로드

바이트 스트림에서 프레임을 찾아내려면 어디서 프레임이 시작되는지 알아야 한다. 따라서 프레임의 시작을 나타내는 특수문자 필드가 1바이트 구성된다. 만약 수신 측에 여러 프로세스가 있다면 프레임이 어느 프로세스를 위한 것인지 구분할 수 있어야 한다. 이를 위해 주소 필드가 2바이트 추가된다. 송신 측에서 보내는 메시지가 순서대로 수신 측에 잘 도착한다면 재조립에 문제가 없지만, 프레임을 중복해서 수신하거나 프레임의 순서가 바뀌어 도착할 수도 있다. 이러한 문제를 해결하기 위해 순서번호 필드가 추가된다. 수신 측에서 프레임을 받아 순서번호를 조사해 보면 순서 바뀜이나 중복을 알아낼 수 있다. 또 프레임에 삽입되는 페이로드의 크기가 일정하지 않다면 페이로드의 길이를 나타내는 필드도 필요하다. 필드는 모두 문자로 표시되며 이렇게 문자로 구성되는 프레임을 문자 위주 프레임이라 한다.

사용자 메시지를 나누고 제어 필드를 추가하여 프레임으로 구성하는 작업을 캡슐화라고 한다. 프레임의 시작문자는 아스키 제어문자인 ENQ를 사용한다. ENQ 제어문자는 화면에 나타낼 수는 없지만, 코드값은 0x05이다.

다음 예제는 메시지를 입력받고 제어 필드를 추가하여 프레임을 구성하는 캡슐화 프로그램이다. frame() 함수는 프레임 구성 필드 값을 전달받아 형식 지정자를 이용하여 프레임 문자열을 구성하여 반환한다.

▌예제 – capsule.py

```
def frame(start_ch, addr, seqNo, msg):#프레임 구성 함수
  return f'{start_ch:c}{addr:02d}{seqNo:04d}{len(msg):04d}{msg}'

if __name__ == '__main__':
    start_ch = 0x05 #시작 문자
    addr = 2 #주소
    seqNo = 1 #순서 번호

    msg = input('your message: ')
```

```
    capsule = frame(start_ch, addr, seqNo, msg)
    print(capsule)
```

[프로그램 실행]

```
your message: hello world
व0200010011hello world
```

연습문제 11-7

다음과 같은 딕셔너리를 이용하여 예제 capsule.py와 같은 프레임을 구성하는 프로그램을 작성하시오.
frame = {"start": start_ch, "address": addr, "seq_no": seqNo, "length": len, "payload": message}

비트 위주 프레임

지금까지 문자 위주 프레임에 대해 알아보았다. 그러나 실제 통신에서는 비트 위주 프레임이 많이 사용된다. 비트 위주 프레임이란 프레임을 구성하는 각 영역이 비트(또는 바이트)로 구성되는 프레임이다. 비트 위주 프레임을 사용하는 통신 프로토콜인 모드버스 프로토콜에 대해 알아보자. 모드버스 프로토콜은 산업용 기기들 사이의 안정적인 통신을 위해 사용되는 산업용 표준 통신망이다. 이 프로토콜은 마스터/슬레이브(또는 클라이언트/서버) 구조로 동작하며 이더넷을 기반으로 하는 모드버스 TCP와 RS485를 기반으로 하는 모드버스 RTU가 있다. 어느 방식이나 패킷 형태의 메시지를 주고받아 정보를 전달한다.

그림 11-12는 클라이언트와 서버 사이에 주고받는 메시지 동작을 보여준다[10].

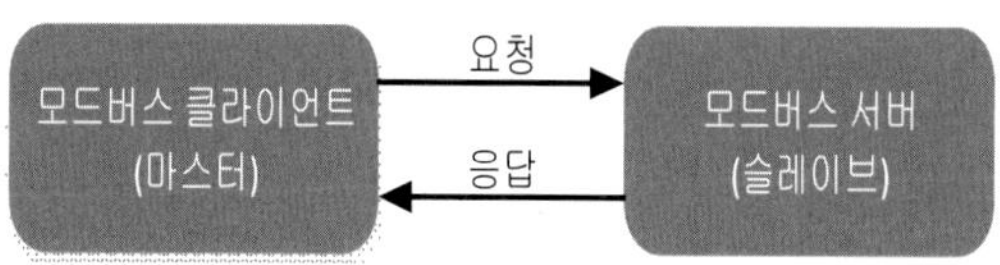

그림 11-12 모드버스의 동작

마스터 역할을 하는 클라이언트가 요청 패킷(request packet)을 서버로 보내면 서버는 이에 대한 응답 패킷(response packet)을 보낸다. 서버는 슬레이브 역할을 한다. 따라서 데이터의

10) MODBUS Messaging on TCP/IP Implementation Guide V1.0b

송수신 동작은 클라이언트(마스터)에 의해 시작된다.
모드버스 RTU와 모드버스 TCP의 패킷 구조는 그림 11-13과 같다.

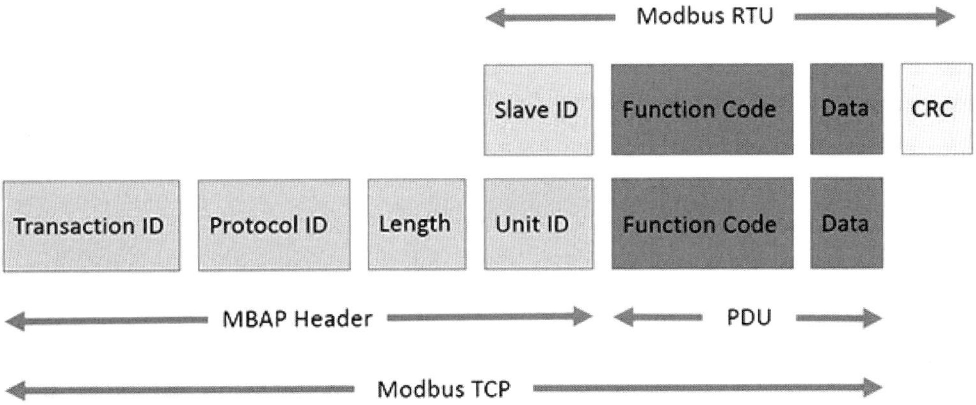

그림 11-13 **모드버스의 패킷 구조**

모드버스 RTU의 패킷은 Slave ID, Function Code, Data, CRC로 구성되어 있고, 모드버스 TCP 패킷은 MBAP 헤더(Modbus Application Header)와 PDU(Protocol Data Unit)으로 구성되어 있다. 각 영역은 16진수로 표시된다. MBAP 헤더의 길이는 총 7 바이트이다. MBAP 헤더의 Transaction ID 영역(2바이트)은 패킷의 일련번호를 나타내며 새로운 패킷을 보낼 때마다 하나씩 증가한다. Protocol ID(2바이트)는 항상 00 00이다. Length 영역(2바이트)는 Unit ID부터 Data 영역까지의 길이(바이트 단위)를 나타낸다. Unit ID는 모드버스 RTU의 Slave ID와 같으며 직렬 버스에 연결된 장치를 구분하기 위한 번호이다. Function Code(1바이트)[11]는 슬레이브가 수행할 동작을 나타낸다. Function Code에 따라 Data 영역의 크기와 구조가 달라지는데, 여기서는 0x03 코드를 이용한 다중 레지스터 읽기와 0x06 코드를 이용한 단일 레지스터 쓰기 동작에 대해서만 살펴보기로 한다. Function Code가 0x03일 때. Data 영역은 읽고자 하는 레지스터 메모리의 시작주소와 읽을 레지스터 수로 구성된다. 레지스터 읽기와 쓰기는 2 바이트(워드) 단위로 이루어진다. 따라서 0x03 코드의 요청 패킷 PDU 구조는 다음과 같다.

Function Code(1 바이트)	Data	
	시작 주소(2 바이트)[12]	읽을 레지스터 수(2 바이트)
0x03	0x0000 ~ 0xFFFF	1 ~ 0x7D

11) Function Code에 관한 자세한 내용은 "Modbus Application Protocol Specification V1.1b3"을 참조하기 바란다.
12) 모드버스에서는 Big-endian 방식을 사용한다. 따라서 높은 주소-낮은 주소순으로 표시된다

예를 들어 Function Code가 0x03일 때, 주소가 108(0x6C)~110(0x6E)인 레지스터의 값을 읽기 위한 요청 패킷은 다음과 같다. 시작주소 영역에는 (실제 시작주소-1)을 기입한다.

Function Code	Data			
	시작주소		읽을 레지스터 수	
0x03	0x00	0x6B	0x00	0x03

요청 패킷에 대한 응답 패킷의 PDU 구조는 다음과 같다. Function Code는 요청 패킷과 같고, 바이트 수 영역은 응답에 포함된 레지스터 값의 개수를 바이트로 나타내므로 레지스터 수의 2배이다. 레지스터값 영역에는 각 레지스터에 저장된 값이 바이트 단위로 저장되어 있다.

Function Code(1 바이트)	Data	
	바이트 수(1 바이트)	레지스터 값(N 바이트)
0x03	레지스터 수 x 2	(레지스터 수 x 2) 바이트

앞에서 예를 든 요청 패킷에 대한 슬레이브의 응답 패킷 구조는 다음과 같다. 여기서 표시한 레지스터 값은 임의 값이다. [0x02, 0x2B]는 108번지 값이고, [0x00, 0x00]은 109번지 값, [0x00, 0x64]는 110번지 값이다.

Function Code	Data						
	바이트 수	레지스터값					
0x03	0x06	0x02	0x2B	0x00	0x00	0x00	0x64

Function Code가 0x06이면, 요청 패킷의 Data 영역은 레지스터 시작주소와 데이터로 구성된다. 데이터는 레지스터에 써넣을 값이므로 2 바이트이다. 다음은 요청 패킷의 PDU 구조이다.

Function Code(1 바이트)	Data	
	시작 주소(2바이트)	데이터(2 바이트)
0x06	0x0000 ~ 0xFFFF	0x0000 ~ 0xFFFF

응답 패킷의 PDU 구조는 요청 패킷과 같다.

예를 들어 Function Code가 0x06일 때, 주소가 108인 레지스터에 0x000A 값을 쓰기 위한 요청 패킷은 다음과 같다. 시작주소는 (실제 시작주소-1)을 사용한다.

Function Code	Data			
	시작주소		데이터	
0x06	0x00	0x6B	0x00	0x0A

모드버스 슬레이브(서버) 프로그래밍

먼저 마스터로부터 Function Code 0x03 또는 0x06 패킷을 받아 레지스터값을 전송하거나 저장하는 슬레이브 프로그램을 작성해 보자. 패킷의 각 영역 정수를 한 바이트 또는 두 바이트로 변환하기 위해 struct 모듈을 사용한다. struct.pack("format", var1, var2, …)은 파이썬 데이터를 format에서 지정하는 형식대로 변환하는 함수이다. 정수를 한 바이트로 변환하기 위한 format 문자는 'B'이고, 두 바이트로 변환하기 위한 format 문자는 'H'이다. 모드 버스는 멀티 바이트를 나타내기 위해 빅엔디안(bin-endian)을 사용하며, 이를 나타내는 format 문자는 '〉'이다. 따라서 Transaction ID를 두 바이트로 표현하고, Function Code를 한 바이트로 표현하려면 다음과 같이 프로그램한다.

```
value = struct.pack('〉HB', Transaction_ID, Function_Code)
```

바이트로 표현된 값을 다시 파이썬 데이터형으로 변환하려면 struct.unpack("format", value) 함수를 사용한다. 다음 프로그램은 Function Code 0x03 또는 0x06 요청 패킷을 받아 응답을 보내는 슬레이브 프로그램이다. 모드 버스의 표준 포트는 502이다.

▌예제 - modbus-slave.py

```
import socket as so
import struct
from random import randint

sock = so.socket()
addr = ('', 502) #모드버스 TCP는 502 포트 사용
sock.bind(addr)
sock.listen()
client, adr = sock.accept()

while True:
    # 수신(요청) 패킷 분해
    packet = client.recv(1024) # master packet 수신
    print("요청 패킷")
```

```
15     for e in packet:
16         print("{:02x}".format(e), end=' ')
17
18     Tr, Pr, Le, ID, Code, Addr, Reg = struct.unpack(">HHHBBHH",
    packet)
19     print("\nTransaction ID=", Tr)
20     print("Protocol ID=", Pr)
21     print("Length=", Le)
22     print("Unit ID=", ID)
23     print("Function Code=", Code)
24     print("Starting Address=", Addr)
25
26     #Function Code=3에 대한 응답 패킷 구성
27     if Code == 0x03: # master에게 데이터 전송
28         print("Number of registers=", Reg)
29         #임의의 데이터 준비
30         data = bytes()
31         for i in range(Reg):
32             data = data + struct.pack(">H", randint(0,255))
33         Le = len(data)+3 # 응답 패킷의 길이 영역 계산
34         # 응답 패킷 구성
35         resp = struct.pack(">HHHBBB", Tr, Pr, Le, ID, Code, Reg*2)
    + data
36
37     #Function Code=6에 대한 응답 패킷 구성
38     elif Code == 0x06: # master 데이터 저장
39         print("Register value=", Reg)
40         resp = packet
41
42     # 응답 전송
43     client.send(resp)
44     print("응답 패킷")
45     for e in resp:
46         print("{:02x}".format(e), end=' ')
```

라인 13　　마스터로부터 요청 패킷을 수신한다

라인 18　　요청 패킷에서 각 영역을 분해한다. Transaction ID(Tr), Protocol ID(Pr), Length, 시작 주소(Addr), 레지스터 길이 또는 레지스터 데이터(Reg)는 두 바이트이므로 'H' 문자로 변환하고, ID와 Code는 한 바이트이므로 'B' 문자로 변환한다.

라인 27~35　　Code가 0x03이면 Reg는 레지스터 길이를 나타낸다. randint() 함수를 이용하여 슬레이브의 데이터를 만들고 응답 패킷을 만든다. MBAP 헤더의

Length는 데이터 길이 + 3이다.

라인 38~40 Code가 0x06이면 Reg는 슬레이브 레지스터에 저장할 값이다. Function Code 0x06에 대한 응답 패킷은 요청 패킷과 같다.

라인 43~46 응답 패킷을 전송하고 패킷 내용을 화면에 표시한다.

[프로그램 실행]

위 프로그램은 슬레이브이므로 동작을 확인하려면 마스터 프로그램이 필요하다. 모드 버스 마스터 시뮬레이터 프로그램을 이용하면 동작을 확인할 수 있다. 여기서는 Witte Software의 Modbus Poll[13]을 마스터로 사용하여 동작을 확인해 보자.

마스터에서 Function Code 0x03 패킷을 이용하여 0x0000번지부터 10개 레지스터값을 요청하면 슬레이브 프로그램(라인 23~24)에서 10개의 임의 값을 전송한다. 따라서 그림 11-14의 마스터 화면에서 각 레지스터가 슬레이브 값으로 설정된 것을 볼 수 있다.

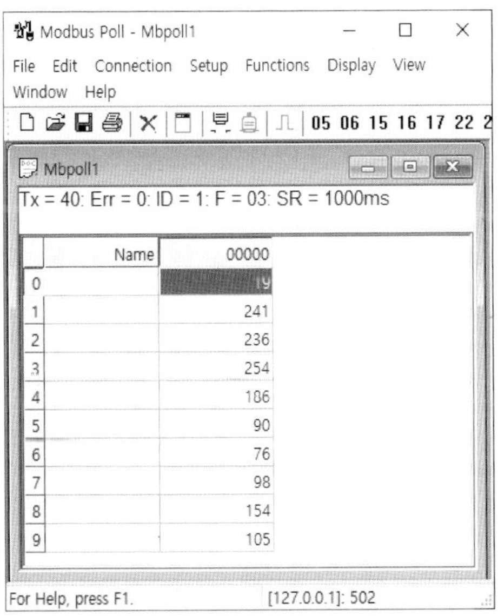

그림 11-14 **마스터(code=0x03) 화면**

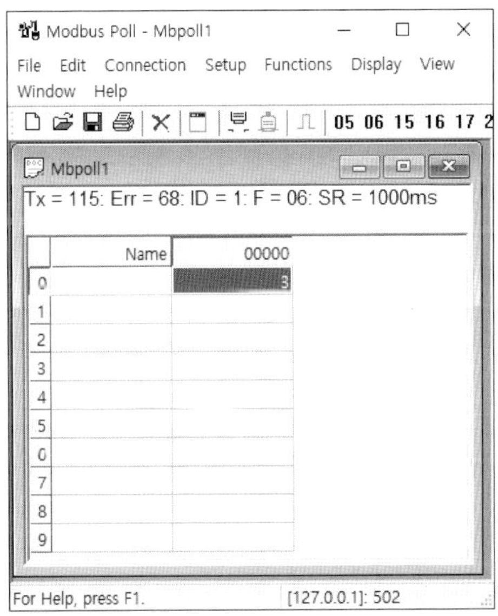

그림 11-15 **마스터(code=0x06) 화면**

또 그림 11-15와 같이 마스터에서 Function Code 0x06 패킷을 이용하여 0x0000번지 레지스터에 3을 저장하라고 요청하면 슬레이브 프로그램에서 수신한 레지스터 값을 출력한다. 다음은 슬레이브 프로그램 출력이다.

13) https://www.modbustools.com/modbus_poll.html

```
Transaction ID= 15
Protocol ID= 0
Length= 6
Unit ID= 1
Function Code= 6
Starting Address= 0
Register value= 3
```

연습문제 11-8

Witte Software의 슬레이브 시뮬레이터[14](Modbus Slave)를 이용하여, Function Code 0x03 패킷을 이용하여 시작번지 0x0000부터 10개의 레지스터 값을 요청하거나, Function Code 0x06 패킷을 이용하여 0x0000번지에 저장할 데이터, 55를 전송하는 마스터 프로그램을 작성하라. Witte Software의 슬레이브 시뮬레이터는 Function Code 0x03과 0x06을 모두 0x03으로 설정한다.

프레임 파싱 프로그램

이 프로그램에서는 사용자 메시지를 5문자로 나누어 프레임을 구성하고 구성된 프레임을 에코 서버로 전송한다. 프레임은 앞에서 설명한 것과 같이 구성한다. 에코 서버가 되돌려 보낸 프레임을 파싱하여 원래의 메시지를 복구한다. 이 프로그램을 위해 앞에서 작성한 capsule.py 프로그램을 모듈로 사용한다. 소켓을 블로킹 모드로 설정하고 타임아웃을 0.1초로 지정한다. 따라서 0.1초 이내에 데이터가 수신되면 읽어서 처리하고 데이터 수신이 없으면 예외 처리를 한다.

▌예제 - frame_parsing.py

```
#프레임 생성과 파싱 프로그램
import socket
import capsule #프레임 구성 사용자 모듈

SIZE = 5 #페이로드 크기
sock = socket.socket() #TCP 소켓
sock.setblocking(True) #블록킹 모드
sock.settimeout(0.1) #타임아웃=0.1
sock.connect(('localhost', 2500)) #서버 연결
```

14) https://www.modbustools.com/modbus_slave.html

```
10
11 #header 구성
12 header = {"START": 0x05, "ADDR": 1, "NO": 1, "LENGTH": SIZE}
13 header_size = 11 #시작문자:1, 주소: 2, 순서번호: 4, 길이: 4
14
15 frame_seq="" #전송 프레임
16 msg = "hello world"
17 print("전송 메시지: ", msg)
18
19 for i in range(0, len(msg), SIZE):
20     start = i
21     frame_seq += capsule.frame(header["START"], header["ADDR"],
22                            header["NO"], msg[start:start+SIZE])
23     start += SIZE
24     header["NO"] += 1
25
26 sock.send(frame_seq.encode()) #복수의 프레임을 구성하여 전송
27
28 r_msg = '' #수신 메시지
29 seq_num = 1
30 while True:
31     try:
32         if sock.recv(1).decode() == chr(0x05): #프레임 시작?
33             p_msg = sock.recv(header_size-1).decode() #header
34
35             if int(p_msg[2:6]) == seq_num: #순서번호 확인
36                 payload_len = int(p_msg[-4:]) #payload 길이
37                 r_msg = r_msg + sock.recv(payload_len).decode() #메시
   지 구성
38                 seq_num += 1
39     except: #타임아웃 예외처리
40         break
41
42 print("복원 메시지: ",r_msg)
43 sock.close()
```

라인 7~8 소켓을 블로킹 모드로 설정하고 타임아웃을 0.1초로 지정한다.

라인 12~13 헤더를 딕셔너리형으로 구성한다. 헤더에 포함되는 정보는 프레임 시작문자(1바이트), 주소 정보(2바이트), 순서번호(4바이트), 페이로드 길이(4바이트)이다.

라인 19~24 전송 메시지를 5바이트 크기로 나누고 각각을 프레임으로 구성한다. 각

프레임마다 차례대로 순서번호가 부여된다.

라인 30~40 수신 데이터가 프레임 시작을 나타내는 0x05이면 헤더 정보를 읽어온다. 순서번호가 맞으면 페이로드의 길이 정보를 찾아내어 페이로드를 수신 메시지에 추가한다. 더 수신되는 프레임이 없으면 타임아웃이 되어 예외가 발생한다. 타임아웃 예외가 발생하면 프레임 수신을 종료한다.

[프로그램 실행]

TCP_echoserver.py 서버 프로그램을 먼저 실행하고 frame_parsing.py 프로그램을 실행한다. 다음은 프로그램 실행 결과이다. 전송 메시지가 프레임으로 구성되어 전송되고 다시 수신한 프레임으로부터 원래의 메시지가 정확히 복구되었다.

```
전송 메시지:  hello world
수신 프레임:  ৰ0100010005helloৰ0100020005 worlৰ0100030001d
복원 메시지:  hello world
```

11.6 브로드캐스팅 프로그램

지금까지 설명한 통신 프로그램은 동시에 하나의 원격지 장치에게 메시지를 전달하였다. 이 방식으로는 원격지 장치가 여러 개이면 메시지는 각 장치에게 따로 전송되어야 한다. 브로드캐스팅(Broadcasting)은 네트워크에 연결된 모든 호스트에게 메시지를 보내는 통신방식이다. 이러한 통신방식을 사용하면 단일 패킷을 사용하여 전체 호스트에게 동일한 정보를 전송할 수 있으므로 네트워크 대역폭을 적게 사용하게 된다.

네트워크에 연결된 컴퓨터 주소 중에는 이와 같은 브로드캐스팅을 위해 사용되는 특정 주소가 있다. 브로드캐스트 주소는 로컬 네트워크에 국한되므로 브로드캐스트 메시지는 로컬 네트워크의 모든 장치에게 전달되고 다른 네트워크는 영향을 받지 않는다.

IP 주소는 "네트워크 주소 : 호스트 주소"로 구성되는데, 브로드캐스팅 주소는 "네트워크 주소 : 255"이다. 만약 어떤 컴퓨터의 IPv4 주소가 "192.168.0.4"이고 서브넷 마스크가 "255.255.255.0"이라면 브로드캐스팅 주소는 "192.168.0.255"가 된다. 따라서 이 주소로 메시지를 보내면 주소가 "192.168.0.xxx"인 모든 컴퓨터는 메시지를 받게 된다. 자신이 사용하고 있는 컴퓨터의 주소는 명령 창에서 "ipconfig" 명령을 실행하면 알 수 있다. 파이썬에서 별도로 브로드캐스트주소를 지정하지 않고 브로드캐스팅을 하려면 주소를 '〈broadcast〉'로 지정하면 된다.

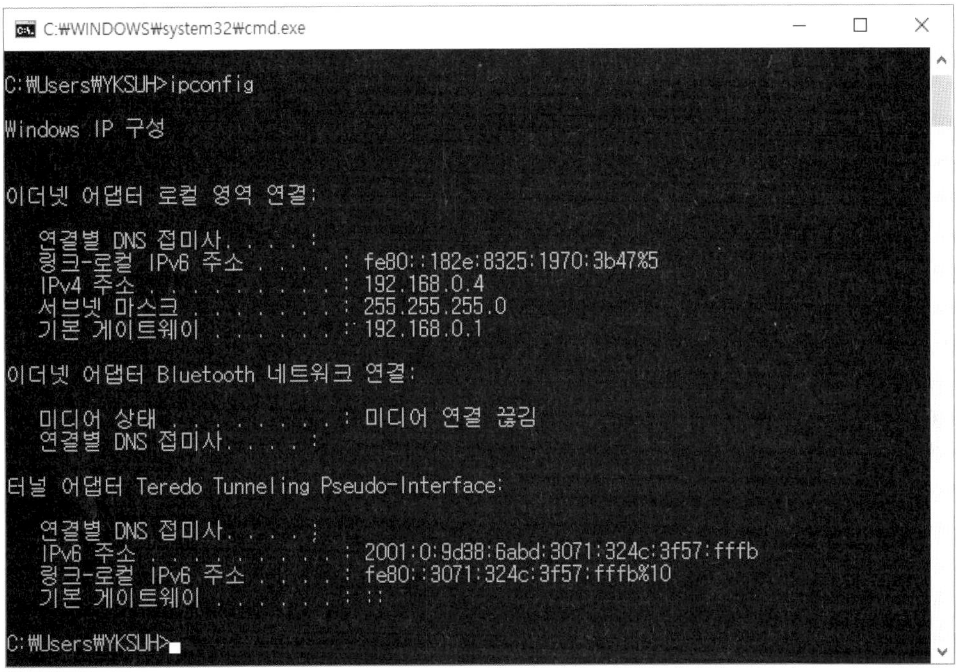

그림 11-16 ipconig 명령

TCP 통신은 장치들 사이에 전용연결을 사용하므로 TCP 프로토콜로는 브로드캐스트 메시지를 보낼 수 없다. 그 대신 UDP 패킷이 사용되는데, UDP 프로토콜은 특정 연결이 없어도 프로토콜이 메시지를 보낼 수 있기 때문이다. 따라서 브로드캐스팅은 UDP 소켓에서만 가능하므로 소켓을 생성할 때 SOCK_DGRAM 옵션을 사용한다. 어떤 클라이언트에 의한 연결 종료 후 다른 소켓이 주소를 다시 사용할 수 있도록 하려면 setsockopt() 함수를 사용하여 SO_REUSERADDR 소켓 옵션을 설정한다. 메시지를 네트워크에 연결된 모든 컴퓨터에게 전송하려면 SO_BROADCAST 옵션을 설정해야 한다. setsockopt() 메서드는 다음과 같이 정의된다.

```
setsockopt(level, optname, value)
```

level은 옵션의 종류를 나타내며, SOL_SOCKET과 IPPROTO_IP가 있다. SOL_SOCKET은 소켓 관련 옵션을 설정할 때 사용되며, IPPROTO_IP는 IPv4 레벨에서 멀티캐스트와 같은 프로토콜 관련 옵션을 지정할 때 사용된다. 그러나 level을 선택하고 optname을 지정하는 것이 아니라 사용할 optname과 함께 사용되는 level을 지정하면 된다.

optname은 특정한 옵션을 나타낸다. level이 SOL_SOCKET인 경우, optname의 값과 의미는 표 11-1과 같다. 소켓 사용 시 "bind error : Address already in use" 에러가 발생하면 SO_REUSEADDR optname을 사용한다. 따라서 멀티캐스팅이나 브로드캐스팅을 할 때 에러를 미리 방지하기 위해 SO_REUSEADDR optname을 사용하면 된다.

표 11-1 setsockopt() 함수에서 level=SOL_SOCKET일 때 optname 값

optname 값	자료형	설명
SO_BROADCAST	bool	브로드캐스트 사용 가능 여부
SO_DONTLINGER	bool	소켓을 닫을 때 남은 데이터 모두 전송
SO_DONTROUTE	bool	라우팅 없이 직접 인터페이스로 전송
SO_KEEPALIVE	bool	일정 시간마다 연결 상태 체크
SO_LINGER	struct LINGER	소켓을 닫을 때 남은 데이터 처리 규칙
SO_RCV_BUF	int	수신 버퍼 크기 지정
SO_RECVTIMEO	DWORD	수신 차단 제한 시간
SO_REUSEADDR	bool	사용된 주소 재사용
SO_SND_BUF	int	송신 버퍼 크기 설정
SO_SNDTIMEO	DWORD	송신 차단 제한 시간

level이 IPPROTO_IP일 때 옵션은 표 11-2와 같다.

표 11-2 setsockopt() 함수에서 level=IPPROTO_IP일 때 optname 값

optname 값	자료형	설명
IP_ADD_MEMBERSHIP	ip_mreg	멀티캐스트 그룹을 결합한다. ip_mreg는 두 개의 32비트 주소(multiaddr, localaddr)을 포함하는 압축형 바이너리 문자열이다
IP_DROP_MEMBERSHIP	ip_mreg	멀티캐스트 그룹을 떠난다
IP_HDRINCL	int	IP 헤더
IP_MAX_MEMBERSHIPS	int	최대 멀티캐스트 그룹 수
IP_MULTICAST_IF	in_addr	멀티캐스트 인터페이스. ip_addr는 32비트 IP 주소를 포함하는 압축형 바이너리 문자열이다
IP_MULTICAST_LOOP	0, 1	루프 백
IP_MULTICAST_TTL	uint8	생존 기간
OP_OPTIONS	ipopts	IP 헤더 옵션. ipopts는 RFC 791에 정의된 44 바이트 이하의 압축형 바이너리 문자열이다
IP_RECVDSTADDR	0, 1	데이터그램의 목적지 주소
IP_RECVOPTS	0, 1	데이터그램의 모든 IP 옵션
IP_RECVRETOPTS	0, 1	응답의 IP 옵션
IP_RETOPTS	0, 1	IP_RECVOPTS와 동일
IP_TOS	int	서비스 유형
IP_TTL	int	생존 시간

브로드캐스팅 수신 프로그램

예제에서 설명할 프로그램은 브로드캐스트 메시지를 수신하여 화면에 출력하는 프로그램이다. UDP 소켓을 생성하고 소켓 재사용을 위한 SO_REUSERADDR 옵션을 설정하면 일반적인 UDP 서버 프로그램과 같다.

▌예제 - broadcast_server.py

```
# broadcast_server.py
# 브로드캐스트 수신 프로그램

from socket import *

s = socket(AF_INET, SOCK_DGRAM)
s.setsockopt(SOL_SOCKET, SO_REUSEADDR, 1)
s.bind(('', 10000))
```

```
9
10 while True:
11     msg, addr = s.recvfrom(1024)
12     print(msg.decode())
```

라인 6~8 UDP 소켓을 생성하고 SO_REUSEADDR 옵션을 설정한다. 생성된 소켓을 주소와 결합한다.

라인 10~12 메시지를 받아 출력한다.

브로드캐스팅 송신 프로그램

다음 프로그램은 브로드캐스트 메시지를 송신한다. UDP 소켓을 생성하고, SO_BROADCAST와 SO_REUSEADDR 옵션을 설정한다. SO_BROADCAST 옵션은 UDP 소켓이 브로드캐스트 주소로 패킷을 송수신할 수 있도록 허용한다. 브로드캐스트 주소는 ‘〈broadcast〉’를 사용한다.

▌예제 – broadcast_client.py

```
1  # 브로드캐스트 송신 프로그램
2
3  from socket import *
4  #addr = ('192.168.0.255',10000) # 브로드캐스트 주소
5  addr = ('<broadcast>',10000)
6
7  #브로드캐스팅을 위한 소켓 설정
8  s = socket(AF_INET, SOCK_DGRAM)
9  s.setsockopt(SOL_SOCKET, SO_REUSEADDR, 1)
10 s.setsockopt(SOL_SOCKET, SO_BROADCAST, 1) #브로드캐스트 옵션 설정
11
12 while True:
13     smsg = input('Broadcast Message: ')
14     s.sendto(smsg.encode(), (addr)) #브로드캐스팅 메시지 전송
```

라인 6 브로드캐스트 주소를 설정한다. 브로드캐스트 주소는 ‘192.168.0.255’ 또는 ‘〈broadcast〉’로 설정할 수 있다.

라인 8~11 SOCK_DGRAM 소켓을 생성하고 SO_BROADCAST 옵션과 SO_REUSEADDR 옵션을 설정한다.

라인 13~15 브로드캐스팅 메시지를 입력받아 전송한다.

[프로그램 실행]

두 대 이상의 컴퓨터에서 수신 프로그램을 먼저 실행하고 한 컴퓨터에서 송신 프로그램을 실행한다. 송신 프로그램에서 메시지를 입력하고 전송하면 모든 수신 프로그램에 메시지가 나타나는 것을 볼 수 있다. 즉 송신 프로그램에서 브로드캐스트 메시지를 송신하므로 모든 수신 프로그램에서 이 메시지를 수신할 수 있다.

[수신 1 화면]

```
hello everyone
```

[수신 2 화면]

```
hello everyone
```

[송신 화면]

```
Broadcast Message: hello everyone
```

이번에는 두 대 이상의 수신 프로그램을 실행하고, 송신 프로그램에서 브로드캐스트 주소가 아닌 특정 수신 프로그램 주소로 메시지를 전송해 보자. 이 경우에는 브로드캐스트가 아니므로 특정 호스트에서만 메시지를 볼 수 있다.

통합 브로드캐스팅 프로그램

지금까지 서버와 클라이언트 프로그램을 따로 작성하였으나 이번에는 두 가지 기능을 모두 가진 프로그램을 작성해 보자. 프로그램의 기능은 실행할 때 지정한다. "server" 옵션을 지정하면 서버로 동작하고, "client"로 옵션을 지정하면 클라이언트로 동작한다. 서버 기능은 server() 함수로 정의하고, 클라이언트 기능은 client() 함수로 구현한다. 이 프로그램의 실행 방법은 다음과 같다.

```
C:>python broadcast_total.py mode host [-p port]
```

mode는 server 또는 client이며, host는 서버 주소이다. 기본 포트인 2500 이외에 다른 포트를 사용하려면 -p 옵션으로 지정한다.

▌예제 - broadcast_total.py

```
# UDP 브로드캐스팅 프로그램

import argparse, socket
BUFSIZE = 1024

def client(network, port): #클라이언트
    sock = socket.socket(socket.AF_INET, socket.SOCK_DGRAM)
    sock.setsockopt(socket.SOL_SOCKET, socket.SO_BROADCAST, 1)
    text = '브로드캐스팅 메시지'
    sock.sendto(text.encode(), (network, port))

def server(interface, port): #서버
    sock = socket.socket(socket.AF_INET, socket.SOCK_DGRAM)
    sock.bind((interface, port))
    print('{}에서 수신 대기 중'.format(sock.getsockname()))
    while True:
        data, address = sock.recvfrom(BUFSIZE)
        text = data.decode()
        print('클라이언트({})의 브로드캐스팅 메시지: {!r}'.format(address, text))

if __name__ == '__main__':
    role = {'client': client, 'server': server}

    #명령인수 처리
    parser = argparse.ArgumentParser()
    parser.add_argument('mode', choices=role)
    parser.add_argument('host')
    parser.add_argument('-p', type=int, default=1060)
    args = parser.parse_args()

    function = role[args.mode] #모드 선택
    function(args.host, args.p) #함수 호출
```

[프로그램 실행]

두 대 이상의 컴퓨터에서 프로그램을 서버 모드로 실행한다. ""는 localhost를 의미한다.

```
C:\>python broadcast_total.py server ""
```

다른 컴퓨터에서 서버 중 한 대의 컴퓨터로 메시지를 전송해 보자. 메시지를 수신할 컴퓨터의 주소는 ipconfig 명령으로 확인할 수 있다. 여기서는 192.168.0.5 컴퓨터로 전송하는 것으로 가정한다.

```
C:\>python broadcast_total.py client 192.168.0.5
```

해당 컴퓨터에서만 메시지가 수신되고 다른 서버 컴퓨터에는 메시지가 수신되지 않는다. 이번에는 브로드캐스트 주소로 메시지를 전송해 본다.

```
C:\>python broadcast_total.py client 192.168.0.255
```

모든 서버 컴퓨터에서 메시지가 보일 것이다. 브로드캐스트 주소를 모르면 다음과 같이 실행할 수도 있다.

```
C:\>python broadcast_total.py client "<broadcast>"
```

11.7 멀티캐스팅 프로그램

앞에서 살펴본 브로드캐스팅은 한 번에 네트워크에 연결된 모든 호스트에게 정보를 보내기 위한 좋은 방식이기는 하지만 상대방 호스트가 반드시 같은 로컬 네트워크에 연결되어 있어야 한다. 멀티캐스팅을 이용하면 이런 한계를 극복할 수 있다. 멀티캐스팅이란 한 번의 송신으로 메시지나 정보를 특정 그룹에 속하는 여러 컴퓨터에 동시에 전송하는 방식을 말한다. 보통 멀티캐스팅은 한 네트워크에서만 이루어지지만, 멀티캐스팅 라우터를 설정하면 다른 네트워크에 연결된 수신자도 동일한 메시지를 받을 수 있다.

멀티캐스팅은 보통 IP 멀티캐스트 형태로 구현되는데, IP 멀티캐스트는 네트워크상의 IP 인프라를 통해 일대다 통신을 위한 기술이다. 브로드캐스팅처럼 IP 멀티캐스팅은 특정 IP 주소를 사용한다. 특정 범위의 IP 주소를 사용하여 다른 멀티캐스트 그룹을 나타낸다. 각각의 멀티태스크 그룹은 동일 IP 주소로부터 정보를 수신하는 장치의 그룹으로 구성된다. 패킷을 멀티캐스트 그룹 주소로 보내면 그 주소에 가입된 장치들은 패킷을 받게 된다. 이는 수신자의 수와 종류를 몰라도 더 많은 수신자에게 전송할 수 있게 한다. 멀티캐스팅은 많은 수신자에게 패킷을 전송할 경우, 소스로부터 패킷을 한 번만 전송하면 되므로 네트워크 인프라를 효율적으로 사용할 수 있다. 네트워크상의 각 컴퓨터는 필요한 경우에만 여러 수신자에 도달하는 패킷을 복제한다.

멀티캐스트 주소를 사용하는 가장 일반적인 전송계층 프로토콜은 UDP이다. 멀티캐스트에 사용되는 주소는 최상위 4비트가 '1110'으로 할당되므로 224.0.0.0~239.255.255.255 범위이다. 로컬 서브 네트워크에서는 224.0.0.0~224.0.0.255의 주소가 멀티캐스트를 위해 사용된다.

송신 측이 멀티캐스트 주소로 메시지를 보내면 멀티캐스트 그룹에 속한 수신자들이 전송 메시지를 받게 된다. 따라서 메시지를 받으려면 수신자는 반드시 그룹에 가입해야 하지만 송신자는 가입할 필요가 없다. 자유롭게 그룹에 가입하거나 탈퇴할 수 있고, 그룹에 가입한 수신자는 모두 동등한 자격을 갖는다.

멀티캐스팅을 통한 메시지 송수신 과정은 그림 11-17과 같다.

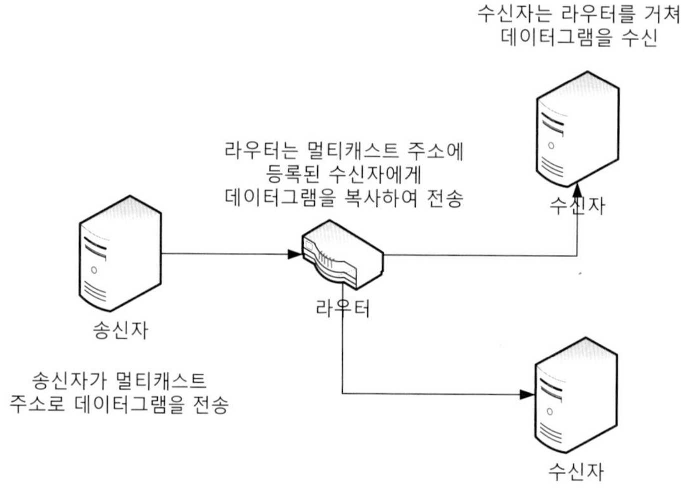

그림 11-17 **멀티캐스팅에 의한 메시지 송수신**

멀티캐스팅 송신 프로그램

송신 측에서는 UDP 소켓을 생성하고 setsockopt() 메서드[15]를 이용하여 IPPROTO_IP 옵션을 사용하여 소켓 옵션을 설정한다. IP_MULTICAST_TTL 옵션은 멀티캐스팅 라우터를 통해서 패킷을 전송할 때 TTL(Time To Live)을 설정하기 위해 사용된다. 네트워크에서 패킷이 목적지를 찾지 못하면 계속 떠돌아다니게 된다. 이런 패킷이 쌓이면 결국 네트워크가 마비되므로 이를 방지하기 위해 각 패킷에는 수명이 설정된다. 이를 TTL이라 하는데, 패킷이 라우터를 통과할 때마다 TTL이 하나씩 감소하고 TTL이 0이 되면 더 전송되지 않고 폐기된다. 멀티캐스팅에서 같은 기관의 네트워크에서는 TTL이 32면 충분하고, 전 세계 네트워크이면 255까지 설정할 수 있다. setsockopt() 함수에서 TTL을 지정할 때 struct.pack('b',2)를 이용하여 파이썬 자료형인 정수 2를 C 자료형인 1바이트의 signed char로 변환한다.[16]

```
from socket import *
s_sock = socket(AF_INET, SOCK_DGRAM)
TTL = struct.pack('b', 2)
s_sock.setsockopt(IPPROTO_IP, IP_MULTICAST_TTL, TTL)
```

멀티캐스트 메시지를 보내는 호스트도 메시지를 받게 되는데, 받지 않으려면 IP_MULTICAST_LOOP 옵션을 False로 설정한다. TTL 값은 4 바이트 정수형으로 변환하여 지정할 수도 있다. 멀티캐스팅에서 메시지를 보내는 프로그램은 다음과 같다.

▌예제 - multicast_send.py

```
# 멀티캐스트 전송 프로그램
from socket import *
import struct

group_addr = ("224.0.0.255", 5005)#그룹 주소
s_sock = socket(AF_INET, SOCK_DGRAM)#UDP 소켓 사용
s_sock.settimeout(0.5)

TTL = struct.pack('@i', 2) #TTL(=2)을 4바이트로 표현
s_sock.setsockopt(IPPROTO_IP, IP_MULTICAST_TTL, TTL)

while True:
```

15) https://msdn.microsoft.com/ko-kr/library/windows/desktop/ms738586(v=vs.85).aspx
16) 'b'는 파이썬 데이터를 1바이트로 변환하는 형지정 문자이다

```
    rmsg = input('Your message: ')
    s_sock.sendto(rmsg.encode(), group_addr) #멀티캐스트 메시지 전송
    while True:
        try:
            #모든 수신자로부터 응답
            response, addr = s_sock.recvfrom(1024)
        except timeout: #타임아웃 예외 발생
            break
        else:
            #응답 출력
            print('{} from {}'.format(response.decode(), addr))
```

멀티캐스팅 수신 프로그램

멀티캐스트 메시지를 수신하는 프로그램을 좀 더 복잡하다. 소켓을 생성하고 멀티캐스트 그룹에 가입해야 메시지를 받을 수 있다. 가입할 그룹 주소는 바이너리로 표시되어야 하므로, struct 모듈을 이용하여 10진 표기법 주소를 압축형 바이너리 주소로 변환하는 과정이 필요하다.

```
group_addr = '224.0.0.255'
mreq = struct.pack("4sl", inet_aton(group_addr), INADDR_ANY)
r_sock.setsockopt(IPPROTO_IP, IP_ADD_MEMBERSHIP, mreq)
```

struct.pack(변환 포맷, 데이터) 함수는 주어진 데이터(파이썬 자료형)를 변환 포맷에 따라 바이트 객체(C 자료형)로 변환한다. "4sl"은 첫 번째 데이터를 4바이트 문자로 변환하고, 두 번째 데이터는 4바이트 정수로 변환시키는 변환 포맷이다. inet_aton() 함수는 점 표기법 주소를 32비트 압축형(packed) 바이너리 주소로 변환한다. INADDR_ANY는 빈 문자열을 의미한다. 멀티캐스트 그룹에서 탈퇴하려면 IP_DROP_MEMBERSHIP 옵션을 설정한다.

```
r_sock.setsockopt(IPPROTO_IP, IP_DROP_MEMBERSHIP, mreq)
```

멀티캐스트 메시지를 수신하는 프로그램은 다음과 같다.

■ 예제 – multicast_recv.py

```
# 멀티캐스트 수신 프로그램
from socket import *
import struct

BUFFER = 1024
group_addr = "224.0.0.255" #그룹 주소
r_sock = socket(AF_INET, SOCK_DGRAM)
r_sock.setsockopt(SOL_SOCKET, SO_REUSEADDR, 1)
r_sock.bind(("", 5005))

mreq = struct.pack("4sl", inet_aton(group_addr), INADDR_ANY)
r_sock.setsockopt(IPPROTO_IP, IP_ADD_MEMBERSHIP, mreq)#그룹 가입
print("Ready to receive")

while True:
    rmsg, addr = r_sock.recvfrom(BUFFER) # 멀티캐스트 메시지 수신
    print("Received '{}' from ({}, {})".format(rmsg.decode(), *addr))
    r_sock.sendto("ACK".encode(), addr) #응답 전송
```

[프로그램 실행]

수신 프로그램을 실행하고 송신 프로그램을 실행하면 수신 프로그램에서 다음과 같은 메시지를 받을 수 있다. 두 개 이상의 수신 프로그램을 실행하고 송신 프로그램에서 메시지를 전송해 보자. 송신 프로그램(192.168.0.4)은 수신 프로그램으로부터 ACK 응답을 받는데, 아래에서 알 수 있는 바와 같이 두 개의 수신 프로그램(192.168.0.4, 192.168.0.14)이 모두 메시지를 받고 긍정 응답했음을 알 수 있다.

[수신 프로그램]

```
Ready to receive
Received 'Hello' from (192.168.0.4, 61305)
```

[송신 프로그램]

```
Your message: Hello
ACK from ('192.168.0.14', 10000)
ACK from ('192.168.0.4', 10000)
Your message: Hi Everyone
ACK from ('192.168.0.14', 10000)
ACK from ('192.168.0.4', 10000)
```

CHAPTER

12 동시성 소켓 프로그래밍

파이썬을 이용한 여러 가지 동시성 소켓 프로그램 방법에 관해 설명한다.
스레드를 이용한 병행 서버 프로그램 방법을 소개하고,
select, socketserver, selectros, asyncio 모듈을 이용하여 동시성
소켓 프로그램 작성방법을 설명한다.

지금까지 살펴본 서버 프로그램은 클라이언트의 요청을 받아 하나씩 서비스하는 프로그램이다. 이러한 서버를 반복 서버라 한다. 그림 12-1에서 클라이언트 A가 먼저 서버에 연결하여 서비스를 받고 있을 때 클라이언트 B는 클라이언트 A의 서비스가 끝날 때까지 대기해야 한다.

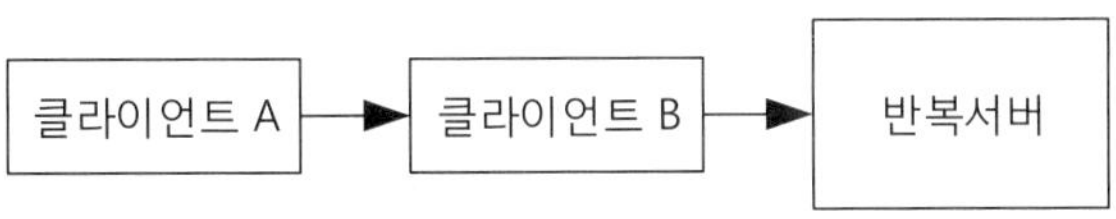

그림 12-1 **반복 서버의 동작**

반복 서버는 시스템 자원의 소모가 적은 장점이 있지만 연결된 클라이언트에 대한 서비스가 길어지면 다른 클라이언트의 대기 시간도 길어지게 된다. 이러한 문제를 개선하기 위해 사용되는 서버가 병행 서버이다. 병행 서버는 여러 클라이언트를 동시에 서비스하므로 다른 클라이언트의 대기 시간이 길어지는 문제를 해결할 수 있다. 병행 서버를 구현하는 방법은 클라이언트마다 스레드를 생성하여 서비스하는 방법과 이벤트가 발생할 때마다 처리하는 이벤트 구동 방식이 있다. 반복 서버는 하나의 스레드를 사용해서 클라이언트의 요청을 처리하는 싱글 스레드 방식이라고 할 수 있다. 따라서 스레드를 사용한 병행 서버는 멀티스레드를 사용하게 된다. 이벤트 구동 방식은 클라이언트의 접속 요청이나 데이터의 도착과 같은 이벤트가 발생하면 이를 처리하는 방식이다. 본 장에서는 멀티스레드 방식과 이벤트 구동 방식을 이용한 비동기 서버 구현 방법을 설명한다.

12.1 멀티스레드를 이용한 소켓 프로그래밍

스레드는 운영체제에 의해 선점적으로 관리되는 프로그램 실행 단위이다. 스레드에 의한 프로그램의 실행은 단순한 실행과는 다르다. 예를 들어, 프로그램에서 무한루프를 갖는 두 개의 함수를 호출한다면 프로그램은 먼저 호출된 함수에서 반환되지 않으면 다른 함수는 실행되지 않는다. 그러나 스레드를 생성하고 스레드에게 함수의 실행을 맡기면 두 개의 무한루프 함수는 운영체제에 의해 적절히 시간이 배분되어 모두 실행된다. 운영체제가 적절히 시간을 배분하여 하나씩의 무한루프 함수를 담당하는 메인 스레드와 서브 스레드를 모두 실행한다. 스레드의 관리는 운영체제가 하므로 사용자가 개입할 필요가 없다. 그림 12-2는 소켓 프로그램에서 메인 스레드와 서브 스레드의 관계를 나타낸 것이다. 각각의 서브 스레드는 각자의 일을 처리하는 일꾼과 같다. 프로그램 관점에서 보면 무한루프로 실행되어야 할 부분은 각각 독립적인 스레드로 실행된다. 따라서 무한루프의 개수와 스레드의 개수는 같다.

소켓 프로그램에서 서버의 메인 스레드는 클라이언트의 연결을 받고 서브 스레드를 생성하여 필요한 수신 데이터 처리(함수)를 맡긴다. 첫 번째 스레드는 처음 접속한 클라이언트의 요청을 처리하고, 두 번째 스레드는 두 번째 접속 클라이언트의 요청을 처리한다. 따라서 서버는 멀티 클라이언트를 동시에 서비스할 수 있다.

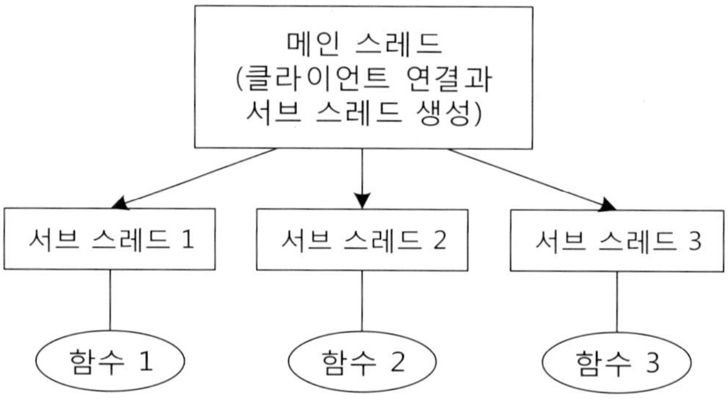

그림 12-2 메인 스레드에서 서브 스레드를 생성하여 함수를 실행

파이썬에서 스레드를 구현하는 방법은 _thread 모듈을 사용하는 방법과 threading 모듈을 사용하는 방법, concurrent.future 모듈을 사용하는 방법이 있다.

_thread 모듈을 이용한 서버 프로그래밍

다음 프로그램은 클라이언트의 메시지를 받으면 일정한 응답을 보내는 TCP 서버이다. 이 프로그램에서는 _thread 모듈을 사용하여 멀티스레드를 구현한다. 그림 12-3이 보여주는 것과 같이 main 함수[17]는 메인 스레드로 실행되고, 데이터 수신 처리를 하는 handler 함수는 main 함수에서 _thread.start_new_method()를 사용하여 서브 스레드를 생성하여 실행된다. 동일한 handler 함수를 또 다른 스레드를 생성하여 실행할 수도 있다.

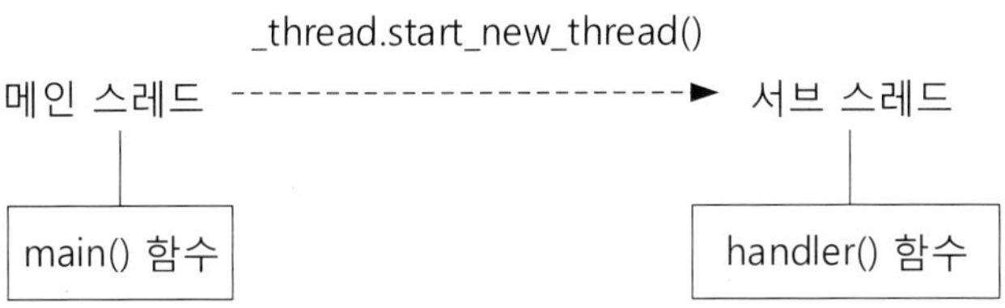

그림 12-3 **메인 스레드와 서브 스레드에 의한 함수의 실행**

전체 프로그램의 구성은 다음과 같다.

```
def handler(clientsock, addr):
  while True:
      #데이터 수신 및 출력
      #응답 전송

if __name__ == "__main__":
  #socket을 생성하고 클라이언트 접속 대기(serversock)
  while True:
      clientsock, addr = serversock.accept()
      _thread.start_new_thread(handler, (clientsock, addr))
```

main 함수에서는 서버 소켓을 생성하고 클라이언트의 접속을 기다린다. 무한루프를 구성하여 클라이언트의 접속을 받고, 서브 스레드를 생성하여 handler() 함수를 실행한다. 데이터 송수신은 handler()함수에서 구현된다.

handler() 함수는 소켓에서 데이터를 수신하여 처리하는 사용자 정의 함수이며 main 함수에서 _thread.start_new_thread()를 사용하여 스레드를 생성하고 handler() 함수를 실행한다.

17) 파이썬에는 main 함수가 명시적으로 정의되지 않으나 다른 함수에 포함되지 않는 부분이 main 함수이다.

```
_thread.start_new_thread(함수, (인수))
```

여기서 함수는 스레드로 실행할 사용자 정의 함수이며, 인수는 함수로 전달된 인수이다.

▌예제 thread_TCP_server.py

```
# _thread를 이용한 TCP 서버 프로그램

from socket import *
import _thread

BUFFSIZE = 1024
host_addr = '127.0.0.1'
port = 2500

def response(key):
    return '서버 응답 메시지'

def handler(clientsock, addr):
    while True:
        data = clientsock.recv(BUFFSIZE) #데이터 수신
        print('data:' + repr(data)) #수신 데이터 화면 출력
        if not data: break
        clientsock.send(response('').encode()) #응답 전송
        print('sent:' + repr(response('')))

if __name__=='__main__':
    ADDR = (host_addr, port)
    serversock = socket(AF_INET, SOCK_STREAM)
    serversock.setsockopt(SOL_SOCKET, SO_REUSEADDR, 1)
    serversock.bind(ADDR)
    serversock.listen(5)

    while True:
        print('waiting for connection...')
        clientsock, addr = serversock.accept()
        print('...connected from:', addr)
        _thread.start_new_thread(handler, (clientsock, addr)) #스레드 생성 실행
```

라인 13~19 클라이언트로부터 데이터를 읽어 화면에 출력하고, 클라이언트에 응답을 전송하는 handler() 함수이다. 이 함수는 지정된 소켓에서 계속 데이터를 수신할 수 있도록 무한 반복된다.

라인 21~26 TCP 소켓을 생성하고 결합한다. 소켓이 종료된 후 소켓 주소 재사용으로 인한 오류를 방지하기 위해 setsockopt() 메서드에서 SO_REUSEADDR로 설정한다.

라인 28~32 무한루프를 구성하여 클라이언트의 접속 요청을 받아 새로운 클라이언트 소켓을 생성한다. 클라이언트와의 데이터 송수신은 스레드를 사용하여 handler() 함수로 수행한다. 따라서 클라이언트마다 하나씩의 스레드가 실행되므로 동시에 다수의 클라이언트를 접속할 수 있다.

[프로그램 실행]

서버 프로그램을 먼저 실행하고 클라이언트 프로그램(TCP_client.py)을 실행하여 동작을 확인해 보자. 서버 프로그램은 첫 번째 클라이언트의 접속 요청을 받아 스레드를 생성하여 handler() 함수를 실행시킨다. 또 다른 클라이언트가 접속 요청하면 새로운 소켓을 생성하고 새로운 스레드를 생성하여 또 handler() 함수를 실행한다. 두 번째로 실행되는 handler() 함수는 첫 번째 실행된 handler() 함수와는 별도로 실행된다. 즉 첫 번째 handler() 함수는 첫 번째 클라이언트와 통신하고, 두 번째 handler() 함수는 두 번째 클라이언트와 통신한다. 따라서 이 서버는 두 개 이상의 클라이언트와 동시에 통신할 수 있다.

클라이언트 프로그램을 하나 더 실행하여 서버가 두 개의 클라이언트와 동시에 통신할 수 있는지 확인해 보자.

연습문제 12-1

앞에서 살펴본 서버 프로그램은 클라이언트의 메시지를 출력하고 웰컴 메시지를 전송한다. 웰컴 메시지를 전송하는 대신 키보드에서 메시지를 입력받아 전송하도록 프로그램을 수정해 보자. 키보드로부터 메시지를 입력하여 전송하는 write_handle(clientsock, addr) 함수를 정의하고 이 함수를 스레드로 실행하도록 한다. 따라서 두 개의 스레드가 실행되므로 클라이언트에서 메시지가 수신되면 화면에 출력하고, 키보드에서 메시지가 입력되면 클라이언트로 전송하도록 프로그램을 수정하시오.

threading 모듈을 이용한 멀티스레드 프로그래밍

threading 모듈은 _thread보다 고수준 모듈이다. threading 모듈을 이용한 멀티스레드 프로그램을 작성하려면 스레드로 실행할 핸들러 함수를 정의하고 threading.Thread를 이용하여 스레드를 생성한다. 생성된 스레드는 thread.start() 함수로 실행된다. threading 모듈을 사용하여 스레드를 실행하는 방법은 그림 12-4와 같이 두 가지가 있다.

첫 번째 방법은 핸들러 함수(ftn(arguments))를 정의하고 스레드를 실행하는 방법이다. 메인 스레드에서 핸들러 함수를 정의하고 threading.Thread 클래스를 사용하여 서브 스레드 객체를 생성한다. 서브 스레드 객체를 생성할 때 target=ftn, args=(arguments) 인수를 사용하여 실행 함수와 파라미터를 지정한다. 생성된 서브 스레드 객체를 시작하려면 thread객체.start() 메서드를 호출한다.

스레드 실행 방법

(1) 함수를 정의하고 스레드로 실행

```
def ftn(arguments): #메인 스레드에서 실행할 함수

t = threading.Thread(target=ftn, args=(arguments))

t.start() #스레드 시작
```

(ftn ↑ 스레드가 실행할 함수 이름, arguments ↑ 함수로 전달할 인수)

(2) threading.Thread 파생 클래스를 생성하고 run() 메소드 재정의

```
class sub_class(threading.Thread):      # sub_class ← 파생 클래스 이름

    def __init__(self, args):           # args ← 클래스 객체를 생성할 때 전달받은 인수

        threading.Thread.__init__(self) # 부모 클래스의 초기화 함수를 먼저 호출

    def run(self):                      # ← 스레드가 시작되면 run() 함수가 실행됨

t = sub_class(args) #클래스 객체를 생성하고 인수 전달

t.daemon = True #메인 스레드가 종료되면 서브 스레드도 종료
t.start() # 스레드 시작
```

그림 12-4 threading 모듈을 이용한 멀티스레드 프로그래밍

두 번째 방법은 threading.Thread의 파생 클래스를 정의하고 파생 클래스 객체를 생성하는 방법이다. 파생 클래스에서 run() 메서드를 정의해야 하는데 run() 메서드는 스레드가 시작되면 자동으로 실행되는 메서드이므로 스레드에서 처리할 내용을 run() 메서드에 정의한다. 생성된 파생 클래스 객체의 start() 메서드를 사용하여 스레드를 시작한다. 이때 객체의 daemon 속성을 True로 지정하면 메인 스레드가 종료될 때 서브 스레드도 종료된다. 속성이 False이면 메일 스레드가 종료되어도 서버 스레드는 후순위로 진행된다.

threading 모듈과 함수를 사용한 TCP 채팅 프로그램

스레드를 이용한 채팅 서버 프로그램인 예제 threading_server.py의 동작은 그림 12-5와 같다. 메인 스레드는 소켓을 생성하고 클라이언트의 연결 요청을 받아 새로운 클라이언트 소켓을 리스트에 추가한다. 서브 스레드로 실행되는 handler() 함수는 데이터를 수신하여 소켓 리스트에 저장된 모든 소켓에게 다시 보내는 무한루프 프로그램이다. 메인 무한루프에서는 클라이언트의 연결을 받고, 클라이언트와 통신을 하기 위한 handler() 함수를 스레드로 실행한다.

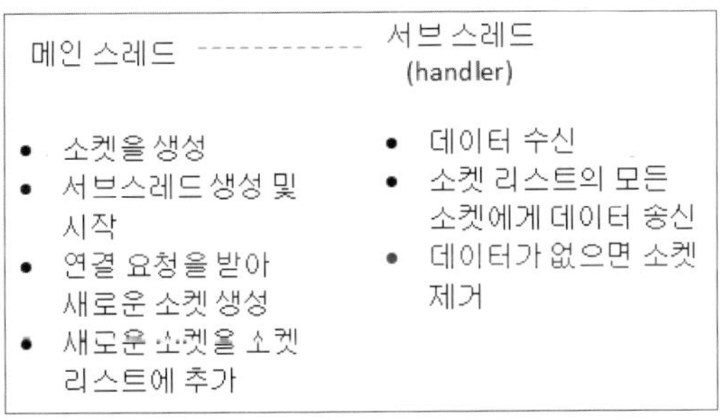

그림 12-5 스레드의 역할

▌예제 threading_server.py

```
#threading 모듈을 이용한 TCP 채팅 서버 프로그램

import socket
import threading

def handler(c, a): #데이터를 수신하여 처리하는 함수
    global connections
    while True:
      try:
        data = c.recv(1024)
        if not data:#데이터가 없으면 연결이 종료된 것이므로 소켓 제거
            connections.remove(c)
```

```
13            c.close()
14            continue
15      except:
16        continue
17
18      for connection in connections:
19        try
20            connection.send(bytes(data)) #모든 클라이언트에게 데이터 전송
21        except:
22            continue
23
24  sock = socket.socket(socket.AF_INET, socket.SOCK_STREAM)
25  sock.bind(("", 2500))
26  sock.listen(1)
27  connections = [] #서버와 연결된 클라이언트 목록
28  print("서버 준비 완료")
29
30  while True:
31      c, a = sock.accept()
32      cThread = threading.Thread(target=handler, args=(c,a)) #서브스레드 생성
33      cThread.daemon = True
34      cThread.start() #서브스레드 실행
35      connections.append(c) # 새 클라이언트를 목록에 추가
36      print("연결된 클라이언트: ",connections)
```

라인 6~22 소켓에서 데이터를 수신하여 모든 소켓에게 재전송하는 핸들러 함수이다. connections는 접속된 소켓 리스트이다. 수신 데이터를 리스트에 등록된 모든 소켓(connection)에게 전송하고 데이터가 없으면 소켓을 리스트에서 제거하고 닫는다.

라인 24~28 TCP 소켓을 생성하고 결합한 후에 클라이언트의 접속을 기다린다.

라인 30~36 클라이언트의 접속을 받은 다음, 스레드 객체를 생성(cThread)하고 실행되는 핸들러 함수(handler)를 매개변수((c,a))와 같이 지정한다. 스레드를 실행하고 연결 소켓을 소켓 리스트에 추가한다.

[프로그램 실행]

서버 프로그램을 먼저 실행하고 두 개의 이상의 클라이언트 프로그램(TCP_client.py)을 실행하여 동작을 확인해 보자. 어떤 클라이언트가 메시지를 송신하면 모든 클라이언트가 이 메시지를 수신한다.

연습문제 12-2

TCP_client.py는 프로그램을 순차적으로 실행하므로 메시지 송신이 끝나야 데이터가 수신된다. 클라이언트에서도 스레드를 이용하여 메시지가 수신되는 즉시 출력되는 프로그램을 작성하시오.

threading 모듈의 파생 클래스를 이용한 TCP 서버 프로그램

threading.Thread 클래스를 상속받아 서브 클래스를 만들고 이로부터 스레드를 생성하여 실행하는 방법을 알아보자. 서브 클래스에는 초기화를 위한 '__init__' 함수와 실행을 위한 'run()' 함수가 정의되어야 한다. 서브 클래스 객체는 연결된 소켓으로부터 메시지를 받아 출력하고 이를 다시 클라이언트에게 전송한다. 다음 프로그램은 파생 클래스를 이용한 TCP 에코 서버 프로그램이다.

▌예제 threading_class_echo_server.py

```
#threading class를 이용한 TCP 에코 서버 프로그램

import socket, threading

#threading.Thread 서브 클래스
class ClientThread(threading.Thread):
    def __init__(self,clientAddress,clientsocket):
        threading.Thread.__init__(self) #부모 클래스 __init__() 실행
        self.csocket = clientsocket #인스턴스 변수 정의
        print ("New socket added: ", clientAddress)

    def run(self): #자동 실행
        print ("Connection from : ", clientAddress)

        msg = ''
        while True:
            data = self.csocket.recv(2048) #데이터 수신
            msg = data.decode()

            if msg=='quit': #quit가 수신되면 종료
                break

            print ("from client", msg)
            self.csocket.send(bytes(msg,'UTF-8')) #에코

        print ("Client at ", clientAddress , " disconnected...")
```

```
27
28  host = ""
29  port = 2500
30
31  #서버 소켓 생성
32  server = socket.socket(socket.AF_INET, socket.SOCK_STREAM)
33  server.setsockopt(socket.SOL_SOCKET, socket.SO_REUSEADDR, 1)
34  server.bind((host, port))
35  print("Server started")
36  print("Waiting for client request..")
37
38  while True: #클라이언트 마다 하나의 스레드가 배정된다
39      server.listen(1)
40      clientsock, clientAddress = server.accept()
41      newthread = ClientThread(clientAddress, clientsock)
42      newthread.start()
```

라인 6~26 threading.Thread에서 파생된 클래스이다. 클래스를 초기화하는 __init__() 함수와 자동으로 실행되는 run() 함수가 정의되어 있다. run() 함수에서 데이터를 수신하여 다시 클라이언트에게 보낸다.

라인 28~36 서버 소켓을 생성하고 주소와 결합한다.

라인 38~42 클라이언트의 연결을 받아 파생 클래스 생성자를 사용하여 스레드를 생성하고 start() 함수를 사용하여 실행한다. clientAddress는 연결된 클라이언트 주소이며, clientsock은 연결된 소켓이다. 이들 인수는 __init__ 함수로 전달된다.

[프로그램 실행]

서버 프로그램을 먼저 실행하고 두 개 이상의 클라이언트 프로그램(TCP_client.py)을 실행하여 동작을 확인해 보자. 클라이언트에서 전송한 메시지가 서버로 전달되어 화면에 출력된다.

```
C:\Python37\python.exe
Server started
Waiting for client request..
New socket added:  ('127.0.0.1', 50080)
Connection from :  ('127.0.0.1', 50080)
from client Hello
from client Server
```

그림 12-6 **서버 화면**

그림 12-7 클라이언트 화면

threading 모듈을 이용한 GUI 서버/클라이언트 프로그램

tkinter 모듈을 이용하여 클라이언트에서 섭씨온도를 서버로 전송하면 서버에서 화씨로 변환하여 전송하는 GUI(Graphic User Interface) 프로그램을 작성해 보자. 서버는 단순히 섭씨를 화씨로 변환하여 전송하므로 GUI로 작성할 필요가 없다. 그러나 클라이언트 프로그램은 사용자가 섭씨온도를 입력하는 창과 화씨온도를 출력하는 창, 전송 버튼으로 구성해보자.

서버 프로그램

서버는 2500번 포트에서 클라이언트로부터 섭씨온도를 받는다. 수신 온도는 bytes형이므로 이를 float형으로 변환한 다음, 화씨온도를 계산한다. bytes형 데이터를 float형으로 변환하려면 float(bytes_data.decode())를 사용한다.

```
F = 9/5 * 섭씨온도 + 32
```

▌예제 - GUI_socket_server.py

```
# 섭씨온도를 받아 화씨온도로 변환하여 전송하는 TCP 서버 프로그램

import sys
from socket import *

ECHO_PORT = 2500
BUFSIZE = 1024

if len(sys.argv) > 1:
    port = int(eval(sys.argv[1]))
```

```
11 else:
12     port = ECHO_PORT
13
14 s = socket(AF_INET, SOCK_STREAM)
15 s.setsockopt(SOL_SOCKET, SO_REUSEADDR, 1)
16 s.bind(('', port))
17 s.listen(1)
18
19 print("Waiting for connection from client")
20 conn, (remotehost, remoteport) = s.accept()
21 print('connected by', remotehost, remoteport)
22
23 while True:
24     data = conn.recv(BUFSIZE) #데이터 수신
25     if not data: #연결이 종료되었음
26         break
27     data = float(data.decode()) #수신 데이터를 float형으로 변환
28     data = 9.0/5.0*data + 32.0 #화씨온도 계산
29     data = '{:.1f}'.format(data)
30     conn.send(data.encode()) #화씨온도 전송
31
32 conn.close()
```

라인 6~12 기본 포트를 2500으로 지정한다. 사용자가 프로그램을 실행할 때 포트를 지정할 수도 있다.

라인 14~21 소켓을 생성하고 클라이언트의 연결 요청을 받는다.

라인 23~32 클라이언트로부터 데이터를 수신하고 화씨온도를 계산하여 전송한다. 수신 데이터는 bytes형이므로 계산을 위해 float형으로 변환해야 한다. data.decode()를 호출하면 문자열로 변환되고 다시 float()를 호출하면 float형으로 변환된다. 소수점 첫째 자리까지 계산된 화씨온도를 전송하려면 다시 bytes형으로 변환해야 한다.

GUI 클라이언트 프로그램

GUI 클라이언트 프로그램은 그림 12-8과 같이 구성된다. 섭씨온도 창에 온도를 입력하고 [전송] 버튼을 클릭하면 섭씨온도가 서버로 전송된다. 서버는 이를 화씨온도로 바꾸어 다시 클라이언트로 전송한다. 서버로부터 전송받은 화씨온도를 화씨온도 창에 표시한다. 섭씨온도 전송은 [전송] 버튼을 클릭하여 수행할 수 있지만, 서버로부터 화씨온도를 받아 엔트리 위젯에

표시하는 동작은 스레드를 이용해야 한다. 화씨온도를 받아 표시하는 동작을 handler() 함수로 구현하고 이를 스레드로 실행한다. 이러한 동작은 계속 반복되어야 하므로 반드시 무한루프로 구성되어야 한다. 데이터 수신은 상대방이 송신을 먼저 해야 가능하다. 따라서 송신을 하지 않은 상태에서 수신하면 예외가 발생할 수 있으므로 수신은 try-except 구문을 이용하는 것이 좋다.

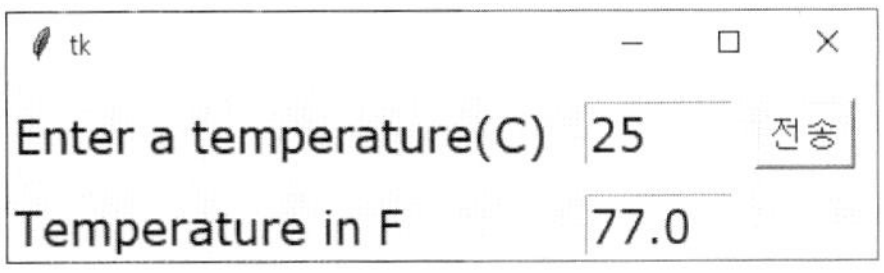

그림 12-8 GUI 클라이언트 화면

▌예제 - GUI_socket_client.py

```
# 섭씨온도를 보내고 화씨온도를 받아 표시하는 GUI 클라이언트 프로그램

from tkinter import *
from socket import *
import threading
import struct

#섭씨온도를 서버로 전송
def calculate():
    global temp
    temp = float(entry1.get()) #섭씨온도를 읽는다
    sock.send(str(temp).encode()) #섭씨온도를 서버로 전송

#Thread handler
def handler(sock):
    while True:
        try: #수신 데이터가 없으면 예외 발생
            r_msg = sock.recv(1024) #메시지 수신
        except: #수신 데이터 없음
            pass
        else: #수신 데이터 표시
            entry2.delete(0, END)
            entry2.insert(0, r_msg.decode())
            entry1.delete(0, END)

sock = socket(AF_INET, SOCK_STREAM)
```

```
27 sock.connect(("localhost", 2500))
28
29 root = Tk()
30 message_label = Label(text='Enter a temperature(C)',font=('Verdana', 16))
31 entry1 = Entry(font=('Verdana', 16), width=5)
32
33 recv_label = Label(text='Temperature in F ',font=('Verdana', 16))
34 entry2 = Entry(font=('Verdana', 16), width=5)
35
36 calc_button = Button(text='전송', font=('Verdana', 12), command=calculate)
37
38 message_label.grid(row=0, column=0, sticky=W)
39 recv_label.grid(row=1, column=0, sticky=W)
40 entry1.grid(row=0, column=1)
41 entry2.grid(row=1, column=1)
42 calc_button.grid(row=0, column=2, padx=10, pady=10)
43
44 #데이터 수신을 위한 스레드 생성과 실행
45 cThread = threading.Thread(target=handler, args=(sock,))
46 cThread.daemon = True
47 cThread.start()
48
49 mainloop()
```

라인 9~12 [전송] 버튼을 클릭하면 실행되는 함수이다. 섭씨온도 창(entry1)의 값을 읽어 bytes형으로 변환하여 서버로 전송한다.

라인 15~24 스레드 핸들러이다. 서버로부터 화씨온도를 받으면 이를 문자열로 변환하여 화씨온도 창(entry2)에 표시한다.

라인 26~27 소켓을 생성하고 서버로 연결한다.

라인 29~42 위젯을 생성하고 배치한다.

라인 45~49 스레드를 생성하고 실행한다. 스레드는 mainloop() 함수보다 먼저 생성하고 실행되어야 한다. 일단 mainloop() 함수가 실행되면 제어가 이벤트 루프로 넘어가기 때문이다. 스레드 함수(handler)로 전달될 인수는 튜플로 구성되어야 한다. 따라서 args=(sock,)와 같이 전달한다.

연습문제 12-3

(1) 예제 클라이언트 프로그램은 함수로 구성되어 있다. 함수 사이에 변수를 공용하기 위해서는 공용할 변수(temp)를 global로 선언해야 한다. 그러나 프로그램을 클래스로 구성하면 메서드 사이의 공용되는 변수는 인스턴스 변수로 선언하면 되므로 편리하다. 예제 프로그램을 클래스를 이용하여 다시 작성해 보자.

(2) 예제 서버 프로그램은 한 명의 클라이언트만 서비스할 수 있다. 두 명 이상의 클라이언트를 동시에 서비스할 수 있도록 프로그램을 수정해 보자. 서버 프로그램에서도 threading.Thread를 이용하여 다수의 클라이언트를 서비스할 수 있다.

(3) 예제 서버 프로그램은 TCP를 이용하여 데이터를 송수신한다. UDP를 이용하여 유사한 기능을 하는 서버와 클라이언트 프로그램을 작성해 보자.

threading 모듈을 이용한 TCP 멀티 채팅 GUI 프로그램

다수의 클라이언트가 동시에 서버에 접속하여 메시지를 주고받는 GUI 채팅 프로그램을 작성해 보자. 서버는 단순히 사용자가 보내온 메시지를 다른 사용자에게 다시 보내는 중계기 역할을 한다.

멀티 채팅 서버 프로그램

채팅 서버 프로그램은 클라이언트가 보내온 메시지를 다른 클라이언트에게 중계하는 기능을 하므로 GUI로 구성할 필요는 없다. 따라서 텍스트 모드에서 동작하는 서버 프로그램을 작성해 보자. 서버 프로그램은 다음과 같이 4개의 메서드로 구성되어 있다.

```
class ChatserverMulti:
    def __init__(self):
            #소켓 생성
            #연결 대기
            #accept_client()를 호출하여 클라이언트와 연결

    def accept_client(self):
      while True:
            #연결 수락
            #연결 소켓 추가
            #메시지 수신 스레드 생성/실행(receive_message 함수)

    def receive_message(self, sock):
      while True:
            #메시지 수신
```

```
        #send_all_clients() 호출

    def send_all_clients(self, senders_socket):
        #발신자를 제외한 모든 연결 소켓으로 메시지 전송
```

init() 메서드에서 TCP 소켓을 생성하고 accept_client()를 호출하여 클라이언트와 연결한다. accept_client()는 연결된 소켓을 연결 소켓 리스트에 추가하고 서브 스레드를 생성하여 receive_ messages() 메서드를 실행한다. receive_messages()는 메시지를 수신하여 출력하고 send_all_clients()를 호출하여 메시지 발신자를 제외한 모든 클라이언트에게 메시지를 전달한다. accept_client()와 receive_messages()는 무한루프로 실행된다. 각각의 무한루프는 하나씩의 스레드로 실행되어야 한다. 따라서 두 개의 무한루프가 실행되지만 accept_client()는 메인 스레드로 실행되고, receive_messages()는 threading.Thread로 생성된 서브 스레드로 실행되므로 실행 시간은 운영체제에 의해 자동으로 분배된다. 접속 후에 갑자기 연결이 종료된 클라이언트에게 메시지를 전송하면 예외가 발생한다. 따라서 send_all_clients()에서 예외가 발생한 소켓은 접속 리스트에서 제거한다.

▌예제 - GUI_ChatServer_Multi.py

```
# threading 모듈을 이용한 TCP 멀티 채팅 서버 프로그램

from socket import *
from threading import *

class MultiChatServer:

    #소켓을 생성하고 연결되면 accept_client() 호출
    def __init__(self):
        self.clients = [] #접속된 클라이언트 소켓 목록
        self.final_received_message = "" #최종 수신 메시지
        self.s_sock = socket(AF_INET, SOCK_STREAM)
        self.ip = ''
        self.port = 2500
        self.s_sock.setsockopt(SOL_SOCKET, SO_REUSEADDR, 1)
        self.s_sock.bind((self.ip, self.port))
        print("클라이언트 대기 중 ...")
        self.s_sock.listen(100)
        self.accept_client()

```

```
    #연결 클라이언트 소켓을 목록에 추가하고 스레드를 생성하여 데이터를 수신한다
    def accept_client(self):
        while True:
            client = c_socket, (ip, port) = self.s_sock.accept()
            if client not in self.clients:
                self.clients.append(client) #접속된 소켓을 목록에 추가
            print (ip , ':' , str(port), ' 가 연결되었습니다')
            cth = Thread(target=self.receive_messages, args=(c_socket,)) #수신 스레드
            cth.start() #스레드 시작

    #데이터를 수신하여 모든 클라이언트에게 전송한다
    def receive_messages(self, c_socket):
        while True:
            try:
                incoming_message = c_socket.recv(256)
                if not incoming_message: #연결이 종료됨
                    break
            except:
                continue
            else:
                self.final_received_message = incoming_message.decode('utf-8')
                print(self.final_received_message)
                self.send_all_clients(c_socket)
        c_socket.close()

    #송신 클라이언트를 제외한 모든 클라이언트에게 메시지 전송
    def send_all_clients(self, senders_socket):
        for client in self.clients: #목록에 있는 모든 소켓에 대해
            socket, (ip, port) = client
            if socket is not senders_socket: #송신 클라이언트는 제외
                try:
                    socket.sendall
                         (self.final_received_message.encode())
                except: #연결 종료
                    self.clients.remove(client) #소켓 제거
                    print("{}, {} 연결이 종료되었습니다".format(ip, port))


if __name__ == "__main__":
    MultiChatServer()
```

GUI 채팅 클라이언트 프로그램

그래픽 모드로 동작하는 채팅 클라이언트 프로그램을 작성해 보자. 기본적인 동작은 콘솔 모드와 비슷하다. 다만 GUI 환경에서 전송 데이터와 수신 데이터를 표시하도록 Tkinter 모듈을 이용하여 프로그램한다. ChatClient 클래스를 만들고 필요한 메서드를 정의한다. 여기서 정의된 메서드는 다음과 같다.

initialize_socket()은 TCP 소켓을 생성하고 서버로 연결한다.
initialize_gui()는 위젯을 배치하여 사용자 화면을 구성한다. pack()을 사용하여 배치하면 정확한 배치가 어려우므로 사용자 화면을 가로 방향의 5개 프레임을 먼저 배치한 다음 각 위젯을 프레임 위에 배치한다.

프레임 1: 사용자 이름 라벨(name_label) + 이름 입력 창(name_widget, Entry)
프레임 2: 수신 메시지 라벨(recv_label)
프레임 3: 수신 메시지 창(chat_transcript_area, ScrolledText)
프레임 4: 송신 메시지 라벨(send_label) + [송신] 버튼(send_btn, Button)
프레임 5: 송신 메시지 창(enter_text_widget, ScrolledText)

send_chat()는 [전송] 버튼을 클릭하면 실행되는 콜백 함수이다. 이 메서드는 송신 메시지 창에서 메시지를 읽어 수신 메시지 창에 표시하고 전송한다.

receive_message()는 소켓에서 메시지를 읽어서 수신 메시지 창에 표시한다. 이 메서드는 무한루프를 포함하므로 스레드로 실행되어야 한다.

listen_thread()는 receive_message()를 실행하는 스레드를 생성하고 시작한다. 따라서 메시지 송신은 [전송] 버튼을 클릭하여 사용자가 제어하지만 메시지 수신은 스레드를 생성하여 처리한다.

▌예제 - GUI_chatclient.py

```
# GUI 채팅 클라이언트

from socket import *
from tkinter import *
```

```
from tkinter.scrolledtext import ScrolledText
from threading import *

class ChatClient:
    client_socket = None

    def __init__(self, ip, port):
        self.initialize_socket(ip, port)
        self.initialize_gui()
        self.listen_thread()

    def initialize_socket(self, ip, port):
        '''
        TCP socket을 생성하고 server와 연결
        '''
        self.client_socket = socket(AF_INET, SOCK_STREAM)
        remote_ip = ip
        remote_port = port
        self.client_socket.connect((remote_ip, remote_port))

    def send_chat(self):
        '''
        message를 전송하는 버튼 콜백 함수
        '''
        senders_name = self.name_widget.get().strip() + ":"
        data = self.enter_text_widget.get(1.0, 'end').strip()
        message = (senders_name + data).encode('utf-8')
        self.chat_transcript_area.insert('end',
                message.decode('utf-8') + '\n')
        self.chat_transcript_area.yview(END) # 수시 창 끝으로 이동
        self.client_socket.send(message)
        self.enter_text_widget.delete(1.0, 'end')
        return 'break'

    def initialize_gui(self):
        '''
        위젯을 배치하고 초기화한다
        '''
        self.root = Tk()
        fr = []
        for i in range(0,5):
            fr.append(Frame(self.root))
```

```
            fr[i].pack(fill=BOTH)

        self.name_label = Label(fr[0], text='사용자 이름')
        self.recv_label = Label(fr[1], text = '수신 메시지:')
        self.send_label = Label(fr[3], text = '송신 메시지:')
        self.send_btn = Button(fr[3], text='전송',
command=self.send_chat)
        self.chat_transcript_area = ScrolledText(fr[2], height
=20, width=60)
        self.enter_text_widget = ScrolledText(fr[4], height =5,
width=60)
        self.name_widget = Entry(fr[0], width =15)

        self.name_label.pack(side=LEFT)
        self.name_widget.pack(side=LEFT)
        self.recv_label.pack(side=LEFT)
        self.send_btn.pack(side=RIGHT, padx=20)
        self.chat_transcript_area.pack(side=LEFT, padx=2, pady=2)
        self.send_label.pack(side=LEFT)
        self.enter_text_widget.pack(side=LEFT, padx=2, pady=2)

    def listen_thread(self):
        '''
        데이터 수신 Thread를 생성하고 시작한다
        '''

        t = Thread(target=self.receive_message,
args=(self.client_socket,))
        t.start()

    def receive_message(self, so):
        while True:
            buf = so.recv(256)
            if not buf: #연결이 종료됨
                break
            self.chat_transcript_area.insert
                    ('end',buf.decode('utf-8') + '\n')
            self.chat_transcript_area.yview(END)
        so.close()


if __name__ == "__main__":
```

```
    ip = input("server IP addr: ")
    if ip == '':
        ip = '127.0.0.1'
    port = 2500
    ChatClient(ip, port)
    mainloop()
```

[실행 화면]

서버 프로그램(GUI_ChatServer_Multi.py)을 먼저 실행하고 클라이언트 프로그램(GUI_chatclient.py)을 실행한다. 사용자 이름과 전송 메시지를 송신 메시지창에 입력한 다음, [전송] 버튼을 클릭하면 메시지가 서버로 송신된다. 메시지 앞에는 사용자 이름이 추가되어 전송된다. 서버로부터 수신된 메시지는 수신 메시지창에 표시된다.

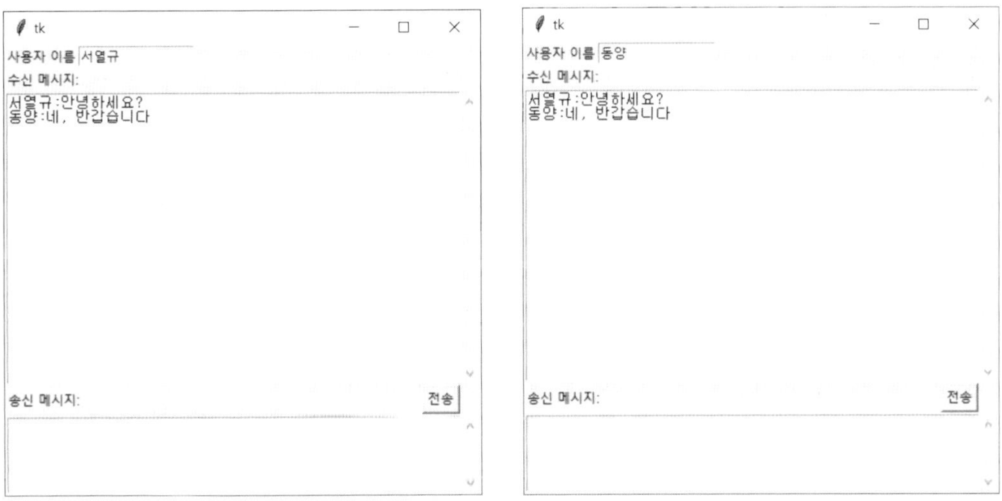

그림 12-9 GUI 채팅 클라이언트 화면

연습문제 12-4

사용자 이름 오른쪽에 서버주소 및 포트 번호 입력 창과 [연결] 버튼을 추가하여 서버 주소를 사용자가 설정할 수 있도록 클라이언트 프로그램을 수정하시오. 서버 주소와 포트 번호를 입력하고 [연결] 버튼을 클릭하여 서버와 연결한다.

threading 모듈을 이용한 UDP 채팅 프로그램

UDP 채팅 서버

채팅 서버는 수신한 메시지를 발신자를 제외한 다른 클라이언트에게 보낸다. 상대방이 "quit" 메시지를 전송하면 채팅을 종료한다. UDP를 이용한 채팅 서버는 연결을 유지할 필요가 없으므로 TCP보다 간단하다. 한 가지 주의할 점은 연결이 종료되었을 때 recvfrom()을 호출하면 예외가 발생한다. 따라서 클라이언트가 언제 데이터를 송신할지 모르므로 recvfrom()은 try-except 구문 속에 포함되어야 한다. recvfrom()을 호출했을 때 연결이 끊어져 있으면 예외가 발생하고 다시 recvfrom()을 시도한다. 서버 프로그램은 다음과 같다.

▌예제 – threading_UDP_chatserver.py

```
# UDP 채팅 서버 프로그램

import socket
import time

host = ''
port = 2500

clients = [] #클라이언트 리스트

s = socket.socket(socket.AF_INET, socket.SOCK_DGRAM)
s.bind((host, port))
s.setblocking(0)

print('Server Started')

while True:
    try:
        data, addr = s.recvfrom(1024)#데이터수신
        if "quit" in data.decode():
            if addr in clients;
                clients.remove(addr)
                print(f'{addr}가 떠났습니다')
        if addr not in clients: #클라이언트 리스트에 없으면 추가
            print("new client")
            clients.append(addr)
        print(time.ctime(time.time()) + str(addr) + ': :' +
data.decode())
```

```
28         for client in clients: #모든 클라이언트에게 전송
29             if client != addr:
30                 s.sendto(data, client)
31     except:
32         pass
33 s.close()
```

라인 9	서버와 채팅할 클라이언트 목록을 정의한다.
라인 11~13	UDP 서버 소켓을 생성하고 결합한다. 소켓은 넌 블로킹 모드로 설정한다.
라인 18~23	메시지를 수신하여 종료 메시지인 quit이면 클라이언트 목록에서 발신자를 제외한다.
라인 24~26	메시지 송신자가 새로운 클라이언트이면 채팅 목록에 추가한다.
라인 27	메시지 수신 시간과 메시지를 표시한다.
라인 28~30	송신자를 제외한 다른 모든 클라이언트에게 수신 메시지를 전송한다.

UDP 채팅 클라이언트

채팅 클라이언트는 송신 메시지를 입력받아 전송하고 수신 메시지는 화면에 표시한다. 그러나 메시지 입력은 차단 모드로 동작하므로 순차적 프로그램을 작성하면 키보드 입력 대기 중에 메시지가 수신되면 화면에 표시할 수 없다. 그러나 메시지를 수신하여 화면에 출력하는 기능을 스레드로 작성하여 실행하면 송신 메시지 입력 중이라도 수신 메시지를 표시할 수 있다. 클라이언트 프로그램은 다음과 같다.

▌예제 - threading_UDP_client.py

```
# threading 모듈을 이용한 UDP 클라이언트 프로그램
# 데이터 수신은 서브 스레드로 실행하고 송신은 무한루프로 실행

import socket
import threading

def handler(sock): #스레드로 실행할 함수
    while True: #데이터 수신
        try:
            msg, addr = sock.recvfrom(1024)
        except: #수신 데이터가 없으면 다시 시도
```

```
12              continue
13          else: #수신 메시지가 있으면 출력
14              print(msg.decode())
15
16  conn = ('localhost', 2500)
17  svr = socket.socket(socket.AF_INET, socket.SOCK_DGRAM)
18
19  my_id = input("ID를 입력하세요: ")
20
21  cThread = threading.Thread(target=handler, args=(svr,)) #스레드 생성
22  cThread.daemon = True
23  cThread.start() #스레드 시작
24  while True:
25      msg = '['+my_id+'] '+input()
26      svr.sendto(msg.encode(), conn)
```

라인 7~14 스레드로 실행되는 함수이며 메시지를 수신하여 화면에 표시한다. try 문을 이용하여 수신 데이터가 없으면 수신을 다시 시도한다.

라인 16~19 UDP 소켓을 생성하고 채팅 ID를 입력한다.

라인 21~23 스레드를 생성하고 handler() 함수를 사용하여 데이터 수신을 시작한다.

라인 24~26 키보드에서 메시지를 읽고 ID를 추가하여 송신한다.

[프로그램 실행]

서버 프로그램(threading_UDP_chatserver.py)을 먼저 실행하고 위의 클라이언트 프로그램을 두 개 이상 실행한다. 임의의 클라이언트가 전송한 메시지를 다른 모든 클라이언트가 수신하는지 확인한다.

연습문제 12-5

TCP 소켓을 이용한 GUI 채팅 클라이언트 프로그램(GUI_chatclient.py)를 참고하여 UDP 소켓을 이용한 GUI 채팅 프로그램을 작성하라. 화면 구성은 TCP 프로그램과 동일하게 하고 서버는 threading_udp_chatserver.py를 사용하라.

concurrent.future 모듈을 이용한 멀티 에코 프로그램

멀티 에코 서버 프로그램

concurrent.futures 모듈의 ThreadPoolExecutor 클래스를 이용해도 멀티스레드를 구현할 수 있다. ThreadPoolExecutor 클래스는 스레드 풀(Thread Pool)을 사용하여 비동기적으로 함수를 호출하는 Executor 클래스의 서브 클래스이며, Executor의 submit() 메서드를 이용하여 실행 함수를 스레드 풀에 등록한다. submit() 메서드로 등록된 함수는 스레드로 실행된다. 다음 프로그램 부분을 살펴보자.

```
import concurrent.futures as cf
❶ def receive_message(sock, addr): #스레드로 실행할 함수
.........

❷ with cf.ThreadPoolExecutor(max_workers=10) as th
❸    th.submit(receive_message, sock, addr) #실행 함수와 인수 전달
```

concurrent.futures 모듈을 불러온 다음, ❶에서와 같이 스레드로 실행할 함수를 정의한다. ❷에서 concurrent.futures 모듈의 ThreadPoolExecutor 클래스를 사용하여 스레드 풀을 생성한다. max_workers는 최대 스레드 개수이다. 생성된 스레드 풀의 submit() 메서드를 사용하여 실행할 함수와 인수를 등록한다(❸). 여기서 receive_message는 실행할 함수이고 sock, addr은 인수이다.

concurrent.futures 모듈을 사용하여 다중 사용자를 서비스할 수 있는 멀티 에코 서버 프로그램은 다음과 같다.

▌예제 - future_socket_server.py

```
# concurrent.futures 모듈을 이용한 멀티 에코 서버 프로그램

import concurrent.futures as cf
from socket import *

def receive_message(sock, address):
    while True:
        try:
            r_msg = sock.recv(1024) #메시지 수신
            if not r_msg: #상대방이 연결을 종료함
```

```
                break
            print('수신 메시지: ', r_msg.decode())
            sock.sendall(r_msg) #에코
            print('송신 메시지: ', r_msg.decode())
        except: #강제로 연결이 종료됨
            break
    sock.close()

s_sock = socket(AF_INET, SOCK_STREAM)
s_sock.setsockopt(SOL_SOCKET, SO_REUSEADDR, 1)
s_sock.bind(('', 2500))
s_sock.listen(5)
print('{}에서 연결 대기 중'.format(s_sock.getsockname()))

#스레드 풀을 생성하고 함수를 등록한다
with cf.ThreadPoolExecutor(max_workers=10) as th:
    try:
        while True: #다중 접속을 받는다
            c_sock, addr = s_sock.accept()
            print("Connectionn from", addr)
            th.submit(receive_message, c_sock, addr) #스레드 풀에 등록한다
    except: #예외가 발생하면 종료한다
        pass
    finally:
        s_sock.close()
```

[프로그램 실행]

서버 프로그램을 먼저 실행하고 클라이언트 프로그램(TCP_client.py)을 실행한다. 클라이언트를 하나 더 실행하고 결과를 확인해 보자.

[서버 화면]

그림 12-10의 서버 화면에서 두 명의 클라이언트가 동시에 접속된 것을 알 수 있다.

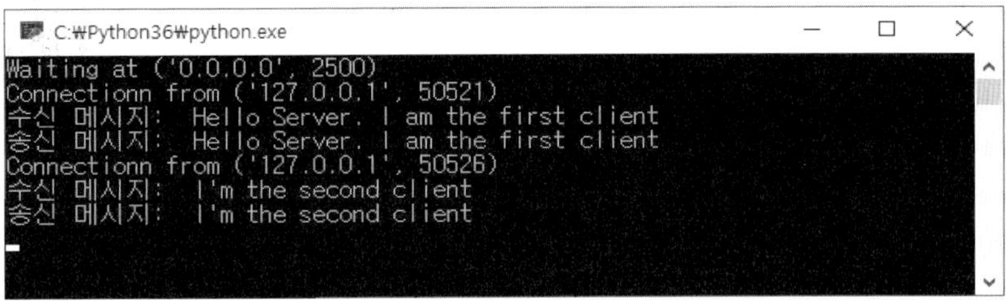

그림 12-10 concurrent.future를 이용한 멀티스레드 서버

멀티프로세스 서버 프로그램

지금까지 멀티스레드 프로그래밍 방법을 살펴보았다. 멀티스레드는 하나의 프로세스로 처리되며 스레드는 스택을 제외한 코드, 데이터, 힙 메모리를 공유한다. 따라서 스레드 간에 자료 공유가 쉬운 장점이 있다.

그러나 단일 프로세스로 실행되므로 멀티코어 CPU의 장점을 충분히 이용하지 못하는 단점이 있다. 멀티코어 CPU의 장점을 이용한 프로그래밍을 하려면 멀티프로세스 프로그램을 사용해야 한다. 멀티프로세스 프로그램을 위해 부모 프로세스로부터 자식 프로세스를 생성하고 각 프로세스는 자신만의 메모리 영역을 가진다. 이로 인하여 메모리를 많이 차지하고 독립적인 메모리를 가지므로 IPC를 통한 통신으로 자료를 공유해야 한다. 또 프로세스를 스위칭할 때 CPU 레지스터 교체, 램, 캐시 메모리 동기화 등이 필요하므로 상당한 부담이 발생하는 단점이 있다. 최근 CPU는 멀티코어로 구성되어 있으므로 멀티프로세싱을 이용하면 CPU 코어를 최대로 활용할 수 있어서 처리 속도가 빠르다.

멀티프로세스 프로그램은 그림 12-11과 같이 구성된다.

- main process와 child processes로 구성
- main process는
  if __name__ == "__main__": 으로 구성
- child process는 main process 내에서 생성하고 시작한다

```
from multiprocess import  Process
def handler(arg):
    .........
p=Process(target=handler, args=(arg,)) #프로세스 생성
p.start() #child process 시작
p.join() #child process 종료 대기
```

그림 12-11 멀티프로세스 프로그램의 구성

프로그램은 메인 프로세스와 자식 프로세스로 구성된다. 메인 프로세스는 if __name__ == "__main__":로 구성되고 자식 프로세스는 multiprocess 모듈을 이용하여 메인 프로세스 내에서 정의된다. p=Process(target=handler, args=(arg,))에서 multiprocess 모듈의 Process 클래스를 이용하여 자식 프로세스를 생성한다. target 인수는 자식 프로세스로 실행할 함수이다. p.start()를 호출하면 자식 프로세스가 시작된다. 다음은 TCP 에코 서버를 멀티프로세스로 구현한 프로그램이다.

▌예제 - multiprocess_TCP_server.py

```
# multiprocessing 모듈을 이용한 TCP 서버 프로그램

from socket import socket
from multiprocessing import Process

def handle(sock): #자식 프로세스로 실행할 함수
    #문자를 수신하여 표시하고 다시 전송
    while True:
        msg = sock.recv(1024)
        print(f'Received message: {msg.decode()}')
        sock.send(msg)

if __name__ == "__main__":
    sock = socket()
    addr = ('', 2500)
    sock.bind(addr)
    sock.listen(4)

    while True:
        c_sock, r_addr = sock.accept()
        print(f'{r_addr} is connected')
        p1 = Process(target=handle, args=(c_sock,)) #자식프로세스 생성
        p1.start() #자식 프로세스 시작
```

[프로그램 실행]

서버 프로그램을 먼저 실행하고 클라이언트 프로그램(TCP_client.py)를 두 번 이상 실행한다. 각각의 클라이언트가 보낸 메시지를 다시 수신하는지 확인해 보자.

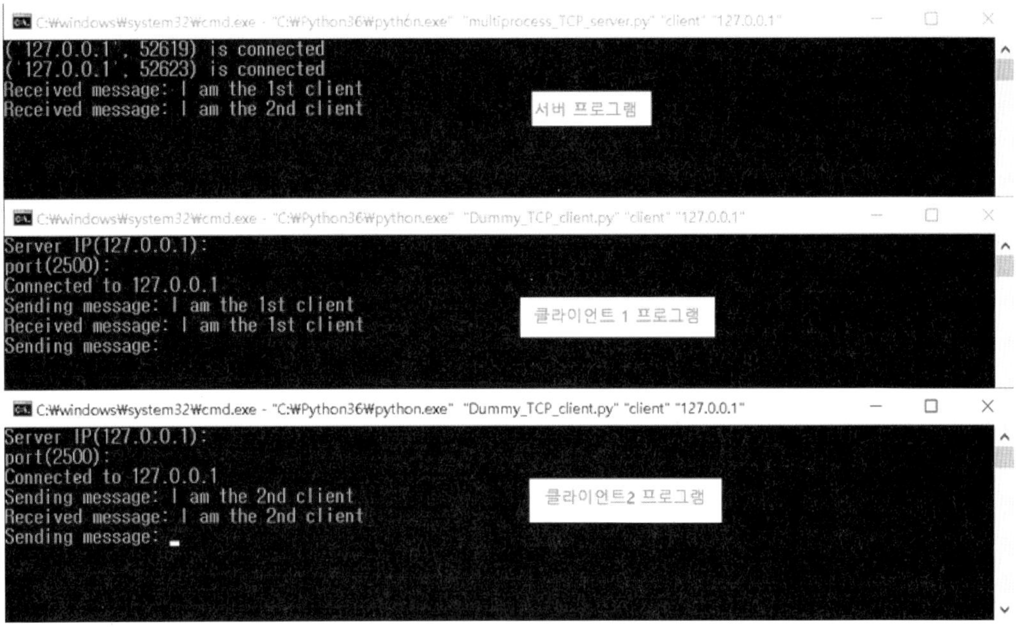

그림 12-12 **멀티프로세스 프로그램 실행 화면**

연습문제 12-6

multiprocess_TCP_server.py 프로그램을 수정하여 "Hello"를 수신하면 새로운 프로세스를 생성하여 "Hello Client"를 전송하고 "Good"을 수신하면 또 다른 프로세스를 생성하여 "Good Afternoon" 메시지를 송신하는 프로그램을 작성하시오.

12.2 select 모듈을 이용한 소켓 프로그래밍

폴링으로 입출력 동작을 수행하면 동기 블로킹 함수를 사용하므로 비효율적이다. 데이터의 입출력은 비동기적으로 발생하는데, 메인 프로세스에서 입출력의 발생을 기다렸다 처리하면 처리 시간보다 대기 시간이 훨씬 많아진다. 이에 대한 해결책은 입출력을 비동기적으로 처리하는 것이다. 비동기 처리란 입출력을 기다리는 것이 아니라 일단 호출된 입출력 함수는 반환되고 다른 일을 수행하다가 나중에 입출력을 처리하는 방법이다. 입출력이 발생하면 이를 기록하는 함수를 실행시키고 지나갔다가 나중에 시간 여유가 있을 때 기록을 확인하여 입출력을 처리하는 개념이다.

비동기 입출력의 발생을 기록하는 함수가 select 모듈의 select() 함수이다. 입출력이 발생할 수 있는 소켓 목록을 인수로 지정하고 select()를 호출하면 select()는 입출력을 기다리지 않고 반환된다. 프로그램이 다른 일을 처리하는 동안에 select() 함수는 소켓에서 읽기 가능, 쓰기 가능, 오류 발생 이벤트가 발생하는 소켓을 소켓 목록에 저장한다.

다른 일의 처리가 끝나면 입출력이 발생한 소켓을 조사하므로 폴링 방식보다 훨씬 효율적이다. 가장 기본적인 함수는 select()이며, poll() 함수는 유닉스에서 지원되고 윈도우에서는 지원되지 않는다.

select 모듈을 이용한 서버 프로그램

다음 예와 같이 select.select()를 호출하면 함수는 반환되고, 인수로 주어진 소켓 리스트 s_list1, s_list2, s_list3에 저장된 소켓에서 입출력이 발생하면 해당 소켓이 리스트에 저장된다. 발생 가능한 입출력은 읽기, 쓰기, 오류 발생이다. 각각의 입출력이 발생한 소켓의 목록이 각각 r_sock, w_sock, e_sock에 반환된다. 예를 들어 r_sock은 s_list1에 저장된 소켓 중에서 읽기 가능 상태가 된 소켓의 목록을 나타낸다. w_sock과 e_sock은 각각 s_list2, s_list3 소켓 중에서 쓰기 가능, 오류 발생 상태가 된 소켓 리스트를 나타낸다.

```
r_sock, w_sock, e_sock = select.select(s_list1, s_list2, s_list3, timeout)
```

timeout 인수를 생략하면 블로킹 모드로 동작하며, timeout을 설정하면 select() 함수는 이벤트가 발생하거나 timeout 후에 반환된다. timeout을 0으로 설정하면 넌블로킹 모드(nonblocking mode)로 동작한다.

다음 프로그램(select_server.py)은 select 모듈을 이용하여 다중 클라이언트를 지원하는 에코 서버이다. 프로그램에서 socks는 조사할 소켓 목록을 저장한다. 서버 소켓을 생성하여 목록에 추가하고, 클라이언트와 연결되면 클라이언트 소켓도 목록에 추가한다. 클라이언트 소켓을 통해 수신된 데이터는 화면에 출력하고 다시 전송한다. 연결이 종료되면 소켓 목록에서 해당 소켓을 제거한다.

그림 12-13은 select()를 이용한 서버 프로그램의 동작을 나타낸 흐름도이다. 서버 소켓을 생성하고 클라이언트의 연결 요청을 기다리는 listen() 함수를 호출한 다음, select.select()를 호출한다. 함수 호출 후, 클라이언트의 연결 요청이나 데이터가 도착하는 이벤트가 발생하면 r_sock에

연결 요청 또는 데이터 도착 소켓 목록을 저장한다. 또 쓰기 가능 이벤트가 발생하면 w_sock에 쓰기 가능한 소켓 목록이 저장된다. 따라서 r_sock의 내용을 조사하면 읽기 가능 이벤트가 발생한 소켓을 알 수 있고, w_sock의 내용을 조사하면 쓰기 가능 이벤트가 발생한 소켓을 알 수 있다.

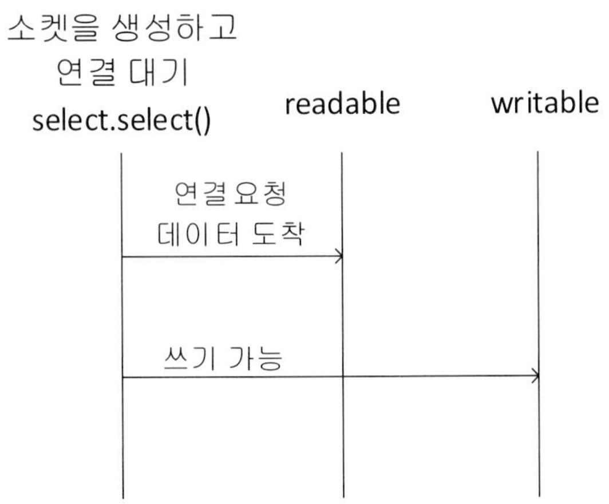

그림 12-13 select() 함수의 동작

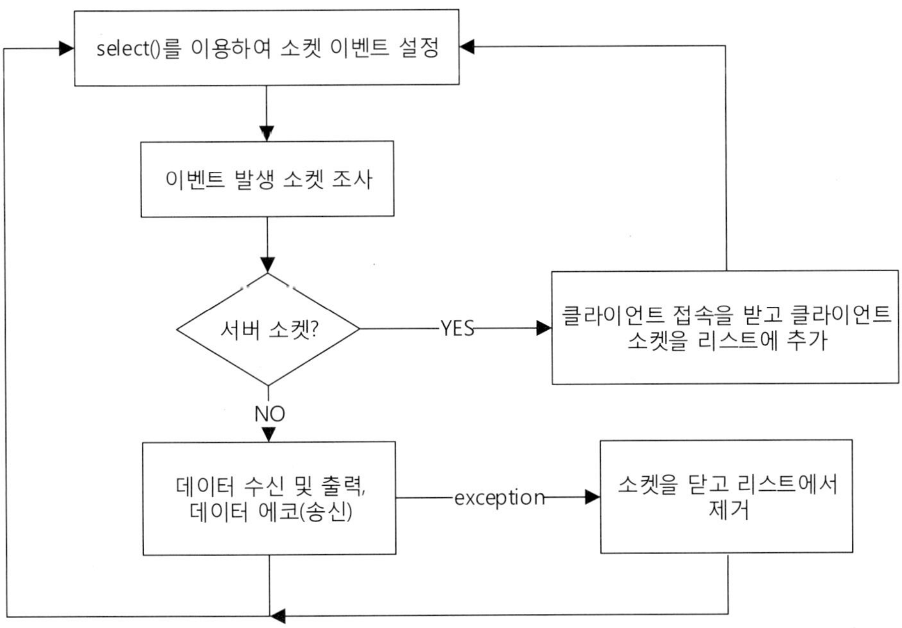

그림 12-14 select() 함수를 이용한 서버 프로그램 동작 순서

그림 12-14는 select()를 이용한 에코 서버 프로그램 순서도이다. 여기서는 읽기 가능 이벤트만 사용한다. select()가 반환한 소켓 목록을 조사하여 서버 소켓에서 이벤트가 발생했으면 연결 요청 이벤트이므로 연결된 클라이언트 소켓을 목록에 추가한다. 클라이언트 소켓에서 이벤트가 발생했으면 데이터를 수신하여 출력하고 재전송한다. 입출력이 비동기적으로 처리되므로 다중 클라이언트를 서비스할 수 있다.

▌예제 - select_server.py

```
# select()를 이용한 다중 TCP 에코 서버
# 읽기 이벤트만 조사한다

import socket, select

sock_list = [] #이벤트 조사 소켓 목록
BUFFER = 1024
port = 2500

s_sock = socket.socket() #TCP 소켓
s_sock.setsockopt(socket.SOL_SOCKET, socket.SO_REUSEADDR, 1)
s_sock.bind(('localhost', port))
s_sock.listen(5)

sock_list.append(s_sock) #서버 소켓을 목록에 추가
print("Server waiting on port " + str(port))

while True:
    r_sock, w_sock, e_sock = select.select(sock_list, [], [], 0) #감시 설정

    for s in r_sock: #읽기 이벤트 소켓 조사
        if s == s_sock: #서버 소켓?
            c_sock, addr = s_sock.accept()
            sock_list.append(c_sock) #클라이언트 소켓 목록 추가
            print(" Client (%s, %s) connectd" %addr)
        else: #클라이언트 소켓
            try:
                data = s.recv(BUFFER)
                print("Received: ", data.decode())
                if data:
                    s.send(data) #에코

```

```
33            except: #연결 종료됨
34                print("Client (%s, %s) is offline" %addr)
35                s.close()
36                sock_list.remove(s) #연결이 종료된 소켓은 목록에서 제거
37                continue
38
39    s_sock.close()
```

라인 10~15 서버 소켓을 생성하고 서버 소켓을 조사 소켓 목록에 추가한다

라인 19 select() 함수로 소켓 동작을 감시한다. 읽기 동작만 감시하므로 다른 동작을 위한 소켓 목록은 빈 리스트이다. 읽기 동작은 연결 요청과 데이터 수신 두 가지가 있다.

라인 21~25 읽기 동작이 연결 요청이면 클라이언트 소켓을 반환받아 조사 소켓 목록에 추가한다.

라인 26~31 데이터가 수신되었으면 출력하고 다시 전송한다. 데이터를 수신할 때 연결이 종료되었으면 예외가 발생한다. 따라서 try-except 구문으로 처리해야 동작 오류를 방지할 수 있다.

라인 33~37 예외가 발생하면 연결이 종료된 것이므로 소켓을 닫고 해당 소켓을 목록에서 제거한다.

[프로그램 실행]

서버 프로그램을 먼저 실행하고, 두 개 이상의 클라이언트 프로그램(TCP_client.py)을 실행해 보자. 서버는 각 클라이언트에서 보내온 메시지를 출력하고 다시 되돌려 보낸다. 서버는 두 개의 클라이언트 접속을 받아 에코 기능을 모두 수행한 것을 볼 수 있다.

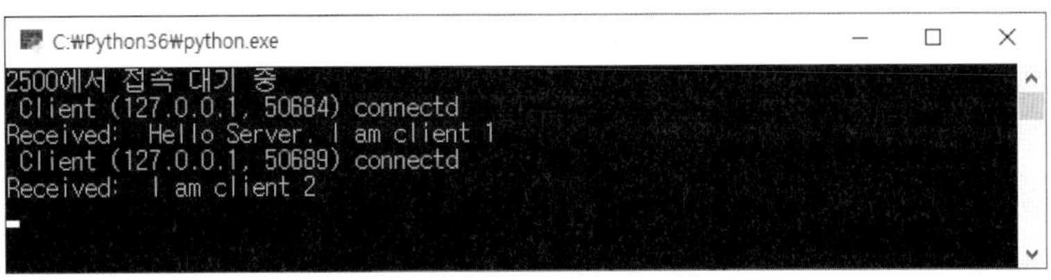

그림 12-15 select() 함수를 이용한 서버

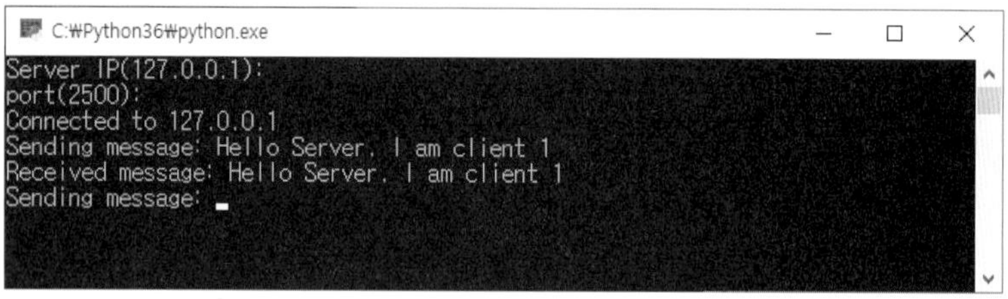

그림 12-16 select() 함수를 이용한 클라이언트 1

그림 12-17 select() 함수를 이용한 클라이언트 2

select 모듈을 이용한 클라이언트 프로그램

select 모듈을 사용하여 클라이언트 프로그램을 작성해 보자. 클라이언트가 서버와 연결되었을 때 먼저 데이터를 수신할 수도 있다. 데이터가 수신되면 수신 메시지를 출력하고 사용자 메시지를 전송한다. 수신 메시지가 없으면 바로 사용자 메시지를 전송한다. 따라서 수신 메시지가 없으면 select() 함수를 즉시 종료하여 다음 프로세스를 진행할 수 있어야 한다. select()를 호출할 때 timeout = 0으로 설정하면 이 함수는 넌블로킹 모드로 동작하여 수신 메시지가 없으면 즉시 반환된다.

▌예제 select_client.py

```
# select 모듈을 이용한 TCP 클라이언트 프로그램
from socket import *
from select import *

socks = [] #소켓 목록
sock = socket()
sock.setsockopt(SOL_SOCKET, SO_REUSEADDR, 1)
socks.append(sock) #생성된 소켓을 목록에 추가
sock.connect(('localhost', 2500)) #서버 연결

```

```
11 while True:
12     r_sock, w_sock, e_sock = select(socks,[],[], 0) #넌블록킹 모드
13     if r_sock: #읽기 가능 이벤트 발생
14         for s in r_sock:
15             if s == sock: #자신에게 온 데이터인가?
16                 msg = sock.recv(1024).decode()
17                 print("수신 메시지:", msg)
18     smsg = input("전송 메시지: ")
19     sock.send(smsg.encode())
```

라인 5~9 TCP 소켓을 생성하고 소켓 목록에 추가한다. socks는 소켓 목록을 저장하는 리스트 변수다.

라인 12 select()를 호출할 때 timeout = 0으로 설정한다. 따라서 이벤트가 발생한 소켓이 없으면 함수는 즉시 반환된다. timeout을 0이 아닌 값으로 설정하면 이벤트가 발생하거나 timeout 후에 반환된다.

라인 13~17 읽기 이벤트가 발생한 소켓이 있으면 데이터를 수신하여 출력한다.

라인 18~19 송신 메시지를 입력받아 서버로 전송한다.

[프로그램 실행]

앞에서 작성한 서버 프로그램(select_server.py)을 먼저 실행하고 클라이언트 프로그램을 실행해 보자. 그림 12-18과 같은 클라이언트 화면을 볼 수 있다.

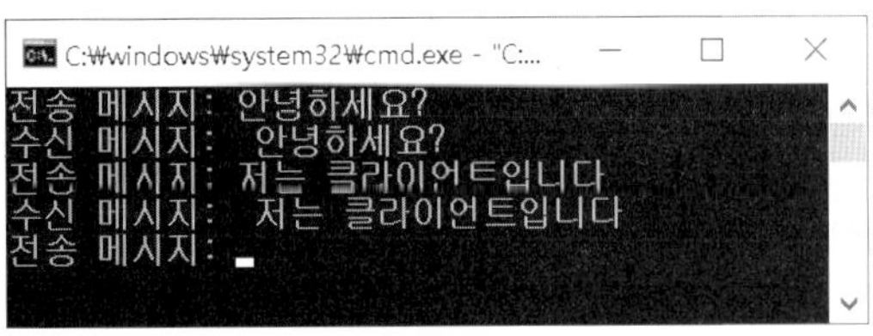

그림 12-18 select() 함수를 이용한 클라이언트

select 모듈을 이용한 GUI 소켓 프로그래밍

이번에는 select 모듈을 사용하여 그림 12-19와 같은 GUI 클라이언트 프로그램을 작성해 보자. tkinter 모듈을 이용하여 프로그램할 때 mainloop() 함수를 실행하면 모든 제어권은 mainloop()가 갖게 된다. 따라서 데이터 수신과 같은 비동기 입출력 동작을 사용자 응용 프로그램에서 확인하기 어렵다. 주기적으로 이벤트 발생을 확인하기 위해 tkinter 모듈의 after() 메서드를 사용한다. after(delay_time, method)는 delay_time 후에 메서드를 실행하는 이벤트를

mainloop에 등록한다. 따라서 mainloop에서 등록된 이벤트를 처리하므로 주기적인 이벤트 확인이 가능하다.

■ 예제 - select_GUI_client.py

```
#GUI TCP 클라이언트 프로그램
#버튼 클릭으로 ON/OFF 제어

from socket import *
from tkinter import *
import time
from select import *

#데이터를 수신하고 처리하는 함수
def handle():
    global root, sock, switch_state_label

    #클라이언트 소켓의 읽기 가능 조사
    r_sock, w_sock, e_sock = select([sock], [], [], 0)

    #데이터를 읽고 메시지를 처리한다
    if r_sock:
        msg = sock.recv(1024).decode()
        print(msg)
        if msg.upper() == 'OFF':
            switch_state_label.configure(text='Switch is OFF')
        else:
            switch_state_label.configure(text='Switch is ON')

    #연속적인 동작을 위해 200ms 후에 다시 handle 함수 호출
    root.after(200, handle)

#버튼 클릭 콜백 함수
def button_command():
    global sock, btn_text, btn_color

    if btn_text == 'ON':
        btn_text = 'OFF'
        btn_color = 'blue'

    else:
        btn_text = 'ON'
```

```
        btn_color = 'red'

    LED_button.configure(text=btn_text, bg=btn_color)#버튼 표시 수정
    sock.send(btn_text.encode()) #LED 상태 전송

#소켓을 생성하고 연결
sock = socket() #기본으로 TCP 소켓 생성
sock.connect(('localhost', 2500))

#루트 윈도우
root = Tk()
btn_color = 'red'
btn_text = 'ON'

#라벨과 버튼 생성
LED_label = Label(text="LED")
Switch_label = Label(text="SWITCH")
switch_state_label = Label(text="Switch is OFF",fg='blue')
LED_button = Button(text=btn_text, fg='yellow',
                    bg=btn_color, command=button_command)

#라벨과 버튼 배치
LED_label.grid(row=0, column=0)
LED_button.grid(row=0, column=1)
Switch_label.grid(row=1, column=0)
switch_state_label.grid(row=1, column=1, sticky=E)

handle() #데이터를 읽고 처리한다
root.mainloop() #윈도우 루프 실행
```

[프로그램 실행]

서버 프로그램(select_server.py)을 먼저 실행하고 select_GUI_Client.py를 실행한다. LED 버튼을 클릭하면 ON/OFF가 교대로 표시된다. 클라이언트에서 LED 상태를 서버로 보내면 서버는 ON 또는 OFF 메시지를 그대로 되돌려준다. 클라이언트에서는 서버로부터 받은 메시지에 따라 "Switch is ON" 또는 "Switch is OFF"를 라벨로 표시한다.

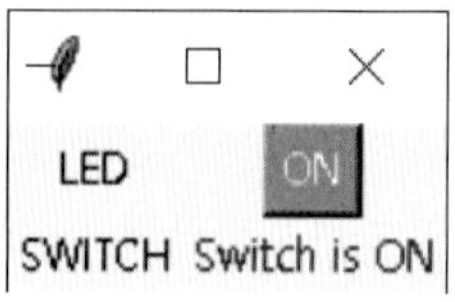

그림 12-19 select()를 이용한 GUI 프로그램

select와 queue 모듈을 이용한 소켓 프로그래밍

다음에는 select와 함께 queue 모듈을 사용한 소켓 프로그래밍 방법을 알아보자. queue 모듈은 멀티스레드 프로그램에 필요한 임시 데이터 저장소이다.

큐에 데이터를 저장하고 인출하는 방식에 따라 다음과 같이 3가지 종류가 있다.

- **FIFO 큐** 먼저 저장된 데이터가 먼저 인출되는 방식
- **LIFO 큐** 마지막으로 저장된 데이터가 먼저 인출되는 방식
- **우선순위 큐** 저장된 데이터를 분류하여 가장 값이 낮은 데이터가 먼저 인출되는 방식

종류에 따라 큐를 생성하는 클래스는 다음과 같다.

```
queue.Queue()              FIFO 큐 생성
queue.LifoQueue()          LIFO 큐 생성
queue.PriorityQueue()      우선순위 큐 생성
```

큐에 데이터를 저장하거나 인출하는 동작은 스레드의 영향을 받지 않는다. queue.Queue()를 사용하여 선입선출 데이터 큐를 만들 수 있다. Queue 클래스의 put() 메서드를 사용하여 데이터를 큐에 저장하고, get() 메서드를 사용하여 큐에서 데이터를 인출한다. 다음 프로그램을 살펴보자.

```
import queue
fifo_q = queue.Queue() #FIFO 큐 생성
data = ['Hello', 'World', 'Python', 'Korea']
for value in data: #큐에 저장
    fifo_q.put(value)

while not fifo_q.empty(): #큐에 저장된 값이 있는지 확인
    print(fifo_q.get()) #저장된 데이터를 인출하여 출력
```

queue.Queue() 생성자를 사용하여 FIFO 큐를 생성한다. fifo_q.put(idx)로 리스트 값을 하나씩 큐에 저장하고, fifo_q.get()를 사용하여 큐에 저장된 값을 차례대로 꺼내어 출력한다.

```
Hello
World
Python
Korea
```

큐를 이용하면 멀티 클라이언트의 요청을 효율적으로 처리할 수 있다. 클라이언트의 요청이 들어오면 일단 요청 큐에 저장하고 시간적 여유가 있을 때 요청 큐에 저장된 요청을 처리하여 응답 큐에 저장한다. 저장된 응답은 나중에 송신한다. 일반적으로 처리에 시간이 많이 소요되므로 우선순위를 정하여 할 수도 있고, 간단한 처리를 먼저 할 수도 있으므로 효율적인 처리가 가능하다.

다음 프로그램(select_queue_server.py)은 큐를 사용하여 다중 클라이언트의 데이터를 받아 재전송하는 에코 서버이다. 데이터가 수신되면 큐에 저장하고, 소켓이 쓰기 가능 상태가 되면 큐에 저장된 메시지를 전송한다. 이 프로그램에서 사용하는 소켓 목록은 다음과 같다.

```
r_sock[]: 수신 소켓 목록
w_sock[]: 송신 소켓 목록
msgQueues{}: "key: 소켓, value:전송 데이터 큐"인 딕셔너리
```

r_sock[]는 서버 소켓과 연결된 클라이언트 소켓의 목록이다. 서버 소켓을 생성하여 r_sock[]에 저장한 다음, 클라이언트와 연결되면 클라이언트 소켓도 이 목록에 저장한다. 연결이 해제되면 해당 소켓은 목록에서 제거된다. w_sock[]는 데이터를 전송할 소켓의 목록이다. msgQueues는 key가 소켓이고, value가 메시지 큐인 딕셔너리 변수이다. 따라서 msgQueues[소켓]은 메시지 큐이므로 msgQueues[소켓].put(data)으로 메시지 큐에 데이터를 저장하고, msgQueues[소켓].get()으로 메시지 큐에서 데이터를 인출한다. 각 클라이언트 소켓은 별도의 메시지 큐를 갖게 된다.

예를 들어 소켓 sock를 통해 전송할 데이터가 있으면 w_sock.append(sock)으로 소켓을 목록에 추가하고, msgQueues[sock] = queue.Queue() 명령으로 sock를 위한 메시지 큐를 생성하여 메시지 큐 딕셔너리에 추가한다. 이 소켓을 위한 메시지 큐에 저장하려면 msgQueues[sock].put(data)를 실행하고 데이터를 인출하려면 msgQueue[sock].get_nowait()를 실행한다.

get_nowait() 함수는 데이터가 있으면 즉시 인출하는 함수이다.

그림 12-20은 서버 프로그램(select_queue_server.py)에서 select() 함수가 읽기 가능 소켓을 반환했을 때 이벤트 발생 소켓이 서버 소켓인 경우와 클라이언트 소켓인 경우의 처리를 나타낸 것이다. 그림 12-21은 쓰기 가능 이벤트와 오류 이벤트에 대한 처리를 나타낸 것이다.

읽기가능 이벤트 발생

서버 소켓?

accept()
수신 소켓목록에 client 소켓 추가
client 소켓을 위한 메시지 큐 생성

클라이언트 소켓?

데이터를 수신하여 데이터가 있으면:
데이터를 메시지 큐에 저장
송신 소켓목록에 client소켓 추가

데이터가 없으면:
송수신 소켓목록에서 소켓 제거
소켓을 닫는다
메시지 큐에서 메시지 제거

그림 12-20 select()와 queue를 이용한 read 동작

쓰기가능 이벤트 발생

소켓의 메시지 큐에서 메시지를
인출하여 전송
메시지가 없으면 송신 소켓목록에서
소켓 제거

예외 이벤트 발생

송수신 소켓목록에서 소켓을
제거하고 메시지 큐에서 메시지 삭제

그림 12-21 select()와 queue를 이용한 write와 exception 처리

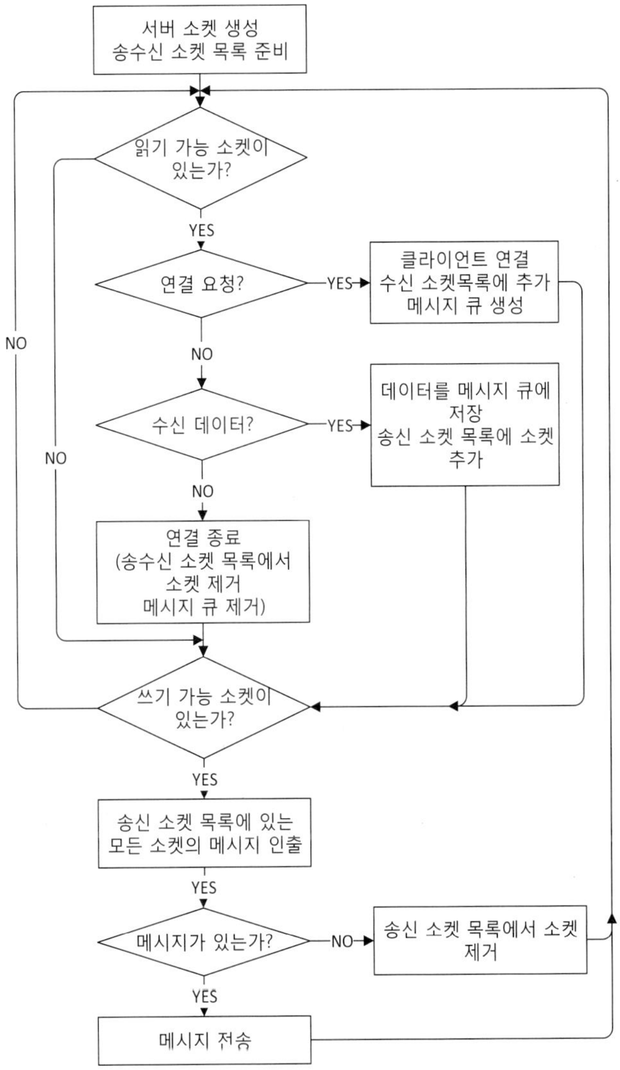

그림 12-22 select와 queue 모듈을 이용한 에코 서버 순서도

그림 12-22는 서버 프로그램의 순서도이다. 순서도에서는 예외 이벤트는 생략하고 읽기와 쓰기 이벤트만 표시하였다.

▌예제 – select_queue_server.py

```
#select와 queue 모듈을 이용한 에코 서버 프로그램

import select, socket, sys, queue
```

```
s_sock = socket.socket(socket.AF_INET, socket.SOCK_STREAM)
s_sock.setblocking(0) #블록킹 모드
s_sock.bind(('localhost', 2500))
s_sock.listen(5)

r_socks = [s_sock] #수신 소켓 목록. 서버 소켓 추가
w_socks = [] #송신 소켓 목록
msgQueues = {}#메시지 큐의 목록 {소켓: 메시지큐}

while r_socks:
    readEvent, writeEvent, errorEvent = select.select(
        r_socks, w_socks, r_socks)

    for s in readEvent: #읽기 가능 소켓 조사
        if s is s_sock: #서버 소켓인가?
            c_sock, c_address = s.accept()
            c_sock.setblocking(0) #블록킹 모드
            r_socks.append(c_sock) #클라이언트 수신 소켓 목록에 추가
            msgQueues[c_sock] = queue.Queue() #큐 생성

        else: #클라이언트 소켓인가?
            data = s.recv(1024)
            if data: #수신 데이터가 있으면
                msgQueues[s].put(data) #수신 메시지를 큐에 저장
                if s not in w_socks: #새로운 소켓이면 송신 소켓 목록에 추가
                    w_socks.append(s)
            else: #연결이 종료되었으면
                if s in w_socks:
                    w_socks.remove(s) #송신 소켓 목록에서 제거
                r_socks.remove(s) #수신 소켓 목록에서 제거
                s.close()
                del msgQueues[s] #메시지 큐 제거

    for s in writeEvent: #쓰기 가능 소켓 조사
        try:
            next_msg = msgQueues[s].get_nowait() #메시지 큐에서 메시지 인출
        except queue.Empty: #큐가 비었으면
            w_socks.remove(s) #송신 소켓 목록에서 제거
        else:
            s.send(next_msg) #인출된 메시지 전송
```

```

        for s in errorEvent: #오류 발생 소켓 조사
            r_socks.remove(s) #수신 소켓 목록에서 제거
            if s in w_socks:
                w_socks.remove(s)#송신 소켓 목록에서 제거
            s.close()
            del msgQueues[s] #해당 소켓의 메시지 큐 제거
```

[프로그램 실행]

서버 프로그램(select_queue_server.py)을 먼저 실행하고, 클라이언트 프로그램(TCP_client.py)을 두 개 이상 실행하여 서버에 접속해 본다. 클라이언트에서 보낸 메시지가 잘 수신되는지 확인한다.

12.3 socketserver 모듈을 이용한 서버 프로그래밍

서버 모듈을 이용한 소켓 프로그래밍의 기본

이벤트 방식의 소켓 프로그램을 작성하기 위해 사용되는 파이썬 모듈은 보통 두 가지 클래스를 제공한다. 하나는 소켓을 생성하기 위한 클래스이고 다른 하나는 이벤트를 처리하기 위한 클래스이다. 생성 클래스를 팩토리 클래스라 하고 이벤트 클래스를 프로토콜 클래스[18]라 한다. 소켓 생성 클래스는 소켓을 생성하고 상대방과 연결이 되면 이벤트 루프를 시작한다. 이벤트 루프는 이벤트 발생을 감시하고 이를 처리하기 위해 콜백 함수를 호출하는 루틴이다. 이벤트 클래스는 연결 후에 발생하는 송수신과 같은 이벤트를 처리한다.

발생한 이벤트와 관련된 정보(소켓, 데이터, 주소 등)는 이벤트 루프가 콜백 함수를 호출할 때 다음과 같은 방법으로 전달된다.

- 콜백 함수의 인수로 전달
- 프로토콜 클래스의 부모 클래스에 정의된 인스턴스 변수나 속성으로 전달

18) 이벤트에 대한 콜백 함수가 정의된 클래스

비동기 소켓 모듈을 이용하여 소켓 프로그램을 작성하는 일반적인 과정은 다음과 같다.

- 모듈의 소켓 생성 클래스를 이용하여 소켓 객체를 생성한다
- 소켓 실행 시작 함수를 호출하여 소켓 객체를 이벤트 루프에 등록하고 이벤트 루프를 시작한다.
- 소켓에서 발생하는 이벤트를 처리하기 위한 이벤트 클래스를 만든다. 각 이벤트에 대한 콜백 함수는 미리 정해져 있으며 콜백 함수에서 처리할 내용을 정의한다

socketserver 모듈은 서버 프로그램을 쉽게 작성하기 위한 모듈이다. 이 모듈을 이용하여 TCP 서버나 UDP 서버를 만들 수 있으며, 서버를 만들려면 서버 객체와 핸들러 클래스[19]가 필요하다. 서버 객체의 유형은 스트림 소켓을 위한 TCP 서버와 데이터그램 소켓을 위한 UDP 서버가 있다. 서버 객체를 만들 때, 주소(IP 주소와 포트 번호)와 함께 클라이언트의 요청을 처리하기 위한 핸들러 클래스가 인수로 전달된다. 서버 객체가 생성될 때 다음과 같은 작업이 이루어진다.

- 서버 소켓을 생성한다.
- 소켓을 주소와 결합한다.
- 클라이언트의 연결을 기다리다 연결 요청이 오면 이를 수용하고 핸들러 클래스에게 소켓 이벤트 처리를 넘긴다.

socketserver 모듈의 BaseRequestHandler 클래스에서 상속된 핸들러 클래스는 클라이언트의 데이터를 읽고 필요한 작업을 수행한다. 클라이언트와 연결을 담당하는 것이 아니라 연결 이후에 수신 데이터를 읽고 처리하여 응답을 보낸다. 핸들러 클래스에서 재정의될 수 있는 함수는 다음과 같이 3가지가 있다.

setup() 함수는 클라이언트와 연결되면 실행된다.
handle() 함수는 데이터가 수신되면 실행된다.
finish() 함수는 연결이 해제되면 실행된다.

그러나 대부분의 핸들러 클래스는 handle() 함수만 재정의된다. handle() 함수에서 데이터 송수신을 위해 필요한 소켓과 상대방 주소는 BaseRequestHandler 클래스에 request와

19) socketserver 모듈에서는 이벤트 클래스를 핸들러 클래스라 한다

client_address 인스턴스 변수로 정의되어 있다. socketserver를 사용한 서버 프로그램의 구성은 그림 12-23과 같다.

그림 12-23 socketserver 모듈의 동작

socketserver 모듈을 사용한 TCP 서버 프로그램

TCP 서버 객체는 socketserver.TCPServer 클래스를 이용하여 만든다.

```
class socketserver.TCPServer(server_address, RequestHandlerClass,
bind_and_activate=True)
```

server_address는 (host, port) 주소이며, RequestHandlerClass는 클라이언트의 요청을 처리하는 핸들러 클래스이다. 클라이언트로부터 데이터가 도착하면 핸들러 클래스의 handle() 메서드가 실행된다. 따라서 핸들러 클래스의 handle() 메서드에서 수신 데이터를 처리하여 응답을 생성하고 전송한다. 응답 전송이 끝나면 연결 소켓은 종료된다. bind_and_activate가 True로 설정되면 클라이언트와 연결 과정이 자동으로 처리된다. TCP 서버 객체의 serve_forever() 함수를 호출하면 이벤트 루프가 시작되어 데이터가 수신될 때 handle()함수를 호출하여 수신 데이터를 처리한다.

socketserver 모듈을 이용하여 TCP 에코 서버 프로그램을 작성해 보자.
먼저 BaseRequestHandler 클래스에서 상속된 핸들러 클래스를 정의하고 handle() 메서드를 재정의한다. handle() 메서드가 반환되면 연결도 종료되는데 이는 클라이언트와의 연결을 유지하는 것이 아니라 웹서버처럼 클라이언트의 요청을 받아 응답을 보낸 후 연결을 해제한다는 의미이다. 다시 서비스를 요청하려면 클라이언트는 다시 연결해야 한다.

▌예제 – socketserver_TCPserver.py

```
1   # socketserver 모듈을 이용한 TCP 에코 서버 프로그램
2   import socketserver

3   class TCPHandler(socketserver.BaseRequestHandler):
4     def handle(self): #데이터가 수신되면 한 번만 실행
5             # self.request는 클라이언트와 연결된 소켓
6             self.data = self.request.recv(1024).strip()
7             print(("{} wrote:".format(self.client_address[0])))
8             print((self.data))
9
10            # 수신 문자 반송
11            self.request.sendall(self.data.lower())
12  if __name__ == "__main__":
13    host, port = "localhost", 2500
14    # 서버 생성
15    server = socketserver.TCPServer((host, port), TCPHandler)
16    # 서버 실행
17    server.serve_forever()
```

라인 3~11	핸들러 클래스와 handle() 메서드를 재정의한다. 이 메서드의 self.request는 BaseRequestHandler 클래스에 정의된 인스턴스 변수로 클라이언트 소켓을 나타낸다. 따라서 self.request.recv(1024).strip()은 클라이언트에서 메시지를 받아 공백 문자를 제거한다. self.client_address는 클라이언트 주소를 나타낸다. 이 변수도 BaseRequestHandler 클래스에 정의된 인스턴스 변수이다. 수신 문자열은 소문자로 변환하여 sendall()를 사용하여 다시 클라이언트에게 전송한다.
라인 13	서버 주소와 포트를 지정한다.
라인 15	TCP 서버 소켓 객체를 생성하고 주소 정보와 handle() 함수가 정의된 핸들러 클래스를 인수로 전달한다.

라인 17 서버를 실행한다. 서비스는 무한 반복된다. 이는 클라이언트의 연결 요청을 받아 데이터를 처리하고 연결이 종료되는 과정이 반복된다는 의미이다.

[프로그램 실행]

socketserver_TCPserver.py 서버 프로그램을 먼저 실행하고 TCP_client.py 클라이언트 프로그램을 실행한다. 클라이언트에서 메시지를 입력하면 서버로 전송되고 서버로부터 같은 메시지를 받게 된다.

서버가 실행 중인 상태에서 클라이언트 프로그램을 하나 더 실행해 보자. 두 번째 클라이언트도 자신이 보낸 메시지를 그대로 받을 수 있다. 그러나 첫 번째 클라이언트의 연결은 해제되었으므로 더 이상 데이터를 송수신할 수 없다. 서버는 server.serve_forever() 함수에 의해 클라이언트의 요청을 받고 이를 처리하여 응답을 보내는 동작을 반복하며 기존 연결을 유지하지 않는다.

연습문제 12-7

(1) TCPHandler 클래스에서 setup() 메서드를 재정의하여 "연결되었습니다"라는 메시지를 출력하고, finish() 메서드를 재정의하여 "연결이 해제되었습니다"라는 메시지가 출력되도록 서버 프로그램을 수정하시오.
(2) 서버 프로그램의 handle() 함수는 클라이언트가 접속하면 한 번만 실행된다. 따라서 클라이언트에서 계속 메시지를 보내면 에러가 발생한다. 연속적인 메시지 송수신이 가능하도록 handle() 프로그램을 수정하시오.(힌트: handle()에서 계속 처리가 되도록 while True: 문장을 추가한다)
(3) 제11장에서 설명한 요청 처리 서버(TCP_process_server.py)를 socketsever 모듈을 이용하여 작성하시오.

socketserver 모듈을 사용한 UDP 서버 프로그램

다음은 socketserver 모듈을 이용하여 UDP 에코 서버 프로그램을 작성해 보자.
UDP 서버 객체는 UDPServer 클래스를 이용하여 만들 수 있다. UDP 프로토콜을 이용하여 서비스가 이루어지므로 클라이언트에서 접속할 때는 데이터그램 소켓(SOCK_DGRAM)을 만들어 접속해야 한다.

```
class socketserver.UDPServer(server_address, RequestHandlerClass,
bind_and_activate=True)
```

이 클래스의 파라미터는 TCPServer의 파라미터와 같다.

UDP 소켓을 사용할 때 self.request의 기능은 TCP 서버와는 다르다. UDP 소켓의 self.request는 수신 데이터와 소켓을 저장하는 튜플 인스턴스 변수이다. self.request[0]는 수신 데이터를 나타내고, self. request[1]는 클라이언트 소켓을 나타낸다.

▌예제 - socketserver_UDPserver.py

```
1   #socketserver 모듈을 이용한 UDP 에코 서버 프로그램
2
3   import socketserver
4
5   class UDPHandler(socketserver.BaseRequestHandler):
6
7       #데이터가 수신되면 한번 실행
8       def handle(self):
9
10          #data = self.request[0], socket = self.request[1]
11          #address = self.client_address
12          data = self.request[0].strip() #수신 데이터
13          socket = self.request[1] #클라이언트 소켓
14          print("{} wrote:".format(self.client_address[0]))
15          print(data)
16          socket.sendto(data.upper(), self.client_address) #재전송
17
18  if __name__ == "__main__":
19      host, port = "localhost", 2500
20
21      #UDP 소켓을 생성하고 실행
22      with socketserver.UDPServer((host, port), UDPHandler) as
    server:
23          server.serve_forever()
```

라인 5~16 UDP 핸들러 클래스와 handle() 함수를 정의한다. self.request[0]는 수신 데이터를 나타내고, self.request[1]는 소켓을 나타낸다. 또 client_address는 상대방의 주소이다. UDP 소켓이 사용되므로 수신 데이터를 다시 전송하기 위해 sendto() 함수를 사용한다.

라인 18~23 주소와 포트를 지정하고, UDPServer 클래스를 사용하여 UDP 서버 객체를 생성한다. 이 서버 객체의 serve_forever() 함수를 이용하여 요청 처리

루프를 실행한다. 먼저 socketserver_UDPserver.py 서버 프로그램을 실행하고, UDP_client.py 클라이언트 프로그램을 실행한다. 클라이언트에서 입력한 메시지가 되돌아오는지 확인한다.

연습문제 12-8

11장에서 설명한 1:1 UDP 채팅 서버 프로그램(UDP_chat_server.py)을 socketserver 모듈을 이용하여 작성하시오. 동작 확인을 위한 클라이언트 프로그램은 UDP_chat_client.py를 사용하시오.

ThreadingMixIn 클래스를 이용한 멀티 클라이언트 지원 서버

앞에서 설명한 TCPServer나 UDPServer 클래스는 단일 스레드로 동작한다. 즉 TCPServer 클래스로 생성된 소켓은 하나의 클라이언트만 서비스한다. 멀티 클라이언트를 서비스하려면 socketserver.ThreadingMixIn 클래스를 TCPServer 또는 UDPServer 클래스와 함께 사용한다. 따라서 두 개의 클래스를 부모 클래스로 갖는 파생 클래스를 정의할 필요가 있다.

ThreadingMixIn 클래스로부터 파생 클래스를 다음과 같이 정의한다. TCP 서버를 생성하려면 TCPServer 클래스를 부모 클래스로 함께 지정하고 UDP 서버를 생성하려면 UDPServer 클래스를 부모 클래스로 같이 지정한다. 이 클래스가 하는 일은 없으므로 pass를 실행한다. 그림 12-24는 ThreadingMixIn을 사용한 프로그램 개요이다.

```
class ThreadedTCPServer(socketserver.ThreadingMixIn,
socketserver.TCPServer):
        pass
```

ThreadedTCPServer 클래스를 이용하여 서버 객체를 만들 때 TCPServer 클래스를 부모 클래스로 사용하므로 소켓 주소(IP주소, 포트)와 핸들러 클래스(ThreadedTCPRequestHandler)를 전달한다. 핸들러 클래스는 서버와 클라이언트가 연결되었을 때 데이터 수신 등 클라이언트의 요청을 처리하는 클래스이다. TCPServer나 UDPServer를 만들 때와 마찬가지로 BaseRequestHandler로부터 핸들러 클래스를 만들고 이 클래스에서 handle() 함수를 재정의한다. handle() 함수는 데이터가 수신되면 호출된다.

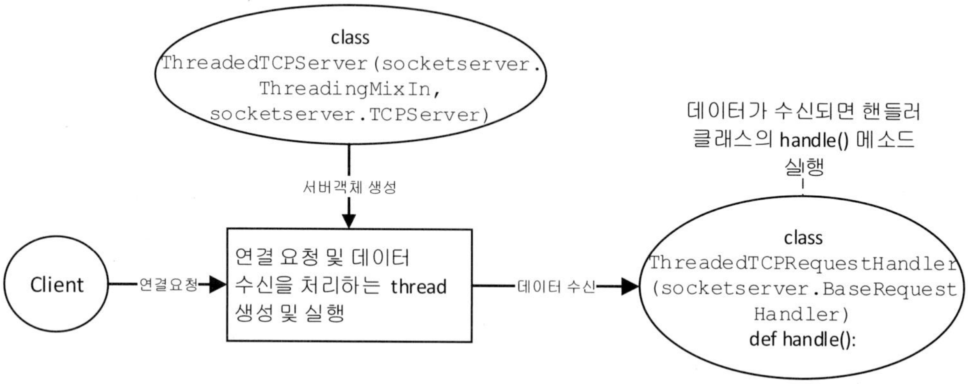

그림 12-24 ThreadingMixIn 클래스를 이용한 멀티 클라이언트 서버 동작

main 함수에서는 ThreadedTCPServer 파생 클래스로 서버 객체를 만들고 클라이언트 연결 요청을 받아 처리할 수 있도록 스레드를 생성하고 실행한다. 이 스레드는 target 파라미터로 serve_forever() 함수를 지정한다.

```
server = ThreadedTCPServer((HOST, PORT), ThreadedTCPRequestHandler)
server_thread = threading.Thread(target=server.serve_forever)
server_thread.start()
```

따라서 서버가 클라이언트의 연결 요청을 받으면 스레드가 연결 처리를 하고 연결 이후의 클라이언트 요청은 ThreadedTCPRequestHandler 클래스가 처리한다.

▌예제 - socketserver_ThreadingMixIn.py

```
#ThreadingMixIn을 이용한 넌블록킹 소켓 TCP 에코 서버 프로그램

import socket
import threading
import socketserver

#소켓 요청 처리 클래스
class ThreadedTCPRequestHandler(socketserver.BaseRequestHandler):
    def handle(self):
        data = str(self.request.recv(1024), 'utf-8') #self.request = 소켓
        cur_thread = threading.current_thread() #실행 스레드
```

```
        response = bytes("{}: {}".format(cur_thread.name, data), 'utf-8')
        self.request.sendall(response) #서버 응답 전송

#서버 객체 생성 클래스
class ThreadedTCPServer(socketserver.ThreadingMixIn, socketserver.TCPServer):
    pass

#클라이언트 함수
def client(ip, port, message):
    with socket.socket(socket.AF_INET, socket.SOCK_STREAM) as sock:
        sock.connect((ip, port))
        sock.sendall(bytes(message, 'utf-8'))
        response = str(sock.recv(1024), 'utf-8')
        print("수신: {}".format(response))

if __name__ == "__main__":

    host, port = "localhost", 2500

    #서버 객체를 생성하고 요청 처리 클래스 지정
    server = ThreadedTCPServer((host, port), ThreadedTCPRequestHandler)

    #서버를 위한 스레드 생성과 실행
    ip, port = server.server_address #서버 주소와 포트
    server_thread = threading.Thread(target=server.serve_forever) #스레드 생성
    server_thread.daemon = True
    server_thread.start()
    print(f"{server_thread.name} 스레드에서 서버 실행")

    #클라이언트 호출
    client(ip, port, "안녕하세요 1")
    client(ip, port, "안녕하세요 2")
    client(ip, port, "안녕하세요 3")

    server.shutdown() #서버 종료
```

라인 9~13 핸들러 클래스에서 handle() 함수를 재정의한다. handle() 함수에서 데이터를 수신하고 현재 실행 중인 thread 이름과 함께 수신 데이터를 클라이언트에게 보낸다.

라인 16~17 넌블로킹 서버를 생성하기 위한 클래스를 정의한다. 이 클래스의 부모 클래스는 ThreadingMixIn와 TCPServer 이다.

라인 20~25 서버에게 메시지를 보내고 서버가 보내는 응답을 받아 출력하는 클라이언트 기능을 수행하는 함수이다.

라인 32 넌블로킹 서버 객체를 생성한다. 서버 주소 (host, port)와 함께 핸들러 클래스를 전달한다.

라인 35~39 넌블로킹 서버를 위한 스레드를 생성하고, target으로 server.serve_forever() 함수를 지정한다. 따라서 스레드가 시작되면 serve_forever() 함수에 의해 서버가 실행된다. 클라이언트가 연결될 때마다 스레드가 생성된다.

라인 42~44 다수의 클라이언트를 생성하여 서버에 접속하고 메시지를 보낸다.

라인 46 서버를 종료한다.

[프로그램 실행]

프로그램 내부에 클라이언트 객체를 생성하고 서버에 접속하여 메시지를 보내는 부분이 포함되어 있으므로 이 프로그램을 실행하면 그림 12-25와 같은 결과를 볼 수 있다. 여기서 각 클라이언트가 별도의 스레드 서버에 의해 서비스되는 것을 알 수 있다.

```
>>> %Run socketserver_ThreadingMixIn.py
 Thread-1 스레드에서 서버 실행
 수신: Thread-2: 안녕하세요 1
 수신: Thread-3: 안녕하세요 2
 수신: Thread-4: 안녕하세요 3
```

그림 12-25 ThreadingMixIn을 이용한 서버 동작

연습문제 12-9

자체 클라이언트를 호출하지 않고 TCP_client.py 클라이언트 프로그램과 통신할 수 있도록 서버 프로그램을 수정하시오.

socketserver 모듈에는 이러한 작업을 쉽게 하기 위한 클래스가 다음과 같이 정의되다. 따라서 파생 클래스를 정의하지 않고 아래의 클래스를 직접 이용해도 된다.

```
class socketserver.ThreadingTCPServer
class socketserver.ThreadingUDPServer
```

또 요청 처리 클래스도 TCP와 UDP에 대해 따로 정의되어 있다. socketserver.StreamRequestHandler는 TCP 소켓을 위한 요청 처리 클래스이고, socketserver.DatagramrequestHandler는 UDP 소켓을 위한 요청 처리 클래스이다.

두 개의 클래스는 모두 BaseRequestHandler에서 파생된 것이므로 요청 처리 메서드는 handle()이다. 이들 클래스의 파생 클래스에서 handle() 메서드를 재정의하여 사용한다. 두 클래스는 self.rfile과 self,wfile 속성을 제공하며 self.rfile.read() 또는 self.rfile.readline() 함수를 이용하여 수신할 수 있고, self.wfile.write() 함수를 이용하여 송신할 수 있다.

다음은 ThreadingTCPServer 클래스를 이용하여 멀티 클라이언트를 위한 서버 객체를 생성하고 StreamRequestHandler 클래스를 이용하여 수신 메시지를 되돌려 보내는 에코 서버이다.

▌예제 - ThreadingMixIn_echo_server.py

```
#ThreadingMixIn + TCPServer 클래스를 이용한 멀티 클라이언트 에코 서버
import socketserver
import threading

class RequestHandler(socketserver.StreamRequestHandler):
    def handle(self): #요청 처리 메서드
        client = f'{self.client_address} on {threading.currentThread().getName()}'
        print(f'Connected: {client}')
        while True:
            data = self.rfile.readline() #데이터 수신
            if not data:
                break
            print(data.decode())
            self.wfile.write(data) #데이터 송신
        print(f'Closed: {client}')

with socketserver.ThreadingTCPServer(('', 2500), RequestHandler) as server:
    print(f'The echo server is running...')
    server.serve_forever()
```

이 서버와 함께 클라이언트를 실행할 때 메시지와 함께 "₩r₩n"을 전송해야 한다. TCP_client.py 프로그램에서 송신 메시지에 "₩r₩n"을 추가하여 송신하도록 수정하여 서버와 함께 실행한다. 여러 개의 클라이언트를 동시에 실행하여 모두 서비스되는지 확인해 보자.

ThreadingMixIn과 http.server 모듈을 이용한 감시 카메라 구현

컴퓨터에 웹캠을 설치하고 촬영된 영상을 웹브라우저에서 볼 수 있도록 프로그램하면 감시 카메라를 구현할 수 있다. 프로그램을 위해 앞에서 설명한 팩토리 클래스와 프로토콜 클래스가 필요하다. 팩토리 클래스는 socketserver.ThreadingMixIn과 http.server.HTTPServer 클래스를 상속받아 만들면 다중 클라이언트를 지원하는 웹 서버를 구현할 수 있다. http.server는 간단한 웹서버를 구현하기 위한 모듈이다. 이 모듈에 대한 설명은 14장을 참고하기 바란다. 프로토콜 클래스는 웹브라우저에서 영상을 제공하는 서비스를 구현해야 하므로 http.server.BaseHTTPRequestshandler 클래스를 상속받아 구현할 수 있다.

다음과 같이 팩토리 클래스인 StreamingServer의 서버 객체 server를 생성한다. 서버 주소는 ('', 8000)이고 클라이언트의 요청은 프로토콜 클래스에서 처리한다.

```
class StreamingServer(socketserver.ThreadingMixIn,
server.HTTPServer):
    allow_reuse_address = True # socketserver 속성. 주소 재사용
    daemon_threads = True # ThreadingMixIn 속성. 서브 스레드가 종료되면 즉시
종료

address = ('', 8000)
server = StreamingServer(address, StreamingHandler) # server 객체를 생성
하고 thread로 실행
server.serve_forever()
```

프로토콜 클래스인 StreamingHandler에 정의된 do_GET() 메서드에서 클라이언트의 GET 요청을 처리한다. do_GET() 메서드에서 하는 일은 세 가지다.

응답 보내기	send_response()
헤더 보내기	send_header() / end_headers()
컨텐츠 보내기	wfile.write(content)

content는 HTML 문서로 작성되는데, 이 문서에서 영상이 표시될 위치를 지정한다.

```
<img src="stream.mjpg" width="640" height="480" />
```

이렇게 지정하면 path가 'stream.mjpg'인 코드 블록에서 실행되는 내용이 영상으로 표시된다. 프로그램은 두 개의 스레드에 의해 실행된다. record() 함수를 이용하여 영상을 버퍼에 계속 저장하는 스레드와 StreamingHandler의 do_GET() 메서드를 이용하여 버퍼에 저장된 영상을 웹브라우저로 전송하는 스레드이다. StreamingOutput 클래스는 멀티스레드에서 스레드 사이의 엑세스 동기화를 위한 condition 변수[20]를 정의하고, 웹캠의 프레임 하나를 버퍼에 저장하고 다른 스레드에게 lock[21] 해제를 통보한다. StreamingHandler의 do_GET() 메서드는 output.condition.wait() 함수를 호출하여 lock이 해제되길 기다렸다 프레임을 웹브라우저로 전송한다.

전체 프로그램은 다음과 같다.

▌예제 - WebCam_Browser.py

```
import logging
import socketserver, cv2, imutils, threading
from threading import Condition
from http import server

PAGE="""\
<html>
<head>
<title>WebCam streaming </title>
</head>
<body>
<h2>WebCam Streaming using ThreadingMixIn and http.server</h2>
<img src="stream.mjpg" width="640" height="480" />
</body>
</html>
"""

```

20) 조건 변수. lock을 공유하여 공유 자원에 대한 thread 엑세스를 동기화한다.

21) lock은 일종의 토큰으로 생각할 수 있다. with self.condition:으로 토큰을 차지하고 블록을 실행한 후 토큰을 해제한다. 이 동안에는 다른 스레드에서 실행되는 with self.condition:의 블록은 토큰이 해제될 때까지 기다려야 한다.

```python
def record():
    global vid, output

    # WebCam 영상을 jpg로 변환하여 버퍼에 저장
    while vid.isOpened():
        img, frame = vid.read()
        frame = imutils.resize(frame, width=640) # numpy array type
        _, jpg = cv2.imencode(".jpg", frame)
        output.write(jpg)


class StreamingOutput(object):
    def __init__(self):
        self.frame = None
        self.condition = Condition() # 조건변수 설정. thread 사이의 교신을 위해 사용

    def write(self, buf):
        # 카메라로부터 받은 영상을 frame에 저장
        with self.condition:
            self.frame = buf
            self.condition.notify_all() # lock 해제 통지


class StreamingHandler(server.BaseHTTPRequestHandler):
    # GET Server
    def do_GET(self):
        if self.path == '/':
            self.send_response(301)
            self.send_header('Location', '/index.html')
            self.end_headers()
        elif self.path == '/index.html':
            content = PAGE.encode('utf-8')
            self.send_response(200)
            self.send_header('Content-Type', 'text/html')
            self.send_header('Content-Length', len(content))
            self.end_headers()
            self.wfile.write(content) # Web browser에 응답 전송

        elif self.path == '/stream.mjpg': # <img src="stream.mjpg" width="640" height="480" />
            self.send_response(200)
            self.send_header('Age', 0)
```

```
            self.send_header('Cache-Control', 'no-cache, private')
            self.send_header('Pragma', 'no-cache')
            self.send_header('Content-Type', 'multipart/x-mixed-replace; boundary=FRAME')
            self.end_headers()
            try:
                while True:
                    with output.condition:
                        output.condition.wait() # lock이 해제될 때까지 대기
                        frame = output.frame # frame을 가져온다
                    self.wfile.write(b'--FRAME\r\n')
                    self.send_header('Content-Type', 'image/jpeg')
                    self.send_header('Content-Length', len(frame))
                    self.end_headers()
                    self.wfile.write(frame) # web browser에게 frame 전송
                    self.wfile.write(b'\r\n')
            except Exception as e:
                logging.warning(
                    'Removed streaming client %s: %s',
                    self.client_address, str(e))

        else:
            self.send_error(404)
            self.end_headers()

class StreamingServer(socketserver.ThreadingMixIn, server.HTTPServer):
    allow_reuse_address = True # socketserver 속성. 주소 재사용
    daemon_threads = True # ThreadingMixIn 속성. 서브 스레드가 종료되면 즉시 종료


vid = cv2.VideoCapture(0)
output = StreamingOutput()

# WebCam 영상을 연속적으로 버퍼로 전송하는 스레드
v_th = threading.Thread(target=record, args=())
v_th.daemon = True
v_th.start()

# 다중 클라이언트 지원 서버 실행
try:
    address = ('', 8000)
```

```
    server = StreamingServer(address, StreamingHandler) # server 객체를 생성하고 thread로 실행
    server.serve_forever()
finally:
    vid.release()
```

[프로그램 실행]

컴퓨터에 웹캠을 설치하고 프로그램을 실행한다. 웹캠의 LED가 깜박일 때, 웹브라우저에 http://localhost:8000"을 입력하면 동영상을 볼 수 있다.

연습문제 12-10

라즈베리파이에 파이 카메라를 설치하고 파이 카메라가 촬영한 동영상을 웹브라우저에서 볼 수 있는 프로그램을 작성하라. 파이 카메라에서 영상을 촬영하는 방법은 다음과 같다.

```
import picamera
camera = picamera.PiCamera(resolution='640x480, framerate=24)
camera.start_recording(output, format='mjpeg')
```

output은 StreamingOutput 클래스 객체이다. start_recording() 함수의 버퍼 인수(output)는 write() 함수를 가져야 한다.

12.4 selectors 모듈을 이용한 소켓 프로그래밍

selectors 모듈은 입출력에 대한 이벤트 관리기이다. 소켓에서 발생할 수 있는 이벤트와 이벤트가 발생하면 실행할 콜백 함수를 등록해 두면, 이벤트 관리기는 이벤트가 발생한 소켓과 이벤트 종류, 콜백 함수를 알려준다. select 모듈은 이벤트 발생 여부를 운영체제가 확인해 알려주지만, selectors 모듈에서는 사용자 프로그램이 확인해야 한다.

selectors 모듈에는 SelectSelector, Pollselector, EpollSelector, DevpollSelector, KqueueSelector 클래스가 있다. 이들 클래스는 이벤트 관리기라고 할 수 있는데, DefaultSelector 클래스는 현재의 운영체제에 가장 적합한 관리기를 선정해 준다. 따라서 사용자는 대부분

DefaultSelector 클래스를 이용하여 자신의 운영체제에 가장 적합한 이벤트 관리기를 선택하여 관리기 객체를 생성한다.

```
sel = selectors.DefaultSelector()  #이벤트 관리기 객체 생성
```

이벤트 관리기에 이벤트를 등록하고 검사하기 위해 관리기 객체는 다음과 같은 메서드를 제공한다. 발생 이벤트는 EVENT_READ(읽기 가능)와 EVENT_WRITE(쓰기 가능)가 있다. fileobj는 감시 대상인 소켓이다.

소켓(fileobj)에서 감시할 이벤트(events)와 콜백 함수(data)를 등록한다.

```
register(fileobj, events, data=None)
```

등록한 소켓을 삭제한다. 소켓을 닫기 전에 먼저 삭제해야 한다.

```
unregister(fileobj)
```

등록된 소켓의 이벤트와 콜백 함수를 수정한다.

```
modify(fileobj, events, data=None)
```

이벤트가 발생한 소켓과 발생한 이벤트를 반환한다.

```
select(timeout=None)
```

select() 함수를 호출하면 이벤트가 발생했을 때 (key, mask) 튜플을 반환한다. 이 함수는 이벤트가 발생할 때까지 블로킹 된다. key는 SelectorKey[22] 타입인데 (fileobj, data) 속성을 갖는다. key.fileobj 속성은 소켓을 나타내고, key.data 속성은 콜백 함수를 나타낸다. 여기서 key.data 속성은 register() 함수에서 등록한 data이다. mask는 발생한 이벤트를 구분하기 위한 마스크 값이다. mask & selectors.EVENT_READ가 True이면 연결 요청이 있거나 데이터가 수신되었음을 나타내고, mask & selectors.EVENT_WRITE가 True이면 송신 가능 상태임을 의미한다.

22) selectors.SelectorKey는 fileobj에 관련 정보를 연결하는 namedtuple이다

이벤트 관리기를 닫는다.

```
close()
```

selectors 모듈을 사용한 소켓 프로그램은 socket 모듈과 함께 사용된다. 기본적인 통신 기능은 socket 모듈을 사용하여 구현되고 비동기 입출력 동작은 selectors 모듈을 사용하여 관리된다.

selectors 모듈을 사용한 서버 프로그램의 알고리즘은 다음과 같다.

이벤트 모델 선정: sel = selectors.DefaultSelector()

↓

socket 객체 생성 후 소켓을 연결 대기

↓

소켓을 비동기모드로 설정: sock.setblocking(False)

↓

모니터링 객체(소켓)와 이벤트 및 data 설정: sel.register()
(data는 콜백 함수)

↓

무한루프를 이용하여 이벤트 발생 조사 후 처리: key, mask = sel.select()
(연결 요청이면 연결을 허용하는 accept() 호출,
데이터 도착이면 데이터를 읽는 read() 호출)

selectors 모듈을 이용한 에코 서버 프로그램

서버 프로그램에서는 연결 요청과 데이터 수신을 위해 EVENT_READ 이벤트를 사용한다. 서버 소켓을 준비하고 클라이언트의 연결을 기다리고 있다가 연결 요청이 오면 EVENT_READ 이벤트가 발생한다. 또 연결된 소켓에서 데이터가 수신되어도 EVENT_READ 이벤트가 발생한다. 서버는 EVENT_READ 이벤트가 발생하면 selectors.register() 메서드로 등록된 함수를 이용하여 이벤트를 처리한다.

▌예제 – selectors_echoserver.py

```
#selectors_echoserver.py
#slectors 모듈을 이용한 TCP 에코 서버 프로그램

import selectors
```

```
import socket

#기본 이벤트 관리기 선택
sel = selectors.DefaultSelector()

def accept(sock, mask):
    c_sock, addr = sock.accept()  # 연결 수락
    print(f'{addr}에서 연결됨')
    c_sock.setblocking(False) #소켓은 넌블록킹 모드로 설정되어야 한다

    #연결 후에 읽기 이벤트가 발생하면 read() 함수를 실행하도록 설정
    sel.register(c_sock, selectors.EVENT_READ, read)

def read(c_sock, mask):
    try:
        data = c_sock.recv(1024)  # 데이터 수신
    except:
        print("연결 종료")
        sel.unregister(c_sock)
        c_sock.close()
        return
    if data:
        print('수신데이터: ', data.decode())
        c_sock.send(data)  # 송신자에게 재전송
    else:
        print(f'{c_sock} 소켓 닫음')
        sel.unregister(c_sock) #연결 종료
        c_sock.close()

sock = socket.socket()
sock.bind(('', 2500))
sock.listen(5)
sock.setblocking(False) #넌블록킹 모드로 동작

#처음 읽기 이벤트(연결 요청)가 발생하면 accept() 함수를 실행하도록 설정
sel.register(sock, selectors.EVENT_READ, accept)

while True:
    events = sel.select() #이벤트 발생 대기

    #발생 이벤트를 조사하여 콜백 호출
    for key, mask in events:
        #sel.select()가 반환하는 key 객체의 data 속성은 콜백함수이다
```

```
48        callback = key.data
49        #key 객체의 fileobj 속성은 소켓이고, mask는 발생 이벤트이다
50        callback(key.fileobj, mask) #콜백함수 호출
```

라인 8 selectors 모듈의 이벤트 모델 중에서 현재의 운영체제에 가장 적합한 이벤트 모델을 선정한다.

라인 10~16 클라이언트 연결 요청을 처리하는 콜백 함수이다. 연결 요청을 수락하고 연결된 소켓을 위한 이벤트와 콜백 함수를 설정한다. 연결 후 발생 이벤트는 읽기 이벤트이므로 이벤트를 selectors.EVENT_READ로 설정하고 수신 데이터를 읽기 위한 read() 함수를 콜백으로 설정한다.

라인 18~32 연결 소켓에서 EVENT_READ 이벤트가 발생하면 실행되는 콜백 함수이다.

라인 34~36 서버 소켓을 생성하고 연결을 기다린다.

라인 37 소켓을 넌블로킹 모드로 설정해야 한다.

라인 40 클라이언트의 연결 요청이나 데이터 수신과 같은 입출력은 비동기적으로 일어나므로 입출력이 일어나는 대상(소켓)과 감시할 이벤트, 콜백을 register() 함수로 등록한다. 여기서는 대상이 소켓 sock이고, 이벤트는 EVENT_READ이다. 또 콜백 함수로 accept() 함수를 등록한다.

라인 43 이벤트 발생 여부를 select() 함수로 조사한다. select() 함수가 반환하는 객체는 namedtuple 타입인 SelectorKey와 이벤트를 나타내는 mask이다. SelectorKey는 〈fileobj〉와 〈data〉 속성을 가지는데 〈fileobj〉 속성은 이벤트가 발생한 소켓을 나타내고, 〈data〉 속성은 콜백 함수를 나타낸다. 라인 30에서 accept() 함수를 data로 등록했으므로 연결 요청이 오면 반환되는 key.data는 accept() 함수이다.

라인 46~50 key.data는 accept() 함수가 되므로 소켓을 나타내는 key.fileobj와 mask를 인수로 사용하여 accept() 함수가 호출된다. accept() 함수에서 콜백 함수를 read() 함수로 설정하면 다음 EVENT_READ에서 read() 함수를 실행하여 수신 데이터를 읽어 처리한다.

selectors 모듈을 이용한 에코 클라이언트 프로그램

클라이언트 프로그램의 동작도 서버 프로그램과 비슷하다. 클라이언트는 준비된 메시지를 송신하고 서버의 응답을 출력한다. 이 프로그램에서는 EVENT_READ와 EVENT_WRITE 이벤트를 사용한다. EVENT_WRITE는 소켓이 데이터 전송 준비가 되면 발생하는 이벤트이다. 이벤

트가 두 가지이므로 select() 함수로 반환되는 mask와 이벤트를 AND 시켜 발생한 이벤트 종류를 확인한다. EVENT_READ를 발생시키는 이벤트는 데이터 수신뿐 이므로 EVENT_READ가 발생하면 데이터를 읽어온다.

▌예제 – selectors_echoclient.py

```
#selectorsclientbySelectors.py
#selectors 모듈을 이용한 TCP 클라이언트

import selectors
import socket

sel = selectors.DefaultSelector()
keep_running = True
sendingmsg = [
    '두 번째 송신 메시지입니다',
    '첫 번째 송신 메시지입니다',
]
bytes_sent = 0
bytes_received = 0

# 연결 동작은 블록킹 모드이므로 연결 후에 비블록모드로 설정해야 한다
server_address = ('localhost', 2500)
print('연결 {} port {}'.format(*server_address))
sock = socket.socket(socket.AF_INET, socket.SOCK_STREAM)
sock.connect(server_address)
sock.setblocking(False) #반드시 넌블록킹 모드로 설정

# 읽기와 쓰기 이벤트를 모니터링하도록 이벤트 관리기(selector) 설정
# 각 이벤트가 발생하는 경우가 하나뿐이므로 콜백을 지정하지 않아도 된다
sel.register(
    sock,
    selectors.EVENT_READ | selectors.EVENT_WRITE,
)

while keep_running:
    print('\n입출력 대기')
    for key, mask in sel.select(timeout=1):
        e_sock = key.fileobj #이벤트가 발생한 소켓
        c_address = e_sock.getpeername() #장치의 주소 확인
        print('클라이언트({})'.format(c_address))

```

```
37          if mask & selectors.EVENT_READ: #이벤트가 READ인지 확인
38              print('  읽기 준비')
39              data = e_sock.recv(1024) #소켓에서 데이터 읽기
40              if data:
41                  # 읽기 이벤트 발생 소켓에서 데이터를 읽은 경우
42                  print('  수신 메시지 {}'.format(data.decode()))
43                  bytes_received += len(data)
44
45              # data가 없으면 실행 종료
46              keep_running = not (
47                  data or
48                  (bytes_received and
49                   (bytes_received == bytes_sent))
50              )
51
52          if mask & selectors.EVENT_WRITE: #이벤트가 WRITE인지 확인
53              print('  쓰기 준비')
54              if not sendingmsg: #송신 메시지가 없으면
55                  print('  수신 모드로 전환')
56                  sel.modify(sock, selectors.EVENT_READ)
57              else:
58                  # 메시지 송신
59                  send_msg = sendingmsg.pop()
60                  print('  전송 {!r}'.format(send_msg))
61                  sock.sendall(send_msg.encode())
62                  bytes_sent += len(send_msg)
63
64  print('종료')
65  sel.unregister(e_sock)
66  e_sock.close()
67  sel.close()
```

라인 7 운영체제에 가장 적합한 이벤트 모델을 선택한다. selectors 모듈과 함께 socket을 사용할 때는 반드시 넌블로킹 모드로 설정해야 하므로(라인 21) 데이터를 읽거나 쓸 때 한 번에 모든 데이터를 읽거나 쓸 수 없을 수도 있다.

라인 8 더 이상 처리할 데이터가 있는지 확인하기 위해 keep_running 변수를 이용하여 이 변수가 True이면 처리를 계속하고 False이면 종료한다.

라인 25~28 selectors.register()를 이용하여 이벤트 발생을 감시할 소켓과 이벤트를 등록한다. 여기서는 READ 또는 WRITE 이벤트를 등록한다. 이 함수의

마지막 인수인 data를 지정하지 않았기 때문에 반환되는 SelectorKey 객체의 data 속성은 없다.

라인 32 selectors.select(timeout)을 호출하여 이벤트가 발생한 장치(key)와 이벤트(mask)를 확인한다. key는 SelectorKey namedtuple이며 data와 fileobj 속성을 갖는다. key.fileobj는 이벤트 발생 소켓을 가리킨다. key.data는 콜백 함수를 가리키는데, 이 프로그램에서는 등록된 콜백이 없다.

라인 33 key.fileobj가 소켓이다.

라인 34 소켓의 주소를 알아낸다.

라인 37~50 mask와 등록된 이벤트를 AND 시켜 EVENT_READ이면 데이터를 읽는다. 수신 데이터가 없거나 모든 데이터가 수신되었으면 소켓을 닫는다.

라인 52~62 이벤트가 WRITE이고 전송할 데이터가 있으면 다음 메시지를 sendall() 함수로 모두 전송하고, 없으면 이벤트를 READ로 수정한다.

라인 65~67 모든 처리가 완료되면 등록장치를 해제하고 소켓과 selectors를 닫는다.

[프로그램 실행]

서버 프로그램(selectors_echoserver.py)을 먼저 실행하고 클라이언트 프로그램(selectors_echoclient.py)을 실행한다. 또 서버 프로그램을 실행하고 TCP_client.py 클라이언트 프로그램도 실행해 보자.

연습문제 12-11

EVENT_READ와 EVENT_WRITE를 위한 콜백 함수로 각각 read()와 write() 함수를 사용하도록 selectors_echoclient.py 프로그램을 수정하시오.

12.5 asyncio 모듈을 이용한 소켓 프로그래밍

비동기 소켓 프로그래밍을 위해 파이썬에서 제공되는 모듈은 asyncore, asynchat, asyncio가 있다. 파이썬 공식 사이트에서는 asyncore나 asynchat 모듈은 더 이상 추천하지 않고 asyncio 모듈의 사용을 권장하고 있다. asyncio 모듈[23]은 비동기 프로그램을 작성하기 위한 라이브러리이다. 비동기 프로그램을 위해 필요한 비동기 입출력, 이벤트 루프, 코루틴, 테스크, 트랜스포트와 프로토콜, 스트림, 큐 등을 위한 함수와 클래스들이 asyncio 모듈에 포함되어 있다.

asyncio는 동시에 많은 클라이언트를 서비스해야 하는 병행 서버를 구현하기 위한 효과적인 방법이다. asyncio를 사용하려면 먼저 코루틴과 이벤트 루프를 이해해야 한다. 코루틴은 일시 중지나 재시작을 할 수 있는 비동기 함수이며, 이 함수를 호출하면 실제 코드가 실행되는 것이 아니라 코루틴 객체가 반환된다. 코루틴 객체는 이벤트 루프로 전달되고 나중에 실행된다. 코루틴은 운영체제가 선점적으로 통제하는 스레드와 달리 코루틴끼리 협력하여 멀티태스킹을 수행한다.

이벤트 루프는 무한 루프로 실행되며 매 루프마다 작업(예약된 코루틴 객체, 태스크 객체, 퓨처 객체)을 하나씩 실행시키는 도구이다. 이벤트 루프는 실행될 태스크[24]를 등록하고, 실행하고, 지연시키거나 심지어 취소할 수 있으며 이와 관련된 여러 이벤트를 처리할 수 있는 루프이다. 일반적으로 이벤트 루프에 비동기 함수인 코루틴들을 여러 개 등록한다. 루프가 하나의 함수를 실행하면 그 함수가 입출력을 기다리는 동안 함수를 일시 중지하고, 루프는 다른 함수를 실행한다. 첫 번째 함수가 입출력을 완료하면 함수가 다시 실행된다. 따라서 둘 이상의 함수가 함께 동작할 수 있다. 이벤트 루프가 이들을 어떻게 처리할지에 대해 걱정할 필요는 없다. 이벤트 루프는 비동기 함수를 스케줄하고 실행되도록 하는 메커니즘이라는 사실만 알고 있으면 된다. 이벤트 루프의 기능을 살펴보면 다음과 같다.

- 코루틴을 등록하고, 실행하며 취소할 수 있다.
- 서버와 클라이언트를 위한 transport 클래스를 생성할 수 있다.
- 다른 프로그램과의 통신을 위한 서브 프로세스 및 이와 연관된 transport 클래스를 작성할 수 있다
- 함수 호출을 스레드 풀로 보낼 수 있다.

---

23) https://docs.python.org/3/library/asyncio.html?highlight=asyncio%20function, http://asyncio.readthedocs.io/en/latest/hello_world.html

24) Promise, Future, Deferred라고도 하며, callback을 대체하는 객체이다

코루틴의 생성과 실행

다음 예제는 코루틴을 작성하고 이벤트 루프에서 이를 스케줄링하는 방법을 보여준다. 1초 동안 기다리다 "Hello World"를 출력하고 마치는 코루틴은 다음과 같다.

```
import asyncio
import time

async def say(msg, delay):
    await asyncio.sleep(delay)
    print(msg)

asyncio.run(say("Hello World", 1))
```

코루틴을 정의하려면 함수 정의 앞에 async 키워드를 붙인다. 이렇게 정의된 코루틴을 asyncio.run(say("Hello World", 1))을 이용하여 실행하면 asyncio API[25]를 호출하는 await asyncio.sleep()에서 실행이 일시 중지되고 say()는 반환된다. asyncio.sleep()에서 지정된 시간이 경과하면 say() 코루틴이 다시 실행되어 print(msg)을 출력한다.

asyncio.run()을 사용하는 방법 외에 코루틴을 실행하는 방법은 다음과 같다.

첫째, asyncio.get_running_loop() 함수를 이용하여 현재 이벤트 루프를 가져온다. 현재 실행 이벤트 루프가 없으면 asyncio.new_event_loop() 함수를 이용하여 새 이벤트 루프를 생성하고 현재 이벤트 루프로 설정한다. 둘째, 루프의 run_until_complete()을 이용하여 이벤트 태스크를 생성하고 이벤트 루프를 실행한다. run_until_complete()로 코루틴이 시작되기 때문에 코루틴이 완료되면 이벤트 루프 자체도 종료된다.

```
try:
    loop = asyncio.get_running_loop()
except:
    loop = asyncio.new_event_loop()

print(f"started at {time.strftime('%X')}")
loop.run_until_complete(say('Hello World', 1))
print(f"started at {time.strftime('%X')}")

loop.close()
```

25) asyncio 모듈에 포함된 기본 함수

[실행 결과]

```
started at 16:43:46
Hello World
started at 16:43:47
```

프로그램의 실행 결과를 살펴보면 시작 1초 후에 메시지를 출력하고 코루틴이 종료되는 것을 알 수 있다.

이벤트 루프로 멀티코루틴 실행하기

(1) 태스크를 만들어 실행하는 방법

run_until_complete() 함수를 이용하여 코루틴을 실행하면 이벤트 태스크의 생성과 실행을 한꺼번에 진행하지만, 테스크 생성과 실행을 따로 진행할 수도 있다. 이벤트 루프 loop의 create_task()를 사용하여 코루틴의 태스크를 생성하고 생성된 태스크는 loop.run_until_complete(task)를 사용하여 실행한다. 다음 프로그램은 loop.create_task()로 코루틴 say()를 위한 태스크를 두 개 생성한다.

```
task1 = loop.create_task(say('First hello', 2))
task2 = loop.create_task(say('Second hello', 3))
```

run_until_complete()를 이용하여 테스크를 이벤트 루프로 실행한다.

```
loop.run_until_complete(task1)
loop.run_until_complete(task2)
```

첫 번째 태스크는 2초 후 메시지를 출력하고, 두 번째 태스크는 3초 후 메시지를 출력한다. 이벤트 루프에서 첫 번째 태스크를 실행하면 2초 동안 기다리는 것이 아니라 asyncio.sleep(2)에 의해 태스크는 일시 정지하고 반환된다. 두 번째 태스크도 실행되면 asyncio.sleep(3)에 의해 역시 일시 정지되고 반환된다. 2초 후 첫 번째 태스크의 대기가 끝나면 정지된 코루틴이 재개되어 메시지를 출력한다. 3초 후 두 번째 태스크의 대기가 끝나면 대기 중이던 두 번째 코루틴이 재개되어 메시지를 출력한다.

다음 예제는 코루틴에서 태스크를 만들어 실행하는 방법을 보여준다.

▌예제 multi_coroutine.py

```
1  #태스크를 만들어 다수의 코루틴을 실행
2
3  import asyncio
4  import time
5
6  async def say(msg, delay):
7      await asyncio.sleep(delay)
8      print(msg)
9
10 #실행 이벤트 루프를 가져온다
11 try:
12     loop = asyncio.get_running_loop()
13 except: #이벤트 루프가 없으면 새 루프를 생성하여 반환
14     loop = asyncio.new_event_loop()
15 print(f"started at {time.strftime('%X')}")
16
17 #태스크 생성
18 task1 = loop.create_task(say('First hello', 2))
19 task2 = loop.create_task(say('Second hello', 3))
20
21 #태스크가 실행 완료될 때까지 루프 실행
22 loop.run_until_complete(task1)
23 loop.run_until_complete(task2)
24 print(f"finished at {time.strftime('%X')}")
25
26 loop.close()
```

라인 6~8 say() 코루틴을 정의한다.

라인 11~14 실행 이벤트 루프를 가져온다. 없으면 생성하여 반환한다.

라인 18~19 두 개의 태스크를 생성한다.

라인 22~23 이벤트 루프로 테스크를 실행한다.

[실행 결과]

```
started at 17:16:16
First hello
Second hello
started at 17:16:19
```

이 예제는 두 개의 태스크가 동시에 실행되고 2초 후 "First hello"를 출력하고 3초 후 "Second hello"를 출력한다. 그러나 두 개 태스크의 실행 시작 시각이 같으므로 총 소요시간은 5초가 아니라 3초임을 알 수 있다.

파이썬 3.7 이상에서는 좀 더 간단히 코루틴을 실행할 수 있다. 다음 예제는 파이썬 3.7에서 loop를 사용하지 않고 asyncio.run()으로 코루틴을 실행하는 방법을 보여준다.

두 개의 코루틴 say()와 main()을 정의하고 main() 함수에서 asyncio.create_task() 함수로 두 개의 태스크(task1, task2)를 생성한다. await task를 호출하면 태스크 실행이 완료될 때까지 대기하고 결과를 반환한다. await는 코루틴 내에서만 사용 가능하므로 main() 함수도 코루틴으로 정의되어야 한다. 만약 await로 실행이 완료될 때까지 기다리지 않으면 태스크는 다시 재개되지 않고 종료된다. asyncio.run(main())을 이용하여 main() 함수를 실행한다.

▌예제 asyncio_task.py

```
#Python 3.7 이상에서 실행
import asyncio
import time

async def say(delay, what):
    await asyncio.sleep(delay)
    print(what)

async def main():
    #태스크 생성 및 실행
    task1 = asyncio.create_task(say(1, 'Hello'))
    task2 = asyncio.create_task(say(2, 'World'))

    print(f"started at {time.strftime('%X')}")

    await task1 #task1 완료 대기
    await task2 #task2 완료 대기

    print(f"finished at {time.strftime('%X')}")

asyncio.run(main())
```

[실행 결과]

```
started at 17:25:19
Hello
World
finished at 17:25:21
```

두 개의 태스크가 동시에 실행되므로 실행 1초 후에 'Hello'가 출력되고 2초 후에 'World'가 출력된다. 따라서 총 소요시간은 2초이다.

(2) asyncio.gather()를 이용한 실행

asyncio.gather(*task_list)를 이용하면 복수의 태스크나 코루틴을 한 번에 실행하고 결과도 한꺼번에 반환받을 수 있다. task_list가 리스트 변수이면 언패킹하여 전달한다.

예제 asyncio_task.py에서

```
await task1 #task1 완료 대기
await task2 #task2 완료 대기
```

부분을 아래와 같이 대체해도 같은 결과를 얻을 수 있다.

```
tasks = [task1, task2]
await asyncio.gather(*tasks)
```

예제 asyncio_gather.py와 같이 태스크를 만들지 않고 코루틴을 직접 실행할 수도 있다. 이 경우에도 실행 결과가 한꺼번에 반환된다. 예약된 코루틴 중에서 완료되지 않은 것이 있으면 결과는 반환되지 않는다.

▌예제 asyncio_gather.py

```
# asyncio.gather(*coros) 이용
# Python 3.7+

import asyncio
import random
import time

```

```
async def say(msg, delay=1):
    print(f'{msg!r} will be displayed in {delay} seconds')
    await asyncio.sleep(delay)
    return msg.upper()

async def main():
    messages = 'hello world apple banana cherry'.split()
    coros = [say(m, random.randrange(1,5)) for m in messages]

    #코루틴 리스트에 있는 코루틴 객체가 모두 종료되어야 반환됨
    #따라서 코루틴을 호출할 때 가장 지연 시간이 긴 코루틴이 종료되어야 반환됨
    start_time = time.time() #시작 시각
    results = await asyncio.gather(*coros) #코루틴을 한 번에 스케줄링

    print(results)
    print(f'{time.time() - start_time}') #총 소요시간

asyncio.run(main())
```

이 프로그램을 실행하면 say() 코루틴의 print() 문에서 메시지가 출력되고 코루틴은 반환된다. 지정된 지연 시간이 경과 한 후에 say() 코루틴이 재개되어 메시지를 대문자로 변환하여 반환한다. 따라서 총 소요시간은 최대 지연 시간과 거의 같다.

(3) asyncio.as_completed()를 이용한 실행

코루틴 리스트 또는 태스크 리스트를 만들고 asyncio.as_completed()를 실행하면 먼저 완료된 코루틴부터 반환된다. 완료되지 않은 코루틴이 있어도 먼저 완료된 코루틴부터 결과가 반환된다.

▌예제 asyncio_as_completed.py

```
# asyncio.as_completed(coros) 이용

import asyncio
import random

async def say(msg, delay=1):
    print(f'{msg!r} will be displayed in {delay} seconds')
    await asyncio.sleep(delay)
```

```
    return msg.upper()

async def main():
    messages = 'pear peach apple banana cherry'.split()

    #코루틴 리스트
    coros = [say(m, random.randrange(1,5)) for m in messages]

    #코루틴을 스케줄링하고 완료되는 코루틴을 차례대로 반환
    for coro in asyncio.as_completed(coros):
        #coro = 완료된 코루틴
        #await로 완료된 코루틴의 결과를 반환받는다
        msg = await coro
        print(msg)
asyncio.run(main())
```

이 프로그램을 실행하면 코루틴이 실행 완료되는 순서대로 반환된 메시지가 출력되는 것을 알 수 있다.

(4) asyncio.wait()를 이용한 실행

코루틴 리스트를 만들고 asyncio.wait()를 호출하면 (done, pending)이 반환된다. done은 완료된 코루틴 집합이고, pending은 미완료 코루틴 집합이다. 이 함수도 코루틴이 모두 완료되어야 결과가 반환된다.

▌예제 asyncio_wait.py

```
# asyncio.wait(coros)를 이용한 복수 코루틴 실행 프로그램
# Python 3.7+

import asyncio
import random
import time

async def say(msg, delay=1):
    print(f'{msg!r} will be displayed in {delay} seconds')
    await asyncio.sleep(delay)
    return msg.upper()

async def main():
```

```
    messages = 'hello world apple banana cherry'.split()
    coros = [say(m, random.randrange(1,5)) for m in messages]

    #코루틴을 스케줄링하고 완료된 태스크 집합과 미완료 태스크 집합을 반환받는다
    #await를 호출하여 코루틴의 실행 결과를 반환받는다
    start_time = time.time() #시작 시각
    done, pending = await asyncio.wait(coros) #코루틴을 한 번에 예약

    for task in done: #완료된 태스크의 값을 반환받는다
        print(await task)
    print(f'{time.time() - start_time}') #총 소요시간

asyncio.run(main())
```

일반 함수를 비동기로 실행하기

asyncio 코루틴과 일반 함수를 함께 사용하여 일반 함수도 비동기로 실행하는 경우를 살펴보자. 코루틴에서 동기 일반 함수를 호출하면 함수의 실행이 완료될 때까지 실행이 블로킹 된다. 동기 일반 함수를 코루틴처럼 호출하기 위해 다음과 같이 loop.run_in_executor() 함수가 사용된다.

```
loop = asyncio.get_running_loop()
await loop.run_in_executor(executor, ftn, params)
```

executor 인수는 실행 스레드를 나타내며 None으로 지정하면 메인 스레드가 사용된다. ftn 인수는 호출할 일반 함수 이름이고 params 인수는 일반 함수의 인수이다. params를 지정할 때는 일반 함수의 인수를 모두 위치 인수처럼 지정해야 한다. 예를 들어 일반 함수가 ftn(p1, p2=1, p3=hostname)이라면 다음과 같이 실행할 수 있다.

```
await loop.run_in_executor(None, ftn, 0, 1, hostname)
```

예제 asyncio_func_call.py는 숫자를 하나씩 증가하면서 출력하는 코루틴(coro1)과 키보드 입력을 받아 출력하는 코루틴(coro2)을 동시에 실행하는 프로그램이다. coro1은 숫자를 출력하고 5초간 지연하므로 이 시간 동안 coro2가 실행된다.

coro2에서 msg = await loop.run_in_executor(None, input, ': ') 함수를 호출하여 input() 함수를 비동기적으로 실행한다. 따라서 키보드에서 입력하지 않아도 5초가 지나면 다시 coro1이 재개되므로 다음 숫자가 출력된다. 만약 input() 함수를 동기적으로 호출하면 실행이 블로킹 되어 키보드에서 입력할 때까지 coro1은 실행되지 않는다.

▌예제 asyncio_func_call.py

```
# asyncio_func_call.py
# 일반 함수를 비동기로 실행하면 동시 처리가 가능하다

import asyncio as aio
import time

async def coro1(): #5초 마다 숫자 출력
    i = 1
    while True:
        print(i)
        i = i + 1
        await aio.sleep(5)

async def coro2(loop): #키보드 입력을 다시 출력
    while True:
        msg = await loop.run_in_executor(None, input, ': ')
        print('->',msg)

async def main():
    try:
        loop = aio.get_running_loop() #코루틴에서 이벤트 루프를 얻을 때
    except:
        loop = aio.new_event_loop()
    task1 = loop.create_task(coro1())
    task2 = loop.create_task(coro2(loop))

    await task1
    await task2

aio.run(main())
```

연습문제 12-12

asyncio.gather() 함수를 이용하여 asyncio_func_call.py를 다시 작성하시오. asyncio.gather() 함수의 인수로 코루틴 리스트를 사용하시오.

이벤트 루프 종료하기

asyncio의 이벤트 루프는 loop.run_forever() 함수로 무한 반복 실행된다. 이벤트 루프를 중단하려면 loop.stop()을 호출한다.

다음 예제에서 4개의 태스크가 실행된 후 1, 2초 후에 각각의 메시지가 출력되고 3초 후에 stop_after() 코루틴의 loop.stop()에 의해 이벤트 루프가 종료된다. 따라서 4초 후 완료되는 3번째 태스크는 재개되지 않으므로 3번째 메시지는 출력되지 않는다.

▌예제 stop_coroutine.py

```
# 코루틴 중지 프로그램

import asyncio

async def say(what, delay):
    await asyncio.sleep(delay)
    print(what)

async def stop_after(loop, delay):
    await asyncio.sleep(delay)
    loop.stop()

try:
    loop = aio.get_running_loop() #코루틴에서 이벤트 루프를 얻을 때
except:
    loop = aio.new_event_loop()

loop.create_task(say('first message', 2))
loop.create_task(say('second message', 1))
loop.create_task(say('third message', 4))
loop.create_task(stop_after(loop, 3))

loop.run_forever()
loop.close()
```

asyncio 모듈을 이용한 소켓 동작

asyncio 모듈을 이용한 소켓 통신 방법은 다음과 같이 두 가지가 있다. 스트림 통신을 이용하면 TCP 통신이 가능하고 소켓 이벤트 통신을 이용하면 TCP와 UDP 통신이 가능하다.

스트림 ——— TCP

소켓 이벤트 ┬ TCP
└ UDP

스트림을 이용한 TCP 통신을 하려면 asyncio.start_server() 함수와 asyncio.open_connection() 함수를 사용한다. 소켓 이벤트를 이용한 TCP 통신을 하려면 loop.create_server() 함수와 loop.create_connection() 함수를 사용하고, UDP 통신을 하려면 create_datagram_endpoint() 함수를 사용한다.

표 12-1 **통신 방식에 따른 서버와 클라이언트 함수**

통신방식	서버	클라이언트
스트림	asyncio.start_server()	asyncio.open_connection()
이벤트 TCP	loop.create_server()	loop.create_connection()
이벤트 UDP	loop.create_datagram_endpoint()	loop.create_datagram_endpoint()

서버 객체가 스트림이나 이벤트 함수로 생성된 경우, 클라이언트에서 반드시 asyncio.open_connection()과 같은 함수로 연결해야 하는 것은 아니며 기본 소켓(socket.socket())을 사용하여 연결할 수도 있다.

asyncio.start_server() 함수는 콜백 함수를 인수로 전달받아 서버 객체를 생성하고 클라이언트와 연결한다. 클라이언트와 연결되면 콜백 함수가 호출되고 reader와 writer 객체가 콜백 함수의 인수로 전달된다. 콜백 함수에서 reader.read()와 writer.write() 함수를 사용하여 데이터를 송수신한다.

open_connection() 함수는 콜백 함수나 이벤트 클래스 없이 사용된다. 이 함수를 호출하면 스트림을 나타내는 reader와 writer 객체가 반환된다.

이벤트 방식의 통신에서는 create_server()나 create_connection(), create_datagram_endpoint() 함수가 콜백 함수가 정의된 클래스와 이벤트 루프를 인수로 전달받아 소켓 객체를 생성한다. 소켓 객체가 생성되고 이벤트 루프에 의해 실행 예약되면 소켓에서 발행하는 이벤트에 따라 콜백 함수가 호출되고 통신에 필요한 인수들이 콜백 함수로 전달한다. 소켓을 나타내는

transport, 수신 데이터를 나타내는 data, 상대방 주소를 나타내는 addr, 예외 객체를 나타내는 exc의 인수가 콜백 함수로 전달된다. 콜백 함수에 대해서는 나중에 자세히 설명한다.

start_server()를 이용한 TCP 에코 서버

다음은 스트림을 이용한 TCP 에코 서버 프로그램에 대해 알아보자. 서버 프로그램은 asyncio.start_server() 함수로 시작된다.

```
coroutine asyncio.start_server(client_connected_cb, host=None,
port=None, *, loop=None, limit=None, **kwds)
```

asyncio.start_server() 함수는 서버 소켓을 생성하여 클라이언트와 연결하는 함수이며 코루틴 서버 객체를 반환한다. client_connected_cb는 클라이언트와 연결되었을 때 실행될 코루틴 콜백 함수이다. 다음 문장을 살펴보자.

```
serverObj = asyncio.start_server(handle_echo, '127.0.0.1', 2500,
loop=loop)
```

start_server()를 호출할 때, handle_echo를 콜백 함수를 지정한다. 스트림을 이용한 통신이므로 handle_echo 콜백 함수는 StreamReader 객체인 reader와 StreamWriter 객체인 writer를 인수로 전달받는다. StreamReader는 데이터 읽기(수신) 함수를 제공하는 클래스이고 StreamWriter는 데이터 쓰기(전송) 함수를 제공하는 클래스이다.

reader 객체는 read(n)와 readline() 메서드를 가지고 있다. read(n)은 n바이트까지 데이터를 읽고 n=-1이면 EOF까지 데이터를 읽는다. readline()은 한 줄을 읽으며 줄은 ₩n으로 끝난다. 이들 두 함수는 모두 코루틴이다.

writer.write(data)는 data를 전송하고, writer.writelines(list_of_data)는 데이터 바이트의 리스트를 전송한다. writer.drain() 함수는 쓰기 버퍼에 있는 내용을 모두 전송한다. start_server() 함수의 반환 값(serverObj)은 코루틴 서버 객체이다. 따라서 server = loop.run_until_complete (serverObj)와 같이 이벤트 루프에서 실행 예약할 수 있다. server는 serverObj가 반환하는 결과이므로 소켓 객체이다. host와 port는 각각 서버 주소와 포트 번호이다. loop는 실행할 이벤트 루프를 지정한다.

수신 데이터를 읽으려면 await reader.read() 함수를 호출한다. 이 함수도 코루틴이므로 await와 함께 호출한다. 데이터 송신은 writer.write() 함수를 사용한다. writer.write()는 코루틴이 아니다.

writer.get_extra_info(name) 함수는 writer의 name 정보를 얻기 위한 함수이다. name은 문자열로 지정되며 다음과 같다. 예를 들어 writer.get_extra_info('peername')는 상대방의 주소를 반환한다.

```
'peername'          소켓이 연결된 상대방 주소
'socket'            소켓 객체
'sockname'          소켓의 주소(async_tcp_echo_client.py)
```

▌예제 asyncio_tcp_echo_server.py

```
# start_server()를 이용한 TCP 에코 서버 프로그램

import asyncio

#데이터 수신 처리 코루틴
#클라이언트와 연결되면 한 번만 실행됨
async def handle_echo(reader, writer):
    data = await reader.read(100) #데이터 수신
    message = data.decode()
    addr = writer.get_extra_info('peername') #상대방 주소
    print(f"{addr!r}에서 {message!r}를 수신함")

    print(f"송신: {message!r}")
    writer.write(data)
    await writer.drain()
    print("클라이언트 소켓 닫음")
    writer.close()

svr = '127.0.0.1'
port = 2500
try:
    loop = asyncio.get_running_loop()
except:
    loop = asyncio.new_event_loop()

#클라이언트가 연결되면 handle_echo callback이 실행된다
```

```
27 coro = asyncio.start_server(handle_echo, svr, port, loop=loop)
28 server = loop.run_until_complete(coro) #코루틴 실행 예약
29 #서버 주소를 읽어 표시한다
30 print('Serving on {}'.format(server.sockets[0].getsockname()))
31 try:
32     loop.run_forever() #계속 연결 서비스
33 except KeyboardInterrupt:
34     pass
35
36 #서버 객체를 닫는다
37 server.close()
38 loop.close()
```

라인 7 연결 콜백 함수를 정의한다. 이 함수는 asyncio.start_server() 함수에 의해 클라이언트와 연결되면 실행되며 reader와 writer 객체를 전달받는다. 클라이언트와 연결이 되면 한 번만 호출된다.

라인 8~9 소켓에서 메시지를 읽어 문자열로 변환한다.

라인 10~11 상대방 주소를 알아내고 메시지를 출력한다.

라인 13~15 메시지를 다시 전송한다. writer.drain() 함수는 버퍼가 빌 때까지 블로킹된다.

라인 21~25 이벤트 루프를 가져와서 서버를 실행 예약한다. 서버는 클라이언트의 연결 요청을 계속 서비스한다. server는 asyncio.Server 객체이며 loop.create_server()나 start_server()로 만들어진다.

라인 27 server.sockets는 socket.socket 객체 리스트를 나타내며, getsockname()은 소켓의 주소를 반환한다.

라인 29 loop.run_forever() 함수에 의해 이벤트 루프에 예약된 코루틴(coro)가 무한 반복되므로 클라이언트 연결을 무한 서비스한다.

라인 34~35 서버를 닫고 이벤트 루프를 종료한다. 서버가 닫힐 때까지 이벤트 루프는 계속된다.

연습문제 12-13

main 함수를 코루틴으로 정의하고 asyncio.run(main())을 이용하여 프로그램을 수정하시오.
[힌트: await coro.serve_forever()를 이용하여 서버를 실행한다]

open_connection()을 이용한 TCP 에코 클라이언트

다음 프로그램은 스트림을 이용한 TCP 에코 클라이언트 프로그램이다. 앞에서 설명한 바와 같이 서버가 asyncio.start_server() 함수로 생성되면 클라이언트는 asyncio.open_connection() 함수[26]를 이용하여 서버와 연결한다.

async.open_connection() 함수는 서버에 연결하기 위한 코루틴이며, 서버와 연결되면 (reader, writer) 스트림 객체 쌍을 반환한다. reader는 StreamReader 객체이고, writer는 StreamWriter 객체이다.

```
coroutine asyncio.open_connection(host=None, port=None, *,
loop=None, limit=None, **kwds)
```

StreamReader는 파일이나 소켓을 통해 스트림 데이터를 읽기 위한 클래스이고, read(buffer_size) 메서드가 정의되어 있다. StreamWriter는 스트림 데이터를 쓰기 위한 클래스이며, write(data) 메서드가 정의되어 있다. (host, port)는 연결할 서버의 주소와 포트 번호를 나타내며, loop는 이벤트 루프를 가리키는 인수이다.

사용자 정의 tcp_echo_client() 코루틴에서 서버와 연결하고 데이터를 송수신한다. 서버와 연결되면 writer.write()로 메시지를 전송한다. 메시지의 수신은 reader.read()를 호출하면 된다.

main에서 asyncio.get_running_loop()를 사용하여 루프를 가져오고, loop.run_until_complete() 메서드를 사용하여 tcp_echo_client() 사용자 코루틴을 실행 예약한다.

▌예제 asyncio_tcp_echo_client.py

```
# open_connection()을 이용한 TCP 클라이언트 프로그램

import asyncio

async def tcp_echo_client(message, loop):
    #소켓을 생성하고 연결하는 코루틴
    reader, writer = await asyncio.open_connection(
        'localhost', 2500)

```

26) https://docs.python.org/3/library/asyncio-stream.html

```
    #데이터 송신
    print('송신: {!r}'.format(message))
    writer.write(message.encode()) #코루틴이 아니므로 동기식 전송

    data = await reader.read(100) #메시지 수신(코루틴)
    print('수신: {!r}'.format(data.decode()))

    print('연결 종료')
    writer.close()

message = 'Hello Server!'
try:
    loop = asyncio.get_running_loop()
except:
    loop = asyncio.new_event_loop()

#이벤트 루프에서 코루틴 실행
loop.run_until_complete(tcp_echo_client(message, loop))
loop.close()
```

[프로그램 실행]

서버 프로그램(asyncio_tcp_echo_server.py)을 먼저 실행하고 클라이언트 프로그램(asyncio_tcp_echo_client.py)을 실행한다. 클라이언트 프로그램을 한 번 더 실행하여 동일한 결과를 얻을 수 있는지 확인해 보자. 서버에서 run_forever()에 의해 클라이언트 연결을 무한 반복적으로 허용하는 것을 알 수 있다.

다음에는 asyncio_tcp_echo_server.py 서버 프로그램을 먼저 실행하고 TCP_client.py 클라이언트 프로그램을 실행해 보자. asyncio 모듈을 이용하여 만들어진 서버 프로그램도 다른 모듈로 작성된 클라이언트 프로그램과도 정상적으로 송수신할 수 있음을 알 수 있다.

연습문제 12-14

(1) 연결된 클라이언트에게 계속 에코 서비스를 하도록 asyncio_tcp_echo_server.py를 수정하시오.

(2) asyncio.run() 함수를 사용하여 asyncio_tcp_echo_client.py를 수정하시오.

(3) asyncio_tcp_echo_client.py를 수정하여 채팅 클라이언트 프로그램을 작성하시오. 아래 그림과 같이 클라이언트 프로그램을 시작하면 자신의 이름을 입력하고 채팅을 시작한다. 상대방에게 보내는 메시지 앞에 이름을 추가하여 송신한다.

채팅 서버 프로그램은 GUI_chatserver_multi.py를 사용하여 동작을 확인하시오.

```
이름: 서열규
안녕하세요~
반갑습니다
<- [전희성] 네 반갑습니다
<- [전희성] 오늘도 좋은 하루 되세요
```

```
이름: 전희성
<- [서열규] 안녕하세요~
<- [서열규] 반갑습니다
네 반갑습니다
오늘도 좋은 하루 되세요
```

start_server()와 open-connection()을 간단한 온라인 게임 프로그램

이번에는 비동기 스트림 TCP 통신 함수를 이용하여 간단한 온라인 게임 프로그램을 만들어 보자. 두 명의 클라이언트가 서버에 접속하고 그림 12-26과 같은 클라이언트 화면에서 방향키를 이용하여 자신의 도형을 움직인다.

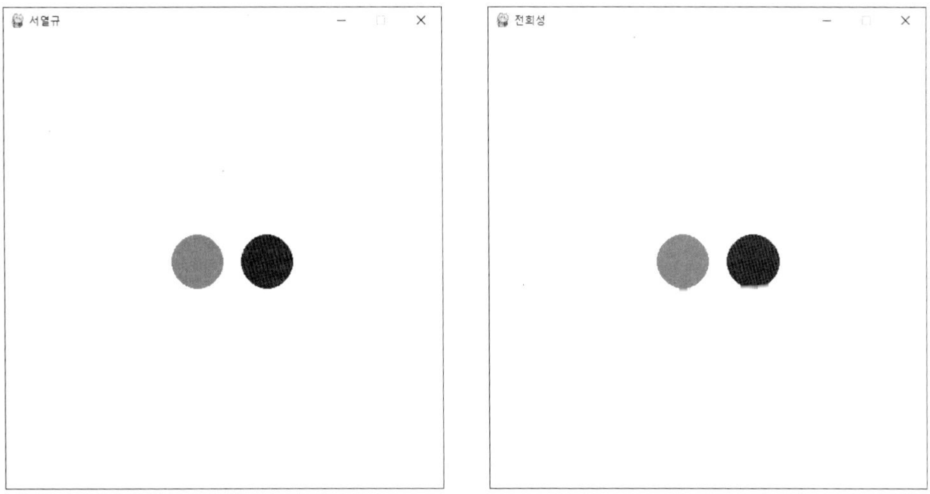

그림 12-26 항상 같은 모양을 유지하는 두 클라이언트 화면

자신의 도형을 움직이면 상대방 화면의 도형도 같이 움직이도록 한다. 따라서 두 클라이언트 화면은 항상 같은 모양을 유지하게 된다.

먼저 pygame 모듈을 이용하여 화면에 원을 그리고 방향키에 따라 원의 중심을 이동시키는 프로그램에 대해 살펴보자. 여기서 pygame 모듈에 관해서는 설명하지 않으므로 자세한 내용은 참고자료[27]를 보기 바란다.

플레이어를 정의하는 game_player.py에서 draw()는 원을 그리는 함수이다. 원의 중심은 self.center이고 원의 반지름은 self.radius이다. 원의 색상은 self.color로 지정된다. move() 함수는 방향키에 따라 원의 중심을 나타내는 (x, y) 값을 증가 또는 감소시킨다. update() 함수는 새로 계산된 (x, y)값으로 원의 중심을 다시 설정한다.

▌예제 game_player.py

```
import pygame

class Player():
    def __init__(self, x, y, radius, color):
        self.x = x
        self.y = y
        self.radius = radius # 원의 반경
        self.color = color # 원의 색상
        self.center = (x,y) #원의 중심
        self.vel = 3 #이동 증분

    def draw(self, win):
        # 원을 그린다
        pygame.draw.circle(win, self.color, self.center, self.radius)

    def move(self):
        # 방향키에 따라 원의 중심을 이동한다
        keys = pygame.key.get_pressed()

        if keys[pygame.K_LEFT]:
            self.x -= self.vel

        if keys[pygame.K_RIGHT]:
            self.x += self.vel

        if keys[pygame.K_UP]:
            self.y -= self.vel

```

27) https://www.pygame.org/docs/

```
        if keys[pygame.K_DOWN]:
            self.y += self.vel

        self.update()

    def update(self):
        self.center = (self.x, self.y)
```

비동기 서버 프로그램은 먼저, 두 개의 플레이어(Player 클래스) 객체를 생성하고 서버 주소와 포트를 지정한다. main() 코루틴에서 asyncio.start_server()를 이용하여 서버 객체(server)를 만들어 클라이언트 연결을 기다린다. with 문 내부에서 await server.ser_forever()를 호출하면 server는 클라이언트의 연결 요청을 받아 handler() 코루틴과 연결하는 작업을 반복한다. 클라이언트가 연결되면 handler() 코루틴에서 송수신을 처리한다. 서버 객체도 코루틴이므로 server와 handler 두 개의 코루틴이 협력하여 전체 프로그램이 비동기적으로 동작한다.

handler() 코루틴의 동작은 다음과 같다. 클라이언트가 처음 접속하면 접속한 클라이언트의 플레이어 객체를 전송한 후, 어느 한 클라이언트가 전송하는 플레이어 객체를 수신하여 다른 클라이언트에게 전송하는 동작을 무한 반복한다. 플레이어 객체를 전달하면 각 플레이어에 대한 전체 정보가 전달되므로 클라이언트는 상대방 플레이어의 위치나 색상 등을 알 수 있게 된다. 플레이어 객체는 pickle.dumps()를 이용하고 전송하고, 수신한 플레이어 객체는 pickle.loads()를 이용하여 원래의 자료형으로 복원한다.

▌예제 game_async_server.py

```
import socket, pickle
import asyncio
from game_player import Player

# 두 명의 플레이어 객체 생성
players = [Player(220,250,30,(255,0,0)), Player(300,250, 30,
  (0,0,255))] #player for CIRCLE
currentPlayer = 0
svr = "127.0.0.1" # 서버 주소
port = 5555 # 포트

# 클라이언트가 연결되면 실행되는 코루틴
async def handler(reader, writer):
```

```
    global currentPlayer
    player = currentPlayer
    writer.write(pickle.dumps(players[player])) # 처음 연결된 플레이어 객체 전송
    await writer.drain()

    currentPlayer += 1 # 다음 플레이어
    reply = ""
    while True:
        try:
            data = pickle.loads(await reader.read(2048)) # 플레이어 객체 수신
            players[player] = data

            if not data:
                print("Disconnected")
                break
            else:
                if player == 1:
                    reply = players[0]
                else:
                    reply = players[1]

            writer.write(pickle.dumps(reply)) # 다른 클라이언트에게 플레이어 객체 전송
            await writer.drain()
        except:
            break

    print("Lost connection")
    writer.close()

# 서버 객체를 만들고 연결을 기다린다. 이 과정은 무한 반복된다
async def main():
    server = await asyncio.start_server(handler, host=svr, port=port)
    async with server:
        await server.serve_forever()

asyncio.run(main())
```

비동기 클라이언트 프로그램은 pygame 모듈을 이용하여 500 x 500 크기의 화면을 만들고 asyncio.run() 함수를 이용하여 conn_handler() 코루틴을 실행한다. conn_handler() 코루틴은 asyncio.open_connection()을 이용하여 서버와 연결하고 reader와 writer 스트림 객체를 반환받는다. 처음 서버와 연결되면 reader.read()를 이용하여 서버가 전송하는 자신의 플레이어 객체를 수신한다. 반복 루프에서 자신의 플레이어 객체를 송신하고 상대방 플레이어 객체를 수신한 후 redraw() 함수를 이용하여 자신과 상대방의 도형을 다시 그린다. 이 동작은 클라이언트가 화면을 닫을 때까지 반복된다.

▌예제 game_async_client.py

```
import asyncio
import pygame, pickle
from game_player import Player

# 플레이어 객체를 이용하여 도형을 다시 그린다
def redrawWindow(win, player, player2):
    win.fill((255,255,255))
    player.draw(win)
    player2.draw(win)
    pygame.display.update()

# 서버에 연결하고 플레이어 객체를 송수신하여 도형을 다시 그리는 무한 코루틴
async def conn_handler(run, host="localhost"):
    reader, writer = await asyncio.open_connection(host, 5555) #서버 연결
    pos = await reader.read(2048) # 자신의 플레이어 객체를 수신한다
    pos1 = pickle.loads(pos)
    clock = pygame.time.Clock()

    while run:
        clock.tick(60)
        writer.write(pickle.dumps(pos1)) # 자신의 플레이어 객체를 전송
        await writer.drain()
        pos2 = await reader.read(2048) # 상대방 플레이어 객체를 수신

        # 윈도우 종료 버트(X)를 누르면 게임을 종료한다
        for event in pygame.event.get():
            if event.type == pygame.QUIT:
                run = False
                pygame.quit()

```

```
        pos1.move() # 방향키에 따라 자신의 위치 수정
        pos2 = pickle.loads(pos2)
        redrawWindow(win, pos1, pos2) # 수정된 위치에 자신과 상대방의 도형을 다시 그린다

# 게임 화면 설정
width = 500
height = 500
win = pygame.display.set_mode((width, height))
name = input("Your name: ")
pygame.display.set_caption(name)

host = "localhost" # 서버 주소
run = True

asyncio.run(conn_handler(run, host))
```

고수준 클라이언트/서버 프로그램

asyncio 모듈은 다음과 같이 스트림(TCP)이나 데이터그램(UDP) 통신 채널을 만들 수 있는 고수준 함수를 제공한다.

```
loop.create_server()
loop.create_connection()
loop.create_datagram_endpoint()
```

이들 함수는 이벤트-콜백 모델로 동작하므로 콜백 함수를 재정의한 프로토콜 클래스와 함께 사용된다. 이벤트가 발생하면 이벤트 루프가 콜백 함수를 호출하므로 콜백 함수의 인수는 이벤트 루프에 의해 전달된다. 프로토콜 클래스에는 표 12-2와 같은 콜백 함수가 재정의되어야 한다. 그러나 모든 콜백 함수를 재정의할 필요는 없고 자신의 프로그램에 필요한 것만 재정의하여 사용하면 된다.

표 12-2 이벤트와 콜백 함수

이벤트	콜백 함수
연결 성공	connection_made(self, transport)
연결 해제	connection_lost(self, exc)
데이터 수신(TCP)	data_received(self, data)
데이터 수신(UDP)	datagram_received(self, data, addr)
오류 발생	error_received(self, exc)
eof 발생	eof_received(self)

create_server()는 스트림 채널을 만드는 서버 함수이고 create_connection()은 서버와 스트림(TCP)으로 연결하는 함수이다. create_datagram_endpoint()는 데이터그램 채널을 만든다. 이벤트 방식의 고수준 함수를 이용하여 UDP/TCP 에코 서버/클라이언트 프로그램을 작성해 보자.

create_datagram_endpoint()를 이용한 UDP 에코 서버 프로그램

create_datagram_endpoint()를 이용하여 UDP 에코 서버 프로그램을 작성해 보자. asyncio 모듈을 사용하여 서버 프로그램을 작성하려면 먼저 현재 실행 중인 이벤트 루프를 가져온다.

```
loop = asyncio.get_running_loop()
transport, protocol = await loop.create_datagram_endpoint(lambda:
EchoServerProtocol(), local_addr=('127.0.0.1', 2500))
```

다음으로 loop.create_datagram_endpoint(protocol_factory, local_addr)를 이용하여 이벤트 루프가 처리할 UDP 서버를 생성한다. 이 함수의 첫 번째 인수는 프로토콜 클래스 생성자이다. 두 번째 local_addr 인수는 튜플로 표시한 IP 주소와 포트 번호를 나타낸다. 이 함수는 transport와 protocol을 반환한다.

transport는 소켓과 같이 네트워크 연결을 나타내고 protocol은 프로토콜 클래스 객체이다.

class EchoServerProtocol 프로토콜 클래스에서 connection_made() 메서드와 datagram_received() 메서드를 다음과 같이 재정의한다. connection_made()의 transport 인수는 이벤트 루프에 의해 전달된다.

```
class EchoServerProtocol:
    def connection_made(self, transport):
        self.transport = transport

    def datagram_received(self, data, addr):
        message = data.decode()
        print('Received %r from %s' % (message, addr))
        print('Send %r to %s' % (message, addr))
        self.transport.sendto(data, addr)
```

데이터가 수신되면 실행되는 datagram_received() 콜백에서 수신 메시지를 출력하고 다시 전송한다. 수신 데이터를 저장하고 있는 data 변수는 이벤트 루프에 의해 콜백 함수로 전달되고, 상대방 주소는 addr에 저장되어 전달된다.

main 코루틴에서는 loop.create_datagram_endpoint()를 이용하여 서버를 생성한다. asyncio.run(main())을 호출하여 실행된 이벤트 루프는 실행할 태스크가 없으면 종료되므로 asyncio.sleep(3600)을 호출하여 1시간 동안 루프를 유지한다.

▌예제 asyncio_UDP_echo_server.py

```
#create_datagram_endpoint()를 이용한 이벤트 방식 서버 프로그램

import asyncio

#이벤트 콜백을 정의하는 프로토콜 클래스
class EchoServerProtocol:

    #연결이 성공하면 호출되는 콜백
    def connection_made(self, transport):
        self.transport = transport #소켓

    #데이터를 수신하면 호출되는 콜백
    #data(수신된 데이터)와 addr(상대방 주소)가 이벤트 루프에서 전달된다
    def datagram_received(self, data, addr):
        message = data.decode()
        print('Received %r from %s' % (message, addr))
        print('Send %r to %s' % (message, addr))
        self.transport.sendto(data, addr) #데이터 송신

```

```
async def main():
    print("Starting UDP server")

    # 현재의 이벤트 루프를 가져온다.
    loop = asyncio.get_running_loop()

    #프로토콜 클래스를 인수로 UDP 채널을 생성한다
    #(transport, protocol) 객체가 반환된다. transport는 소켓 객체이고,
    #protocol은 소켓 이벤트를 위한 프로토콜 클래스 객체이다
    transport, protocol = await loop.create_datagram_endpoint(
        lambda: EchoServerProtocol(),
        local_addr=('127.0.0.1', 2500))

    try:
        await asyncio.sleep(3600)  # 1시간 동안 유지
    finally:
        transport.close() #소켓을 닫는다

asyncio.run(main())
```

[프로그램 실행]

서버 프로그램을 실행하고 클라이언트 프로그램(UDP_client.py)을 실행한다. 두 개 이상의 클라이언트를 동시에 실행해도 에코 기능을 할 수 있는지 확인해 보자.

create_datagram_endpoint()를 이용한 UDP 에코 클라이언트 프로그램

asyncio를 사용한 UDP 클라이언트 프로그램 작성 방법에 대해 알아보자.
UDP 에코 클라이언트 프로그램도 서버 프로그램과 비슷하다. 콜백을 정의한 프로토콜 클래스를 정의하고 현재 실행 이벤트 루프를 가져와 데이터그램 소켓 객체를 생성하고 실행한다.

프로토콜 클래스의 __init__() 함수에서 필요한 인스턴스 변수를 초기화한다. self.loop는 인수로 전달된 이벤트 루프로 설정되고 self.transport는 나중에 클라이언트와 연결이 되면 transport가 설정될 수 있도록 None으로 초기화된다. self.on_con_lost 변수는 loop.create_future() 함수로 생성된 퓨처 객체가 할당된다. loop.create_future() 함수는 이벤트 루프에 등록되는 퓨처 객체를 생성하는 함수이다. 퓨처 객체는 저수준 콜백이 고수준 async/await 코드와 상호 연동할 수 있도록 해준다. 예를 들어, 연결이 종료될 때 실행되는 connection_lost()에서 퓨처 객체의 set_result(True) 메서드로 퓨처를 완료로 표시하고 True를 반환한다. 프로그램 마지막 부분에서 await protocol.on_con_lost를 실행하여 연결을 닫기 전에 클라이언트와의 통신이

완료되었는지 확인할 수 있다.

▌예제 asyncio_UDP_echo_client.py

```
#create_datagram_endpoint()를 이용한 이벤트 구동 클라이언트 프로그램

import asyncio

#이벤트 콜백을 정의하는 프로토콜 클래스
class EchoClientProtocol:
    def __init__(self, message, loop):
        self.message = message
        self.loop = loop
        self.transport = None
        self.on_con_lost = loop.create_future()

    #연결이 성공하면 호출되는 콜백
    def connection_made(self, transport):
        self.transport = transport #소켓
        print('Send:', self.message)
        self.transport.sendto(self.message.encode()) #데이터 전송

    #데이터를 수신하면 호출되는 콜백
    #data(수신된 데이터)와 addr(상대방 주소)가 이벤트 루프에서 전달된다
    def datagram_received(self, data, addr):
        print("Received:", data.decode())

        print("Close the socket")
        self.transport.close()

    #오류 발생 시 호출되는 콜백
    def error_received(self, exc):
        print('Error received:', exc)

    #연결이 종료되면 호출되는 콜백
    def connection_lost(self, exc):
        print("Connection closed")

        #연결이 종료되면 퓨처를 실행 완료로 설정하고 True 반환
        self.on_con_lost.set_result(True)


async def main():
```

```
    # 현재 이벤트 루프를 가져온다
    loop = asyncio.get_running_loop()

    message = "Hello World!" #전송 메시지

    #프로토콜 클래스를 인수로 UDP 채널을 생성한다
    #(transport, protocol) 객체가 반환된다. transport는 소켓 객체이고,
    #protocol은 소켓 이벤트를 위한 프로토콜 클래스 객체이다
    transport, protocol = await loop.create_datagram_endpoint(
        lambda: EchoClientProtocol(message, loop),
        remote_addr=('127.0.0.1', 2500))

    try:
        await protocol.on_con_lost #connection_lost()에 의해 연결이 해제되면 이벤트 루프도 종료된다
    finally:
        transport.close() #소켓을 닫는다

asyncio.run(main())
```

[프로그램 실행]

서버 프로그램(asyncio_UDP_echo_server.py)을 실행하고 클라이언트 프로그램을 실행한다. 또 UDP_server.py를 실행하고 클라이언트를 실행해 보자.

create_server()를 이용한 TCP 에코 서버 프로그램

TCP 서버는 loop.create_server(protocol_factory, host, port) 함수로 생성된다. 이 함수도 프로토콜 클래스를 인수로 실행되는 함수이며 asyncio.Server 객체를 반환한다. 아래 프로그램에서 EchoServerProtocol이 프로토콜 클래스이므로 protocol_ factory는 프로토콜 클래스의 생성자 함수인 lambda: EchoServerProtocol()로 지정된다. lambda:가 없으면 함수 지정이 아니라 함수 호출이 된다. server.serve_forever()를 실행하면 클라이언트 연결을 계속 받아들인다. 따라서 다중 클라이언트를 동시에 서비스할 수 있다. async with server: 와 같이 async with와 함께 사용되면 그 아래 주어진 블록의 실행이 종료되면 더 이상 클라이언트의 연결을 받지 않고 server를 닫는다. 다음은 서버 프로그램이다.

■ 예제 asyncio_TCP_echo_create_server.py

```
#loop.create_server()를 이용한 TCP 에코 서버 프로그램

import asyncio

#이벤트 콜백을 정의하는 protocol 클래스
class EchoServerProtocol(asyncio.Protocol):

    #연결이 성공하면 호출되는 콜백
    #transport는 연결 소켓을 나타내고 이벤트 루프에서 전달된다
    def connection_made(self, transport):
        peername = transport.get_extra_info('peername')
        print(f'Connection from {peername}')
        self.transport = transport #소켓

    #데이터를 수신하면 호출되는 콜백
    #data(수신된 데이터)는 이벤트 루프에서 전달된다
    def data_received(self, data):
        message = data.decode()
        print('Data received: {!r}'.format(message))

        print('Send: {!r}'.format(message))
        self.transport.write(data) #데이터 송신

        print('Close the client socket')
        self.transport.close() #연속 서비스를 원하면 이 문장 삭제


async def main():
    # 현재 실행 중인 이벤트 루프를 가져온다
    loop = asyncio.get_running_loop()

    #asyncio.Server 객체 생성
    server = await loop.create_server(
        lambda: EchoServerProtocol(),
        '127.0.0.1', 2500)

    #클라이언트 연결 수락
    async with server: #server를 비동기로 실행하여 클라이언트를 연결한다
        await server.serve_forever() #server 무한 반복

asyncio.run(main())
```

[프로그램 실행]

서버 프로그램을 실행하고 클라이언트 프로그램(TCP_client.py)을 실행해 보자.

create_server()를 이용한 GUI TCP 에코 서버 프로그램

create_server() 함수를 이용한 GUI 서버 프로그램을 작성해 보자. 서버 화면에 엔트리 박스를 배치하고 클라이언트에서 받은 메시지를 엔트리에 표시한다. main() 함수에서 root 윈도우 객체와 이벤트 루프를 인수로 사용하여 Echoserver 클래스 객체를 생성한다. Echoserver 클래스는 GUI 화면을 구성하고 create_server() 함수를 이용하여 비동기 서버 객체를 만들어 실행한다. 소켓을 위한 비동기 콜백 함수도 이 클래스에서 정의한다.

GUI 프로그램의 mainloop()는 소켓의 입출력 이벤트는 처리하지 않는다. 따라서 소켓 입출력은 스레드를 생성하여 처리해야 한다. Echoserver 클래스의 __init__() 메서드에서 위젯을 배치하여 GUI 화면을 구성하고 소켓 입출력을 처리할 스레드를 생성한다. 스레드의 target = run으로 설정하고, run() 메서드에서 비동기 코루틴 connect()를 호출한다. connect()는 코루틴이므로 스레드의 target으로 직접 지정할 수 없다. 따라서 target으로 일반 함수인 run()을 지정하고 run() 메서드에서 asyncio.run() 메서드를 이용하여 코루틴을 호출한다. connect() 메서드에서 create_server() 함수를 이용하여 서버를 생성한다. create_server() 함수에서 필요한 프로토콜 팩토리 함수는 콜백 함수가 정의된 Echoserver 클래스 생성자이므로 lambda: self로 지정한다. 서버 소켓의 콜백 함수들도 Echoserver의 메서드로 정의한다. GUI 부분과 콜백 함수를 같은 클래스에서 정의하면 인스턴스 변수를 이용하여 여러 메서드에서 변수의 공유가 가능하기 때문이다.

▌예제 asyncio_tkinter_TCP_echo_server.py

```
# asyncio event loop과 tkinter event loop를
# 사용한 GUI TCP 에코 서버 프로그램

import asyncio
import threading
import tkinter as tk

def main():
    root = tk.Tk()
    try:
        loop = asyncio.get_running_loop()
```

```
    except:
        loop = asyncio.new_event_loop()
    Echoserver(root, loop)
    root.mainloop()

class Echoserver(asyncio.Protocol):

    def __init__(self, root, event_loop):
        self.lbl_var = tk.StringVar() #엔트리 문자열

        root.title("Tk Asyncio Demo")
        tk.Label(root, text="Incoming Message. TCP Port 2500:").pack()
        tk.Entry(root, textvariable=self.lbl_var).pack(fill=tk.X, expand=1)

        self.transport = None #나중에 정의될 변수
        self.loop = event_loop

        async def connect(): #서버 생성과 연결
            try:
                loop = asyncio.get_running_loop()
            except:
                loop = asycio.new_event_loop()
            svr = await loop.create_server(lambda: self, '', 2500) #Main()
            async with svr:
                await svr.serve_forever()

        def run():
            asyncio.run(connect())

        th = threading.Thread(target = run, args=()) #소켓 동작은 스레드로 처리
        th.daemon = True
        th.start()

    '''
    프로토콜 클래스 콜백 함수
    '''
    def connection_made(self, transport):
        self.transport = transport
        print(f"{transport.get_extra_info('peername')}와 연결되었습
```

```
니다")

    def connection_lost(self, exc):
        print("연결이 종료되었습니다", exc)

    def eof_received(self):
        print("EOF 수신됨")

    def data_received(self, data):
        msg = data.decode()
        print("수신 데이터", msg.strip())
        self.transport.write(f"({msg})".encode())

        self.lbl_var.set(msg.strip())

if __name__ == "__main__":
    main()
```

[프로그램 실행]

서버 프로그램을 실행하고 클라이언트 프로그램(TCP_client.py)을 실행해 보자. 클라이언트에서 전송한 메시지가 그림 12-27과 같이 서버 화면의 엔트리에 표시된다. create_server() 함수가 멀티 클라이언트를 지원하므로 상기 서버 프로그램도 멀티 클라이언트의 접속을 받아 메시지를 엔트리에 표시한다.

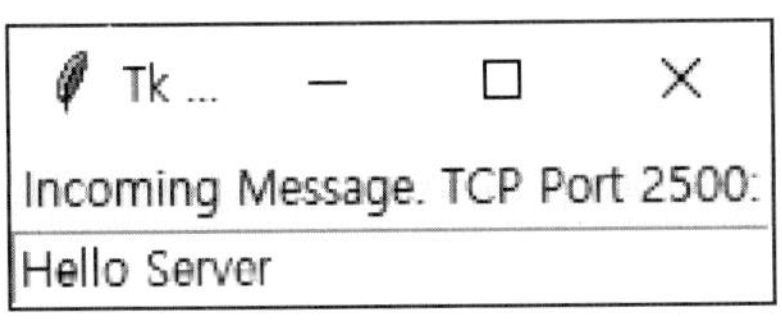

그림 12-27 GUI 에코 서버

create_connection()을 이용한 TCP 에코 클라이언트 프로그램

UDP 클라이언트와 마찬가지로 asyncio 모듈을 사용한 TCP 서버 프로그램과 통신하기 위해 socket 모듈을 사용한 클라이언트 프로그램(TCP_client.py)을 사용해도 된다. 여기서는 asyncio 모듈을 사용한 클라이언트 프로그램 작성을 설명한다. 먼저 서버와 통신할 TCP 연결을 만들기 위해 loop.create_connection() 함수가 사용된다.

loop.create_connection(protocol_factory, host, port)에서 protocol_factory 인수는 protocol이 정의된 클래스 생성자 함수로 지정되고, host와 port는 각각 서버 IP 주소와 포트 번호로 지정된다. 이 함수는 transport와 protocol을 반환한다. 이 코드 부분은 반복 실행되므로 다중 클라이언트를 동시에 서비스할 수 있다.

```
transport, protocol = await loop.create_connection(lambda:
EchoClientProtocol (message, on_con_lost, loop), '127.0.0.1', 2500)
```

클라이언트 프로그램에서 퓨처를 이용하여 콜백의 완료 여부를 확인한다. 프로토콜 클래스의 connection_ lost()는 연결이 종료되면 실행되는데 이 메서드에서 퓨처를 완료로 설정한다. 만약 연결이 종료되지 않으면 퓨처는 완료로 설정되지 않고 클라이언트 연결은 계속 유지된다.

예를 들어 asyncio_TCP_echo_create_server.py 서버 프로그램의 라인 25(self.transport.close())에서 연결을 닫지 않으면 클라이언트 프로그램은 종료되지 않고 계속 실행된다. 따라서 서버 프로그램의 라인 25를 제거하면 클라이언트에서 데이터 송수신을 계속할 수 있다.

▌예제 asyncio_TCP_echo_create_client.py

```
#loop.create_server()를 이용한 TCP 클라이언트 프로그램

import asyncio

#이벤트 콜백을 정의하는 프로토콜 클래스
class EchoClientProtocol(asyncio.Protocol):
    def __init__(self, message, on_con_lost, loop):
        self.message = message
        self.loop = loop #이벤트 루프
        self.on_con_lost = on_con_lost #퓨처 객체

    def connection_made(self, transport):
        transport.write(self.message.encode()) #메시지 전송
        print(f'Data sent: {self.message!r}')

    def data_received(self, data):
        print('Data received: {!r}'.format(data.decode()))

    def connection_lost(self, exc):
        print('The server closed the connection')
```

```
        #연결이 종료되면 퓨처를 완료로 설정하고 True 반환
        self.on_con_lost.set_result(True)


async def main():
    # 저수준 API를 사용하기 위해 현재 이벤트 루프를 가져온다
    loop = asyncio.get_running_loop()

    on_con_lost = loop.create_future() #퓨처 생성
    message = 'Hello World!'

    transport, protocol = await loop.create_connection(
        lambda: EchoClientProtocol(message, on_con_lost, loop),
        '127.0.0.1', 2500)

    # protocol이 연결 종료를 알릴 때까지 대기한 후에 연결을 닫는다
    try:
        await on_con_lost #퓨처 완료 대기
    finally:
        transport.close() #연결을 닫는다

asyncio.run(main())
```

[프로그램 실행]

서버 프로그램(asyncio_TCP_echo_create_server.py)에서 라인 26을 제거하고 실행한다. 이 라인을 제거하면 연결이 종료되지 않고 계속 유지된다. 클라이언트(TCP_client.py)를 두 번 동시 실행하여 동시 서비스를 확인해 보자. 또 asyncio_TCP_echo_create_server.py와 asyncio_TCP_echo_create_client.py를 실행해서 결과를 살펴보자.

CHAPTER

13 사물인터넷 프로그래밍

HTTP와 MQTT 프로토콜을 이용하여 사물인터넷 프로그램 방법을 설명한다.
paho-mqtt 모듈을 이용하여 컴퓨터, 라즈베리파이, 스마트폰 사이의
사물인터넷 구현 방법을 소개한다.

사물인터넷(Internet of Things; IoT)은 최근 갑자기 등장한 개념이 아니라 꽤 오래전부터 존재해왔다. 그동안 수많은 이름으로 설명되었는데, 기술 발전에 따라 점차 그 기술과 개념이 진화하고 있다. RFID/USN, M2M(사물지능통신) 등이 바로 그 대표적 개념들이다. 사물인터넷이라는 용어는 1999년 매사추세츠공과대학(MIT)의 오토아이디센터(Auto-ID Center) 소장 케빈 애시턴(Kevin Ashton)이 향후 전자태그와 기타 센서를 일상생활에 사용하는 사물에 탑재한 사물인터넷이 구축될 것이라고 전망하면서 처음 사용한 것으로 알려져 있다.

사물인터넷은 각종 사물에 센서와 통신 기능을 내장하여 인터넷에 연결하는 기술이다. 인터넷으로 연결된 사물들이 데이터를 주고받아 스스로 분석하고 학습한 정보를 사용자에게 제공하거나 사용자가 이를 원격 조정할 수 있는 기술이다. 여기서 사물이란 가전제품, 모바일 장비, 웨어러블 디바이스 등 다양한 임베디드 시스템들이다. 사물인터넷에 연결되는 사물들은 자신을 구별할 수 있는 유일한 아이피를 가지고 인터넷으로 연결되어야 하며, 외부 환경으로부터의 데이터 취득을 위해 센서를 내장할 수 있다.[28)]

사물인터넷에서 정말 중요한 것은 '어떻게 인터넷으로 연결할 것인가?'보다는 '왜 인터넷으로 사물들을 연결하는가?'에 있다. 사물인터넷의 궁극적 목표는 우리 주변의 모든 사물을 인터넷에 연결하여 사물이 가진 특성을 더욱 지능화하고, 인간의 개입을 최소화하고 자동화하며, 다양한 연결을 통한 정보 융합으로 인간에게 지식과 더 좋은 서비스를 제공하는 데 있다. 이를 위해서는 기존 인터넷에서 추구하던 컴퓨터의 연결이 아니라, 인간 · 사물 · 공간 · 무형의 데이터 등을 서로 연결하고 이로부터 수집된 다양한 정보를 분석하고, 공유하도록 하는 것이 중요하다.

28) https://ko.wikipedia.org/wiki/%EC%82%AC%EB%AC%BC%EC%9D%B8%ED%84%B0%EB%84%B7

사물인터넷을 구현하기 위해선 센서/상황 인지 기술, 통신/네트워크 기술, 칩 디바이스 기술, 경량 임베디드 네트워크 기술, 자율적/지능형 플랫폼 기술, 대량의 데이터를 처리하는 빅데이터 기술, 데이터마이닝 기술, 사용자 중심의 응용 서비스 기술, 웹 서비스 기술, 보안/프라이버시 보호 기술 등 다양한 형태의 기술이 필요하다. 여기서는 사물인터넷을 구현하기 위한 통신 프로토콜에 대해 살펴보자.

사물인터넷 응용 프로토콜[29)]

인터넷의 핵심 기술은 IP이지만 인터넷을 폭발적으로 성장시킨 기술은 TCP/IP 위에서 웹의 세상을 연 HTTP이다. HTTP는 FTP, DNS, SMTP 등과 같은 인터넷 응용 프로토콜 중의 하나이다. 실제 사물인터넷에서도 HTTP 프로토콜을 이용한 데이터 송수신이 많이 사용되고 있다. 예를 들어 각종 센서가 연결된 라즈베리파이를 HTTP 서버로 사용하고, 다른 기기를 클라이언트로 사용하여 클라이언트에서 서버로 요청을 보내면 서버는 요청에 따라 처리하고 응답을 보내는 방식으로 동작한다.

사물인터넷 응용 프로토콜은 CPU 성능이 낮고 메모리 용량도 적은 제한된 디바이스(constrained device)를 제한적인 환경에서 사용하기 위해 HTTP와 유사한 목적으로 사용하도록 만들어진 프로토콜이다.

제한된 네트워크 또는 제한된 노드를 대규모로 전개할 때, 장황한 웹 기반과 데이터 모델 프로토콜은 IoT 애플리케이션에 너무 무거울 수 있다. 이 문제를 해결하기 위해 IoT 업계는 다수의 제한된 노드 및 네트워크에 더 적합한 새로운 경량 프로토콜을 개발하고 있다. 가장 많이 사용되는 두 가지 프로토콜은 CoAP(Constrained Application Protocol)와 MQTT(Message Queueing Telemetry Transport)이다. 그림 13-1은 일반적인 IoT 프로토콜 스택[30)]에서 CoAP와 MQTT의 위치를 보여준다.

29) http://www.science.go.kr/

30) https://www.postscapes.com/internet-of-things-protocols/

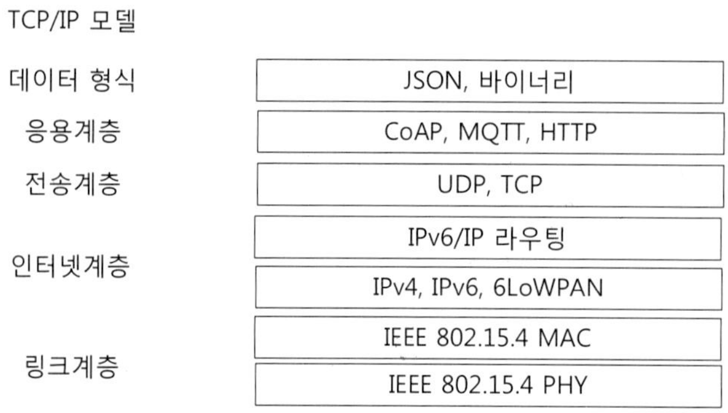

그림 13-1 CoAP와 MQTT 프로토콜 스택

그림 13-1에서 CoAP와 MQTT는 IEEE 802.15.4 메시 네트워크를 기반으로 하며 IoT 스택의 맨 위에 위치하는 응용 프로토콜이다. 몇 가지 예외가 있지만, MQTT는 TCP 위에서 실행되고 CoAP는 UDP 위에서 실행된다.

인터넷 응용 프로토콜의 공통점은 각각이 사용하는 포트 번호를 가진다는 것이다. MQTT와 CoAP도 인터넷 응용 프로토콜이므로 각각 1883과 5683이 포트 번호로 사용된다. 대표적인 공식 응용별 포트는 표 13-1과 같다.

표 13-1 인터넷 서비스와 포트 번호

포트 번호	전송 프로토콜	응용 프로토콜
20, 21	TCP	FTP
23	TCP	Telnet
25	TCP	SMTP
80	TCP/UDP	HTTP
110	TCP	POP3
443	TCP/UDP/SCTP	HTTPS
1883	TCP/UDP	MQTT
5683	UDP	CoAP

이 장에서는 사물인터넷 구현을 위해 많이 사용되는 HTTP와 MQTT를 이용한 사물인터넷 프로그래밍 방법을 설명한다.

13.1 HTTP를 이용한 사물인터넷 프로그래밍

HTTP 프로토콜은 서버와 클라이언트 사이의 통신 프로토콜이며 인터넷에서 가장 많이 사용되는 프로토콜이기 때문에 많은 디바이스들이 HTTP 프로토콜을 지원한다. 따라서 HTTP를 사용하여 사물인터넷을 구성하면 서로 연결할 수 있는 장치가 많고 웹 브라우저를 이용하여 접속할 수 있는 장점이 있다.

HTTP 프로토콜의 기본 동작은 그림 13-2와 같이 클라이언트(웹브라우저)가 서버에게 정보를 요청(HTTP request)하면 서버는 응답(HTTP response)를 전송하는 구조이다. 요청은 URL (Uniform Resource Locator)로 구성되어 서버에게 전달된다. 요청을 받은 서버는 URL을 분해하여 요청을 처리한다.

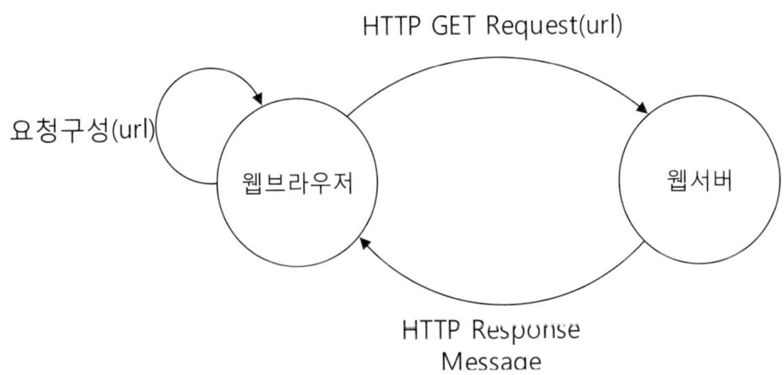

그림 13-2 HTTP 웹서버와 브라우저의 동작

urllib.parse 모듈을 사용한 URL 처리

urllib.parse 모듈은 서버에서 URL 문자열을 분해하거나 합성하기 위한 모듈이다. URL 문자열은 다음과 같이 6가지 요소로 구성된다.

```
url = "http://location/path;parameter?query=argument#frag"
```

[http:]는 사용되는 scheme을 나타내고, [//location]은 서버의 위치(주소)를 나타낸다. [/path]는 요청하는 자원의 경로를 나타내고, [;parameter]는 scheme에 따라 필요한 파라미터를 나타낸다. [?query=argument]는 자원을 처리하거나 검색하기 위한 정보 문자열이다. [#frag]는 웹 페이지 내부의 섹션 식별자이다. 이 요소 중 [;parameter]와 [#frag] 요소는 별로 사용되지 않는다.

서버에서 URL 분해하기

앞에서 설명한 바와 같이 서버는 클라이언트의 요청을 나타내는 URL을 받으면 이를 분해해야 한다. urllib.parse.urlparse() 함수는 URL을 분해하여 6개의 요소를 갖는 ParseResult 객체를 반환한다. ParseResult 객체는 namedtuple[31] 타입이다. 다음 프로그램은 urlparse() 함수를 사용하여 URL을 분해하는 프로그램이다.

```
from urllib import parse
url = "http://location/path;parameter?query=argument#frag"
p_url = parse.urlparse(url)
print(p_url)
```

이 프로그램을 실행하면 다음과 같은 결과를 얻을 수 있다.

```
ParseResult(scheme='http', netloc='location', path='/path',
params='parameter', query='query=argument', fragment='frag')
```

반환 결과는 ParseResult 객체인데 이는 6개의 속성을 가지고 있다. ParseResult 객체는 표 13-2와 같이 6개 속성 이외에 username, password, hostname, port 정보도 제공한다.

표 13-2 ParseResult 객체의 속성

속성	인덱스	내용
scheme	0	URL scheme
netloc	1	자원의 네트워크 위치
path	2	서버에서 자원의 경로
params	3	path에 대한 파라미터
query	4	쿼리 요소
fragment	5	프레그먼트 식별자
username		사용자 이름
password		비밀번호
hostname		호스트 이름
port		포트 번호

31) namedtuple은 튜플이지만 각 요소를 인덱스나 이름으로 접근할 수 있는 객체이다

다음 프로그램은 ParseResult 객체의 각 속성을 보여주는 예제이다.

```
from urllib import parse

url = "http://location/path;parameter?query=argument#frag"
p_url = parse.urlparse(url)

print('scheme :', p_url.scheme) #scheme 속성
print('netloc :', p_url.netloc) #netloc 속성
print('path :', p_url.path) #path 속성
print('params :', p_url.params) #params 속성
print('query :', p_url.query) #query 속성
print('fragment:', p_url.fragment) #fragment 속성
print('username:', p_url.username) #username 속성
print('password:', p_url.password) #password 속성
print('hostname:', p_url.hostname) #hostname 속성
print('port :', p_url.port) #port 속성
```

이 프로그램의 실행 결과는 다음과 같이 각 요소를 보여준다.

```
scheme : http
netloc : location
path : /path
params : parameter
query : query=argument
fragment: frag
username: None
password: None
hostname: location
port : Nonc
```

또한 urlsplit() 함수를 사용하여 URL을 parameter를 제외한 5개 요소의 튜플로 분해할 수 있다. 이 함수도 5개의 요소를 갖는 namedtuple을 반환한다.

```
from urllib.parse import urlsplit

tuple_url = urlsplit("http://host.com/path?name=value")
print('Splitted URL: ', tuple_url)
```

[실행 결과]

```
Splitted URL:  SplitResult(scheme='http', netloc='host.com',
path='/path', query='name=value', fragment='')
```

URL 결합하기

두 개의 문자열을 이용하여 하나의 URL을 구성하려면 urljoin() 함수를 사용한다. 이 함수는 다음과 같이 base_url_string과 relative_url_string을 하나로 합쳐서 URL을 생성한다.

```
urljoin(base_url_string, relative_url_string)
```

URL을 합치는 규칙에 대해서 자세히 설명하지 않겠으니 필요하면 RFC1808을 참고하면 된다. relative_url_string에서 빠진 부분을 base_url_string에서 보충하여 완전한 url을 만든다. 다음 프로그램은 "http://host.com/path/rsc/1"과 "../other/rsc"을 합쳐서 http://host.com/path/other/rsc을 만드는 프로그램이다.

```
from urllib import parse
new_url = parse.urljoin("http://host.com/path/rsc/1",
"../other/rsc")
print('Joined URL:', new_url)
```

[실행 결과]

```
Joined URL: http://host.com/path/other/rsc
```

분해된 URL 요소를 원래의 URL 문자열로 결합하려면 geturl() 함수를 사용한다. 분해된 URL 요소는 튜플이기 때문에 요소 값을 변경할 수는 없다.

```
from urllib.parse import urlparse

original = 'http://netloc/path;param?query=arg#frag'
print('ORIG :', original)
parsed = urlparse(original)
print(parsed.scheme)
print('PARSED:', parsed.geturl())
```

이 프로그램을 실행하면 합성된 URL이 원래의 URL과 같음을 알 수 있다.

URL을 만들기 위해 각 요소를 별도로 준비하여 urlunparse() 함수를 이용하여 하나로 합칠 수도 있다. URL의 각 요소를 포함하는 튜플을 만들고 urlunparse() 함수를 사용하여 다음 예제와 같이 하나로 합친다. 이 프로그램의 실행 결과를 보면 합쳐진 URL을 볼 수 있다.

```
from urllib.parse import urlunparse

tuple_url = ('http', 'netloc', '/path', '','query=arg','')
url = urlunparse(tuple_url)
print('Encoded: ', url)
```

[실행 결과]

```
Encoded:  http://netloc/path?query=arg
```

연습문제 13-1

(1) urlparse() 함수를 사용하여 네이버 홈페이지의 로그인 화면의 URL을 분해하여 다음 각 요소를 확인하시오

scheme
netloc
path
path params
query
fragment

(2) urlunparse()함수를 사용하여 "http://localhost/test?LED=ON" URL을 생성하는 프로그램을 작성하시오.

urllib.request 모듈을 이용한 HTTP requests

클라이언트에서는 URL을 사용하여 서버에게 요청을 보낼 수 있다. 요청을 보내기 위해 urllib.request 모듈이나 requests 모듈을 이용한다. urllib.request 모듈을 사용하면 GET request와 POST request를 할 수 있다. GET request는 자원을 요청할 때 사용되며, POST request는 새로운 자원을 서버에 생성할 때 사용된다.

GET request

URL을 인수로 urllib.request 모듈의 urlopen() 함수를 호출하면 GET request가 서버로 전달되고 서버로부터 응답을 받을 수 있다.

예를 들어, 서버 /test 폴더의 demo_form.php 파일에서 매개변수 name1의 값이 value1이고 name2의 값이 value2인 자원을 요청하는 경우 URL은 다음과 같다.

```
/test/demo_form.php?name1=value1&name2=value2
```

다음 프로그램은 URL을 이용하여 서버(https://www.dongyang.ac.kr)로 GET request를 전달하고 응답을 받아 출력하는 예제이다.

▌예제 - urllib_request_urlopen.py

```
# GET request 보내기와 서버 응답 출력 프로그램

from urllib import request

URL = 'https://www.dongyang.ac.kr/' #url
response = request.urlopen(URL) #GET request와 서버 응답
print('RESPONSE:', response)
print('URL :', response.url) #url 정보

headers = response.headers #응답 헤더 정보
print('DATE :', headers['date'])
print('HEADERS :')
```

```
13 print('---------')
14 print(headers)
15
16 data = response.read().decode('utf-8') #응답 내용 읽기
17 print('LENGTH :', len(data))
18 print('DATA :')
19 print('---------')
20 print(data)
```

라인 5 URL을 설정한다.

라인 6 urllib.request.urlopen() 함수를 이용하여 서버로 GET request를 보내고 서버의 응답을 response 변수에 저장한다. response 변수는 url 정보, 헤더 정보, 데이터 정보를 포함한다.

라인 8 geturl() 함수를 이용하여 응답에서 url 정보를 가져올 수 있고,

라인 10 info() 함수로 응답의 헤더 정보를 알아낼 수 있다. URL은 "https://www.dongyang.ac.kr/"이고 헤더 정보에는 날짜와 함께 서버에 관한 여러 가지 정보가 들어있다.

라인 16 응답에 들어있는 데이터 정보는 read() 함수로 읽을 수 있다. 데이터 정보에는 HTML 파일 내용이 들어있다.

[실행 결과]

```
RESPONSE: <http.client.HTTPResponse object at 0x000001A4F85AAD30>
URL : http://www.dongyang.ac.kr/
DATE : Fri, 22 Feb 2019 06:20:36 GMT
HEADERS :
---------
Server:
Cache-Control: private
X-Content-Type-Options: nosniff
X-Frame-Options: SAMEORIGIN
X-XSS-Protection: 1
.........


LENGTH : 1308
DATA :
---------
```

```
<html>
.........


</html>
```

urllib.parse.urlencode()을 이용한 GET request의 query 생성하기

앞에서 살펴본 프로그램에서는 서버의 기본 리소스를 요청하였다. urllib.parse.urlencode() 함수를 사용하면 GET request의 query를 생성하여 요청 내용을 구체적으로 지정할 수 있다. query를 딕셔너리로 구성하고 urllib.parse.urlencode() 함수를 이용하여 서브 url을 구성한다. 서버 경로를 나타내는 베이스 url과 서브 url을 결합하여 전체 url을 구성한다.

▌예제 - urllib_get_request.py

```
1  # GET request 발송 프로그램
2
3  from urllib import parse
4  from urllib import request
5
6  query = {'name': 'YKSUH', 'position': 'professor'} #query를 딕셔너리로 표현
7  encoded_query = parse.urlencode(query) #딕셔너리로부터 query URL 생성
8  print('Encoded:', encoded_query)
9
10 url = 'http://localhost:8080/?' + encoded_query #HTTP_GET_server.py 필요
11 #url = 'https://httpbin.org/get'
12 resp = request.urlopen(url) #GET request와 응답
13 print(resp.read().decode('utf-8'))
```

라인 6	query를 딕셔너리로 구성하고,
라인 7~13	urlencode() 함수를 이용하여 query를 서브 url을 만든다. 서브 url을 베이스url과 합쳐서 urlopen() 함수로 요청을 전달하고 응답을 받아 출력한다. HTTP_GET_server.py와 함께 실행하면 라인 10의 url을 사용하고 단독으로 실행하려면 라인 11의 url을 사용한다.

이 프로그램을 로컬 서버에서 실행하려면 GET request를 처리할 서버가 필요하다. 나중에 설명할 GET 서버 프로그램(HTTP_GET_server.py)을 먼저 실행하고 urllib_get_request.py 클라이언트를 실행한다. 다음과 같은 응답에서 query=name=YKSUH&position=professor임을 알 수 있다.

```
Encoded: name=YKSUH&position=professor
CLIENT VALUES:
client_address=('127.0.0.1', 50521) (127.0.0.1)
command=GET
path=/?name=YKSUH&position=professor
real path=/
query=name=YKSUH&position=professor
request_version=HTTP/1.1

SERVER VALUES:
server_version=BaseHTTP/0.6
sys_version=Python/3.7.6
protocol_version=HTTP/1.0

HEADERS RECEIVED:
Accept-Encoding=identity
Connection=close
Host=localhost:8080
User-Agent=Python-urllib/3.7
```

POST request

서버로 데이터를 보내려면 POST request를 사용한다. urllib.request.urlopen(url, data=encoded_args) 함수를 사용하여 POST request를 전송할 수 있다. url은 베이스 url이고 encoded_args는 urlencode() 함수로 생성된 전송 데이터이다.

▌예제 - urllib_post_request.py

```
from urllib import parse
from urllib import request

data = {'tempeature': '25C', 'humidity': '60%'} #POST 내용
encoded_data = parse.urlencode(data).encode('utf-8') #POST query 구성(서브 url)
url = 'https://httpbin.org/post' #베이스 URL
resp = request.urlopen(url, encoded_data) #POST request 서버 응답
print(resp.read().decode('utf-8')) #응답 내용 출력
```

라인 4	서버에 포스트할 내용(URL query)을 딕셔너리로 구성하고
라인 5	urlencode()를 사용하여 URL 문자열로 변환한다.
라인 6	POST 서버를 베이스 url로 지정한다.
라인 7	베이스 url과 서브 url을 인수로 urlopen()을 호출하면 서버로 POST request가 전달되고 응답을 받을 수 있다.

이 프로그램을 실행하면 다음과 같은 응답을 얻는다. 서버의 응답으로부터 POST query가 서버에 게시된 것을 볼 수 있다. 또 라인 6을 url = 'http://localhost:8080'으로 수정하고 나중에 설명할 Web 서버 프로그램(dummy_web_server.py)과 함께 실행할 수도 있다.

```
{
  "args": {},
  "data": "",
  "files": {},
  "form": {
    "humidity": "60%",
    "tempeature": "25C"
  },
  "headers": {
    "Accept-Encoding": "identity",
    "Content-Length": "29",
    "Content-Type": "application/x-www-form-urlencoded",
    "Host": "httpbin.org",
    "User-Agent": "Python-urllib/3.7",
    "X-Amzn-Trace-Id": "Root=1-5e3f3360-e93b26aa7818b8bc0c4a5a9d"
  },
  "json": null,
  "origin": "175.126.6.139",
  "url": "https://httpbin.org/post"
}
```

requests 모듈을 사용한 GET/PUT/POST requests

urllib 모듈 대신 requests 모듈을 사용하면 간단히 HTTP request를 보낼 수 있다. requests 모듈은 내장 모듈이 아니므로 별도로 설치해야 한다.

```
c:>pip install requests
```

[GET requests]

requests.get(URL)을 사용하여 GET requests를 전송한다

```
import requests
resp = requests.get("https://api.github.com/events")
print(resp)
```

GET request를 전송할 때 URL 속에 데이터를 전달할 수 있다. 첫 번째 방법은 다음과 같이 기본 URL에 "?key=value"쌍을 추가하는 방법이다.

```
https://httpbin.org/get?key=value
```

두 번째 방법은 params 키워드를 이용하는 방법이다. 데이터를 딕셔너리로 구성하고 params 키워드를 이용하여 데이터를 전달한다.

```
data = {'key1': 'value1', 'key2': 'value2' }
resp = requests.get('https://httpbin.org/get', params=data)
print(resp.url)
```

결과: https://httpbin.org/get?key2=value2&key1=value1

```
data = {'key1': 'value1', 'key2': ['value2', 'value3'] }
resp = requests.get('https://httpbin.org/get', params=data)
print(resp.url)
```

결과: https://httpbin.org/get?key1=value1&key2=value2&key2=value3

[PUT requests]

requests.put(URL, data)을 사용하여 PUT requests를 전송한다. data는 {'key': 'value'} 쌍으로 된 딕셔너리형이다. PUT requests는 기존 데이터를 갱신하는 request이다. 따라서 여러 번 호출하더라도 데이터는 한 번만 만들어진다.

```
import requests
resp = requests.put('https://httpbin.org/put', data = {'key': 'value'})
print(resp.text)
```

[POST requests]

requests.post(URL, data)을 사용하여 POST requests를 전송한다. data는 {'key': 'value'} 쌍으로 된 딕셔너리형이다. POST requests는 새로운 데이터를 추가하는 requests이다. 따라서 여러 번 호출하면 데이터가 여러 번 추가된다.

```
resp = requests.post('https://httpbin.org/post', data =
{'key':'value' })
```

data는 다음과 같이 다중 쌍으로 지정할 수도 있다.

```
data = {'key1': 'value1', 'key2': 'value2'}
resp = requests.post("https://httpbin.org/post", data=data)
print(resp.text)
{
  ...
  "form": {
    "key2": "value2",
    "key1": "value1"
  },
  ...
}
```

data의 key를 다중으로 지정할 수도 있다. 다음과 같은 프로그램을 실행하면 r1.text는 r2.text와 같게 된다.

```
payload_tuples = [('key1', 'value1'), ('key1', 'value2')]
r1 = requests.post('https://httpbin.org/post', data=payload_tuples)
payload_dict = {'key1': ['value1', 'value2']}
r2 = requests.post('https://httpbin.org/post', data=payload_dict)
print(r1.text)

{
  ...
  "form": {
    "key1": [
      "value1",
      "value2"
    ]
```

```
    },
    ...
}
```

data가 {'key': 'value'} 형이 아닌 경우에는 딕셔너리가 아니라 문자열 형태로 데이터를 전달한다. 딕셔너리를 문자열로 변환하기 위해 json.dumps() 함수를 사용하거나 requests.post()의 json 인수를 이용할 수도 있다.

```
import requests
import json
url = 'https://httpbin.org/post' #POST 서버
payload = ['some', 'data']
resp1 = requests.post(url, data=json.dumps(payload)) #json.dumps() 함
수 사용
resp2 = requests.post(url, json=payload) #json 인수 지정
```

requests에 대한 서버의 응답 속성

requests에 대한 서버의 응답은 다음과 같은 속성을 가지고 있다.

```
url, text, encoding, content, json(), raw, headers, status_code
```

url, text, encoding, content, json(), status_code에 대한 속성은 다음과 같이 확인할 수 있다.

```
resp = requests.get('https://httpbin.org/get')
print(resp.url) #url
print(resp.text) #text 응답
print(resp.encoding)#인코딩 방법
print(resp.content) #바이너리 응답
print(resp.json()) #json 포맷으로 구성된 응답
print(resp.status_code)#상태 코드
```

raw 속성을 확인하려면 requests.get()의 stream 인수를 True로 설정한다.

```
resp = requests.get('https://httpbin.org/get', stream=True)
print(resp.raw)
print(resp.raw.read(10))
```

headers 속성은 딕셔너리 형으로 주어지므로 key에 대한 value는 다음과 같이 확인할 수 있다. 예를 들어, headers의 Content_Type 속성을 확인하려면 resp.headers['Content-Type']을 출력한다.

```
resp = requests.get("https://httpbin.org/get")
print(resp.headers)
print("\n",resp.headers['Content-Type']) #Content_Type key의 value
print("\n",resp.headers['Date'])
```

POST requests를 이용한 ThingSpeak IoT 구현하기

ThingSpeak[32]는 인터넷 또는 근거리 통신망을 통해 HTTP나 MQTT 프로토콜을 사용하여 사물에서 클라우드로 데이터를 저장하고 검색하는 오픈 소스 사물인터넷을 지원하는 서비스이다. 2010년 ioBridge에 의해 시작된 서비스로 저장된 데이터는 MATLAB을 이용한 데이터 분석도 가능하다.

이번에는 requests 모듈의 POST 기능을 이용하여 라즈베리파이의 CPU 온도를 측정하여 ThingSpeak에 포스팅하고 이를 그래프로 표현해 보자. ThingSpeak에 포스팅하는 과정은 다음과 같다.

① https://thingspeak.com/에 접속한다.
② [Get Started For Free]를 클릭한다.
③ 로그인한다. 계정이 없으면 새 계정을 만들어 접속한다.
④ My channels 〉 New channel을 클릭하고 그림 13-3과 같이 Name에 적당한 채널 이름을 입력하고, Field 항목 오른쪽에 체크를 하고 이름을 입력한다. Field 입력을 마치면 [Save Channel]을 클릭한다. 여기서 입력한 내용은 〈Channel Settings〉 탭 항목에서 나중에 수정할 수 있다.

32) https://thingspeak.com/

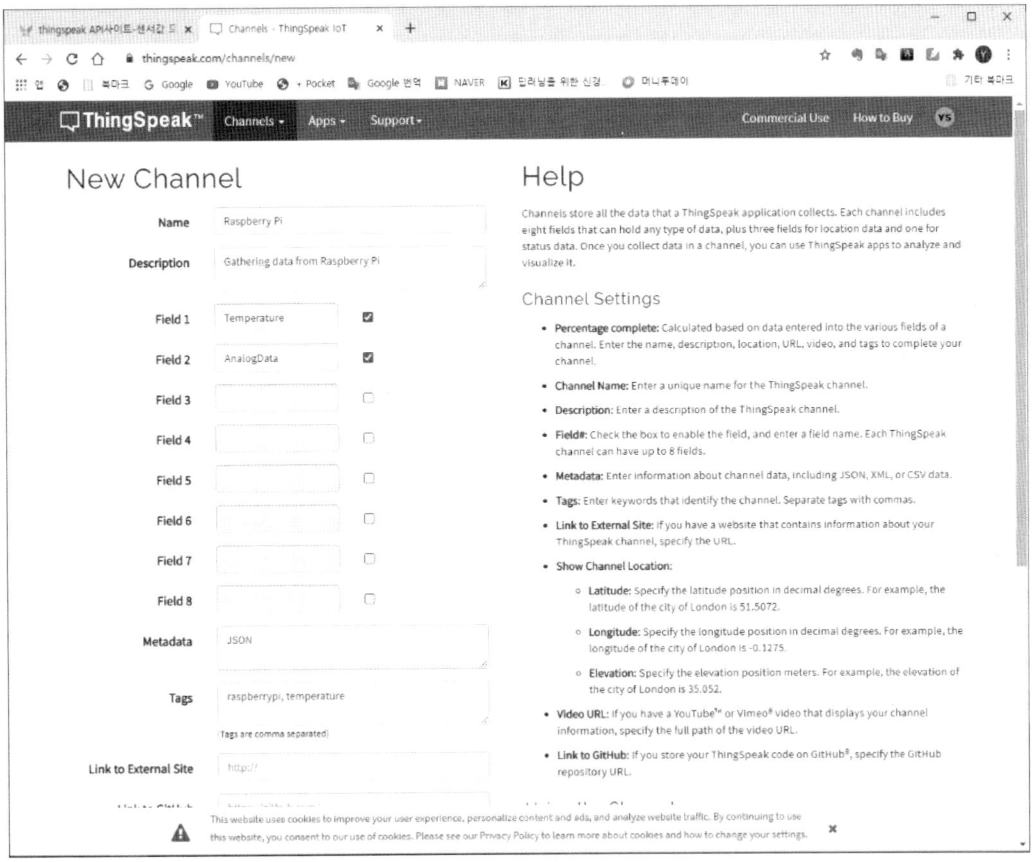

그림 13-3 ThingSpeak에서 새 채널 생성

⑤ 그림 13-4의 채널에서 〈API keys〉 탭 항목을 클릭하여 "Read API Key"와 "Write API Keys"를 확인한다.

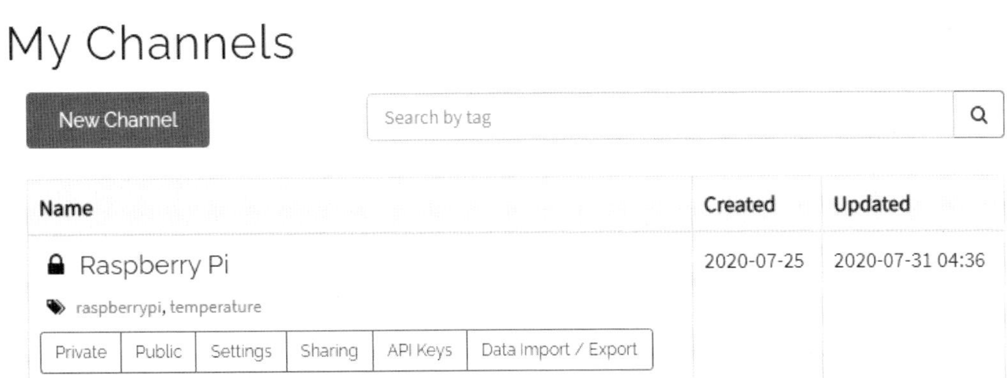

그림 13-4 생성된 채널

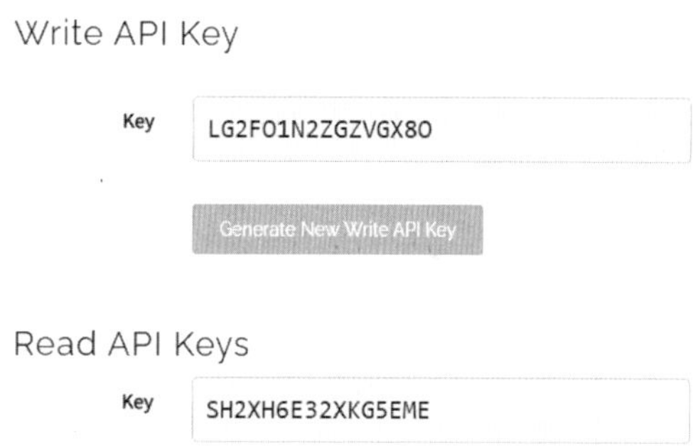

그림 13-5 Write API Key와 Read API Keys

준비를 마쳤으면 라즈베리파이의 CPU 온도를 ThingSpeak로 전송하고 온도 그래프를 확인해 보자.

CPU 온도는 open('/sys/class/thermal/thermal_zone0/temp').read() 함수로 읽을 수 있다. 데이터를 딕셔너리로 구성하여 requests.post() 함수로 전송한다. 딕셔너리의 키는 'field'와 'key'로 구성되며 각각 CPU 온도와 자신의 Write API key를 value로 갖는다. 'field1': temp는 앞에서 생성한 채널의 Field1에 표시될 내용이다.

```
payload = {'field1': temp, 'key': key}
```

requests.post() 함수를 이용하여 thingspeak에 데이터를 포스팅한다.

```
response = requests.post('http://api.thingspeak.com/update', data=payload)
```

▌예제 - thingspeak-rpi-requests.py

```
# program to post data on ThingSpeak using requests module

import time, requests

key = "LG2FO1N2ZGZVGX8O"  # 자신의 Write API Key

def thermometer():
    #라즈베리파이 CPU 온도를 섭씨로 계산한다.
    temp = int(open('/sys/class/thermal/thermal_zone0/temp')
```

```
              .read())/1000

    payload = {'field1': temp, 'key': key} #payload to post

    try:
        response = requests.post('http://api.thingspeak.com/update',
data=payload)
        print(temp)
        print(response.status_code, response.reason)
        print(response.text)
    except:
        print("connection failed")

if __name__ == "__main__":
    while True:
            thermometer()
            time.sleep(20)
```

라즈베리파이에서 프로그램을 실행한 후, thingspeak.com에서 Channels 〉 My Channels 〉 Private에서 +Add Visualizations를 클릭하여 Field 1 Chart 그래프를 선택하고 〈Save〉한다. 그림 13-6과 같은 CPU 온도 그래프를 볼 수 있다.

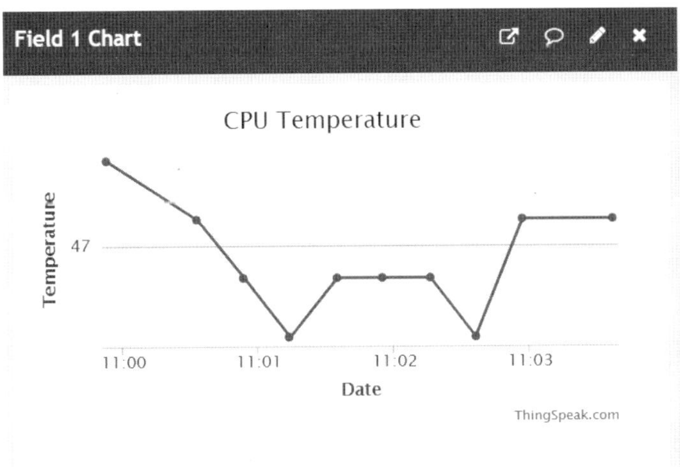

그림 13-6 ThingSpeak에 표시되는 라즈베리파이 CPU 온도

연습문제 13-2

라즈베리파이에 DHT11 온습도 센서를 연결하여 온습도를 측정하고 측정된 값을 requests.post()를 이용하여 그림 13-3 ThingSpeak 채널의 field 1과 field 2에 표시하는 프로그램을 작성하시오.

HTTP 서버 구현하기

HTTP 웹 서버를 구현하려면 Django[33]나 Flask[34]와 같은 프레임워크(framework)를 사용하는 것이 편리하다. 그러나 본 도서에서는 프레임워크를 이용하지 않고 간단한 HTTP 서버 프로그램 구현에 관해 설명한다. HTTP 서버 프로그램은 http.server 모듈의 BaseHTTPRequestHandler 클래스로부터 파생 클래스를 정의하여 HTTP request를 처리한다. HTTP request 요소는 command, path, headers로 이루어지는데 command 처리를 위해 BaseHTTPRequestHandler 파생 클래스에서 do_GET(), do_POST(), do_PUT(), do_DELETE() 메서드를 정의하여 GET/POST/PUT/DELETE request를 처리한다.

모든 request에 대해 BaseHTTPRequestHandler 클래스의 메서드를 이용하여 다음과 같이 HTTP request에 대한 헤더 응답을 보낸다.

```
send_response(200)
send_header(('Content-Type', 'text/plain; charset=utf-8')
end_headers()
```

send_response(200)은 헤더와 함께 상태 코드를 보내는데, 200은 정상 처리되었음을 나타낸다. send_response()를 호출하면 기본 응답 헤더가 자동 추가되므로 이 함수 다음에 다른 헤더를 보내려면 send_headers()를 호출하여 헤더를 전송한다. 더 이상 전송할 헤더가 없으면 end_headers()를 호출한다.

BaseHTTPRequestHandler 클래스에는 headers, rfile, wfile의 인스턴스 변수가 정의되어 있다. headers는 HTTP 요청 헤더를 분석하고 관리하는 인스턴스 변수이고, rfile과 wfile은 각각 io.BufferedIOBase의 입력 스트림과 출력 스트림이다.

클라이언트에 대한 실제 데이터 응답은 self.wfile.write(resp.encode())으로 전송한다. 여기서 resp는 전송 메시지이다.

33) https://www.djangoproject.com/

34) https://flask.palletsprojects.com/en/2.0.x/

HTTP 서버의 기본 구조는 다음과 같다.

```
from http.server import HTTPServer, BaseHTTPRequestHandler
from urllib import parse

class Handler(BaseHTTPRequestHandler): ❸
    def do_GET(self):
      .........
    def do_POST(self):
      .........

server = HTTPServer(('localhost', 8080), Handler) #HTTPServer 객체 생성 ❶
server.serve_forever() #Server 시작 ❷
```

❶에서 HTTPServer 클래스를 이용하여 HTTPServer 객체를 생성한다. 이때 서버 주소와 클라이언트의 request를 처리할 클래스를 인수로 전달한다. 여기서는 ❸의 class Handler가 요청을 처리한다. ❷와 같이 serve_forever()를 호출하면 서버가 시작된다. HTTPServer 객체는 GET request를 수신하면 do_GET() 메서드를 호출하고 POST request를 수신하면 do_POST() 메서드를 호출한다.

do_GET() 메서드에서 URL을 분석하여 GET request를 처리한다. do_POST() 메서드는 POST request를 분석하여 데이터를 생성하거나 갱신한다.

클라이언트의 요청에 대해 별다른 처리가 없이 command(GET 또는 POST)에 따라 응답만 전송하는 HTTP 서버 프로그램을 작성하면 다음과 같다.

▌예제 - dummy_web_server.py

```
#간단한 Web 서버

from http.server import HTTPServer, BaseHTTPRequestHandler
from io import BytesIO

class SimpleHTTPRequestHandler(BaseHTTPRequestHandler):

    def do_GET(self):
        #GET 요청에 대한 응답 전송
```

```
        self.send_response(200) #헤더 송신
        self.end_headers()

        self.wfile.write(b'Hello, world!') #응답 메시지

    def do_POST(self):
        #응답 헤더 전송
        self.send_response(200)
        self.end_headers()

        #응답 메시지 전송
        content_length = int(self.headers['Content-Length'])
        body = self.rfile.read(content_length) #요청 내용을 읽어온다
        response = BytesIO()#응답을 저장할 메모리 바이트 스트림
        response.write(b'POST request: ')#요청 내용을 응답에 추가
        response.write(b'Response: ')
        response.write(body)
        self.wfile.write(response.getvalue()) #응답 전송

#서버 객체 생성
httpd = HTTPServer(('', 8080), SimpleHTTPRequestHandler)
httpd.serve_forever() #서버 실행
```

dummy_web_server.py를 실행하고 웹브라우저에서 "localhost:8080"을 입력하면 "Hello world!" 메시지를 볼 수 있다. 또 앞에서 설명한 "urllib_post_request.py"를 실행하면 POST request에 대한 응답을 다음과 같이 볼 수 있다

```
POST request: Response: tempeature=25C&humidity=60%25
```

HTTP GET 서버

HTTP GET 서버는 GET request를 처리하는 서버이다. parse.urlparse(self.path) 함수를 이용하여 전달받은 URL을 분석하고 self.headers.items() 함수로 헤더에서 name과 value 정보를 읽어와 응답 메시지에 추가한다. 클라이언트에게 보낼 응답 메시지를 준비하고 헤더를 전송한다. 준비된 메시지는 self.wfile.write() 함수를 이용하여 전송한다. 다음 예제는 클라이언트로부터 GET request를 받아 응답을 전송하는 HTTP GET 서버 프로그램이다.

■ 예제 - HTTP_GET_server.py

```
# HTTP GET 요청을 처리하는 서버 프로그램

from http.server import BaseHTTPRequestHandler
from urllib import parse

class GetHandler(BaseHTTPRequestHandler):
    def do_GET(self):
        #URL 요청을 분석
        parsed_path = parse.urlparse(self.path)

        #응답 메시지의 기본 구성
        #self.xxx는 BaseHTTPRequestHandler의 속성이다
        message_parts = [
            'CLIENT VALUES:',
            'client_address={} ({})'.format(
                self.client_address, #(host, port)
                self.address_string()), #클라이언트 주소 반환
            'command={}'.format(self.command), #요청 유형
            'path={}'.format(self.path), #요청 URL
            'real path={}'.format(parsed_path.path), #요청 URL의 path 정보
            'query={}'.format(parsed_path.query), #요청 URL의 query 정보
            'request_version={}'.format(self.request_version), #요청의 버전, HTTP/1.0
            '',
            'SERVER VALUES:',
            'server_version={}'.format(self.server_version), #서버 소프트웨어 버전, BaseHTTP/0.2
            'sys_version={}'.format(self.sys_version), #파이썬 시스템 버전
            'protocol_version={}'.format(self.protocol_version), #HTTP 프로토콜 버전, HTTP/1.0
            '',
            'HEADERS RECEIVED:',
        ]

        #요청 헤더 정보를 응답 메시지에 추가
        for name, value in sorted(self.headers.items()):
            message_parts.append(
                '{}={}'.format(name, value.rstrip())
```

```
            )
        message_parts.append('')
        message = '\r\n'.join(message_parts)

        #응답 헤더 전송
        self.send_response(200)
        self.send_header('Content-Type',
                         'text/plain; charset=utf-8')
        self.end_headers()

        #응답 메시지 전송
        self.wfile.write(message.encode('utf-8'))

if __name__ == '__main__':
    from http.server import HTTPServer
    server = HTTPServer(('', 8080), GetHandler)
    print('Starting server, use <Ctrl-C> to stop')
    server.serve_forever()
```

웹브라우저에서 요청을 받아 처리하는 간단한 HTTP GET 서버를 구현해 보자. GET request를 받아 query가 "led=on" 이면 "LED is ON"을 전송하고 "led=off"이면 "LED is OFF"을 전송하는 서버 프로그램을 구현한다.

parse.parse_qs() 함수는 여러 개의 query를 '&'를 기준으로 하나씩 분리하고 각 query의 name과 value를 '='로 분리하여 딕셔너리로 반환한다. query의 name이 조사할 내용과 일치하는지를 모두 확인하는 대신 try: except: 구조를 사용하면 필요한 name만 간단히 조사할 수 있다.

서버 프로그램을 실행하고 웹 브라우저에서 "localhost:8080/?led=on"을 입력하고 서버의 응답을 확인한다. 다음 프로그램에서 self.xxx 인스턴스 변수는 모두 BaseHTTPRequestHandler 클래스에 정의된 속성들이다. 자세한 사항은 관련 문서[35]를 참고하기 바란다.

▌예제 - HTTP_GET_server_query.py

```
#HTTP GET 서버 프로그램
from http.server import HTTPServer, BaseHTTPRequestHandler
```

35) https://docs.python.org/3.6/library/http.server.html#http.server.BaseHTTPRequestHandler

```
3  from urllib import parse
4
5  class SimpleHTTPRequestHandler(BaseHTTPRequestHandler):
6
7      #GET request를 처리한다
8      def do_GET(self):
9          parsed_path = parse.urlparse(self.path) #URL 분해
10         msg = parsed_path.query #URL에서 query를 찾는다
11         if msg == '':
12             return
13
14         #query를 딕셔너리로 분해한다
15         parsed_query = parse.parse_qs(msg)
16
17         resp = "Fault" #허용되지 않은 query를 받았을 때 전송 메시지
18
19         #query를 분석하여 응답 메시지를 구성한다
20         try:
21                 if parsed_query["led"][0] == "on":
22                         resp="The LED is ON"
23
24                 elif parsed_query["led"][0] == "off":
25                         resp="The LED is OFF"
26
27         except:
28                 pass
29
30         #헤더 전송
31         self.send_response(200)
32         self.send_header('Content-Type',
33                          'text/plain; charset=utf-8')
34         self.end_headers()
35
36         #응답 전송
37         self.wfile.write(resp.encode())
38
39 httpd = HTTPServer(('', 8080), SimpleHTTPRequestHandler)
40 httpd.serve_forever()
```

라인 39에서 HTTPServer 객체를 생성하고 라인 40에서 서버를 시작한다. do_GET 메서드는 라인 8부터 구현되어 있다. do_GET() 메서드에서 self.path는 BaseHTTPRequestHandler의

속성이며 클라이언트가 전달한 URL이다. urlparse()를 이용하여 URL을 분석하고(라인 9) 이로부터 query를 추출한다(라인 10). Query가 없으면 메서드를 종료한다. 라인 15에서 parse.parse_qs() 함수를 이용하여 query를 하나씩 분리하여 딕셔너리로 반환받은 다음, 라인 20~25에서 query의 name이 "led"이고 value가 "on" 또는 "off"인지 확인한다. query name이 "led"가 아니면 예외처리한다(라인 27~28). 라인 31~34에서 헤더 응답을 보내고 라인 37에서 응답 메시지를 보낸다.

[실행 방법]

HTTP_GET_server_query.py를 먼저 실행하고 웹브라우저에서 "http://localhost:8080/?led=on"을 입력하고 응답을 확인한다. 그림 13-7과 같이 웹브라우저 화면에 "The LED is ON" 메시지가 나타난다.

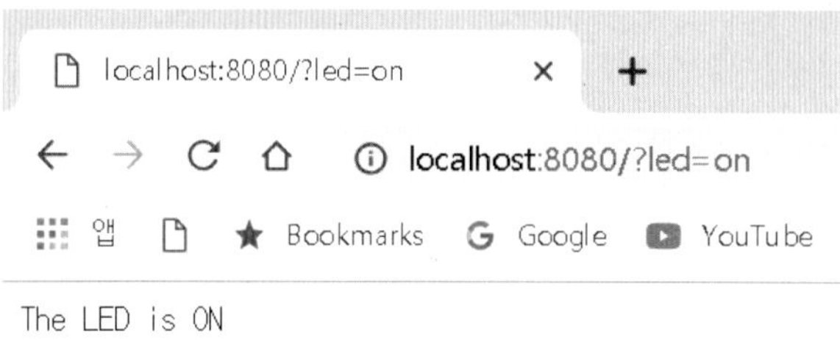

그림 13-7 HTTP GET 서버의 응답

HTTP GET 서버를 사용하여 라즈베리파이 I/O 제어하기

라즈베리파이에서 HTTP GET 서버를 실행하고 클라이언트에서 보내는 request에 따라 GPIO에 연결된 I/O 장치를 제어해 보자. 다음 서버 프로그램은 클라이언트로부터 "led=on" 또는 "led=off" query를 받으면 그림 13-8과 같이 라즈베리파이의 GPIO18에 연결된 LED를 ON/OFF 하는 프로그램이다.

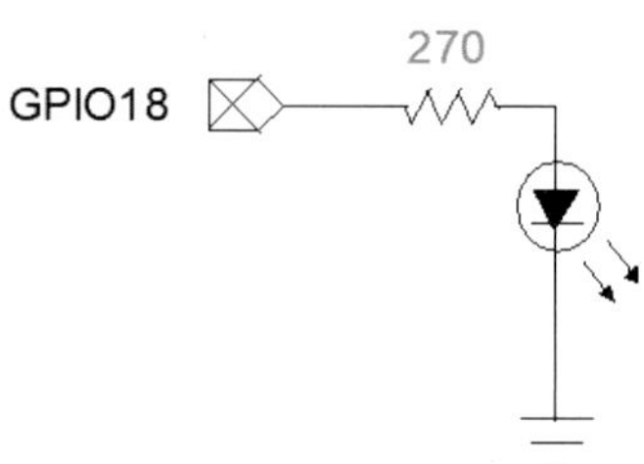

그림 13-8 LED 연결 회로

라즈베리파이 HTTP GET 서버

setGPIO()는 GPIO를 사용 모드에 따라 설정한다. do_GET() 메서드에서 query의 name을 조사하여 name='led'이고 value='on'이면 GPIO 18에 '1'를 출력하여 LED를 켠다. value='off"이면 '0'를 출력하여 LED를 끈다.

▌예제 - rpi_HTTP_GET_server.py

```
#라즈베리파이에 연결된 LED를 제어하는 HTTP GET 서버 프로그램

from http.server import HTTPServer, BaseHTTPRequestHandler
from urllib import parse
import RPi.GPIO as GP

def setGPIO(pin, mode): #라즈베리파이 GPIO 설정
    GP.setmode(GP.BCM)
    GP.setwarnings(False)
    GP.setup(pin, mode)

class SimpleHTTPRequestHandler(BaseHTTPRequestHandler):

    def do_GET(self):
        parsed_path = parse.urlparse(self.path) #URL 분해
        msg = parsed_path.query #query 분리
        if msg == '': #query가 없으면 종료
            return
        parsed_query = parse.parse_qs(msg) #다중 query를 딕셔너리로 분해

        #query에 따라 LED 제어
        if parsed_query["led"][0] == "on":
            resp="LED is ON"
            GP.output(18, 1) #LED를 ON
        elif parsed_query["led"][0] == "off":
            resp="LED is OFF"
            GP.output(18, 0)#LED를 OFF
        else:
            resp="Fault" #요청 오류

        #헤더 전송
        self.send_response(200)
        self.send_header('Content-Type',
                         'text/plain; charset=utf-8')
```

```
        self.end_headers()

        #응답 메시지 전송
        self.wfile.write(resp.encode())

setGPIO(18, GP.OUT) #GPIO 18을 출력으로 설정
httpd = HTTPServer(('', 8080), SimpleHTTPRequestHandler)
httpd.serve_forever()
```

HTTP 클라이언트 프로그램

HTTP 클라이언트 프로그램은 requests 모듈을 사용하여 간단히 작성할 수 있다. 다음 클라이언트 프로그램은 on 또는 off 메시지를 입력받아 라즈베리파이의 LED를 ON/OFF 하는 프로그램이다. requests.get(url, params)로 HTTP 서버에게 GET request를 보내고 서버가 보내오는 응답을 출력한다.

▌예제 – requests_GET_Client.py

```
# requests 모듈을 이용한 GET request 프로그램

import requests

while True:
    setting = input("LED on? or off?: ")

    #서버로 GET request 전송
    #라즈베리파이 주소 = 10.0.0.1
    resp = requests.get("http://10.0.0.1:8080/", params = {"led": setting})
    print(resp.text) #라즈베리파이 응답
```

라즈베리파이에서 HTTP 서버를 실행하고 PC에서 클라이언트 프로그램을 실행한다.

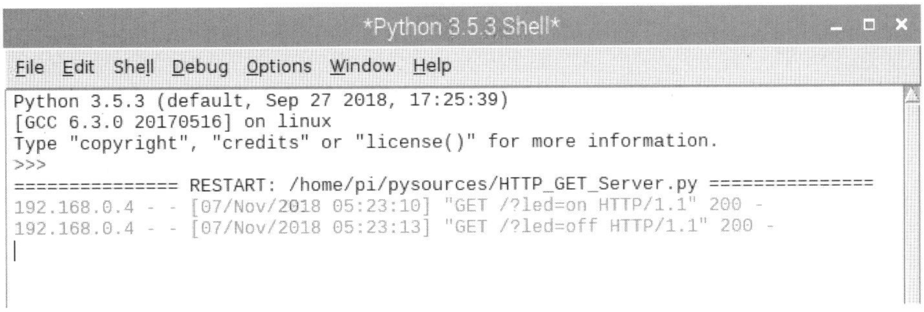

그림 13-9 HTTP GET 서버(라즈베리파이)

그림 13-10 HTTP 클라이언트(PC)

그림 13-10과 같이 클라이언트에서 on 또는 off를 입력하면 라즈베리파이의 서버에서 그림 13-9와 같이 데이터가 수신되고 라즈베리파이에 연결된 LED가 켜지고 꺼지는지 확인한다. 클라이언트 프로그램 대신 웹브라우저에서도 LED ON/OFF를 제어할 수 있다. 웹브라우저를 실행하고 url 창에 "http://라즈베리파이주소:8080/?led=on"을 입력하여 LED가 켜지는지 확인해 보자.

연습문제 13-3

앞에서 작성한 HTTP 서버 프로그램은 HTTP request를 받아 LED를 제어하는 기능만 구현하였다. 서버 프로그램을 수정하여 "/?switch=&led=on"을 전송하면 GPIO 23에 연결된 switch의 상태를 읽어 "Switch is ON" 또는 "Switch is OFF"로 응답하고 LED를 켜도록 해 보자. 웹브라우저의 url 창에 "http://raspberrypi_address:8080/?switch=&led=on"을 입력하거나 다음과 같은 클라이언트 프로그램을 실행한다. 라즈베리파이 주소는 자신에게 맞도록 수정한다.

```
import requests

while True:
    setting = input("LED on? or off?: ")
    resp = requests.get("http://10.0.0.1:8080/", params =
            {"switch": "", "led": setting})
    print(resp.text)
```

연습문제 13-4

다음은 DHT11 온습도 센서를 이용하여 온도와 습도를 측정하는 프로그램이다. 이 프로그램을 실행하려면 "pi@raspberrypi:~ $ sudo pip3 install dht11"를 실행하여 라즈베리파이에 라이브러리를 설치해야 한다. 아래의 클라이언트 프로그램을 실행했을 때 입력에 따라 LED가 켜지거나 꺼지고 온도와 습도 값이 표시되는 서버 프로그램을 작성하시오. 프로그램 실행을 위해 온습도 센서는 그림 13-11과 같이 연결하시오.

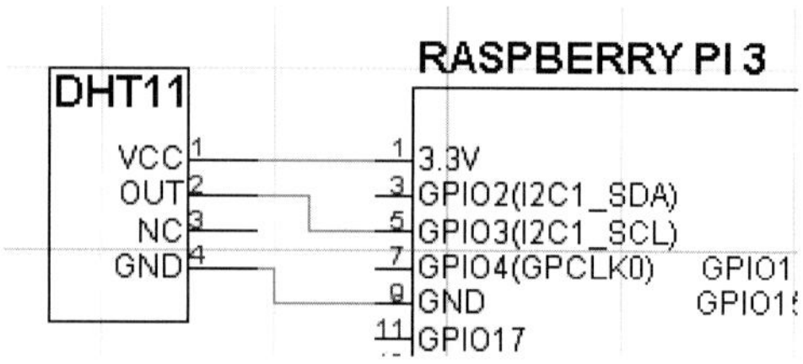

그림 13-11 온습도 센서(DHT11) 연결

[온도 및 습도 측정 프로그램]

```
import RPi.GPIO as GPIO
import dht11
import time

# initialize GPIO
GPIO.setwarnings(False)
GPIO.setmode(GPIO.BCM)
GPIO.cleanup()

# read data using pin 3
instance = dht11.DHT11(pin = 3)

while True:
    data = instance.read()
    if data.is_valid():
        print("Temperature: %-3.1fC," %data.temperature,"Humidity:
%-3.1f%%" %data.humidity)

    else:
        print("Failed. run again")
    time.sleep(5) # 2 sec are required at least for safe running
```

[클라이언트 프로그램]

```
import requests

while True:
     setting = input("LED on? or off?: ")
     resp = requests.get("http://10.0.0.1:8080/", params =
{"temphum": "", "led": setting})
     print(resp.text)
```

여기서 10.0.0.1은 라즈베리파이 주소이다. 자신이 사용하는 라즈베리파이 주소와 다르면 수정해야 한다.

13.2 MQTT 프로토콜

MQTT는 모바일 기기나 낮은 대역폭의 소형 디바이스에 최적화된 메시지전달 프로토콜이며, 느리고 품질이 낮은 네트워크에서도 메시지를 안정적으로 전송할 수 있도록 설계되었다. 프로토콜이 차지하는 여러 관점의 리소스를 최소화했는데 특히 저전력에 중점을 두고 있다. 가장 작은 메시지는 2바이트까지 가능하다. MQTT는 IBM이 주도하여 개발하였고 OASIS란 민간 표준화 기구에서 표준화되었다.

MQTT는 그림 13-12와 같이 브로커, Publisher, Subscriber 세 부분으로 구성된다. 브로커는 메시지를 중계하는 서버이고 Publisher는 브로커로 메시지를 발행하는(publishing) 클라이언트이다. Subscriber는 브로커로부터 메시지를 구독하는(subscribing) 클라이언트이다. 한 개의 클라이언트가 Publisher와 Subscriber의 기능을 모두 수행할 수 있다. Publisher가 토픽(topic)를 정하여 브로커로 메시지를 보내면 브로커는 특정 토픽의 메시지를 구독 신청한 Subscriber에게 전달한다. Subscriber가 메시지를 받기 위해서는 미리 브로커에게 자신이 구독할 메시지 토픽을 신청해 놓아야 한다. 메시지 전송 서비스 품질(QoS)은 세 가지 레벨[36]로 제공된다.

36) https://www.ibm.com/support/knowledgecenter/ko/SSFKSJ_7.5.0/com.ibm.mm.tc.doc/tc60340_.htm

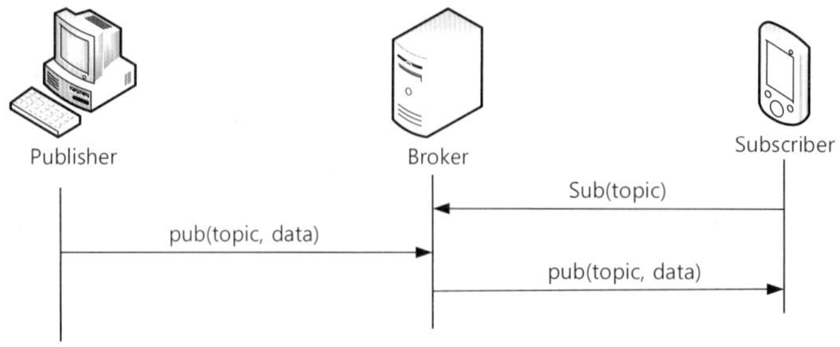

그림 13-12 MQTT의 구성과 동작

MQTT 클라이언트의 기본 동작은 connect, publish, subscribe이다. connect는 MQTT 브로커와 연결하는 동작이며, publish는 브로커로 메시지를 발송하는 동작이다. 또 subscribe는 브로커로부터 메시지를 구독하는 동작이다.

MQTT 토픽

MQTT 브로커를 통한 메시지의 송수신은 토픽을 기준으로 이루어진다. 메시지 발행자가 토픽을 지정하여 메시지를 브로커에게 전송하면 브로커는 동일한 토픽을 요청한 수신자에게 메시지를 전송한다.

토픽은 단일 레벨로 지정되거나 '/'를 이용하여 계층 구조로 구성된다. 토픽이 단일 레벨이면 /를 사용하지 않고 표시한다. 다음은 여러 가지 구성에 대한 토픽의 예이다.

(1) 토픽을 단일 레벨로 지정

온도 값을 토픽으로 지정하는 경우

```
temperature
```

(2) 단일 값을 다층 레벨로 토픽을 지정

1층 거실의 온도 값을 토픽으로 지정하는 경우

```
home/groundlevel/livingroom/temperature
```

(3) +를 사용하여 1개의 레벨을 임의로 지정

1층에 있는 모든 방 온도를 토픽으로 지정하는 경우

```
home/groundlevel/+/temperature
```

(4) #을 사용하여 다수의 레벨을 임의로 지정

1층에 있는 모든 센서값을 토픽으로 지정하는 경우

```
home/groundlevel/#
```

MQTT 브로커 프로그램

MQTT 브로커는 서버 역할을 하며, 브로커로 전달된 메시지가 다시 클라이언트에게 전달된다. 사용자가 직접 브로커 프로그램을 설치하여 사용할 수도 있고, 클라우드 브로커(예: test.mosquitto.org)를 지정하여 사용할 수도 있다. 사용자가 직접 설치하여 사용할 수 있는 대표적인 브로커 프로그램은 모스키토(Mosquitto)[37]이다.

모스키토는 MQTT를 구현한 프로그램 패키지이다. Eclipse Foundation에서 개발한 패키지로 MQTT protocol versions 5.0, 3.1.1, 3.1을 구현한 것이다. 메시지를 중계하기 위한 브로커와 메시지 송수신을 할 수 있는 publisher와 subscriber 동작이 가능하다. 먼저 모스키토 설치 방법을 알아보자.

모스키토 브로커 설치와 사용법

openSSL 설치

모스키토를 설치하려면 먼저 openSSL 소프트웨어가 설치되어 있어야 한다. 다음 사이트에서 openSSL을 다운로드받아 설치할 수 있다.

```
http://slproweb.com/products/Win32OpenSSL.html
```

그림 13-13과 같이 자신의 운영체제에 맞는 버전(32비트 또는 64비트)을 찾아 다운로드하고 설치한다.

37) https://mosquitto.org/

Download Win32 OpenSSL today using the links below!

File	Type	Description
Win32 OpenSSL v1.1.0g Light	3MB Installer	Installs the most commonly used essentials of Win32 OpenSSL v1.1.0g (Recommended for users by the creators of OpenSSL). Note that this is a default build of OpenSSL and is subject to local and state laws. More information can be found in the legal agreement of the installation.
Win32 OpenSSL v1.1.0g	30MB Installer	Installs Win32 OpenSSL v1.1.0g (Recommended for software developers by the creators of OpenSSL). Note that this is a default build of OpenSSL and is subject to local and state laws. More information can be found in the legal agreement of the installation.
Win64 OpenSSL v1.1.0g Light	3MB Installer	Installs the most commonly used essentials of Win64 OpenSSL v1.1.0g (Only install this if you need 64-bit OpenSSL for Windows. Only installs on 64-bit versions of Windows. Note that this is a default build of OpenSSL and is subject to local and state laws. More information can be found in the legal agreement of the installation.
Win64 OpenSSL v1.1.0g	33MB Installer	Installs Win64 OpenSSL v1.1.0g (Only install this if you are a software developer needing 64-bit OpenSSL for Windows. Only installs on 64-bit versions of Windows. Note that this is a default build of OpenSSL and is subject to local and state laws. More information can be found in the legal agreement of the installation.
Win32 OpenSSL v1.0.2n Light	2MB Installer	Installs the most commonly used essentials of Win32 OpenSSL v1.0.2n (Recommended for users by the creators of OpenSSL). Note that this is a default build of OpenSSL and is subject to local and state laws. More information can be found in the legal agreement of the installation.
Win32 OpenSSL v1.0.2n	20MB Installer	Installs Win32 OpenSSL v1.0.2n (Recommended for software developers by the creators of OpenSSL). Note that this is a default build of OpenSSL and is subject to local and state laws. More information can be found in the legal agreement of the installation.
Win64 OpenSSL v1.0.2n Light	3MB Installer	Installs the most commonly used essentials of Win64 OpenSSL v1.0.2n (Only install this if you need 64-bit OpenSSL for Windows. Only installs on 64-bit versions of Windows. Note that this is a default build of OpenSSL and is subject to local and state laws. More information can be found in the legal agreement of the installation.
Win64 OpenSSL v1.0.2n	23MB Installer	Installs Win64 OpenSSL v1.0.2n (Only install this if you are a software developer needing 64-bit OpenSSL for Windows. Only installs on 64-bit versions of Windows. Note that this is a default build of OpenSSL and is subject to local and state laws. More information can be found in the legal agreement of the installation.

그림 13-13 OpenSSL

라이트 버전과 풀버전이 있는데, 일반적인 용도라면 라이트 버전이 적합하다. Setup 화면에서 그림 13-14와 같이 "The OpenSSL binaries (/bin) directory"를 선택하고 설치한다.

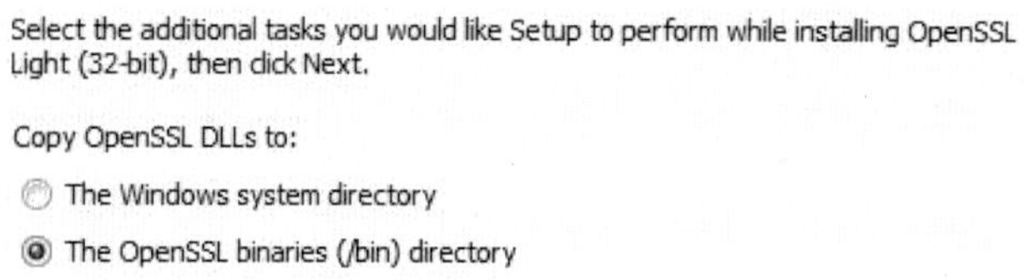

그림 13-14 OpenSSL 설치

모스키토 설치

다음 사이트에서 그림 13-15와 같이 모스키토 프로그램을 다운로드받아 설치한다.

```
https://mosquitto.org/download/
```

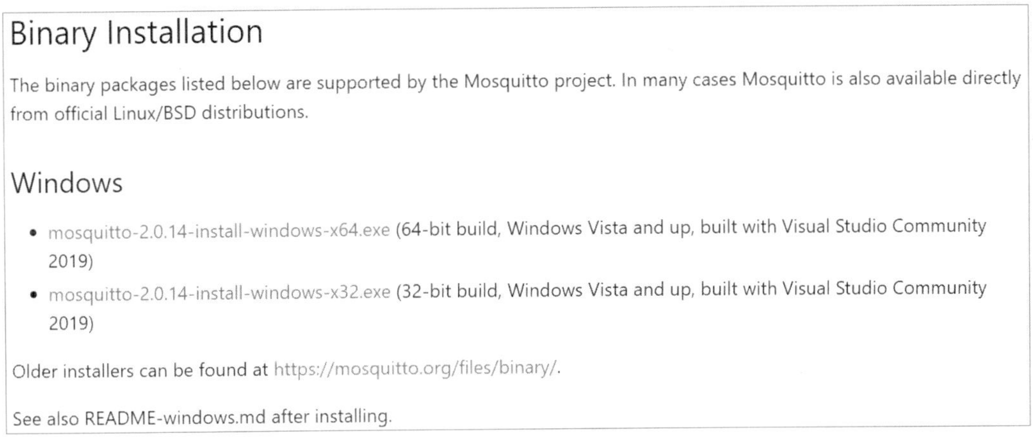

Binary Installation

The binary packages listed below are supported by the Mosquitto project. In many cases Mosquitto is also available directly from official Linux/BSD distributions.

Windows

- mosquitto-2.0.14-install-windows-x64.exe (64-bit build, Windows Vista and up, built with Visual Studio Community 2019)
- mosquitto-2.0.14-install-windows-x32.exe (32-bit build, Windows Vista and up, built with Visual Studio Community 2019)

Older installers can be found at https://mosquitto.org/files/binary/.

See also README-windows.md after installing.

그림 13-15 **모스키토 다운로드**

동적 라이브러리 추가

다음과 같은 .dll 파일을 인터넷에서 찾아 모스키토 설치 폴더에 복사해 넣는다.

```
ssleay32.dll
pthreadVC2.dll
libeay.dll
libgcc_s_dw2-1.dll
libwinpthread-1.dll
```

Visual C++ 2010 SP1 Redistributable Package 설치

mosquitto_pub이나 mosquitto_sub 실행 시 오류가 발생하면 Microsoft Visual C++ 2010 SP1 Redistributable Package[38]를 자신의 운영체제에 맞는 버전(32비트 또는 64비트)으로 설치한다.

```
64비트 : vcredist_x64.exe
32비트 : vcredist_x86.exe
```

모스키토 실행

모스키토 설치가 완료되면 시스템 환경변수의 시스템 변수 path에 모스키토 설치 폴더를 추가한다. 환경변수를 설정하면 어느 폴더에서나 모스키토를 실행할 수 있다. 명령창을 열고 그림 13-16과 같이 "C:\>mosquitto -v"를 입력하여 모스키토 브로커를 실행한다.

38) https://support.microsoft.com/ko-kr/help/2977003/the-latest-supported-visual-c-downloads

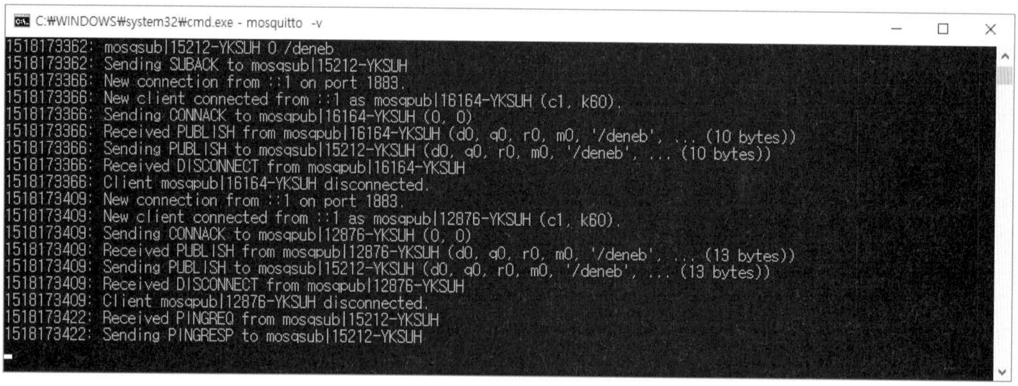

그림 13-16 **모스키토 브로커 실행**

그림 13-17과 같이 명령 창을 하나 더 열고 "C:〉mosquitto_sub –h localhost –t /temp"로 구독 프로그램을 먼저 실행한다. -h 옵션은 브로커 주소를 지정하고 –t 옵션은 토픽을 지정한다. 자신의 컴퓨터에 설치된 브로커를 사용하려면 브로커 주소를 localhost로 지정한다. 명령 창을 하나 더 열고 "C:〉mosquitto_pub –h localhost –t /temp –m "안녕하세요""를 입력하여 메시지를 발행한다. -m 옵션은 메시지를 나타낸다. 구독 프로그램 창에서 메시지를 확인해 보자.

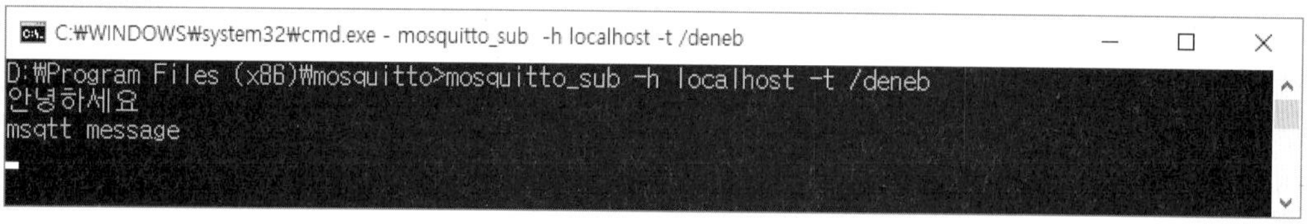

그림 13-17 **모스키토 구독 프로그램**

클라우드 브로커

별도의 브로커를 설치하지 않아도 인터넷 클라우드 브로커를 이용하여 IoT 디바이스 사이에 메시지 송수신이 가능하다. 클라우드 브로커로는 이클립스 test.mosquitto.org(https://test.mosquitto.org/)나 아마존의 CloudMQTT(https://www. cloudmqtt.com/)[39]가 있다.

이클립스의 클라우드 브로커를 이용하여 MQTT 메시지를 송수신 해 보자. 메시지 수신을 위해 다음 명령을 실행한다.

```
C:\Users\YKSUH>mosquitto_sub -h test.mosquitto.org -t /testmqtt
```

39) https://www.cloudmqtt.com/docs/index.html

메시지 발행 명령은 다음과 같다.

```
C:\Users\YKSUH>mosquitto_pub -h test.mosquitto.org -t /testmqtt -m
"HELLO WORLD"
```

메시지를 발행하면 수신 명령 창에서 "HELLO WORLD" 메시지를 볼 수 있다.

13.3 paho-mqtt 모듈을 사용한 MQTT 프로그래밍

파이썬에서 MQTT 프로그램을 작성하려면 모듈이 필요하다. MQTT 프로그램을 위해 paho-mqtt 모듈이 주로 사용된다. 여기서는 paho-mqtt 모듈을 이용하여 MQTT 브로커에 연결하여 메시지를 발행하거나 메시지를 구독하는 방법을 알아본다.

paho-mqtt 모듈[40)]

paho-mqtt는 MQTT 클라이언트를 구현하기 위한 모듈이며, 그림 13-18과 같이 두 개의 모듈로 구성되어 있다. helper 모듈에는 연결과 함께 메시지를 발행하기 위한 publish 모듈과 구독을 위한 subscribe 모듈이 포함되어 있다. Client 모듈은 이벤트 방식으로 브로커에게 연결하고 메시지를 발행하거나 구독하는 메서드를 제공한다.

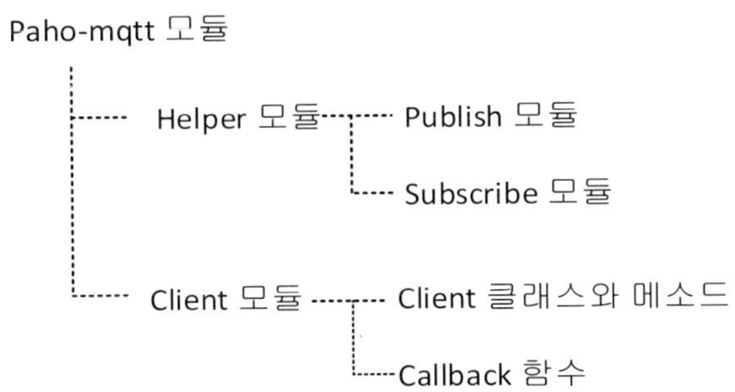

그림 13-18 Paho-mqtt 모듈의 구조

40) https://eclipse.org/paho/clients/python/docs/

한두 번 정도 메시지를 발행하거나 구독하려면 publish나 subscribe 모듈의 함수를 사용하면 된다. 그러나 연속적으로 메시지를 발행/구독하려면 Client 클래스를 사용하면 편리하다. 특히 Client 클래스는 콜백 함수를 제공하므로 넌 블로킹 동작이 가능하다.

윈도우에서 다음과 같이 paho-mqtt를 설치한다.

```
C:~\>pip install paho-mqtt
```

비교적 간단하게 메시지를 송수신할 수 있는 Helper 모듈의 publish 모듈과 subscribe 모듈에 대해 먼저 알아보자.

Helper 모듈

helper 모듈에는 다음과 같은 publish 모듈과 subscribe 모듈이 있으며 간단하게 메시지를 발행하거나 구독하기 위해 사용할 수 있다. Publish와 subscribe 모듈에서 제공되는 함수를 이용하여 메시지를 수신하거나 발행하는 방법을 알아보자.

(1) publish 모듈

publish 모듈은 단일 메시지나 다중 메시지를 발행하는 함수를 제공한다. single() 함수는 단일 메시지를 발행할 때 사용되고 multiple() 함수는 다중 메시지를 발행할 때 사용된다.

- 단일 메시지 발행: single()

```
single(topic, payload=None, qos=0, retain=False,
hostname="localhost",port=1883, client_id="", keepalive=60,
will=None, auth=None, tls=None,protocol=mqtt.MQTTv311,
transport="tcp")
```

- 다중 메시지 발행: multiple()

```
multiple(msgs, hostname="localhost", port=1883,client_id="",
keepalive=60,will=None, auth=None, tls=None, protocol=mqtt.MQTTv311,
transport="tcp")

msgs: 발행할 메시지. dict 또는 tuple 형을 원소로 갖는 리스트로 지정한다.

dict형:
```

```
msg = {'topic':"<topic>", 'payload':"<payload>", 'qos':<qos>,
'retain':<retain>}

tuple형:
("<topic>", "<payload>", qos, retain)
```

메시지 발행 프로그램

publish 모듈을 사용하여 단일 메시지를 발행하는 프로그램을 작성해 보자. publish 모듈의 single() 함수를 이용하여 단일 메시지를 발행하고 연결을 종료할 수 있다. 이 함수의 인수로 토픽과 발행할 메시지, 브로커 주소만 지정하면 된다.

다음 예제 프로그램에서 single() 함수의 첫 번째 인수는 토픽("mqtt/test")이고 두 번째 인수는 메시지("Hello Everyone")이다. 토픽은 "mqtt/test"와 같이 "/"를 사용하여 단계로 지정할 수 있다. 브로커는 hostname 인수로 지정한다. 이 프로그램에서는 "test.mosquitto.org" 브로커를 사용한다. MQTT 기본 포트는 1883이므로 별도로 지정할 필요는 없다.

▌예제 - mqtt_publish_single.py

```
# publish.single() 함수를 사용한 단일 메시지 발행 프로그램

import paho.mqtt.publish as publish

topic = "mqtt/test" #토픽
payload = "Hello Everyone" #발행 메시지
broker = "test.mosquitto.org" #브로커 주소

publish.single(topic, payload, hostname=broker) #메시지 발행
print("message published")
```

명령 창에서 C:〉mosquitto_sub -h test.mosquitto.org -t mqtt/test를 먼저 실행하고 위 프로그램을 실행하면 명령 창에 "Hello Everyone" 메시지가 나타난다.

연습문제 13-5

publish.single() 함수를 사용하여 자신이 사용하는 컴퓨터의 IP 주소를 publish 한 다음, 키보드에서 입력한 메시지를 publish 하는 프로그램을 작성하시오. 입력 메시지가 "q"이면 종료한다.

이번에는 publish 모듈의 multiple() 함수를 사용하여 다중 메시지를 전송해 보자. 전송 메시지는 딕셔너리형이나 튜플형을 요소로 갖는 리스트로 준비한다. 아래 프로그램에서 첫 번째 메시지는 딕셔너리형의 {'topic':"mqtt/multiple", 'payload':"Hello"}이다. 토픽은 'mqtt/multiple'이고 전송 메시지는 'Hello'이다. 두 번째 메시지는 튜플형의 ("mqtt/multiple", "World", 0, False)이다. 튜플형의 첫 번째 요소는 토픽이고 두 번째 요소는 메시지이다. 세 번째 요소는 QoS를 지정하고 마지막 요소는 retain 인수를 지정한다.

▌예제 - mqtt_publish_multiple.py

```
# 다중 메시지 발행 프로그램

import paho.mqtt.publish as publish
broker = "test.mosquitto.org"

msgs = [{'topic':"mqtt/multiple", 'payload':"Hello"},
    ("mqtt/multiple", "World", 0, False)]
publish.multiple(msgs, hostname=broker)
```

명령 창에서 c:〉mosquitto_sub -h test.mosquitto.org -t mqtt/multiple을 먼저 실행하고 위 프로그램을 실행하면 두 개의 메시지 "Hello", "World"가 차례로 표시된다.

스마트폰과 통신하는 MQTT GUI 프로그램

publish 모듈을 사용하여 메시지를 PC에서 스마트폰으로 전송하는 GUI 프로그램을 작성해 보자. 컴퓨터 화면에 버튼을 하나 배치하고 버튼을 클릭하면 ON 또는 OFF 메시지를 MQTT 브로커로 전송하고 버튼의 색상은 ON/Red 또는 OFF/Blue로 변하도록 한다. 메시지 토픽은 "control/LED"로 하고 브로커는 test.mosquitto.org를 사용하자. ON/OFF 상태는 토글 모드로 변한다. 즉 ON일 때 버튼을 클릭하면 OFF가 되고 OFF일 때 클릭하면 ON이 된다.

▌예제 - mqtt_button_send.py

```
#버튼 클릭으로 메시지를 발행하는 GUI 프로그램

import paho.mqtt.publish as publish
from tkinter import *

def change_color(): #버튼 클릭 콜백 함수
```

```
7       #콜백 함수는 인자를 갖지 않으므로 필요하면 글로벌 변수를 선언하여 사용한다
8       global button_bg, button_txt
9
10      #토글 모드로 동작
11      if button_bg == 'blue':
12          button_bg='red'
13          button_txt = 'ON'
14      else:
15          button_bg = 'blue'
16          button_txt = 'OFF'
17
18      #버튼 색상 및 텍스트 변경
19      button.configure(text = button_txt, bg=button_bg)
20      #메시지 발행
21      publish.single("control/LED", button_txt,
    hostname="test.mosquitto.org")
22
23  root = Tk()
24  button_bg='blue'
25  button_txt = 'OFF'
26
27  button = Button(root, text = button_txt, fg='yellow',
28                  font = ('Vernada', 16), bg=button_bg, command =
    change_color)
29  button.pack()
30  root.mainloop()
```

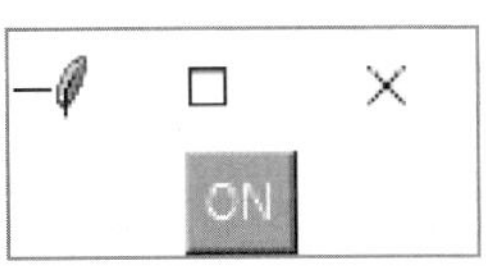

그림 13-19 **스위치 ON**

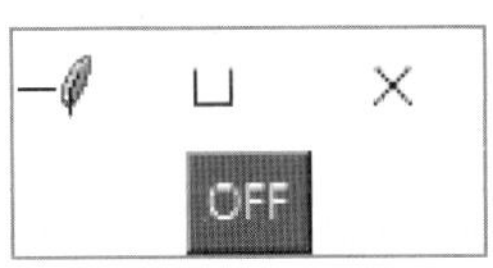

그림 13-20 **스위치 OFF**

라인 6~21 change_color()는 버튼을 클릭하면 실행되는 콜백 함수이다. 버튼의 색상과 텍스트를 토글 모드로 동작시켜 버튼 속성을 변경하고 button.configure() 함수를 호출하여 버튼의 색상과 텍스트를 다시 설정한다. publish.single() 메서드를 사용하여 MQTT 메시지를 발행한다. 콜백 함수는 인수를 갖지 않으므로 글로벌 변수를 선언하여 사용한다.

라인 23~30 그림 13-19, 13-20과 같이 윈도우 화면을 생성하고 버튼을 배치한다. 버튼을 클릭하면 콜백 함수인 change_color()가 실행되도록 설정한다.

[프로그램 실행]

스마트폰에서 MQTT Dashboard 스마트폰 앱을 실행하고 토픽을 "control/LED"로 설정한다. 위 프로그램을 실행하고 컴퓨터 화면의 ON/OFF 버튼을 클릭할 때마다 그림 13-21과 같이 MQTT Dashboard 앱에서 ON 또는 OFF 메시지가 수신되는지 확인한다.

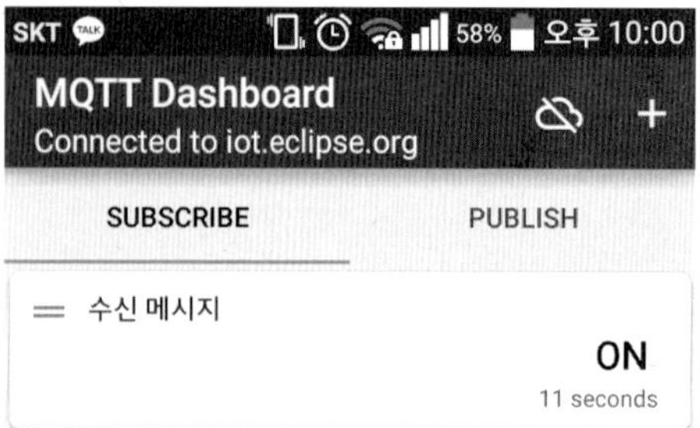

그림 13-21 **스마트폰의 MQTT 메시지 수신**

(2) subscribe 모듈

이 모듈은 메시지 구독 함수를 제공하는 모듈이다. 블로킹 모드로 메시지를 수신하는 simple 함수와 넌 블로킹으로 수신하는 콜백 함수가 있다. 콜백 함수를 이용하면 메시지가 도착했을 때 실행될 함수를 미리 지정할 수 있다.

- 토픽을 등록하고 메시지 수신(blocking): simple()

```
simple(topics, qos=0, msg_count=1, retained=False,
hostname="localhost",port=1883, client_id="", keepalive=60,
will=None, auth=None, tls=None, protocol=mqtt.MQTTv311)
```

simple() 함수는 브로커가 보낸 메시지를 반환한다.

- 토픽을 등록하고 콜백 함수를 지정하여 메시지 수신

```
callback(callback, topics, {other options})
```

callback() 함수는 메시지가 수신되면 지정된 함수를 실행한다.
다음 프로그램은 subscribe의 simple() 함수를 사용하여 브로커 test.mosquitto.org에서 토픽이 "mqtt/test"인 메시지를 받아 출력한다. 다중 토픽은 문자열 리스트로 지정한다. 예를 들어

topics = ["topic1", "topic2"]와 같이 지정할 수 있다. 이 경우 어느 토픽이나 수신되면 함수는 반환된다. 수신 메시지는 MQTTMessage 객체로 반환되며 이 객체는 topic, payload, qos, retain 속성을 가진다.

▌예제 - mqtt_subscribe_simple.py

```
1   # 간단한 mqtt 메시지 구독 프로그램
2
3   import paho.mqtt.subscribe as subscribe
4
5   topics = "mqtt/test"
6   broker = "test.mosquitto.org"
7   m = subscribe.simple(topics, hostname=broker,
8                        retained=False, msg_count=1)
9   print('Topic: ', m.topic) #토픽
10  print('Message: ', m.payload.decode()) #메시지
```

라인 5~6 토픽과 브로커를 설정한다.

라인 7~8 simple() 함수를 이용하여 메시지를 구독한다. 브로커는 test.mosquitto.org를 이용하고, retained=False로 설정하였기 때문에 수신된 메시지는 보관되지 않는다. msg_count=1로 설정하면 메시지를 한 개 수신한다.

라인 9~10 수신 메시지의 topic 속성은 토픽을 나타내고, payload 속성은 메시지 내용을 나타낸다.

메시지 수신 GUI 프로그램

MQTT 브로커로부터 MQTT 메시지를 수신하여 윈도우 화면에 표시하는 프로그램을 작성해 보자. 토픽이 control/msg인 메시지를 수신하여 Entry 창에 표시한다. tkinter 모듈은 이벤트 구동 방식이다. mainloop() 함수를 호출하면 제어권이 무한루프인 tkinter에게 넘어가므로 모든 동작을 이벤트를 통하여 tkinter가 제어하게 된다. 따라서 이벤트와 무관한 다른 콜백 함수는 사용할 수 없게 된다. 반복적으로 메시지를 수신하는 동작이 필요하면 tkinter의 after() 함수를 이용하여 1초마다 새로운 메시지를 수신하도록 한다.

▌예제 - mqtt_button_subscribe.py

```
1   # 메시지를 구독하여 Entry 창에 표시하는 GUI 프로그램
2
3   import paho.mqtt.publish as publish
4   import paho.mqtt.subscribe as subscribe
5   from tkinter import *
6
7   #메시지를 Entry 창에 표시하는 함수
8   def Receiving():
9       topics = 'control/msg'
10      m=subscribe.simple(topics, hostname="test.mosquitto.org",
    msg_count=1)
11      entry.delete(0, END)
12      entry.insert(1, m.payload.decode('utf-8'))
13
14  #1초 마다 Entry 창 갱신
15  def polling():
16      Receiving()
17      root.after(1000, polling) #1초 마다 다시 호출
18
19  root = Tk()
20  label1 = Label(root, font=('Verdana', 12), text="수신 메시지")
21  label1.grid(row=0, column=0)
22  entry = Entry(font=('Verdana', 10), width=20)
23  entry.grid(row=0, column=1)
24
25  polling()
26  root.mainloop()
```

라인 8~12 subscribe.simple() 함수를 호출하여 브로커로부터 메시지를 수신한다. entry의 내용을 지우고, 수신 메시지를 디코딩하여 (m.payload.decode()) Entry에 표시한다.

라인 15~17 polling 함수는 Receiving 함수를 호출하여 메시지를 수신한 다음, 1초 후에 다시 자신을 호출한다. 따라서 polling 함수는 1초마다 반복적으로 실행되므로 반복 동작이 필요하면 polling 함수에 정의한다.

라인 20~23 안내 라벨과 함께 메시지를 수신하여 표시할 Entry 위젯을 배치한다.

라인 25 1초마다 실행되는 polling 함수를 호출한다. 라인 9~11에 정의된 polling 함수는 라인 4~8에 정의된 Receiving 함수를 호출하여 MQTT 브로커로부터 메시지를 수신하여 Entry에 표시한다.

[프로그램 실행]

프로그램을 실행하고, 스마트폰 MQTT Dashboard 앱에서 메시지를 전송했을 때 그림 13-22와 같이 수신 메시지가 entry에 잘 나타나는지 확인한다.

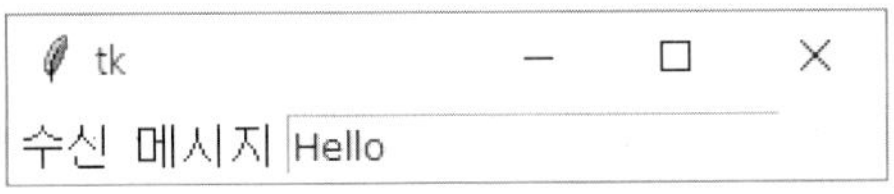

그림 13-22 MQTT 메시지 수신 프로그램

연습문제 13-6

앞에서 설명한 메시지 수신 GUI 프로그램은 after() 함수를 이용하여 메시지 수신을 무한 반복 확인한다. after() 함수를 사용하지 말고 스레드를 이용하여 메시지를 수신하여 표시하도록 프로그램을 수정해 보시오.

callback() 함수를 사용한 메시지 수신하기

subscribe 모듈의 simple()함수를 사용하면 수신할 메시지 개수를 미리 지정해야 한다. 지정한 개수보다 적은 메시지가 수신되면 함수는 블로킹되어 반환되지 않고, 지정 개수보다 많은 메시지가 들어오면 나머지 메시지는 수신되지 않는다.

이런 문제점을 해결하려면 subscribe 모듈의 callback() 함수를 사용한다. callback() 함수는 메시지가 수신될 때마다 실행되므로 도착 메시지 수를 미리 알 필요가 없다. callback() 함수를 이용하면 메시지가 수신될 때 실행될 함수를 미리 지정할 수 있다.

```
callback(callback, topics, qos=0, userdata=None,
hostname="localhost", port=1883, client_id="", keepalive=60,
will=None, auth=None, tls=None, protocol=mqtt.MQTTv311)
```

다음은 callback() 함수를 이용하여 메시지를 수신하는 프로그램이다. callback 인수는 메시지가 수신될 때 모듈 내부의 이벤트 루프에 의해 실행되는 콜백 함수이다. topics는 수신할 토픽을 나타내고, hostname은 MQTT 브로커 주소를 나타낸다. 토픽은 'mqtt/test/multiple'로 하고, 브로커 주소는 'test.mosquitto.org'로 설정한다.

메시지가 수신되면 실행되는 on_message(client, userdata, message)) 함수를 정의한다. 이 함수에서 수신 메시지를 출력한다. on_message() 함수의 client 인수는 클라이언트 객체(paho.

mqtt.client.Client 클래스)이며, userdata 인수는 callback() 함수의 userdata 인수와 같은 값이다. 또 message 인수는 수신 메시지의 토픽과 내용을 나타낸다. message.topic 속성은 토픽은 나타내고, message.payload 속성은 수신 메시지를 나타낸다. 인수들은 모두 모듈 내부의 이벤트 루프에 의해 설정된다.

▌예제 - mqtt_subscribe_callback.py

```
# callback() 함수를 이용한 메시지 구독 프로그램

import paho.mqtt.subscribe as subscribe

#메시지가 수신되면 실행되는 콜백 함수
def on_message(client, userdata, message):
    '''
    인자들은 모두 모듈 내부의 이벤트 루프에 의해 설정된다
    client=모듈이 생성하는 클라이언트 객체
    userdata=callback() 함수의 userdata
    message=수신 메시지의 토픽과 내용
    '''
    print("%s %s" % (message.topic, message.payload))

subscribe.callback(on_message, "mqtt/test/multiple",
                   hostname="test.mosquitto.org")
```

메시지를 수신할 mqtt_subscribe_callback.py 프로그램을 먼저 실행하고, 메시지를 발행하는 mqtt_publish_multiple.py 프로그램을 실행한다. 수신 프로그램에서 다음과 같은 두 개의 메시지가 수신된다.

```
mqtt/test/multiple b'World'
mqtt/test/multiple b'Hello'
```

연습문제 13-7

라즈베리파이에 DHT11 온습도 센서를 연결하여 온습도를 측정하고 측정된 값을 MQTT 함수를 이용하여 자신이 만든 채널의 field 1과 field 2에 표시하는 프로그램을 작성하시오.

paho.mqtt.client 모듈을 이용한 MQTT 메시지 송수신

paho.mqtt.client 모듈의 Client 클래스는 메시지를 발행하고 토픽을 구독하기 위한 메서드를 제공한다. Helper 모듈과 달리 메시지 송수신이 콜백으로 처리되므로 효율적인 동작이 가능하다. Client 클래스의 메서드를 사용하여 메시지 발행이나 브로커 연결을 하면 호출 메서드는 반환되고 실제 작업은 배경으로 진행된다. 배경 작업이 완료되면 미리 정해진 콜백 함수가 자동으로 실행된다.

Client 클래스가 제공하는 주요 함수를 기능에 따라 분류하면 다음과 같다.

(1) 재 초기화 함수

```
reinitialize()
```

(2) 브로커와 연결 및 해제 함수

```
connect()
reconnect()
disconnect()
```

(3) Network loop 함수

이벤트를 관리하는 함수이다. 이벤트가 발생하면 콜백 함수들을 배경 작업으로 실행한다.

```
loop(timeout=1.0) #이벤트 루프를 실행하고 timeout 동안 블로킹
#스레드를 실행하여 loop() 자동 호출. 루프는 계속 실행됨
loop_start()/loop_stop()
#블로킹 모드로 loop() 실행. disconnect()를 호출하면 종료
loop_forever()
```

(4) 메시지 구독 신청 및 구독 해제 함수

```
subscribe()
unsubscribe()
```

(5) 메시지 발행 함수

```
publish()
```

(6) 콜백 함수

이벤트는 Client 클래스 메서드의 호출이 완료되면 발생하고 loop 함수가 이벤트와 콜백 연결을 담당한다. Client 클래스에는 다음과 같은 콜백 함수가 정의되어 있다.

on_connect(), on_disconnect()

Client 클래스의 connect(), disconnect() 메서드를 호출하면 이들 메서드는 일단 반환되고, 연결 또는 해제가 완료되면 각각 on_connect(), on_disconnect() 콜백 함수가 실행된다.

on_message()

구독 신청한 토픽에 대한 메시지가 수신되면 실행된다.

on_publish()

Client 클래스의 publish() 메서드에 의한 메시지 발행이 완료되면 실행된다.

on_subscribe(), on_unsubscribe()

Client 클래스의 subscribe(), unsubscribe()에 의한 메시지 구독 신청/해지가 완료되면 실행된다.

on_log()

이벤트가 모두 기록된다.

Client 클래스를 이용한 송수신 프로그램 구조

Client 클래스를 사용하려면 다음과 같이 모듈을 불러온다.

```
import paho.mqtt.client as mqtt
```

Client 클래스를 사용하여 먼저 클라이언트 객체를 만든다.

```
mqtt.Client(client_id="", clean_session=True, userdata=None,
protocol=MQTTv311, transport="tcp")
```

인수	설 명
client_id	브로커로 연결될 때 사용되는 클라이언트 식별 문자열. 생략하면 임의의 문자열이 사용되나 clean_session=True라야 한다.
clean_session	True: 클라이언트 연결이 종료되면 서버에서 클라이언트 정보가 모두 삭제된다. False: 클라이어트 연결이 종료되어도 클라이언트 가입정보가 유지된다
userdata	콜백 함수로 전달되는 userdata
protocol	MQTTv31 또는 MQTTv311
transport	"tcp" 또는 "websockets"

Client 클래스를 이용하여 MQTT 메시지를 송수신하는 과정은 다음과 같다.

```
import paho.mqtt.client as mqtt

def on_connect(client, userdata, flags, rc):#콜백 정의❶
   client.subscribe(topic) #구독 신청
   ......
def on_message(client, userdata, msg):
   ......

client = mqtt.Client() #객체 생성❷
client.on_connect = on_connect #콜백 설정❸
client.on_message = on_message

client.loop_start() #loop 시작❹

client.connect(broker) #브로커 연결❺

client.publish(topic, message) #메시지 발행❻
```

❶에서 콜백 함수를 정의한다. 가장 기본적으로 필요한 콜백 함수는 on_connect()와 on_message()이다. on_connect()는 브로커와 연결이 되면 실행되므로 이 함수에서 구독 신청을 한다. on_message()에서 수신 메시지를 처리한다.

❷에서 Client 클래스 객체를 생성하고, ❸에서 콜백을 설정한다. loop를 시작하고(❹) 브로커로 연결한다(❺). 구독 신청과 연결이 완료되면 메시지를 발행할 수 있다(❻).

❶~❻과정은 목적에 따라 필요한 부분만 구현하면 된다.

Client 클래스를 이용한 메시지 수신 프로그램[41]

브로커(test.mosquitto.org)에 연결하여 'mqtt/test' 토픽을 구독 신청하고 브로커로부터 메시지를 받아 출력하는 프로그램을 작성해 보자.

먼저 mqtt.Client 클래스를 이용하여 클라이언트 객체를 생성한다.

```
client = mqtt.Client()
```

다음은 connect() 메서드를 이용하여 브로커와 연결한다. MQTT를 위한 기본 포트는 1883이다. 브로커와 최대 통신시간은 60초로 설정한다.

```
client.connect("test.mosquitto.org", 1883, 60)
```

브로커와 연결이 되면 클라이언트 객체의 loop_forever() 메서드를 이용하여 브로커와의 데이터 송수신을 배경 작업으로 진행한다.

```
client.loop_forever()
```

연결 요청을 위해 client.connect() 함수를 호출하고, 연결되면 클라이언트 객체의 on_connect 속성에 의해 On_Connect() 콜백 함수가 호출되도록 설정된다. On_Connect() 함수에서 구독 신청을 하면 브로커로부터 메시지를 받을 수 있다. On_Connect() 함수의 client 인수는 클라이언트 객체이며, userdata는 Client 클래스의 userdata와 같다. flags는 브로커가 전송하는 응답 플래그이다. 또 rc는 연결 결과를 나타내는 코드이다. 이러한 인수들은 이벤트 루프에 의해 자동으로 설정된다.

메시지가 수신되면 on_message 속성으로 지정된 On_Message() 콜백 함수가 호출된다. On_message() 콜백 함수의 msg 인수는 수신된 MQTT 메시지를 나타내는 클래스 객체이다. 이 인수는 topic, payload, qos, retain 속성을 가지며, topic은 메시지의 토픽, payload는 실제 메시지를 나타낸다.

41) https://pypi.python.org/pypi/paho-mqtt#constructor-reinitialise

```
def On_Connect(client, userdata, flags, rc):
...
def On_Message(client, userdata, msg):
...
#On_Connect is assigned as on_connect() callback function
client.on_connect = On_Connect

#On_Message is assigned as on_message() callback function
client.on_message = On_Message
```

▌예제 - mqtt_client.py

```
# mqtt_client.py
# 메시지 구독 프로그램

import paho.mqtt.client as mqtt

# 브로커와 연결되면 실행되는 콜백
def On_Connect(client, userdata, flags, rc):
    print("Connected with result code "+str(rc))

    # 이 부분에서 구독 신청을 하면 연결이 끊어지더라도 재연결된다
    topic = "mqtt/test"
    client.subscribe(topic)

# 메시지가 도착하면 실행되는 콜백
def On_Message(client, userdata, msg):
    print(msg.topic+" "+str(msg.payload))

client = mqtt.Client() #클라이언트 객체 생성
client.on_connect = On_Connect #연결 콜백 지정
client.on_message = On_Message #메시지 콜백 지정

client.connect("test.mosquitto.org", 1883, 60) #브로커와 연결

# 이벤트 루프 시작
client.loop_forever()
```

라인 7~12	On_Connect() 함수를 정의한다. 이 함수는 브로커로부터 CONNACK 응답을 받으면 실행되는 사용자 함수이다. 토픽을 'mqtt/test'로 설정하고 Client 클래스의 subscribe() 함수를 이용하여 구독 신청을 한다.
라인 15~16	브로커로부터 PUBLISH 응답을 받으면 실행되는 사용자 함수이다. 수신 메시지를 출력한다.
라인 18~22	클라이언트 객체를 생성하고 on_connect와 on_message 속성에 대한 각각의 콜백 함수를 지정한다. 'test.mosquitto.org' 브로커와 1883 포트를 이용하여 connect() 함수로 브로커와 연결한다. 이 브로커는 별도의 id와 password가 필요 없다.
라인 25	이벤트 루프를 무한 반복 실행한다.

[프로그램 실행]

먼저 mqtt_client.py 프로그램을 실행하고, mqtt_publish_single.py 프로그램을 실행한다. mqtt_client.py 프로그램에서 다음과 같은 출력을 확인할 수 있다.

```
Connected with result code 0
mqtt/test b'Hello Everyone'
```

Client 클래스를 이용한 메시지 발행 프로그램

Client 클래스를 사용하여 메시지를 발행하는 프로그램을 작성해 보자. 클라이언트 객체를 생성하고 connect() 메서드를 이용하여 브로커에게 연결한다. 연결 후 publish() 함수로 메시지를 발행하고, 처리 결과는 rc, mid, is_published로 반환된다. mid는 메시지 id이며 on_publish() 콜백에서 메시지 추적을 위해 사용할 수 있다. is_published는 메시지 발행이 완료되면 true이다. rc 값의 의미는 다음과 같다.

```
0: Connection successful
1: Connection refused - incorrect protocol version
2: Connection refused - invalid client identifier
3: Connection refused - server unavailable
4: Connection refused - bad username or password
5: Connection refused - not authorised
6-255: Currently unused.
```

publish()를 호출하고 메시지가 발행되면 on_publish 콜백이 발생하지만 메시지 발행 후 특별히 처리할 일이 없으면 일반적으로 이 콜백은 사용하지 않는다.

▌예제 - mqtt_client_publish.py

```
# client 모듈을 이용한 메시지 발행 프로그램

import paho.mqtt.client as mqtt

client = mqtt.Client() #클라이언트 객체 생성
client.connect("test.mosquitto.org", 1883, 60) #브로커와 연결
rc, mid = client.publish("mqtt/test", "Hello Everyone") #rc=응답 코드
print(str(rc)) #응답 코드 출력
```

[프로그램 실행]

수신 프로그램인 mqtt_subscribe_simple.py를 실행하고, mqtt_client_publish.py를 실행하여 메시지가 수신되는지 확인한다.

```
Topic: mqtt/test
Message: Hello Everyone
Type ENTER to finish
```

on_publish() 콜백 함수의 사용

메시지를 발행하고 처리할 일이 있으면 on_publish() 콜백 함수를 다음과 같이 이용할 수 있다. publish() 함수를 호출하여 메시지가 발행되면 on_publish() 콜백 함수가 실행된다. 따라서 메시지 발행 후 처리할 일이 있으면 콜백 함수에서 처리한다.

▌예제 - mqtt_client_pub_callback.py

```
# client 모듈을 이용한 메시지 발행 프로그램

import paho.mqtt.client as client

broker="test.mosquitto.org"
port=1883

```

```
#메시지가 성공적으로 발행되면 호출되는 콜백
def on_publish(client1, user_data, mid):
    print("data published\n")
    pass

client1= client.Client() #클라이언트 객체 생성
client1.on_publish = on_publish #on_publish 속성에 콜백 함수 연결
client1.connect(broker, port) #브로커와 연결
ret= client1.publish("mqtt/test","Hello") #메시지 발송
```

[프로그램 실행]

수신 프로그램인 mqtt_client.py를 먼저 실행하고, mqtt_client_pub_callback.py를 실행하여 메시지가 수신되는지 확인한다.

13.4 MQTT로 라즈베리파이와 통신하기

지금까지 PC에서 MQTT 통신 방법에 대해 알아보았다. 라즈베리파이에서 MQTT 통신하는 방법도 유사하다. MQTT 클라이언트를 작성하여 실행하고, MQTT 메시지 발행 프로그램을 작성하여 실행한다.

먼저 MQTT 프로그램을 위해 paho-mqtt 모듈을 설치한다. 파이썬 3을 사용하므로 pip3 명령을 사용하여 설치한다.

```
$ sudo pip3 install paho-mqtt
```

라즈베리파이의 파이썬 3을 실행하고 Client 클래스를 사용하여 MQTT 클라이언트 프로그램을 작성해 보자.

Subscribe 프로그램

예제 mqtt_client_demo.py는 라즈베리파이에서 실행되는 메시지 수신 프로그램이다. connect() 함수로 연결 요청을 하면 연결 결과는 rc로 반환되므로 rc를 출력하면 연결 결과를

확인할 수 있다. on_connect() 함수에서는 subscribe() 함수를 이용하여 클라이언트가 구독할 토픽을 등록한다. on_message() 함수에서는 수신 메시지에 따라 필요한 처리를 한다. 수신 메시지는 msg.payload에 저장되어 있다.

클라이언트 객체를 생성하고 on_connect 속성으로 연결 콜백 함수를 지정한 후, connect()를 이용하여 브로커에 연결한다. loop_forever() 함수를 실행하면 서버로부터 메시지를 받아 처리할 수 있다.

▌예제 - mqtt_client_demo.py

```
# MQTT Client demo
# 여러 가지 토픽에 대해 메시지가 도착하는지 모니터링한다
# 수신 세시지를 분석하여 서로 다른 처리를 한다.

import paho.mqtt.client as mqtt

# 서버와 연결이 되었을 때 실행되는 콜백 함수
def on_connect(client, userdata, flags, rc):
        print("Connected with result code "+str(rc))

        # 구독 신청
        # 연결이 될 때마다 새로 구독 신청
        client.subscribe("Core/topic1")
        client.subscribe("Core/topic2")

# 메시지를 수신했을 때 실행되는 콜백 함수
def on_message(client, userdata, msg):
        print(msg.topic+" "+str(msg.payload))

        if msg.payload.decode() == "Hello":
            print("Receiving message: #1, do something")
            # Do something

        if msg.payload.decode() == "World!":
            print("Receiving message #2, do something else")
            # Do something else

# MQTT 클라이언트 객체를 생성하고 콜백 함수 연결
client = mqtt.Client()
client.on_connect = on_connect
```

```
client.on_message = on_message

client.connect("test.mosquitto.org", 1883, 60)

client.loop_forever()
```

Publish 프로그램

예제 mqtt_publish_demo.py는 라즈베리파이에서 실행되는 메시지 발행 프로그램이다. publish 모듈의 single() 함수를 이용하여 브로커로 메시지를 발행한다. 여기서는 수신 프로그램과 같은 "Core/topic1" 토픽과 "Core/topic2" 토픽에 대해 메시지를 발행한다.

▌예제 - mqtt_publish_demo.py

```
# 두 개의 토픽에 대해 각각 하나씩의 메시지를 발행하는 프로그램

import paho.mqtt.publish as publish

#MQTT 브로커: test.mosquitto.org, iot.eclipse.org
broker = "test.mosquitto.org"
publish.single("Core/topic1", "Hello", hostname=broker)
publish.single("Core/topic2", "World!", hostname=broker)

print("Done")
```

[프로그램 실행]

라즈베리파이에서 subscribe 프로그램을 먼저 실행하고 publish 프로그램을 실행한다. subscribe 프로그램에서 수신되는 메시지와 메시지에 따른 출력 결과를 그림 13-23과 같이 확인해 보자.

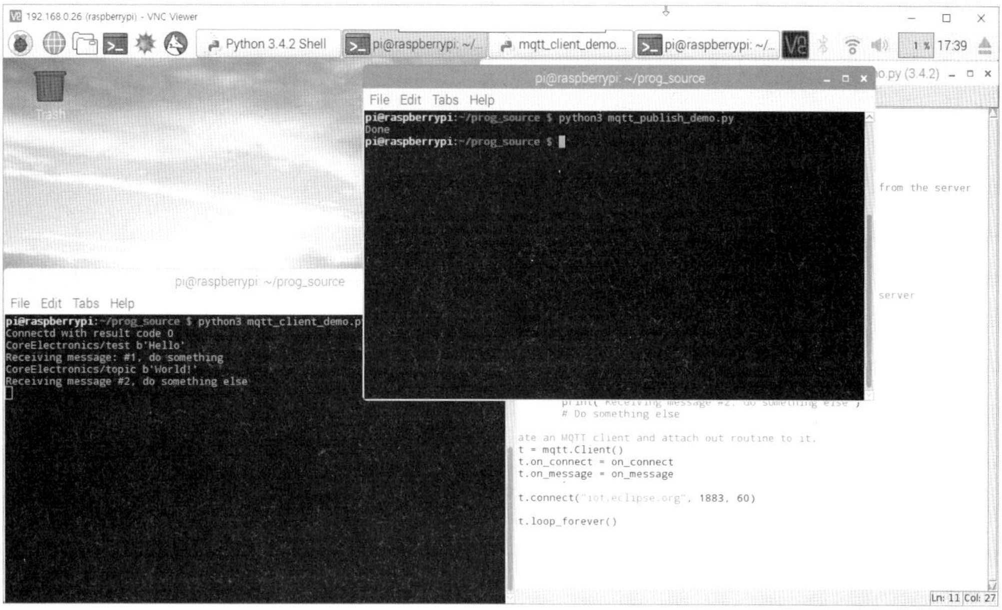

그림 13-23 MQTT 메시지 송수신 결과

PC와 라즈베리파이의 MQTT 통신

이번에는 MQTT 프로토콜을 이용하여 PC와 라즈베리파이 간에 통신을 해 보자.
먼저 PC에서 subscribe(mqtt_client_demo.py) 프로그램을 실행하고 라즈베리파이에서 publish(mqtt_publish_demo.py) 프로그램을 실행한다. PC에서 실행한 결과는 다음과 같다. 라즈베리파이에서 메시지를 받아 메시지 내용에 따라 서로 다른 내용이 출력되었음을 알 수 있다.

```
Connected with result code 0
CoreElectronics/test b'Hello'
Receiving message: #1. do something
CoreElectronics/topic b'World'
Receiving message: #2. do something else
```

그림 13-24는 라즈베리파이의 실행 결과이다. 메시지를 발행하고 완료 표시를 볼 수 있다. 두 대 이상의 PC에서 MQTT 클라이언트 프로그램을 실행하고 모두 동일한 메시지를 받는지 확인해 보자.

그림 13-24 publish 결과(라즈베리파이)

PC에서 라즈베리파이 GPIO 핀 상태 조사

이번에는 라즈베리파이 GPIO23에 스위치를 연결하고 스위치의 상태를 읽어 브로커로 발행한다. PC에서는 subscribe 프로그램으로 라즈베리파이의 메시지를 읽어 화면에 ON 또는 OFF를 표시한다. 먼저 그림 13-25와 같이 GPIO23에 스위치를 연결한다. 1초마다 스위치값을 읽고 스위치가 ON이면 "SWITCH ON" 메시지를 송신하고 OFF이면 "SWITCH OFF"를 송신한다. 토픽은 "RPi/SWITCH-1"로 하고 test.mosquitto.org 브로커를 사용한다.

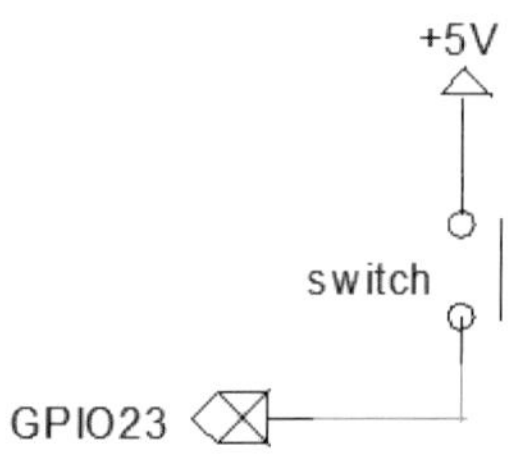

그림 13-25 스위치 연결회로

▌예제 - rpi_mqtt_publish_1.py

```
# GPIO23에 연결된 스위치 상태를 읽어 메시지를 발행하는 프로그램

import paho.mqtt.publish as publish
import RPi.GPIO as GPIO
import time

topic = "RPi/SWITCH-1"
broker = "test.mosquitto.org"

#GPIO 설정
GPIO.setmode(GPIO.BCM)
```

```
GPIO.setup(23, GPIO.IN,pull_up_down=GPIO.PUD_DOWN) #GPIO23=입력모드

print("Checking SWITCH on GPIO23")
While True:
    led_state = GPIO.input(23) #스위치 상태 읽기
    if led_state == 1:
        msg = "SWITCH ON"
    else:
        msg = "SWITCH OFF"

    #스위치 상태 발행
    publish.single(topic, msg, hostname=broker)
    time.sleep(1) # 1초 후 다시 전송
```

PC에서 라즈베리파이의 메시지를 받아 출력하는 subscribe 프로그램은 다음과 같다.

▌예제 - rpi_mqtt_subscribe_1.py

```
# 라즈베리파이가 발행하는 메시지를 구독하는 프로그램(PC용)

import paho.mqtt.subscribe as subscribe

topics = ['RPi/SWITCH-1'] #토픽
print('Topic: ', topics[0])
broker = "test.mosquitto.org"

while True:
    m = subscribe.simple(topics, hostname=broker,
                         retained=False, msg_count=1)
    print('Message: ', m.payload.decode())#라즈베리파이의 메시지 출력
```

[프로그램 실행]

라즈베리파이에서 rpi_mqtt_publish_1.py를 실행하고 PC에서 rpi_mqtt_subscribe_1.py를 실행한다. 라즈베리파이에 연결된 스위치의 상태를 바꾸면서 PC subscribe 프로그램에 출력되는 메시지를 확인해 보자.

13.5 MQTT를 이용한 라즈베리파이와 스마트폰 통신

MQTT 프로토콜은 사물인터넷을 위한 표준 프로토콜이므로 어떤 사물이라도 MQTT를 지원하면 서로 메시지를 주고받을 수 있다. PC나 라즈베리파이뿐만 아니라 스마트폰도 훌륭한 사물인터넷 노드이다. 따라서 라즈베리파이와 스마트폰도 MQTT를 통하여 서로 메시지를 주고받을 수 있다.

라즈베리파이에서 MQTT subscribe 프로그램을 실행하고, 스마트폰에서 MQTT 대시보드 앱(MQTT Dash)을 이용하여 메시지를 송신하고 메시지 내용에 따라 라즈베리파이에 연결된 I/O 디바이스를 제어해 보자. 먼저 스마트폰에 MQTT 앱을 설치하고 메시지를 송수신할 수 있도록 화면을 구성한다.

스마트폰 MQTT 앱 설치하기

MQTT 프로토콜을 이용하여 메시지를 받고 보낼 수 있는 스마트폰 앱도 다양하게 제공되고 있다. 여기서는 'MQTT Dash' 앱을 이용하여 메시지를 송수신해 보자.

구글 Play 스토어에서 MQTT Dash 앱[42)]을 다운로드받아 자신의 스마트폰에 설치하고 실행한다. 그림 13-26 초기 화면에서 ⊕ 버튼을 터치하고 그림 13-27과 같은 서버 설정 화면에서 MQTT 브로커를 등록한다. Name 항목에 임의의 이름을 입력하고 Address 항목에 MQTT 브로커 주소를 입력한다. 여기서는 "test.mosquitto.org"를 입력한다. Port 항목에 MQTT 기본 포트인 1883을 입력한다. 입력을 마치면 오른쪽 위에 있는 디스크 아이콘을 터치하여 저장한다.

42) 안드로이드 스마트폰을 기준으로 한다.

그림 13-26 **초기 화면**

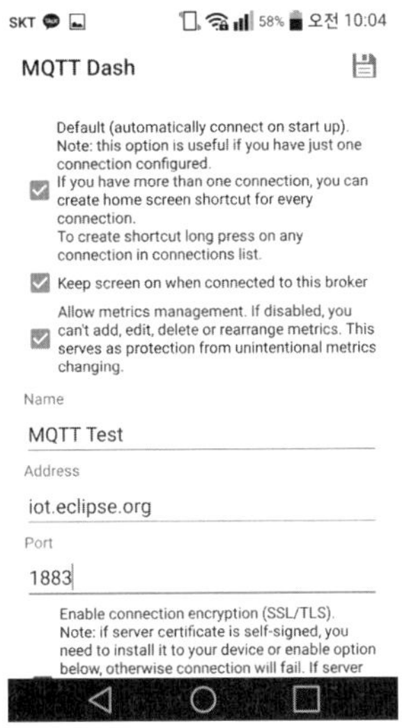

그림 13-27 **서버 설정**

그림 13-28 **완료 화면**

브로커 설정이 끝나면 MQTT 데이터를 받거나 보낼 화면을 설정한다. 그림 13-28의 완료 화면에서 이름(MQTT Test)을 터치한다. 그림 13-29와 같은 항목 등록 화면에서 오른쪽 위의 + 아이콘을 터치한다. 그림 13-30과 같은 사용자 항목의 종류 화면에서 Text를 선택한다. Text 항목은 문자열을 보내거나 수신할 수 있다. Text 항목의 다른 부분을 그림 13-31~32과 같이 설정한다. 디스크 아이콘을 터치하여 저장하고 그림 13-29의 화면에서 다시 ⊕ 버튼을 터치한다. 그림 13-30의 화면에서 이번에는 "Switch/button"을 선택한다.

그림 13-29 **항목 등록**

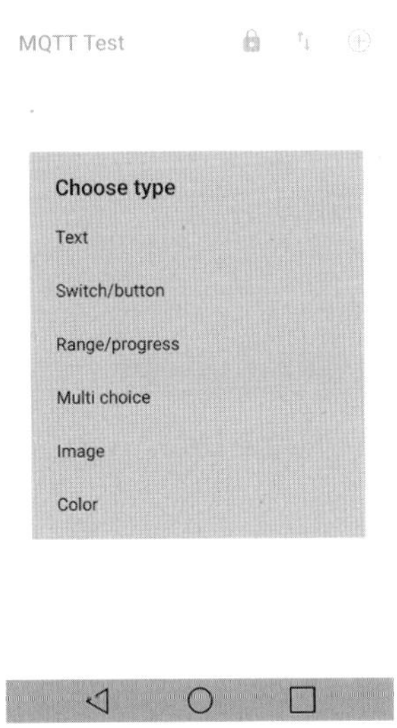

그림 13-30 **사용자 항목**

그림 13-31 **Text UI(1)**

그림 13-33~34와 같이 Switch에 대해 설정한다.

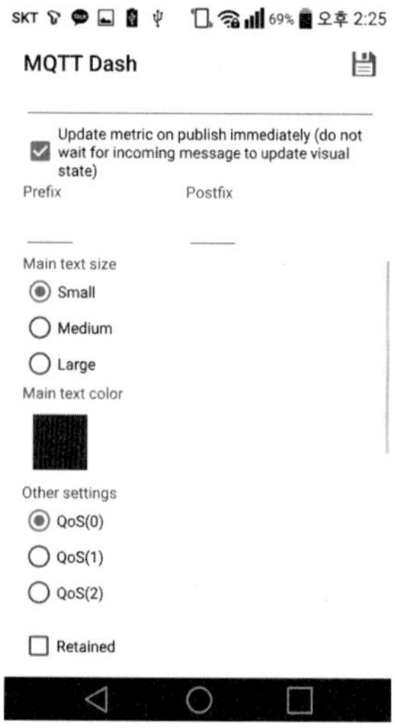

그림 13-32 Text UI(2)

그림 13-33 스위치 UI(1)

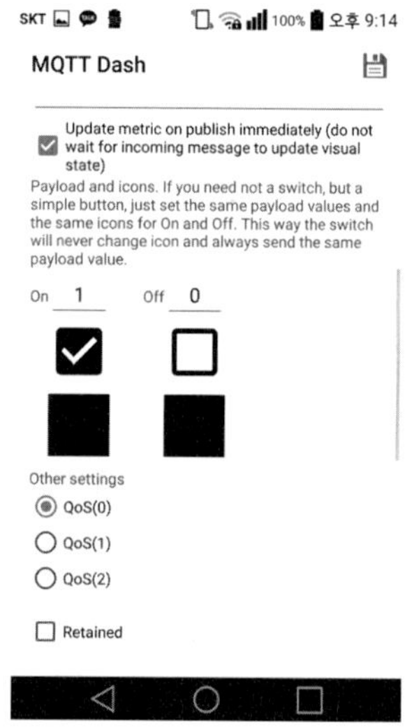

그림 13-34 스위치 UI(2)

그림 13-35 Range UI(1)

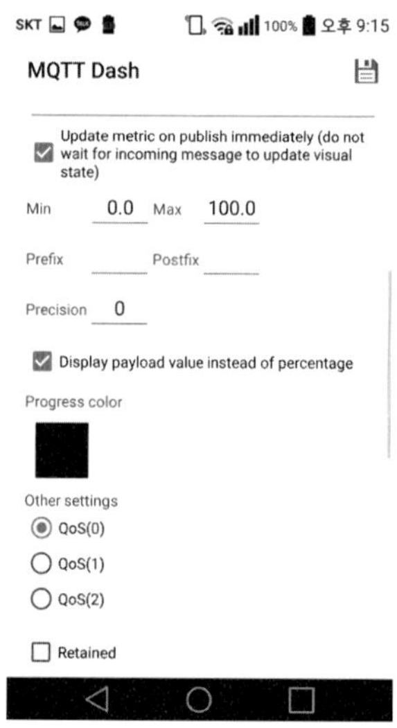

그림 13-36 Range UI(2)

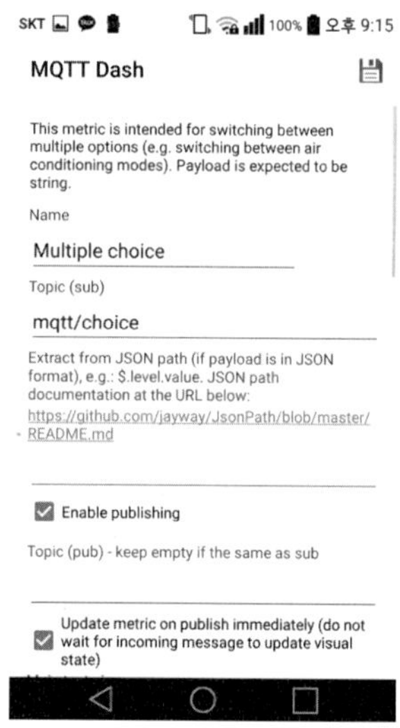

그림 13-37 Multiple choice(1)

그림 13-30의 "Range/progress"와 "Multiple choice" 항목도 추가하고 그림 13-35~38과 같이 설정한다. "Multiple choice" 항목은 그림 13-39에서 ADD OPTION을 터치하여 선택항목을 추가한다. 설정을 마치면 그림 13-40과 같이 된다.

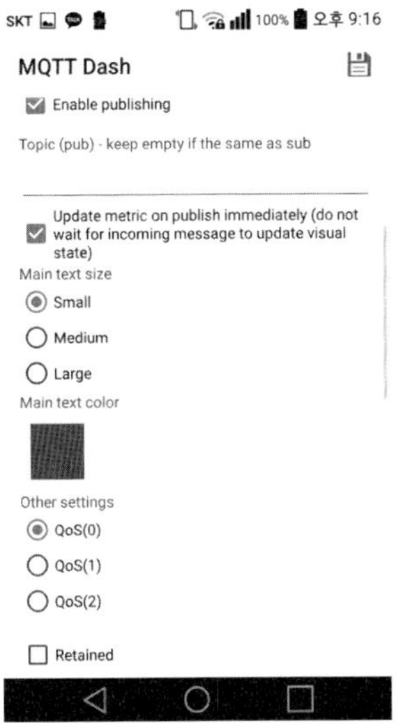

그림 13-38 Multiple choice(2)

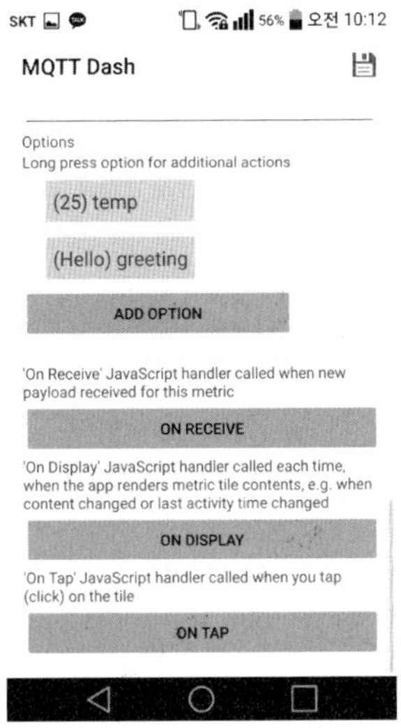

그림 13-39 Multiple choice(3)

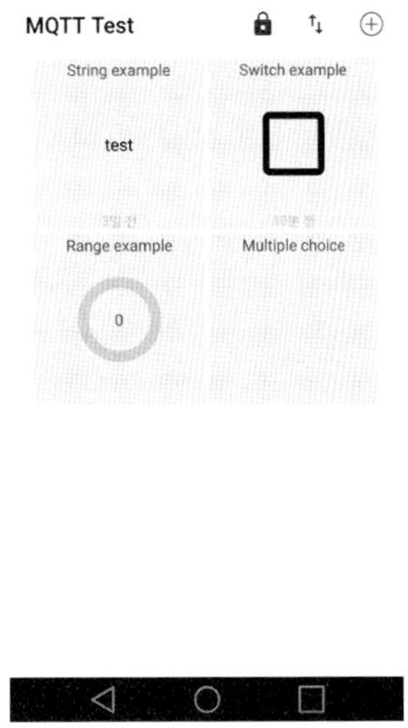

그림 13-40 **사용자 UI**

그림 13-31의 String example의 토픽은 "mqtt/test"로 설정했으므로 mqtt_publish_single.py 프로그램을 실행하여 메시지를 발행하면 수신한 메시지가 나타난다.

이번에는 스마트폰에서 메시지를 발행하고 mqtt_subscribe_simple.py 프로그램에서 메시지를 수신해 보자. 그림 13-40의 화면에서 String example을 터치하여 나타나는 화면에서 Set new value 항목에 발행할 메시지를 입력하고 SET 버튼을 터치한다. mqtt_subscribe_simple.py 프로그램 화면에서 발행한 메시지가 출력되는지 확인한다.

라즈베리파이 모니터링과 제어

이번에서 스마트폰에서 라즈베리파이의 입력 핀의 상태를 모니터링하거나 스마트폰에서 라즈베리파이에 연결된 LED를 ON/OFF하는 프로그램을 작성해 보자.

스마트폰에서 라즈베리파이 모니터링하기

라즈베리파이에서 스위치의 값을 읽어 0이면 "OFF"를 발행하고 1이면 "ON"을 브로커로 발행한다. 토픽은 "RPi/SWITCH-1"로 한다. 라즈베리파이에서 발행한 메시지를 스마트폰에 표시한다. 라즈베리파이에서 mqtt_pub.py 프로그램을 실행하고 스마트폰에서 String example 항목의 메시지를 확인한다.

▌예제 – rpi_mqtt_publish_2.py

```
#라즈베리파이에 연결된 스위치 상태를 읽어 메시지를 발행하는 프로그램

import paho.mqtt.publish as publish
import RPi.GPIO as GPIO
import time

SWITCH = 23 #GPIO 23에 스위치 연결
broker = "test.mosquitto.org" #브로커 주소
# broker = "broker.hivemq.com"

def Rpi_Set(): #라즈베리파이 설정
    GPIO.setmode(GPIO.BCM)
    GPIO.setup(SWITCH, GPIO.IN) #GPIO 23 = input mode
    GPIO.setwarnings(False)

topics = ['RPi/SWITCH'] #토픽 지정
print('Topic: ', topics[0])
Rpi_Set()

while True:
    state = GPIO.input(SWITCH) #스위치 상태 읽기
    if state == 1: #스위치 ON
        msg = "ON"
    else: #스위치 OFF
        msg = "OFF"

    print("Switch is ", msg)
    publish.single(topics[0], msg, hostname=broker) #메시지 발행
    time.sleep(0.5) #0.5초 마다 반복
```

[프로그램 실행]

라즈베리파이에서 프로그램을 실행하고 스위치의 상태를 바꾸면서 라즈베리파이와 스마트폰에 표시되는 메시지를 확인한다.

```
>>>
Topic: RPi/SWITCH-1
Switch is  OFF
Switch is  OFF
Switch is  ON
Switch is  ON
```

스마트폰에서 라즈베리파이 제어하기

라즈베리파이 출력 핀(GPIO18)에 연결된 LED는 스마트폰의 Switch example 항목에서 제어한다. Switch example 항목을 한번 터치하면 체크가 표시되고 한 번 더 터치하면 체크가 지워진다. 체크가 되면 'ON' 메시지가 발행되고, 체크가 지워지면 'OFF' 메시지가 발행된다. 따라서 라즈베리파이에서는 'ON'을 수신하면 LED를 ON하고 'OFF'를 수신하면 LED를 OFF한다.

▌예제 - rpi_mqtt_subscribe_2.py

```
# mqtt를 이용하여 GPIO18에 연결된 LED를 제어하는 구독 프로그램(라즈베리파이)

import paho.mqtt.subscribe as subscribe
import RPi.GPIO as GPIO
import time

LED = 18 #GPIO18에 LED 연결

def Rpi_Set(): #GPIO 설정
    GPIO.setmode(GPIO.BCM)
    GPIO.setup(LED, GPIO.OUT)
    GPIO.output(LED, GPIO.LOW) # 처음에는 LED OFF
    GPIO.setwarnings(False)

topics = ['RPi/LED']
print('Topic: ', topics[0])
Rpi_Set()

while True:
    m = subscribe.simple(topics,
            hostname="test.mosquitto.org", retained=False)
    r_msg = m.payload.decode() #수신 메시지
    print(m.topic+" "+ r_msg)

    if r_msg == "ON": # LED ON
       GPIO.output(LED, GPIO.HIGH)
    elif r_msg == "OFF": # LED OFF
       GPIO.output(LED, GPIO.LOW)
    else:
       print("Invalid message")
    time.sleep(0.5)
```

[프로그램 실행]

라즈베리파이에서 mqtt_sub.py 프로그램을 실행하고 스마트폰에서 ON/OFF를 제어하여 LED가 제어되는지 확인해 보자

```
>>>
Topic: RPi/LED
RPi/LED ON
RPi/LED OFF
RPi/LED ON
```

제어와 모니터링 통합 프로그램

이번에는 앞에서 설명한 프로그램을 하나로 통합해보자. 라즈베리파이에서 2초마다 스위치의 상태를 읽어 RPi/SWITCH 토픽으로 발행한다. RPi/LED 토픽으로 수신한 메시지를 분석하여 메시지가 ON이면 LED를 켜고, OFF이면 LED를 끈다.

▌예제 – rpi_mqtt_sub_pub.py

```
# rpi_mqtt_sub_pub.py
# 메시지를 수신하여 LED를 제어하고, 스위치의 상태를 메시지로 송신하는 프로그램

import paho.mqtt.client as mqtt
import RPi.GPIO as GPIO
import time

LED = 18 #GPIO18 = LED
SWITCH = 23 #GPIO23 = 스위치
broker = "test.mosquitto.org" #MQTT 브로커 주소
# broker = "broker.hivemq.com"

def Rpi_Set():
    GPIO.setmode(GPIO.BCM)
    GPIO.setup(LED, GPIO.OUT)
    GPIO.setup(SWITCH, GPIO.IN)
    GPIO.output(LED, GPIO.LOW) # 초기에 LED OFF

#브로커와 연결되면 실행되는 콜백 함수
def On_Connect(client, userdata, flags, rc):
    print("Connected with result code "+str(rc))
    client.subscribe("RPi/LED")
```

```
23
24 # 메시지를 수신하면 실행되는 콜백 함수
25 def On_Message(client, userdata, msg):
26     cmd = msg.payload.decode()
27     print(msg.topic+" "+cmd)
28
29     if cmd == "ON": # LED ON
30        GPIO.output(LED, GPIO.HIGH)
31     elif cmd == "OFF": # LED OFF
32        GPIO.output(LED, GPIO.LOW)
33     else:
34        print("Invalid message")
35
36 client = mqtt.Client() #클라이언트 객체 생성
37 client.on_connect = On_Connect #연결 콜백 함수 지정
38 client.on_message = On_Message #메시지 수신 콜백 함수 지정
39
40 client.connect(broker, 1883, 60) #브로커 연결
41 client.loop_start() #이벤트 루프 시작
42
43 while True:
44     state = GPIO.input(SWITCH) #스위치 상태 읽기
45     if state == 1:
46        s_msg = "SWITCH ON"
47     else:
48        s_msg = "SWITCH OFF"
49
50     client.publish("RPi/SWITCH", s_msg) #스위치 상태 메시지 발행
51     time.sleep(2) #2초 지연
```

라인 8~9 LED는 GPIO18에 연결하고 스위치는 GPIO23에 연결한다.

라인 13~17 GPIO 모드를 설정한다.

라인 20~22 MQTT 브로커와 연결되면(On_Connect() 호출) 구독할 토픽(Rpi/LED)을 신청한다.

라인 25~34 메시지가 ON이면 LED를 켜고, OFF이면 LED를 끈다. 다른 메시지이면 오류 표시를 한다.

라인 36~41 Client() 객체를 생성하고 콜백 함수를 지정한다. MQTT 브로커에 연결하고 루프를 시작한다. 루프는 백그라운드로 실행되므로 메인 루프는 계속 처리된다.

라인 43~51 2초마다 스위치의 상태를 읽어 1이면 "SWITCH ON", 0이면 "SWITCH OFF" 메시지를 발행한다.

[프로그램 실행]

그림 13-41은 라즈베리파이 실행화면이다. 스마트폰에서 수신한 메시지가 2초마다 표시된다.

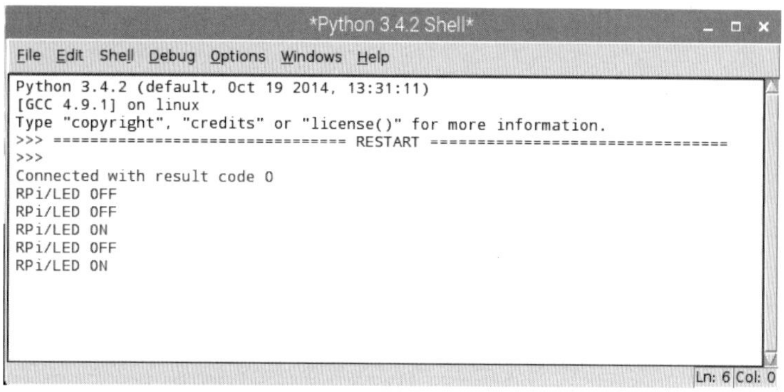

그림 13-41 **라즈베리파이 통합 제어 및 모니터링**

그림 13-42와 13-43은 스마트폰 화면이다. 그림 13-42에서 라즈베리파이의 스위치를 ON/OFF 하면 스위치 상태가 SUBSCRIBE의 수신 메시지에 표시되고, 그림 13-43의 PUBLISH 화면에서 switch test 항목의 스위치를 ON/OFF하면 라즈베리파이에 연결된 LED가 제어된다.

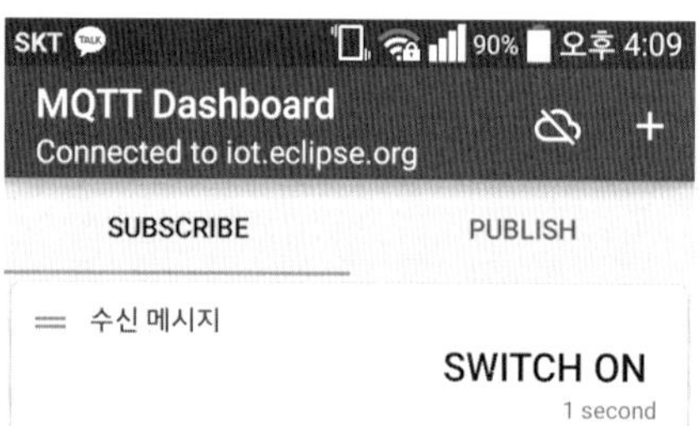

그림 13-42 **스마트폰 수신 화면**

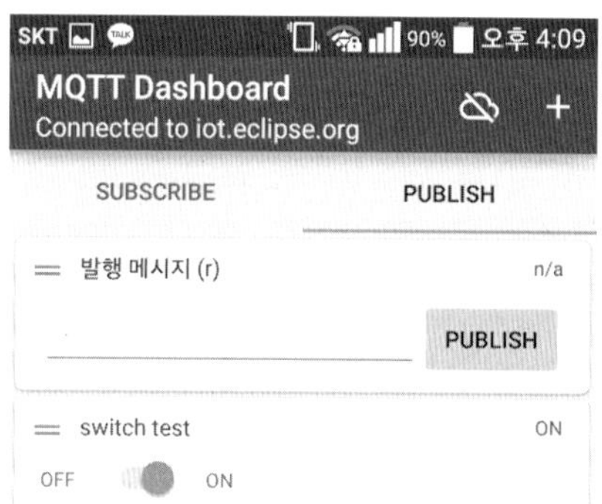

그림 13-43 **스마트폰 PUBLISH 화면**

라즈베리파이를 이용한 입력 펄스 카운터 모니터링

라즈베리파이를 이용하여 외부에서 입력되는 펄스를 카운팅하는 프로그램을 작성해 보자. 이 프로그램은 물체가 어떤 지점을 통과할 때마다 펄스가 발생하는 센서를 설치해 두면, 일정 시간 동안 지나가는 물체의 수를 헤아리는데 사용할 수 있다. 먼저 그림 13-44과 같은 회로를 구성한다.

그림 13-44의 회로에서 SW2를 한 번 클릭할 때마다 펄스가 하나씩 발생하고 펄스가 GPIO2에 입력된다. 입력된 펄스 수는 7-SEGMENT에 표시되도록 한다. 10개의 펄스가 입력되면 LED L1이 켜지고 프로그램이 종료된다. 입력된 펄스의 개수는 MQTT를 이용하여 발행되고, 스마트폰의 MQTT Dashboard 앱에서 구독한 펄스 수를 표시한다. 또 10개의 펄스가 입력되면 라즈베리파이에서 MQTT 브로커로 "FULL" 메시지를 발행한다. MQTT Dashboard 앱에서는 이 메시지를 구독하여 표시한다. 펄스의 개수는 "control/pulse" 토픽으로 발행하고, "FULL" 메시지는 "control/state" 토픽으로 발행한다.

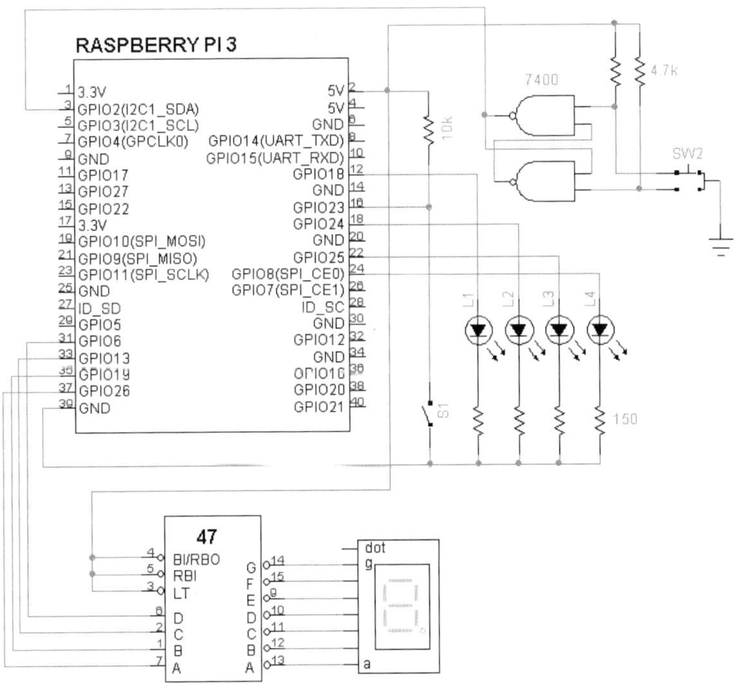

그림 13-44 **입력 펄스 모니터링 회로**

GPIO.add_event_detect() 함수를 이용하면 라즈베리파이 핀에서 신호 변화가 있으면 콜백 함수를 실행할 수 있다.

```
GPIO.add_event_detect(channel, GPIO.RISING, callback=callback_func)
```

channel은 신호를 감지할 GPIO핀 번호이며, 감지 종류는 상승(GPIO.RISING), 하강(GPIO.FALLING) 또는 모두(GPIO.BOTH) 가능하다. 신호 변화가 감지되면 지정된 콜백 함수(callback_func)가 호출된다.

▌예제 - rpi_pulse_count.py

```
#펄스 카운트 프로그램

import paho.mqtt.publish as publish
import RPi.GPIO as GPIO
import time

broker = "test.mosquitto.org"

#에지가 감지되면 호출되는 콜백
def mycallback(channel):
    global count, flag, SEG, topics

    count += 1
    if count == 10:
        flag = 0 #감지 중지
        GPIO.output(18, 1) #LED ON
        return

    print('Button {} pressed'.format(count))

    #7-segment에 표시하기 위해 4자리 2진수로 변환
    LEDbit = bin(count).split('b')[1].zfill(4)
    #7-segment에 펄스 수 표시
    for i in range(4):
        GPIO.output(SEG[i], int(LEDbit[i]))

    publish.single(topics[0], str(count),
                   hostname=broker)

SEG = [26,19,13,6] #A4, A3, A2, A1 for 7-segment
GPIO.setmode(GPIO.BCM)
GPIO.setwarnings(False)
GPIO.setup(2, GPIO.IN) #펄스 입력 핀
GPIO.setup(18, GPIO.OUT) #LED를 출력 모드로 설정
GPIO.output(18, 0) #LED OFF

```

```
37 for i in SEG: #7-segment 연결 핀 초기화
38     GPIO.setup(i, GPIO.OUT)
39     GPIO.output(i, 0) #처음에는 OFF
40
41 count = 0 #펄스 수
42 flag = 1 #flag = 0이 되면 감지를 중지한다
43 topics = ['control/pulse', 'control/state']
44 publish.single(topics[0], "0", hostname=broker)
45 publish.single(topics[1], "Running", hostname=broker)
46
47 #2번 핀에서 상승 모서리 감지
48 GPIO.add_event_detect(2, GPIO.RISING, callback=mycallback)
49
50 while flag == 1: #신호 감지 계속
51     continue
52
53 GPIO.remove_event_detect(2) #감지 해제
54 print('The END')
```

라인 10~28 GPIO2에서 상승 모서리가 감지되면 실행되는 콜백 함수이다. 감지 횟수가 10이 되면 “FULL” 메시지를 발행하고 리턴한다. 회수가 10 미만이면 LED를 켜고 감지회수를 브로커로 발행한다.

라인 30 7-세그먼트를 연결하기 위한 7447 핀을 설정한다.

라인 31~35 GPIO 모드를 설정한다.

라인 37~39 7-세그먼트가 연결된 GPIO 핀을 출력으로 설정한다.

라인 41~48 메시지를 발행하고 GPIO2에서 상승 모서리를 감지하도록 설정한다.

라인 50~54 10회 감지되면(flag=0) 모서리 감지를 해제한다.

CHAPTER

14 파이썬 시리얼 통신 프로그램

파이썬을 이용한 시리얼 통신 프로그램 방법을 설명한다. 비동기 시리얼 프로그램뿐만 아니라 블루투스를 이용한 통신 프로그램 작성방법을 설명한다.

Python Network Programming

파이썬을 이용하여 시리얼 통신 프로그램 작성법을 알아본다. 시리얼 통신을 하는 방법은 시리얼 포트끼리 케이블을 연결하여 통신하는 방법과 블루투스를 이용하여 통신하는 방법이 있다. 어느 방법을 사용하던 소프트웨어는 거의 같다.

14.1 시리얼 포트를 이용한 시리얼 통신

시리얼 통신을 위해서는 pyserial 모듈이 필요하며 C:〉pip install pyserial 명령으로 모듈을 설치한다. 시리얼 포트를 열기 위해 먼저 serial.Serial[43] 클래스 객체를 만든다. Serial 클래스의 정의와 파라미터는 다음과 같다.

```
class serial.Serial:
__init__(port=None, baudrate=9600, bytesize=EIGHTBITS, parity
     =PARITY_NONE, stopbits=
STOPBITS_ONE, timeout=None, xonxoff=False, rtscts=False,
     write_timeout=None,
dsrdtr=False, inter_byte_timeout=None, exclusive=None)
```

파라미터

- port – 디바이스 이름(COM1, COM2 등)
- baudrate (int) – 통신 속도(9600, 115200 등)
- bytesize – 데이터 비트 수: FIVEBITS, SIXBITS, SEVENBITS, EIGHTBITS

43) http://pyserial.readthedocs.io/en/latest/pyserial_api.html

- parity - 패리티: PARITY_NONE, PARITY_EVEN, PARITY_ODD PARITY_MARK, PARITY_SPACE
- stopbits - 정지 비트수: STOPBITS_ONE, STOPBITS_ONE_POINT_FIVE, STOPBITS_TWO
- timeout (float) - 읽기 타임아웃
- xonxoff (bool) - 소프트웨어 흐름제어
- rtscts (bool) - 하드웨어(RTS/CTS) 흐름제어
- dsrdtr (bool) - 하드웨어(DSR/DTR) 흐름제어
- write_timeout (float) - 쓰기 타임아웃
- inter_byte_timeout (float) - 문자 사이 타임아웃, 지정하지 않으면 None(default)이다.

객체를 만들 때 포트, 통신 속도 등과 같은 파라미터를 지정할 수 있지만 사용할 포트만 지정하면 다른 파라미터는 디폴트 값이 사용된다. 예를 들어, baudrate를 지정하지 않으면 9600bps로 설정된다.

timeout 파라미터는 read() 메서드의 동작을 결정하는데, timeout = None이면 차단 모드로 동작한다. 즉 데이터가 수신될 때까지 프로그램이 차단된다. timeout = 0이면 비차단 모드로 동작하여 read() 메서드가 즉시 반환된다. timeout = t로 설정하면 요청된 바이트가 수신되면 즉시 반환되고 아니면 t초 동안 차단된다. 즉 t초 후 read() 메서드가 반환된다.

다음은 시리얼 포트를 여러 가지 조건을 설정하고 포트를 통해 데이터를 송수신하는 방법이다.

"9600,8,N,1", no timeout으로 열기

```
>>> import serial
>>> ser_comm = serial.Serial('COM1')          # 포트 열기
>>> print(ser_comm.name)                      # 사용된 포트 출력
>>> ser_comm.write(b'hello')                  # 문자열 쓰기
>>> ser_comm.close()                          # 포트 닫기
```

"19200,8,N,1", 1초 타임아웃으로 열기

```
>>> with serial.Serial('COM3', 19200, timeout=1) as ser_comm:
...     x = ser_comm.read()                   # 1바이트 읽기
...     s = ser_comm.read(10)                 # 10 바이트 읽기
...     line = ser_comm.readline()            # '\n'로 끝나는 한 줄 읽기
```

"38400,8,E,1" , 비차단 모드, 짝수 패리티, 하드웨어 흐름제어 설정으로 열기

```
>>> ser_comm = serial.Serial('COM3', 38400, timeout=0, parity
      =serial.PARITY_EVEN, rtscts=1)
>>> s = ser_comm.read(100)
```

데이터를 시리얼 포트로 송신하거나 읽기 위해서는 write()와 read() 메서드를 사용한다.

read(size=1)

read() 메서드는 지정한 수 만큼의 바이트를 시리얼 포트에서 읽어 반환한다.

- size - 읽을 바이트 수

시리얼 객체를 생성할 때 타임아웃이 설정되면 요구 문자 수보다 적은 문자를 반환할 수도 있다. 타임아웃이 설정되지 않으면 요구 바이트 수를 읽을 때까지 차단된다. 바이트 수를 지정하지 않고 수신된 데이터를 한 줄 끝까지 읽으려면 readline()을 사용한다. 이 메서드는 EOL이 나올 때까지 데이터를 읽기 때문에 반드시 타임아웃 파라미터를 설정하고 사용해야 한다. 아니면 차단 모드가 되어 프로그램에서 빠져나올 수 없게 된다. 수신 데이터는 바이트형이므로 출력하려면 decode() 메서드를 사용하여 문자열로 변환해야 한다.

write(data)

바이트형 데이터를 송신하고 실제 송신된 바이트 수를 반환한다.

- data - 송신할 데이터

타임아웃이 설정되어 있을 때 타임아웃이 되면 SerialTimeoutException이 발생한다.

포트에서 데이터를 읽을 때는 읽을 데이터가 있는지 먼저 조사해야 한다.
데이터 수신 여부는 readable() 메서드나 Serial 객체의 in_waiting 속성을 조사한다. readable() 메서드는 수신 버퍼에 데이터가 있으면 True를 반환한다. in_waiting은 수신 버퍼에 있는 데이터 수를 나타내고, out_waiting은 송신 버퍼에 남아있는 바이트 수를 알려준다. 즉 in_waiting이 0이면 수신된 데이터가 없다는 의미이고, out_waiting이 0이면 데이터가 전부 송신되고 송신 버퍼에 남아있는 데이터가 없다는 의미이다.

간단한 시리얼 통신 프로그램

근래 출시되는 대부분 PC는 시리얼 포트를 내장하지 않으므로 USB 포트를 시리얼 포트로 변환하는 USB-to-RS232C 변환 케이블을 이용한다. 변환 케이블을 상대방 PC의 변환 케이블과 크로스 시리얼 케이블로 연결하고 시리얼 통신을 해 보자. 크로스 케이블은 양쪽 끝이 TX-RX, RX-TX, GND-GND로 연결된 케이블이다.

윈도우 10을 사용하면 변환 케이블의 드라이버는 자동 설치되므로 따로 설치할 필요는 없다. 자동으로 설치되지 않으면 변환 케이블과 함께 제공되는 드라이버를 설치한다. 드라이버를 설치하고 장치관리자에서 포트 번호를 확인한다. 그림 14-1과 같이 장치관리자를 실행하고 포트 항목을 살펴보면 USB-to-Serial Comm이 COM7임을 알 수 있다. 포트 번호는 컴퓨터마다 다를 수 있으므로 자신의 컴퓨터에서 직접 확인해 보아야 한다.

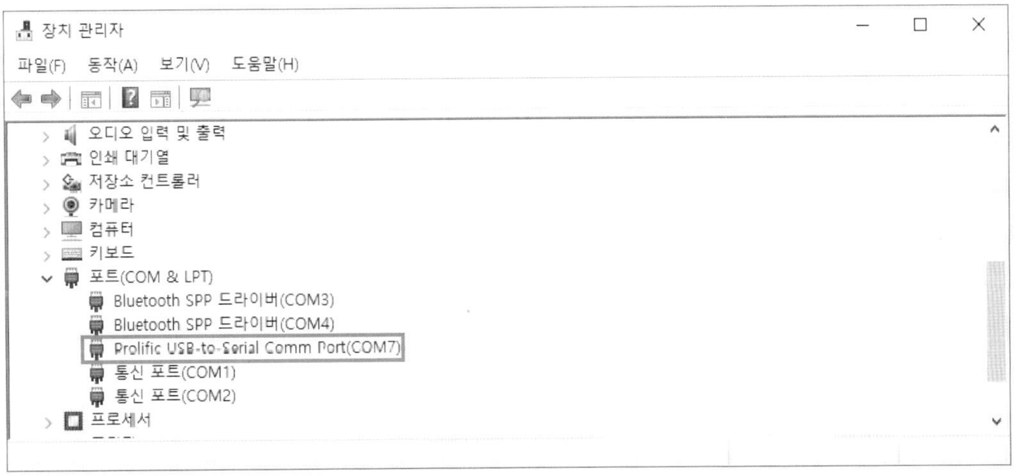

그림 14-1 **장치관리지에시 통신 포드 획인**

크로스 케이블 대신 자신의 PC에 루프 백 커넥터[44]를 연결하고 프로그램을 실행하면 자신이 보낸 메시지를 자신이 다시 받을 수 있다.

다음 프로그램은 시리얼 포트를 열고 키보드에서 메시지를 입력받아 상대방 PC로 송신하고 수신 메시지를 화면에 출력하는 프로그램이다. 통신 속도는 115200bps로 설정하고 timeout=0 으로 설정한다. 나머지 시리얼 통신 파라미터는 기본 설정값을 사용한다. timeout=0으로 설정하면 넌 블로킹 모드로 동작한다. 송신 메시지는 바이트형이어야 하므로 encode() 함수를

44) 루프 백 커넥터는 9핀 시리얼 포트의 2-3번 핀이 연결된 커넥터이다.

사용하여 문자열을 바이트형으로 변환하여 송신한다. 키보드에서 q를 입력하면 프로그램이 종료된다.

▌예제 - serial_comm.py

```
# 넌 블로킹 모드 시리얼 데이터 송수신 프로그램
# loopback connector를 연결하면 자신과 통신한다

import serial
import time

port = input('port(예-COM1): ') #포트 이름

#시리얼 포트 초기화
ser = serial.Serial(port, baudrate=115200, timeout = 0)

if ser.isOpen() == False: #포트가 열려있지 않으면 오픈한다
    ser.open()

while True:
    msg = input('Your message: ') #송신 메시지 입력
    if msg == 'q': #'q'를 입력하면 종료
        break
    ser.write(msg.encode('utf-8')) #메시지를 바이트형으로 변환하여 전송
    time.sleep(0.5)

    if ser.readable(): #수신 데이터가 있으면
        r_msg = ser.readline() #수신 데이터를 읽는다
        print(r_msg.decode('utf-8')) #수신 메시지 출력

ser.close() #포트를 닫는다
```

[프로그램 실행]

자신의 PC에 루프백 커넥터를 연결하고 프로그램을 실행하면 그림 14-2과 같은 화면을 볼 수 있다. 루프백 커넥터를 연결하면 에코 기능을 수행하므로 자신이 보낸 메시지를 자신이 받게 된다.

그림 14-2 시리얼 통신 프로그램의 실행

PC와 라즈베리파이의 시리얼 통신

PC와 라즈베리파이를 시리얼 통신하려면 PL2303HX USB to TTL RS232[45] 변환 케이블이 필요하다. 변환 케이블을 PC에 연결하면 드라이브가 자동으로 설치된다.

변환 케이블의 단자와 라즈베리파이의 시리얼 핀을 다음과 같이 연결하고 케이블의 USB 커넥터는 PC에 연결한다.

라즈베리파이(핀 번호)	변환 케이블
6	GND(검은색)
8	TxD(녹색)
10	RxD(흰색)

라즈베리파이의 시리얼 포트 이름은 다음과 같이 확인할 수 있다.

```
$ ls -al /dev
```

ls 명령을 사용하여 라즈베리파이의 시리얼 포트 이름이 serial0임을 알 수 있다. 그러나 실제 프로그램에서 포트 이름을 지정할 때는 /dev/serial0로 지정해야 한다.

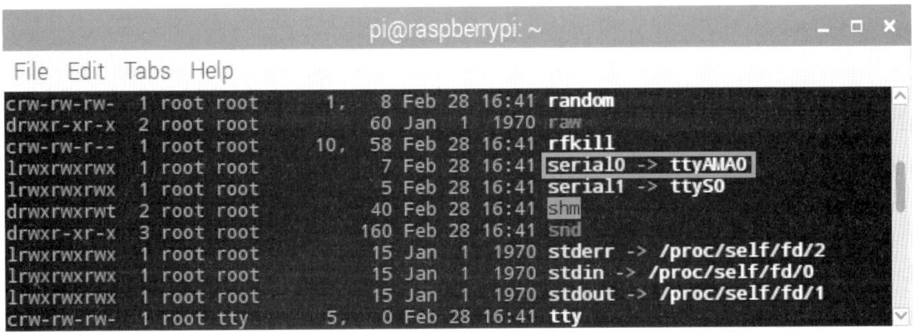

그림 14-3 라즈베리파이의 시리얼 포트

45) https://www.aliexpress.com/item/1973636734.html

다음에는 라즈베리파이의 시리얼 포트를 disable 시킨다.

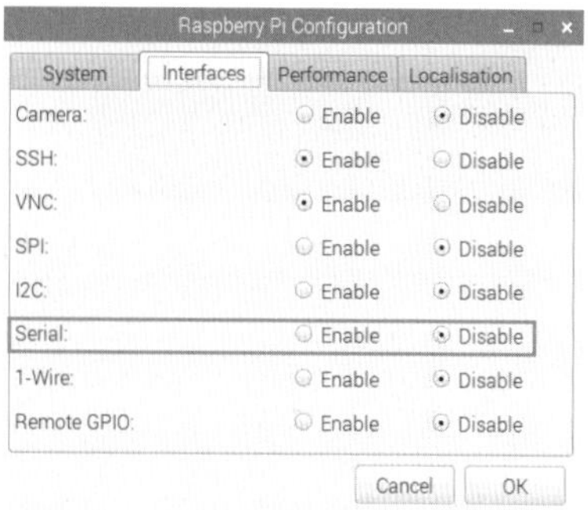

그림 14-4 시리얼 포트 disable

라즈베리파이 메뉴에서 Preferences 〉 Raspberry Pi Configuration 〉 Interfaces를 차례로 클릭하여 그림 14-4와 같이 설정한다. 또 라즈베리파이의 serial0는 콘솔에 할당되어 있으므로 이를 다음과 같이 해제한다.

```
$ sudo nano /boot/cmdline.txt
```

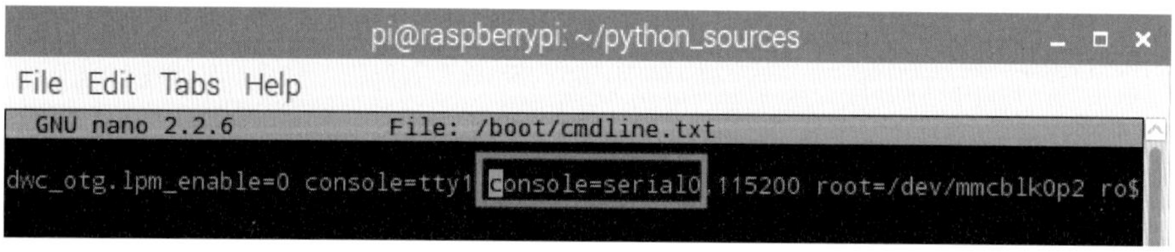

그림 14-5 콘솔에 할당된 시리얼 포트 해제

화면에서 보이는 console=serial0,115200을 삭제한다. 이 부분을 삭제하면 시리얼 포트가 콘솔로 사용되지 않으므로 putty와 같은 프로그램을 콘솔로 사용할 수 없다. 따라서 시리얼 포트를 다시 콘솔로 사용하려면 삭제한 부분을 복원하고 라즈베리파이 메뉴에서 Preferences 〉 Raspberry Pi Configuration 〉 Interfaces를 선택하고 Serial을 Enable 시켜야 한다.

시리얼 통신을 위해 PC에서 사용되는 프로그램은 앞에서 살펴본 serial_comm.py와 같다. 다만 라즈베리파이 시리얼 프로그램에서 포트 이름은 /dev/serial0로 지정한다. PC에서는 장치 관리자에서 확인한 COMx 포트를 사용한다.

▌예제 - rpi_serial_comm.py

```
# 라즈베리파이에서 실행되는 시리얼 통신 프로그램

import serial
import time

port = input('port(/dev/serial0): ') #포트 이름
if port == '':
    port = "/dev/serial0"

#시리얼 포트 초기화
ser = serial.Serial(port, baudrate=115200, timeout = 1)

if ser.isOpen() == False: #포트가 열려있지 않으면 오픈한다
    ser.open()
    print("Now a serial port is open")

while True:
    msg = input('Your message: ') #송신 메시지 입력
    if msg == 'q': #'q'를 입력하면 종료
        break
    ser.write(msg.encode('utf-8')) #메시지를 바이트형으로 변환하여 전송
    time.sleep(1)

    if ser.readable(): #수신 데이터가 있으면
        r_msg = ser.readline() #수신 데이터를 읽는다
        print(r_msg.decode('utf-8')) #수신 메시지 출력

ser.close() #포트를 닫는다
```

[프로그램 실행]

라즈베리파이와 PC에서 각각 프로그램을 실행하고 메시지를 입력했을 때 상대방 컴퓨터에 그림 14-6, 그림 14-7과 같이 메시지가 수신되는지 확인한다.

그림 14-6 **라즈베리파이 시리얼 프로그램 실행 화면**

그림 14-7 **PC 시리얼 프로그램 실행 화면**

라즈베리파이와 아두이노의 시리얼 통신

아두이노와 라즈베리파이를 USB 포트로 연결하고 시리얼 통신 프로그램으로 데이터를 주고받는 프로그램을 작성해 보자. 이 기능을 이용하면 아두이노의 기능을 라즈베리파이에서 활용할 수 있고 반대로 라즈베리파이의 기능을 아두이노에서 사용할 수도 있다. 예를 들어 라즈베리파이에는 아날로그 입력 기능이 없으므로 아두이노의 아날로그 입력 기능을 이용하여 아날로그 값을 읽어 시리얼 통신으로 라즈베리파이로 송신할 수 있다. 따라서 라즈베리파이는 아날로그 입력 기능을 갖게 되는 것과 같다.

라즈베리파이 준비

다음과 같은 순서로 라즈베리파이와 아두이노의 시리얼 통신을 진행한다.

(1) 라즈베리파이와 아두이노를 USB 케이블로 연결한다.

(2) 라즈베리파이에 아두이노 IDE를 설치한다.

```
$ sudo apt-get update
$ sduo apt-get upgrade
$ sudo apt-get install arduino
```

(3) 그림 14-8과 같이 라즈베리파이 메뉴에서 Programming 〉 Arduino IDE를 실행한다.

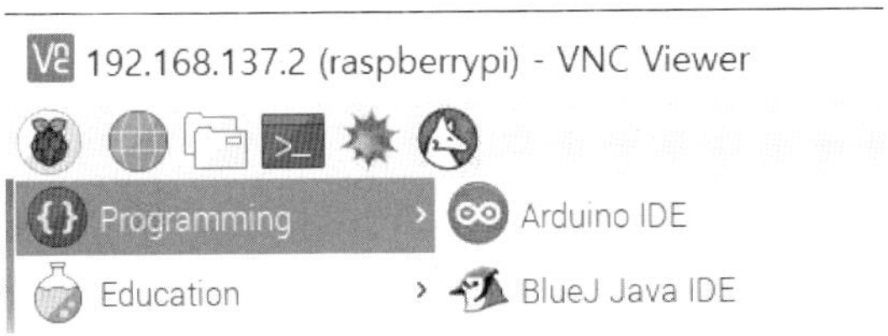

그림 14-8 Arduino IDE 실행

아두이노 IDE의 Tools 메뉴에서 보드(Arduino Mega 2560)와 시리얼 포트(/dev/ttyACM0)를 설정한다.

(4) 라즈베리파이에서 시리얼 포트를 액세스할 수 있도록 설정한다.

```
$ sudo usermod -a -G tty pi
$ sudo usermod -a -G dialout pi
```

아두이노 C 시리얼 프로그램

그림 4-9와 같이 아두이노 IDE에서 스케치 프로그램을 작성하여 아두이노로 업로드한다. 이 프로그램은 간단히 0~99까지의 숫자를 시리얼 포트로 송신한다.

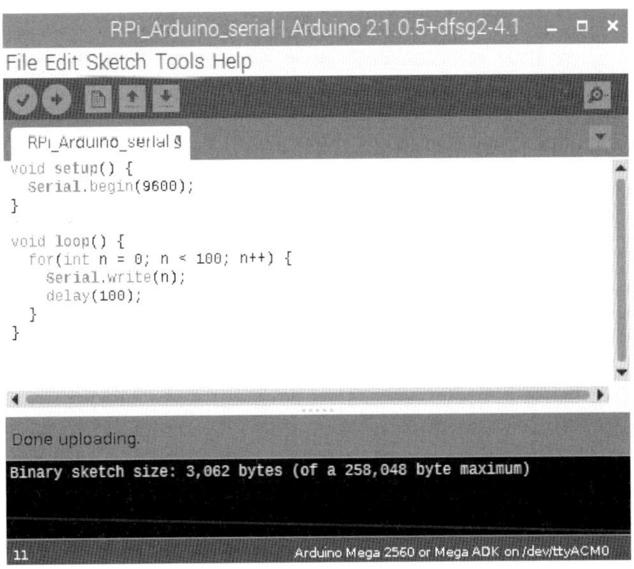

그림 14-9 아두이노 시리얼 프로그램

```
// 아두이노 시리얼 프로그램

void setup() {
  Serial.begin(9600);
}
void loop() {
  for(int n = 0; n < 100; n++) {
    Serial.write(n);
    delay(100);
  }
}
```

라즈베리파이 파이썬 시리얼 프로그램

그림 14-10과 같이 라즈베리파이에서 시리얼 프로그램을 작성하고 실행한다. 시리얼 포트 이름은 /dev/ttyACM0이다. 시리얼 포트 객체를 생성하고 전송 속도는 아두이노와 같이 9600 baud로 설정한다. inWaiting() 메서드를 호출하여 데이터의 수신 여부를 확인하고 수신 데이터가 있으면 read() 메서드로 읽어 화면에 출력한다.

아두이노 프로그램을 먼저 실행하고 라즈베리파이에서 시리얼 프로그램을 실행한다. 아두이노에서 0~99까지의 숫자를 시리얼로 보내면 라즈베리파이에서 시리얼로 받아 출력한다.

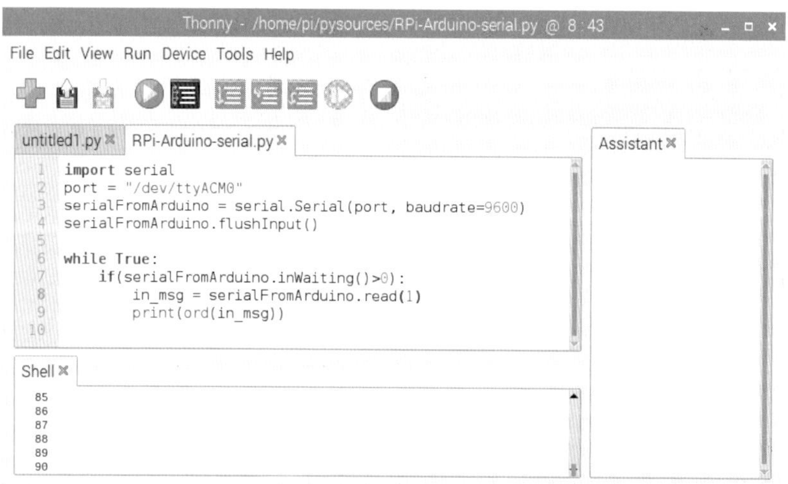

그림 14-10 라즈베리파이 시리얼 프로그램과 실행

▌예제 - RPi-Arduino-serial.py

```
#라즈베리파이와 아두이노 시리얼 통신 프로그램

import serial
port = "/dev/ttyACM0" #아두이노 연결 시리얼 포트
sp = serial.Serial(port, baudrate=9600, timeout=0)
sp.flushInput()

while True:
    if(sp.inWaiting()>0): #데이터 수신?
        in_msg = sp.read(1) #1바이트 읽기
        print(ord(in_msg)) #코드로 변환하여 출력
```

14.2 블루투스 통신

블루투스를 이용한 라즈베리파이와 스마트폰 통신

라즈베리파이에서 블루투스를 사용하여 스마트폰으로 데이터를 송신하려면 socket이나 PyBluez 모듈을 사용할 수 있다.[46)]

윈도우는 socket 모듈을 이용한 블루투스를 지원하지 않으며, PyBluez를 이용한 블루투스 통신도 할 수 없다. 다만 블루투스 드라이버를 설치하면 COM 포트가 할당되므로 시리얼 통신을 통한 연결은 가능하다.

PyBluez 모듈을 이용한 통신

블루투스 통신의 기본은 서버/클라이언트(또는 마스터/슬레이브)이다. 통신하고자 하는 장치 중에서 하나는 서버로 동작하고 나머지는 클라이언트로 동작한다. 따라서 서버가 통신 준비를 하고 대기하면 클라이언트가 접속하여 통신할 수 있다. 일반적으로 라즈베리파이가 서버로 동작하고 다른 장치들이 클라이언트로 동작하여 서버에 연결 요청하고 연결이 이루어지면 데이터 통신을 할 수 있다.

46) http://blog.kevindoran.co/bluetooth-programming-with-python-3/

어떤 방법을 사용하던 연결하기 전에 두 장치는 서로 페어링이 되어야 한다. 여기서는 라즈베리파이와 스마트폰을 페어링하는 방법을 알아본다. PyBluez 모듈을 사용한 블루투스 통신을 위해 다음과 같이 모듈을 설치한다.

```
$sudo apt-get install libbluetooth-dev
$sudo apt-get install python-dev
$sudo pip3 install PyBluez
```

라즈베리파이와 스마트폰 페어링

블루투스를 통해 통신하기 전에 라즈베리파이와 스마트폰을 페어링해야 한다. 한번 페어링되면 다음부터는 페어링할 필요 없다. 먼저 서버로 동작하는 라즈베리파이의 블루투스 MAC 주소를 알아야 한다. hciconfig 명령을 사용하면 라즈베리파이에 연결된 블루투스 장치 및 MAC 주소를 알 수 있다.

```
$ hciconfig
```

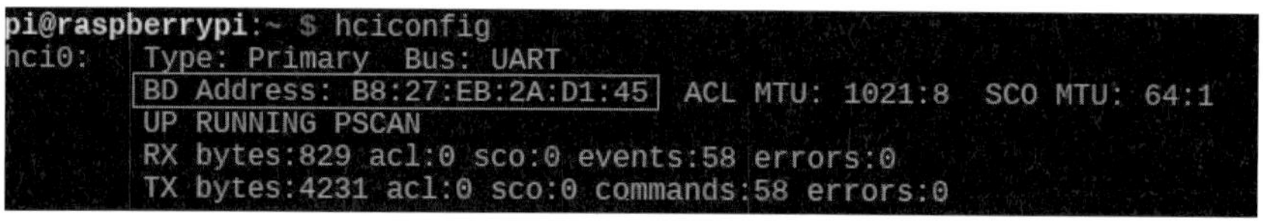

그림 14-11 hciconfig 명령으로 확인한 블루투스 MAC 주소

라즈베리파이의 블루투스 MAC 주소를 확인했으면 bluetoothctl 명령으로 스마트폰과 페어링한다.

```
$ bluetoothctl
#show → Powered, Discoverable, Pairable 상태를 확인한다
```

그림 14-12 show 명령으로 블루투스 설정 상태 확인

상대방 기기에서 라즈베리파이를 찾을 수 있게 하려면 Discoverable이 on 되어야 한다. discoverable on 명령을 실행하고 스마트폰에서 블루투스 기기(라즈베리파이)를 찾아 페어링할 수 있다.

```
#discoverable on
```

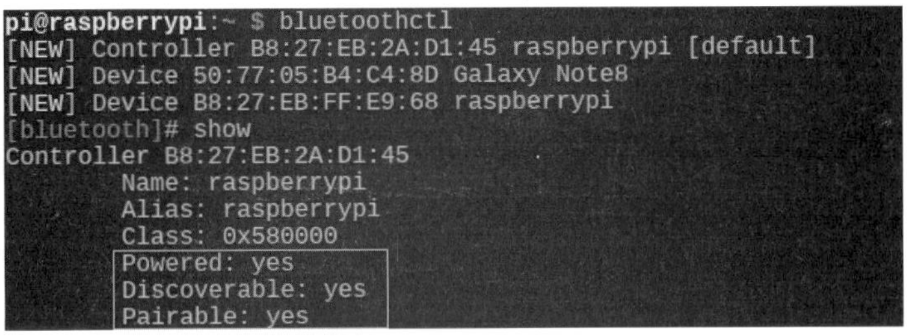

그림 14-13 **라즈베리파이 블루투스 상태 수정**

상대방 기기의 블루투스 MAC 주소를 확인하기 위해 scan on 명령을 실행한다. 이 명령은 상대방 기기를 탐색할 때까지 시간이 소요된다.

```
#scan on
```

그림 14-14 **라즈베리파이에서 페어링하기**

페어링할 상대 기기(Galaxy Note8)가 보이면 scan off 명령으로 스캔을 중지하고 상대 기기의 MAC 주소(50:77:05:B4:C4:8D)를 마우스로 블록 선택하고 Ctl+Sht+C로 복사한다.

agent 등록하고 페어링한다.

```
#agent on
#default-agent
#pair 50:77:05:B4:C4:8D(스마트폰_블루투스_주소)
```

스마트폰의 "블루투스 연결요청" 화면에서 〈확인〉을 터치하고 라즈베리파이의 [agent] Confirm passkey 667180 (yes/no): 에서 y를 입력한다.

```
#exit
```

그림 14-15는 지금까지의 과정을 보여준다.

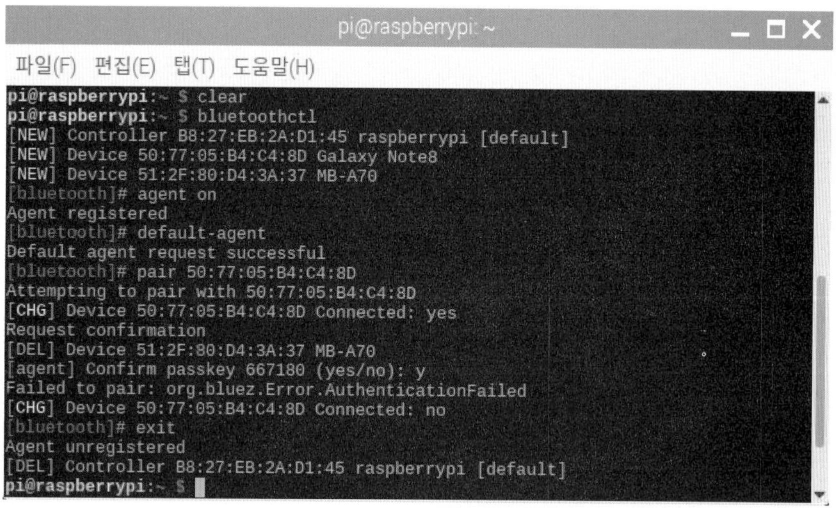

그림 14-15 **라즈베리파이와 스마트폰 페어링**

라즈베리파이를 VNC viewer로 접속하였으면 메뉴를 이용하여 좀 더 간단히 페어링할 수 있다.

❶ 라즈베리파이 화면의 오른쪽 위에 있는 Bluetooth 패널 아이콘을 마우스 왼쪽 버튼으로 클릭하고 그림 14-16과 같은 부메뉴가 나타나면 "Make Discoverable"을 클릭한다.

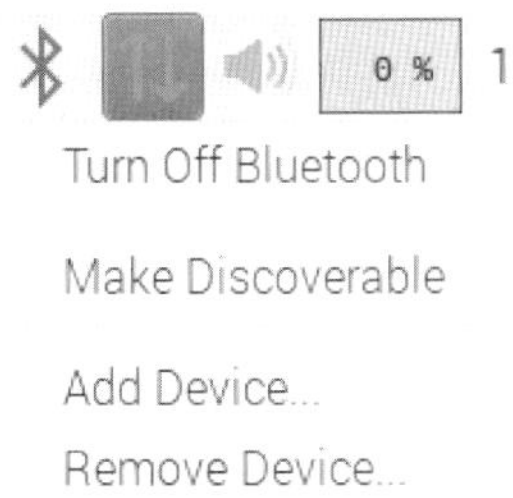

그림 14-16 Bluetooth 패널

그림 14-17 Device 추가

❷ 다시 Bluetooth 패널을 클릭하고 부메뉴에서 "Add Device"를 클릭한다.(그림 14-17)

❸ "Add New Device" 화면에서 페어링할 디바이스를 선택하고 "Pair" 버튼을 클릭한다.(그림 14-18)

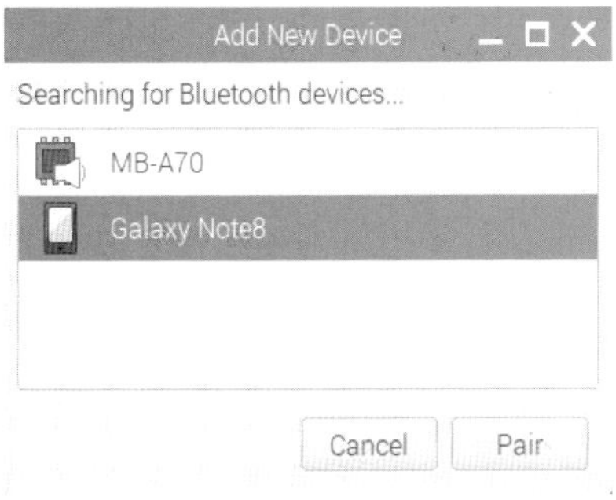

그림 14-18 페어링 디바이스 선택

❹ 스마트폰에 그림 14-19의 화면이 나타나면 〈확인〉을 터치한다.

❺ 그림 14-20의 라즈베리파이 화면에서 "OK"를 클릭한다.

그림 14-19 스마트폰 연결요청

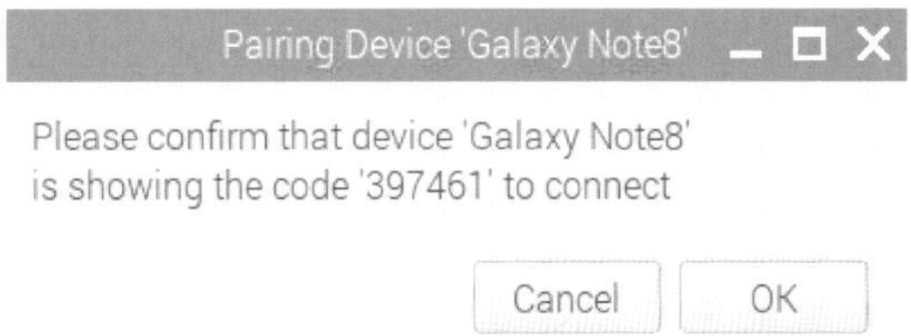

그림 14-20 라즈베리파이 연결요청

스마트폰과 연결하고 통신하기

라즈베리파이와 스마트폰이 페어링 되면 블루투스에서 실행할 서비스 또는 프로파일(Profile)을 설정해야 한다. 블루투스를 통해 데이터를 송수신하기 위해서는 SPP 서비스가 사용된다. 직렬 포트 프로파일(SPP)은 두 장치 간에 RFCOMM을 사용하여 RS-232C 직렬 연결을 에뮬레이트하기 위해 필요한 블루투스 장치의 프로토콜과 절차를 정의한다. SPP는 블루투스 클래식에서만 지원되며 BLE(Bluetooth Low Energy) 에서는 지원되지 않는다.

SPP 통신을 이용하려면 다음과 같이 라즈베리파이의/etc/systemd/system/dbus-org.bluez.service 파일에서 SPP를 설정해야 한다. $sudo nano 명령으로 그림 14-21에서 사각형 내부에 표시된 부분을 입력한다.

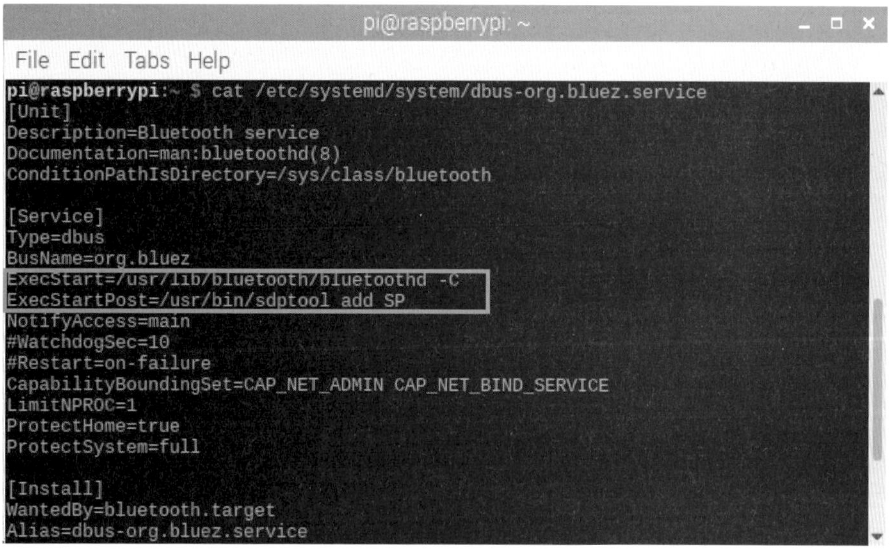

그림 14-21 /etc/systemd/system/dbus-org.bluez.service 파일

파일을 저장하고 다시 리부팅한다.

```
$sudo reboot
```

페어링과 SPP 설정을 마쳤으면 라즈베리파이의 서버 프로그램과 스마트폰의 클라이언트 앱을 이용하여 블루투스 통신을 해 보자.

❶ 먼저 라즈베리파이에서 블루투스 서버 프로그램(rpi_bt_PB_server.py)을 실행한다. bluetooth .BluetoothSocket(bluetooth.RFCOMM)을 이용하여 블루투스 소켓 객체를 만드는 함수만 제외하면 인터넷 소켓 프로그램과 유사하다. 포트 번호는 임의로 사용할 수 있으나 클라이언트의 포트 번호와 같아야 한다.

▌예제 - rpi_bt_PB_server.py

```
# pybluez를 이용한 블루투스 서버 프로그램

import bluetooth

#블루투스 소켓 생성
server_socket=bluetooth.BluetoothSocket(bluetooth.RFCOMM)

port = 1
server_socket.bind(("",port))
server_socket.listen(1)

client,addr = server_socket.accept()

while True:
    print(client.recv(1024))

client.close()
```

❷ 스마트폰에서 그림 14-22와 같은 BlueSPP 앱을 설치 후 실행하고 메뉴(⋮)에서 Preferences 〉 Server mode를 OFF로 설정한다. 이는 라즈베리파이를 서버로 사용하고 스마트폰을 클라이언트로 사용하기 위한 설정이다.

그림 14-22 BlueSPP 앱

❸ 그림 14-23과 같이 BlueSPP 앱에서 “CONNECT” 버튼을 터치하고 연결할 디바이스(라즈베리파이)를 선택한다.

그림 14-23 CONNECT

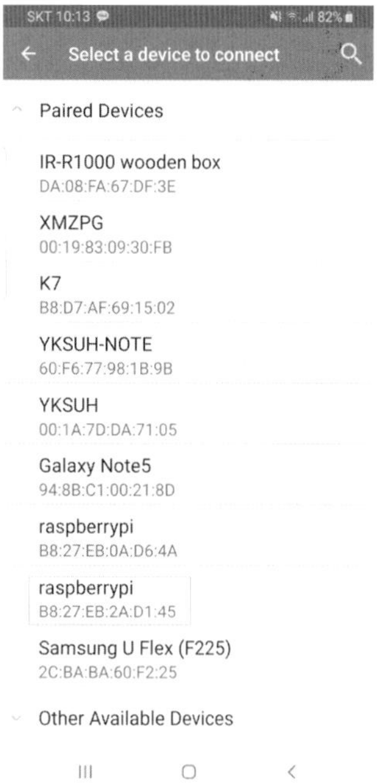

그림 14-24 **연결 기기 선택**

❹ 연결되면 BlueSPP에서 메시지를 입력하고 송신한다.

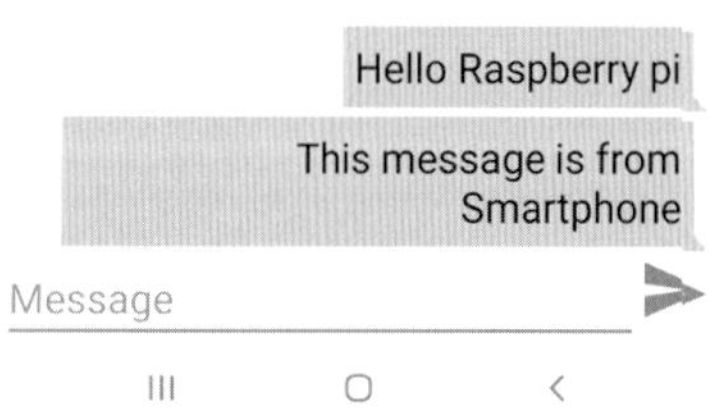

그림 14-25 **BlueSPP 앱에서 메시지 송신**

송신된 메시지는 라즈베리파이에서 볼 수 있다.

```
>>> %Run btPBServer.py
  Accepted connection from  ('50:77:05:B4:C4:8D', 1)
  b'Hello Raspberry pi'
  b'This message is from Smartphone'
```

그림 14-26 블루투스를 이용한 라즈베리파이의 메시지 수신

참고로 PyBluez 모듈을 이용한 블루투스 클라이언트 프로그램은 다음과 같다. 블루투스 소켓 객체를 생성하는 함수를 제외하면 다른 부분은 소켓 프로그램과 거의 같다.

▌예제 - rpi_bt_PB_client.py

```
# pybluez를 이용한 블루투스 클라이언트 프로그램

import bluetooth

serverMACAddress = "50:77:05:B4:C4:8D" #Galaxy Note 8

port = 1

sock=bluetooth.BluetoothSocket( bluetooth.RFCOMM )
sock.connect((serverMACAddress, port))

while True:
    text = input("message: ")
    if text == "quit":
        break
    sock.send(text)

sock.close()
```

Socket을 이용한 블루투스 통신

PyBluez 대신 소켓 모듈을 이용하여 블루투스 통신을 할 수 있다. 그러나 소켓을 이용한 블루투스 통신은 윈도우에서는 지원되지 않는다. 따라서 라즈베리파이 사이의 블루투스 통신을 위해 사용할 수 있다. 소켓 모듈을 이용한 블루투스 통신은 인터넷 통신과 유사하며, 소켓을 생성할 때 socket.AF_BLUETOOTH, socket.SOCK_STREAM, socket.BTPROTO_RFCOMM 인수를 지정한다.

▌예제 – rpi_bt_socket_client.py

```
1  # 소켓을 이용한 블루투스 클라이언트 프로그램
2
3  import socket
4
5  serverMACAddress = 'B8:27:EB:2A:D1:45' #서버 MAC 주소
6  port = 3
7  s = socket.socket(socket.AF_BLUETOOTH,
8                    socket.SOCK_STREAM, socket.BTPROTO_RFCOMM)
9  s.connect((serverMACAddress,port))
10
11 while True:
12     text = input() #송신 메시지
13     if text == "quit":
14        break
15     s.send(bytes(text, 'UTF-8'))
16
17 s.close()
```

위 프로그램은 라즈베리파이끼리 블루투스 통신을 하기 위한 클라이언트 프로그램이다.

라인 5 연결한 블루투스 서버 MAC 주소를 지정한다.

라인 7~8 블루투스 옵션을 이용하여 소켓을 생성한다.

라인 9~17 서버와 연결하고 데이터를 송신한 다음 연결을 종료한다.

▌예제 – rpi_bt_socket_server.py

```
# 소켓을 이용한 블루투스 서버 프로그램

import socket

hostMACAddress = 'B8:27:EB:2A:D1:45' # 서버의 블루투스 MAC 주소
port = 3 # 임의로 설정 가능하나 클라이언트 포트 번호와 일치해야 함
backlog = 1
size = 1024

#소켓 생성
s = socket.socket(socket.AF_BLUETOOTH, socket.SOCK_STREAM,
socket.BTPROTO_RFCOMM)
```

```
12 s.bind((hostMACAddress,port))
13 s.listen(backlog)
14
15 try: #연결
16     client, address = s.accept()
17     while 1:
18         data = client.recv(size)
19         if data:
20             print(data)
21             client.send(data)
22 except: #연결 실패
23     print("Closing socket")
24     client.close()
25     s.close()
```

위 프로그램은 블루투스 통신을 위한 서버 프로그램이다.

라인 5	자신의 블루투스 MAC 주소를 지정한다.
라인 11	블루투스 옵션을 이용하여 소켓을 생성한다.
라인 15~21	클라이언트와 연결하고 수신 후 출력하고 다시 송신한다.
라인 22~25	예외가 발생하면 소켓을 닫고 종료한다.

시리얼 통신 프로그램을 이용한 블루투스 통신

시리얼 통신 프로그램을 이용하여 라즈베리파이와 스마트폰 사이에 블루투스 통신을 해 보자. 앞에서 설명한 바와 같이 블루투스에 SPP 서비스를 설정하고 rfcomm 명령을 실행하여 상대방의 연결을 기다린다.

```
$sudo rfcomm watch hci0
```

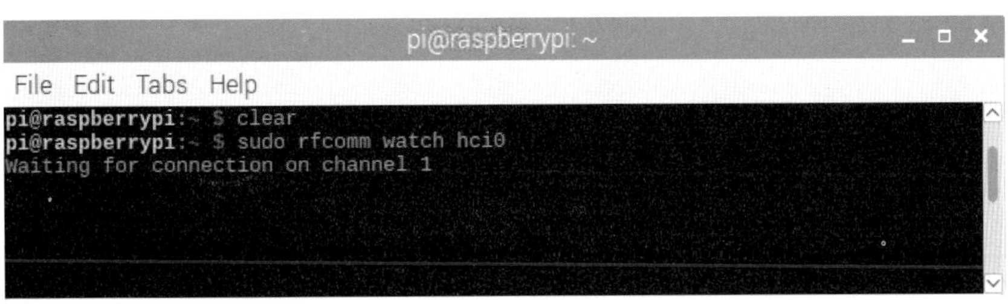

그림 14-27 rfcomm을 이용한 라즈베리파이의 연결 대기

rfcomm 명령 실행 후 라즈베리파이에서 시리얼 통신 프로그램(rpi_rf_comm.py)을 실행하면 블루투스 통신을 할 수 있다(항상 라즈베리파이가 서버로 동작하고 스마트폰이 클라이언트로 동작한다). 포트를 "dev/rfcomm0"로 설정하고 Serial 클래스 객체를 생성한다. 데이터 송수신은 일반 시리얼 프로그램과 마찬가지로 write()와 readline() 함수를 사용한다.

▌예제 - rpi_rf_comm.py

```
# 시리얼 통신을 이용한 블루투스 통신 프로그램

import serial
import time

port="/dev/rfcomm0" #SPP를 위한 통신 포트
print('hello world')
bluetooth= serial.Serial(port,9600)#객체 생성
print ('hello world 2')
bluetooth.flushInput()#버퍼를 비운다
print ('hello world 3')

for i in range(100):
    print("we are in the for loop",i)
    bluetooth.write("a".encode()) #문자 송신
    inputs=bluetooth.readline() #응답 수신
    print("we are in the inputs for loop",i)
    inputasinteger= int(inputs)
    if inputs:
            print('we have inputs')
            fileb= open("blue.txt",'wU') #파일 오픈
            fileb.write(inputasinteger*10)#파일에 수신 응답을 저장
    time.sleep(.5)
    print('sleeping')

fileb.close() #파일을 닫는다
print('file has been closed')
exit()
```

스마트폰에서 BlueSPP 앱을 실행하고 라즈베리파이에 연결한 다음 스마트폰에서 문자를 송신하면 라즈베리파이 터미널에서 수신된 문자를 볼 수 있다.

PC와 스마트폰의 블루투스 통신

PC와 스마트폰을 페어링하고 PC의 장치관리자에서 블루투스로 할당된 포트 번호를 확인한다.

PC에서 serial_comm.py 프로그램을 실행하고 포트를 장치관리자에서 확인한 통신 포트(예: COM4)로 지정한다. 스마트폰의 BlueSPP 앱을 실행하고 클라이언트 모드에서 “CONNECT”를 터치하여 PC에 연결하고 그림 14-28과 같이 PC와 스마트폰에서 서로 메시지를 주고받는다.

```
>>> %Run serial_comm.py
  port(예-COM1): COM4
  Your message: 안녕 스마트폰~

  Your message: Good~
  안녕 컴퓨터~
  Your message:
```

그림 14-28 PC와 스마트폰의 블루투스 통신

또는 PC에서 serial_comm.py를 실행하고 스마트폰을 서버 모드로 설정한 다음 “CONNECT”를 터치하여 연결할 수도 있다.

PC와 라즈베리파이의 블루투스 통신

PC에서는 socket이나 PyBluez를 통한 블루투스 연결은 지원하지 않는다. 따라서 socket이나 PyBluez를 사용할 수 없고 SPP를 통한 블루투스 통신만 가능하다.

먼저 다음과 같이 PC와 라즈베리파이를 페어링한다.

❶ 라즈베리파이에서 다음 명령어를 실행한다

```
$ bluetoothctl
# discoverable on
```

❷ PC의 “설정” 화면에서 “Bluetooth 및 기타 디바이스” 항목에서 “Bluetooth”를 켜고 “Bluetooth 또는 기타 디바이스 추가” 〉 “Bluetooth”를 차례로 클릭하고 “raspberrypi”가 나타나면 클릭한다.

❸ PC의 “장치관리자” 〉 “포트” 항목에서 새로 추가된 Bluetooth 포트 번호를 확인한다.

라즈베리파이에서 rpi_bt_PB_server.py를 실행하고 PC에서 serial_comm.py를 실행하여 통신한다. serial_comm.py를 실행할 때 통신 포트 번호는 ❸에서 확인한 번호를 입력한다(예: COM24)

[실행 결과]

그림 14-29와 같이 PC에서 "Hello RPi" 메시지를 송신하면 그림 14-30과 같이 라즈베리파이에서 메시지가 수신되는 것을 볼 수 있다.

```
>>> %Run serial_comm.py
 port(예-COM1): COM24
 Your message: Hello RPi

 Your message:
```

그림 14-29 PC의 송신 화면

```
>>> %Run btPBServer.py
  Accepted connection from  ('00:1A:7D:DA:71:02', 1)
  b'Hello RPi'
```

그림 14-30 라즈베리파이 수신 화면

찾아보기

(Q)

(R)

(S)

(사)

저자소개

서 열 규 KAIST 정보및통신공학과, 공학박사
동양미래대학교 자동화시스템과 교수

전 희 성 Rutgers-The State University of New Jersey,
Dept. of Electrical and Computer Engineering, 공학박사
울산대학교 IT융합학부 교수

저자와의
협의에 의해
인지 생략

사물인터넷을 위한
파이썬 네트워크 프로그래밍

3판 2쇄 2022년 9월 30일

저 자 서열규 / 전희성
발행인 송광헌
발행처 복두출판사
주 소 서울특별시 영등포구 경인로82길 3-4
센터플러스 807호
(우) 07371
전 화 02-2164-2580
FAX 02-2164-2584
등 록 1993. 11. 22. 제 10-902 호

정가 : 30,000원
ISBN : 979-11-6675-193-6 93000

한국과학기술출판협회 회원사